백점

2022 개정 교육과정

KB118814

국어 1·2

 하루 4쪽

공부 효율 1등

- 개념-어휘-지문 독해의 3단계 학습
- 문해력을 높이는 핵심 어휘 수록
- 수준별 맞춤형 단원 평가 제공

동아출판

주소   서울시 영등포구 은행로 30 (우 07242)

백점 국어 1·2

발행일	2024년 7월 30일
인쇄일	2024년 7월 20일
펴낸곳	동아출판㈜
펴낸이	이욱상
등록번호	제300-1951-4호(1951. 9. 19)
개발총괄	강희경
개발책임	송연재
개발	박기정 김유나 정혜원 정화영
디자인책임	목진성
디자인	강민영
대표번호	1644-0600
주소	서울시 영등포구 은행로 30 (우 07242)

학습 진도표

백점 국어 1·2
학습 진도표

이용 방법 학습한 날짜를 쓰고
학습이 끝나면 별을 색칠해 보아요.
1회 학습 완료 ▶

1회
9월 1일

기분을
말해요

1회
월 일

2회
월 일

3회
월 일

3

그림일기를
써요

1회
월 일

2회
월 일

3회
월 일

4회
월 일

감동을
나누어요

1회
월 일

2회
월 일

6

문장을
읽고 써요

1회
월 일

2회
월 일

3회
월 일

4회
월 일

무엇
중요할

1회
월 일

2회
월 일

백점

국어 1·2

개념북

교과서에 실린
작품 소개

단원	교과서	제재 이름	지은이	나온 곳	백점 쪽수
1단원	국어	「내 마음을 보여 줄까?」	윤진현	『내 마음을 보여 줄까?』, 웅진주니어, 2010.	15~16쪽
		「화내지 말고 예쁘게 말해요」	안미연	『화내지 말고 예쁘게 말해요』, 상상스쿨, 2020.	19~20쪽
2단원	국어	「대단한 참외씨」	임수정	『대단한 참외씨』, 한울림어린이, 2019.	34~35쪽
		「다니엘의 멋진 날」	미카 아처 글, 이상희 옮김	『다니엘의 멋진 날』, (주)비룡소, 2020.	38쪽
4단원	국어	「빨간 모자가 된 아이쿠」	(주)마로 스튜디오	「우당탕탕 아이쿠 2」, 한국교육방송공사, 2011.	73쪽
		「아기 거북이 숲으로 왔어요!」	(주)퍼니플럭스	「엄마 까투리 시즌 3」, 한국교육방송공사, 2020.	74쪽
5단원	국어	「백성을 위해 세종 대왕이 만든 글자, 한글!」		「방과 후 초능력 — 제9회 —」, 한국방송공사, 2021.	84쪽
		「그래, 책이야!」	레인 스미스 글, 김경연 옮김	『그래, 책이야!』, (주)문학동네, 2011.	87~88쪽

단원	교과서	제재 이름	지은이	나온 곳	백점 쪽수
6단원	국어	「발명보다 위대한 발견」(『에너지 절약 ― 발명보다 위대한 발견 ―』)		한국방송광고진흥공사, 2014.	102쪽
		「반짝반짝」	신형건	『나는 나는 1학년』, 끝없는이야기, 2023.	103쪽
		「괜찮아 아저씨」	김경희	『괜찮아 아저씨』, (주)비룡소, 2017.	109~110쪽
7단원	국어	「진짜 일 학년 책가방을 지켜라!」	신순재	『진짜 일 학년 책가방을 지켜라!』, 천개의 바람, 2017.	124~125쪽
8단원	국어	「감기」	전병호	『낭송하고 싶은 우리 동시』, 좋은꿈, 2020.	137쪽
		「브로콜리지만 사랑받고 싶어」	별다름 · 달다름	『브로콜리지만 사랑받고 싶어』, 키다리, 2021.	138~139쪽
		「요술 항아리」		『모여라 딩동댕 동화별 모험 ― 요술 항아리 ―』, 한국교육방송공사, 2021.	141~142쪽
		「인사」	김성미	『인사』, (주)책읽는곰, 2020.	145~146쪽
		「강아지풀」	이일숙	『짝 바꾸는 날』, 도토리숲, 2013.	147쪽

백점 국어

구성과 특징

개념북 | 자기주도 학습을 위한 "하루 4쪽" 구성

교과서 학습

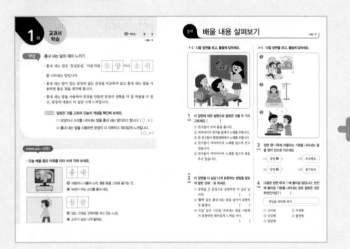
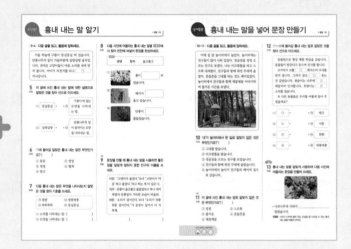

대단원 평가

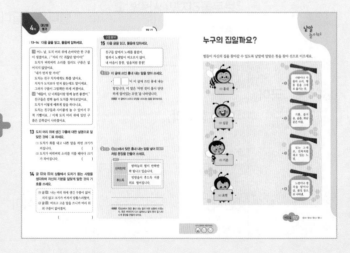

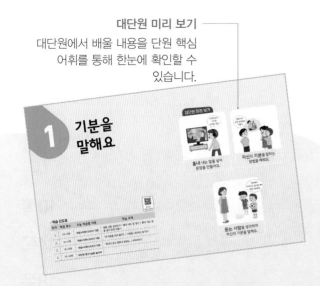

대단원 미리 보기
대단원에서 배울 내용을 단원 핵심 어휘를 통해 한눈에 확인할 수 있습니다.

개념 학습 + 문해력을 높이는 어휘

교과서 개념을 빠르게 익히고, 개념 확인 OX 문제를 통해 개념을 탄탄하게 이해합니다.

'문해력을 높이는 어휘'에서는 단원의 핵심 어휘를 배웁니다. 핵심 어휘를 따라 쓴 뒤, 뜻과 예문을 학습하면 교과서 지문과 활동을 쉽게 이해할 수 있습니다.

지문 독해 학습

지문의 핵심 내용을 정리하고 다양한 유형의 문제를 풀며 지문 독해 실력을 향상시킵니다.

+서술형: 자신의 생각을 정확하게 쓸 수 있도록 도움 말과 채점 기준을 강화하였습니다.

+디지털 문해력: 단원의 학습 내용을 디지털 매체에 적용하여 디지털 문해력을 기릅니다.

대단원 평가

대단원을 마무리하며 실력을 점검할 수 있습니다.

+수행평가: 학교 수행 평가에 대비할 수 있도록 단계 별 문제를 제공합니다.

평가북 맞춤형 평가 대비 수준별 단원 평가

단원 평가 A단계

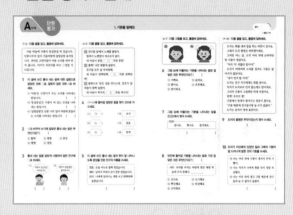

단원별 기본 학습 성취도를 확인하고, 수시 평가 나 객관식 문항 위주의 학교 단원 평가에 대비할 수 있습니다.

단원 평가 B단계

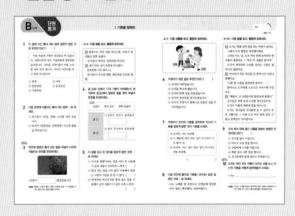

단원별 심화 학습 성취도를 확인하고, 서술형이 포함된 학교 단원 평가에 대비할 수 있습니다.

구성과 특징 • **5**

백점 국어

차례

1 기분을
말해요

1회		10쪽
2회		14쪽
3회		18쪽
4회		22쪽

2 낱말을
정확하게
읽어요

1회		28쪽
2회		32쪽
3회		36쪽
4회		40쪽

3 그림일기를
써요

1회		46쪽
2회		50쪽
3회		54쪽
4회		58쪽

4 감동을
나누어요

1회		64쪽
2회		68쪽
3회		72쪽
4회		76쪽

5 생각을
키워요

1회 ⋯⋯⋯⋯⋯⋯⋯⋯⋯⋯⋯⋯⋯⋯ 82쪽
2회 ⋯⋯⋯⋯⋯⋯⋯⋯⋯⋯⋯⋯⋯⋯ 86쪽
3회 ⋯⋯⋯⋯⋯⋯⋯⋯⋯⋯⋯⋯⋯⋯ 90쪽
4회 ⋯⋯⋯⋯⋯⋯⋯⋯⋯⋯⋯⋯⋯⋯ 94쪽

6 문장을
읽고 써요

1회 ⋯⋯⋯⋯⋯⋯⋯⋯⋯⋯⋯⋯⋯⋯ 100쪽
2회 ⋯⋯⋯⋯⋯⋯⋯⋯⋯⋯⋯⋯⋯⋯ 104쪽
3회 ⋯⋯⋯⋯⋯⋯⋯⋯⋯⋯⋯⋯⋯⋯ 108쪽
4회 ⋯⋯⋯⋯⋯⋯⋯⋯⋯⋯⋯⋯⋯⋯ 112쪽

7 무엇이
중요할까요

1회 ⋯⋯⋯⋯⋯⋯⋯⋯⋯⋯⋯⋯⋯⋯ 118쪽
2회 ⋯⋯⋯⋯⋯⋯⋯⋯⋯⋯⋯⋯⋯⋯ 122쪽
3회 ⋯⋯⋯⋯⋯⋯⋯⋯⋯⋯⋯⋯⋯⋯ 126쪽
4회 ⋯⋯⋯⋯⋯⋯⋯⋯⋯⋯⋯⋯⋯⋯ 130쪽

8 느끼고
표현해요

1회 ⋯⋯⋯⋯⋯⋯⋯⋯⋯⋯⋯⋯⋯⋯ 136쪽
2회 ⋯⋯⋯⋯⋯⋯⋯⋯⋯⋯⋯⋯⋯⋯ 140쪽
3회 ⋯⋯⋯⋯⋯⋯⋯⋯⋯⋯⋯⋯⋯⋯ 144쪽
4회 ⋯⋯⋯⋯⋯⋯⋯⋯⋯⋯⋯⋯⋯⋯ 148쪽

1 기분을 말해요

● 학습 진도표

온라인
학습 진도표

회차	백점 쪽수	오늘 학습할 내용	학습 주제
1	10~13쪽	개념+어휘+교과서 지문	배울 내용 살펴보기 / 흉내 내는 말 알기 / 흉내 내는 말을 넣어 문장 만들기
2	14~17쪽	개념+어휘+교과서 지문	「내 마음을 보여 줄까?」 / 기분을 나타내는 말 하기
3	18~21쪽	개념+어휘+교과서 지문	「화내지 말고 예쁘게 말해요」 / 마무리하기
4	22~25쪽	대단원 평가+낱말 놀이터	

대단원 미리 보기

흉내 내는 말을 넣어
문장을 만들어요.

자신의 기분을 말하는
방법을 배워요.

듣는 사람을 생각하며
자신의 기분을 말해요.

개념 흉내 내는 말의 재미 느끼기

• 흉내 내는 말은 '둥실둥실', '야옹'처럼 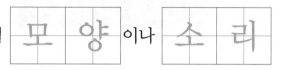 모 양 이나 소 리 를 나타내는 말입니다.

• 흉내 내는 말이 있는 문장과 없는 문장을 비교하며 읽고 흉내 내는 말을 사용하면 좋은 점을 생각해 봅니다.

• 흉내 내는 말을 사용하여 문장을 만들면 문장의 상황을 더 잘 떠올릴 수 있고, 문장의 내용도 더 실감 나게 느껴집니다.

개념 확인 알맞은 것을 고르며 오늘의 개념을 확인해 보세요.

(1) 모양이나 소리를 나타내는 말을 흉내 내는 말이라고 합니다. (○ , ×)

(2) 흉내 내는 말을 사용하면 문장이 더 지루하고 재미없게 느껴집니다.

(○ , ×)

문해력을 높이는 어휘

• 오늘 배울 중요 어휘를 따라 쓰며 익혀 보세요.

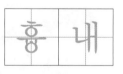 흉 내

뜻 사람이나 사물의 소리, 행동 등을 그대로 옮기는 것.
예 늑대가 우는 소리를 흉내 내요.

 실 감

뜻 있는 그대로, 진짜처럼 겪고 있는 느낌.
예 소리가 실감 나게 들려요.

배울 내용 살펴보기

|1~2| 다음 장면을 보고, 물음에 답하세요.

1 이 장면에 대한 설명으로 알맞은 것을 두 가지

이해 고르세요. ( )

① 친구들이 모여 춤을 춥니다.

② 여자아이가 친구들 앞에서 노래를 부릅니다.

③ 반 친구들이 합창대회에서 노래를 부릅니다.

④ 친구들이 여자아이의 노래를 들으며 웃고
있습니다.

⑤ 친구들이 여자아이의 노래를 들으며 춤을
추고 있습니다.

★
2 이 장면을 더 실감 나게 표현하는 방법을 알맞

추론 게 말한 것에 ○표 하세요.

(1) 장면을 긴 문장으로 표현하면 더 실감 날
거야. ( )

(2) '활짝' 같은 흉내 내는 말을 넣어서 표현하
면 좋겠어. ( )

(3) '오늘' 같은 시간을 나타내는 말을 사용해
서 표현하면 재미있게 느껴질 거야.
( )

|3~4| 다음 장면을 보고, 물음에 답하세요.

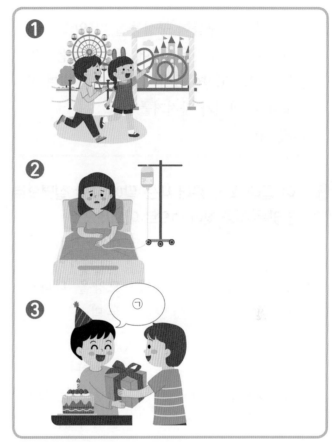

3 장면 ❶~❷에 어울리는 기분을 나타내는 말

이해 을 찾아 선으로 이으세요.

(1) 장면 ❶ •   • ㉮ 속상해요.

(2) 장면 ❷ •   • ㉯ 즐거워요.

4 다음은 장면 ❸의 ㉠에 들어갈 말입니다. 빈칸

적용 에 들어갈 기분을 나타내는 말로 알맞은 것은
무엇인가요? ( )

생일을 축하해 줘서 _____.

① 고마워   ② 걱정돼

③ 심심해   ④ 불쌍해

⑤ 답답해

|5~6| 다음 글을 읽고, 물음에 답하세요.

> 가을 하늘에 구름이 둥실둥실 떠 있습니다. 단풍나무의 잎이 가을바람에 살랑살랑 움직입니다. 귀여운 고양이들이 야옹 소리를 내며 반겨 줍니다. 아이가 자전거를 타고 ⏐ ㉠ ⏐ 지나갑니다.

5 이 글에 쓰인 흉내 내는 말에 대한 설명으로
이해 알맞은 것을 찾아 선으로 이으세요.

(1) 둥실둥실 •
(2) 살랑살랑 •

• ㉮ 구름이 떠 있는 모양을 나타내는 말.

• ㉯ 단풍나무의 잎이 움직이는 모양을 나타내는 말.

6 ㉠에 들어갈 알맞은 흉내 내는 말은 무엇인가
어휘 요? (   )

① 동동
② 엉엉
③ 씽씽
④ 털썩
⑤ 방긋

7 다음 흉내 내는 말은 무엇을 나타내는지 알맞
어휘 은 것을 찾아 기호를 쓰세요.

> ㉮ 깔깔   ㉯ 깡충깡충
> ㉰ 똑딱똑딱   ㉱ 둥실둥실

(1) 소리를 나타내는 말: (   )
(2) 모양을 나타내는 말: (   )

8 다음 사진에 어울리는 흉내 내는 말을 ⏐보기⏐에
어휘 서 찾아 빈칸에 써넣어 문장을 완성하세요.

> ⏐보기⏐
> 맴맴   활짝   울긋불긋

(1) 꽃이 [   ] 피었습니다.

(2) 매미가 [   ] 울고 있습니다.

(3) 단풍이 [   ] 물들었습니다.

★
9 문장을 만들 때 흉내 내는 말을 사용하면 좋은
적용 점을 알맞게 말하지 못한 친구의 이름을 쓰세요.

> 아린: "고양이가 울었다."보다 "고양이가 '야옹' 하고 울었다."라고 하는 게 더 실감 나.
> 지우: 단풍이 울긋불긋 물들었다고 하니 여러 색깔의 단풍잎이 가득한 모습이 떠올라.
> 하준: '오리가 걸어간다.'보다 "오리가 뒤뚱뒤뚱 걸어간다."가 문장이 길어서 더 지루해.

(   )

흉내 내는 말을 넣어 문장 만들기

• 정답 1쪽

| 10~11 | 다음 글을 읽고, 물음에 답하세요.

어제 집 앞 놀이터에서 놀았다. 놀이터에는 친구들이 많이 나와 있었다. 정글짐을 낑낑 오르는 친구도 보였다. 나는 미끄럼틀을 타고 스르륵 내려왔다. 친구들과 함께 회전 무대에 올랐다. 흔들흔들 그네를 타는 것도 재미있었다. 놀이터에서 친구들과 함께 재잘재잘 이야기하며 즐거운 시간을 보냈다.

10 '내'가 놀이터에서 한 일로 알맞지 <u>않은</u> 것은
이해 무엇인가요? (   )

① 그네를 탔습니다.

② 미끄럼틀을 탔습니다.

③ 정글짐을 오르는 친구를 보았습니다.

④ 친구들과 함께 회전 무대에 올랐습니다.

⑤ 놀이터에서 놀다가 친구들과 헤어져 집으로 갔습니다.

★
11 이 글에 쓰인 흉내 내는 말로 알맞지 <u>않은</u> 것
어휘 은 무엇인가요? (   )

① 낑낑   ② 스르륵

③ 즐거운   ④ 흔들흔들

⑤ 재잘재잘

12 ㉠~㉣에 들어갈 흉내 내는 말로 알맞은 것을
어휘 찾아 선으로 이으세요.

동물원으로 현장 체험 학습을 갔습니다. 동물들이 반갑다고 웃으며 인사를 합니다.
코끼리가 코를 <u>　㉠　</u> 휘저으며 우리를 반겨 줍니다. 그러자 곰도 <u>　㉡　</u> 웃는 것 같았습니다. 원숭이는 나무에 <u>　㉢　</u> 매달리며 인사합니다. 호랑이는 <u>　㉣　</u> 소리를 냈습니다.
또 다른 동물들은 우리를 어떻게 맞아 주었을까요?

(1) ㉠ •   • ㉮ 방긋

(2) ㉡ •   • ㉯ 어흥

(3) ㉢ •   • ㉰ 휘휘

(4) ㉣ •   • ㉱ 대롱대롱

서술형
13 흉내 내는 말을 알맞게 사용하여 다음 사진에
적용 어울리는 문장을 만들어 쓰세요.

• 사과나무에 사과가 ＿＿＿＿＿＿＿＿＿＿ 열렸습니다.

도움말 사과가 나무에 열려 있는 모습을 잘 나타낼 수 있는 흉내 내는 말을 떠올려 보아요.

나의 실력에 색칠하세요.
😆 🙂 😣

개념 자신의 기분을 말로 표현하기

• 자신에게 있었던 일을 생각해 봅니다.

• 그때의 솔직한 자신의 기분을 생각해 봅니다.

'신나요.', '뿌듯해요.', '편안해요.'와 같은 말을 사용해서 기분을 나타낼 수 있어요.

• 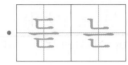 사람의 기분을 생각하며, ''라는 말로 시작하여 있었던 일과 자신의 기분을 말합니다.

개념 확인 알맞은 것을 고르며 오늘의 개념을 확인해 보세요.

(1) '신나요.', '편안해요.'는 기분을 나타내는 말입니다. (○ , ×)

(2) 자신의 기분을 다른 사람에게 말할 때에는 '너'라는 말로 시작하고, 있었던 일과 그때의 솔직한 기분을 말합니다. (○ , ×)

문해력을 높이는 어휘

• 오늘 배울 중요 어휘를 따라 쓰며 익혀 보세요.

뜻 기쁨, 즐거움, 슬픔, 화남 같은 마음.
예 장난감 성을 완성해서 기분이 좋아요.

뜻 바로 그 사람.
예 친구들 앞에서 자신의 경험을 말해요.

내 마음을 보여 줄까? _윤진현

● 정답 1쪽

❶ 친구들 앞에서 노래를 불렀어.

떨려서 **노랫말**이 떠오르지 않아.

내 마음이 꽁꽁, 얼음처럼 꽁꽁!

중심 내용 | 친구들 앞에서 노래를 부르려니 떨려서 노랫말이 떠오르지 않았습니다.

❷ 폴짝! 나만 **뜀틀**에 올랐어.

친구들 모두 날 부러워해.

내 마음이 반짝반짝, 보석처럼 반짝반짝!

중심 내용 | '나'만 뜀틀에 올라가서 친구들이 모두 부러워했습니다.

- 글의 종류: 이야기
- 글의 특징: 여러 가지 상황에서 '나'의 기분에 대해 흉내 내는 말을 사용하여 표현한 글로, 흉내 내는 말의 재미를 느낄 수 있습니다.

> 글 ❶과 ❷에서 알 수 있는 '나'의 기분 예

글 ❶	떨림, 긴장됨.
글 ❷	신남, 뿌듯함, 기쁨.

노랫말 노래의 높낮이에 따라 부를 수 있게 만든 글이나 말.
뜀틀 달려가다가 두 손으로 짚고 뛰어넘는 운동 기구.

---

1 글 ❶과 ❷에서 '나'의 상황으로 알맞은 것을 찾아 선으로 이으세요.
이해

(1) 글 ❶ •

(2) 글 ❷ •

• ㉮ '나'만 뜀틀에 올라가서 친구들이 모두 '나'를 부러워함.

• ㉯ 친구들 앞에서 노래를 부르는데 노랫말이 떠오르지 않음.

2 글 ❶에서 알 수 있는 '나'의 기분을 나타내는 말로 알맞은 것은 무엇인가요? ( )
추론

① 떨려요.　　② 신나요.
③ 궁금해요.　④ 반가워요.
⑤ 부러워요.

3 글 ❷에서 '나'는 기분을 어떻게 표현하였는지 빈칸에 알맞은 말을 찾아 쓰세요.
이해

☐☐ 처럼 반짝반짝

★
4 다음 그림에 어울리는 흉내 내는 말을 글 ❶과 ❷에서 각각 찾아 쓰세요.
어휘

(1)

▲ 얼음　　( )

(2)

▲ 보석　　( )

❸ 블록으로 멋진 성을 만드는데, 민호가 달려들어 깜짝 놀랐어.

내 마음이 찌지직, 번개처럼 찌지직!

중심 내용 | 블록으로 성을 만드는데 민호가 장난을 치며 달려들었습니다.

❹ 내가 만든 성이 ㉠와장창 무너졌어.

민호한테 너무 화가 나.

내 마음이 우르릉 쾅쾅, 화산처럼 우르릉 쾅쾅!

중심 내용 | 민호가 달려들어 '내'가 블록으로 만든 성이 무너졌습니다.

• 작품 정리

❶ 친구들 앞에서 노래를 부르는데 노랫말이 떠오르지 않음.

⬇

❷ '나'만 뜀틀에 올라가서 친구들이 부러워함.

⬇

❸~❹ 블록으로 성을 만드는데 민호가 달려들어 '내'가 만든 성이 무너짐.

블록 쌓아 올릴 수 있도록 만든 장난감.

---

5 글 ❸과 ❹에서 '나'에게 일어난 일은 무엇인
이해 가요? ( )

① 민호가 '나'에게 화를 냈습니다.

② 민호와 함께 블록으로 성을 만들었습니다.

③ 민호가 '나'에게 같이 블록으로 성을 만들자고 했습니다.

④ 민호가 달려들어 '내'가 블록으로 만들던 성이 무너졌습니다.

⑤ '내'가 블록으로 성을 만들다가 실수로 치는 바람에 성이 무너졌습니다.

6 글 ❸과 ❹에서 '나'의 기분은 어떻게 바뀌었
추론 는지 ( ) 안의 알맞은 말에 ○표 하세요.

| 글 ❸ | (1) (깜짝 놀람, 속상함) |

⬇

| 글 ❹ | (2) (궁금함, 화가 남) |

7 ㉠의 뜻이 잘 나타나도록 문장을 알맞게 만든
어휘 것에 ○표 하세요.

(1) 공을 와장창 차서 골대에 넣었습니다.

( )

(2) 비바람이 세차게 불어 유리창이 와장창 깨졌습니다.

( )

디지털 문해력

8 다음 온라인 대화에서 자신이 겪었던 일을 떠
적용 올려 그때의 기분을 알맞게 말한 친구의 이름을 쓰세요.

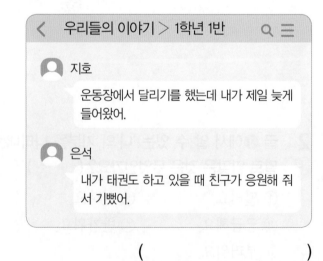

( )

기분을 나타내는 말 하기

|9~10| 다음 그림을 보고, 물음에 답하세요.

9
이해
그림 ❶~❸의 친구의 기분에 어울리는 말로 알맞은 것을 찾아 선으로 이으세요.

(1) 그림 ❶ •   • ㉮ 슬퍼요.

(2) 그림 ❷ •   • ㉯ 기뻐요.

(3) 그림 ❸ •   • ㉰ 무서워요.

10
적용
그림 ❹의 친구와 비슷한 기분이 들었던 경험을 떠올려 알맞게 말한 것의 기호를 쓰세요.

㉮ 놀이공원에 놀러 갔을 때 신이 나서 저런 표정을 지었어.

㉯ 친구가 내 그림에 물을 쏟아서 화가 났을 때 저런 표정을 지었어.

㉰ 다리를 다쳤을 때 친구가 내 가방을 들어주어 고마운 마음에 저런 표정을 지은 적이 있어.

(   )

11
이해
주영이가 민지의 기분을 생각하며 자신의 기분을 말할 때, ㉠에 들어갈 알맞은 말은 무엇인가요? (   )

무슨 일이 있었는지 생각해 봅니다.

> 민지가 지나가다가 쳐서 내가 만든 성이 무너졌어.
> 주영

그때의 솔직한 자신의 기분을 생각해 봅니다.

> 그때 정말 속상하고 화가 났어.

솔직하게 말했을 때의 듣는 사람의 기분을 생각해 봅니다.

> 내가 화를 내면 민지가 상처받을 거야.

'나'라는 말로 시작하며 정리한 생각을 말합니다.

> 나는 내가 만든 성이 무너져서 정말 (㉠).

① 기뻐   ② 고마워   ③ 속상해

④ 뿌듯해   ⑤ 미안해

서술형

12
적용
친구와 있었던 일을 한 가지 떠올려 보고, 듣는 사람을 생각하며 자신의 기분을 어떻게 말할지 보기처럼 문장으로 쓰세요.

보기

나는 네가 색연필을 빌려줘서 고마웠어.

• 나는 (1)_____ ┐ 있었던 일

(2)_____ ┘ 자신의 기분

도움말 자신의 기분을 말할 때에는 '나'라는 말로 시작하며, 자신에게 있었던 일과 그때의 기분을 솔직하게 말해요.

개념 듣는 사람을 생각하며 자신의 기분 말하기

• 이야기를 읽으며 주인공의 상황과 그때의 | 기 | 분 |을 살펴봅니다.

'나'로 시작하는 말로 자신의 기분을 나타내는 말을 하면 듣는 사람도 기분이 나쁘지 않고, 내 기분도 정확하게 전달할 수 있어요.

• 자신이 말하고 싶은 상황을 고릅니다.

• 그 상황에서 자신이 주인공이라면 어떻게 말했을지 생각하며 '나'로 시작하는 말로 있었던 일과 기분을 표현해 봅니다.

개념 확인 알맞은 것을 고르며 오늘의 개념을 확인해 보세요.

(1) 자신의 기분을 다른 사람에게 말할 때 '나'로 시작하면 듣는 사람도 기분이 나쁘지 않고, 내 기분도 정확하게 전할 수 있습니다. (○ , ×)

(2) 이야기 속 주인공이 되어 기분을 말할 때에는 듣는 사람을 생각하지 않아도 됩니다. (○ , ×)

문해력을 높이는 어휘

• 오늘 배울 중요 어휘를 따라 쓰며 익혀 보세요.

| 상 | 황 |

뜻 일이 되어가는 모양.

예 어떻게 된 상황인지 설명해 봐.

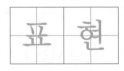
| 표 | 현 |

뜻 느낌이나 생각을 말이나 글, 몸짓 등으로 나타냄.

예 미안한 마음을 어떻게 표현해야 할지 모르겠어요.

화내지 말고 예쁘게 말해요 _ 안미연

• 정답 2쪽

내용 듣기

❶ 도치는 화를 내며 말을 하는 버릇이 있어요.

그래서 도치 별명은 버럭쟁이예요.

그러던 어느 날, 도치 머리 위에 손바닥만 한 구름이 생겼어요.

"저리 가! 귀찮단 말이야!"

도치가 **버럭버럭** 소리를 질러도 구름은 없어지지 않았어요.

중심 내용 | 화를 내며 말하는 버릇이 있는 도치의 머리 위에 손바닥만 한 구름이 생겼습니다.

❷ "내가 먼저 탈 거야!" / 도치는 친구 치치에게도 화를 냈어요.
듣는 사람을 생각하지 않고 하는 나쁜 말

치치가 도치보다 먼저 왔는데도 말이에요.

그러자 구름이 그림책만 하게 커졌어요.

번쩍! 우르르 쾅! / 구름에서 번개가 떨어지고 천둥이 쳤어요.

"구름 때문에 친구들이랑 놀 수가 없잖아."

도치는 슬퍼서 펑펑 울었어요.

중심 내용 | 도치가 친구에게 화를 내자 머리 위에 있던 구름이 커지며 번개가 떨어지고 천둥이 쳤고, 도치는 친구들과 놀 수 없었습니다.

• 글의 종류: 이야기
• 글의 특징: 나쁜 말 구름 덕분에 예쁜 말을 하게 된 도치를 보며 듣는 사람을 생각하며 자신의 기분을 말하는 것이 중요하다는 것을 알 수 있습니다.

▶ 글 ❶과 ❷에서 알 수 있는 도치의 기분

글 ❶	머리 위에 구름이 생겨 귀찮고 화가 남.
글 ❷	구름 때문에 친구들과 놀 수 없어 속상하고 슬픔.

버럭버럭 화가 나서 소리를 지르는 모양.

---

1 도치의 버릇은 무엇인가요? (   )
이해

① 화를 내며 말을 합니다.

② 뭐든지 귀찮아하며 미룹니다.

③ 친구의 말을 못 들은 척합니다.

④ 항상 작은 목소리로 말을 합니다.

⑤ 머리 위의 구름과 이야기를 나눕니다.

2 도치에게 일어난 일은 무엇인지 빈칸에 알맞은 말을 쓰세요.
이해

• 어느 날, 도치의 □□ 위에 손바닥만

한 구름이 생겼습니다.

3 도치에게 생긴 구름이 점점 커진 까닭으로 알맞은 것은 무엇인가요? (   )
이해

① 도치가 인사를 안 해서

② 도치가 밥을 잘 안 먹어서

③ 도치가 친구들을 자꾸 때려서

④ 도치가 어른들의 말을 안 들어서

⑤ 도치가 화를 내며 나쁜 말을 해서

4 글 ❶과 ❷에서 도치의 기분이 어떻게 바뀌었는지 알맞게 짝 지은 것은 무엇인가요?
추론

(   )

	글 ❶		글 ❷
①	귀찮아요.	→	좋아요.
②	귀찮아요.	→	슬퍼요.
③	궁금해요.	→	화나요.
④	궁금해요.	→	속상해요.
⑤	귀찮아요.	→	궁금해요.

❸ "이런, 나쁜 말 구름이잖아!"

어디선가 작은 양산을 쓴 할머니가 나타나 말했어요.
_{햇볕을 가리기 위해 쓰는 우산 모양의 물건.}
"나쁜 말 구름을 없애려면 말이다……."

할머니는 도치에게 소곤소곤 이야기해 주었어요.

중심 내용 | 작은 양산을 쓴 할머니가 나타나 도치에게 나쁜 말 구름을 없애는 방법을 알려 주셨습니다.

❹ ㉠도치는 놀이터에 갔어요.

그런데 친구들이 모두 도치를 모른 척했어요.

도치는 화가 났어요.

하지만 양산 할머니의 말씀이 떠올랐지요.

"얘들아, 난 너희들이랑 함께 놀면 좋겠어."

친구들은 깜짝 놀라 도치를 쳐다보았어요.

도치가 이렇게 예쁘게 말을 하다니요.

도치는 친구들과 사이좋게 놀 수 있어서 무척 기뻤어요.

이제 도치 머리 위에 있던 구름은 감쪽같이 사라졌어요.
_{꾸미거나 고친 것이 전혀 알아챌 수 없을 정도로 티가 나지 않게.}
중심 내용 | 도치가 양산 할머니의 말씀대로 친구들에게 예쁘게 말하자 구름이 사라졌습니다.

▶ 글 ❹에서 알 수 있는 도치의 기분

| 글 ❹ | 친구들과 놀 수 있게 되어서 기쁘고 행복함. |

• **작품 정리**

| ❶ 화를 내며 말하는 버릇이 있는 도치의 머리 위에 손바닥만 한 구름이 생김. |
| ↓ |
| ❷ 도치가 친구에게 화를 내자 머리 위의 구름이 커지며 번개가 떨어지고 천둥이 쳤고, 도치는 친구들과 놀 수 없게 됨. |
| ↓ |
| ❸ 작은 양산을 쓴 할머니가 나타나 도치에게 나쁜 말 구름을 없애는 방법을 알려 주심. |
| ↓ |
| ❹ 도치가 친구들에게 바르고 고운 말을 쓰자 구름이 사라짐. |

5 ㉠의 상황에서 도치가 듣는 사람을 생각하며 자신의 기분이 잘 드러나도록 말한 것의 기호를 쓰세요.
_{적용}

> ㉮ 속상해.
> ㉯ 나는 친구들이 놀이터에 온 나를 모른 척해서 화가 났어.

(   )

6 할머니께서 도치에게 해 주신 말씀은 무엇이었을지 알맞은 것에 ○표 하세요.
_{이해}

(1) 친구들에게 바르고 고운 말을 써야 한다. (   )

(2) 처음 보는 친구에게도 먼저 다가가 인사를 해야 한다. (   )

7 친구들이 깜짝 놀라 도치를 쳐다본 까닭은 무엇인지 빈칸에 알맞은 말을 쓰세요.
_{추론}

• 도치가 친구들에게 [   ] 말을 했기 때문입니다.

_{서술형}
8 친구들과 사이좋게 놀게 된 도치는 친구들에게 자신의 기분을 어떻게 말하였을지 쓰세요.
_{적용}

• 나는 너희들과 함께 놀 수 있어서 _____

도움말 도치는 친구들과 다시 사이좋게 놀며 어떤 기분이 들었을지 생각해 보아요.

9 다음 중 흉내 내는 말을 알맞게 사용해 문장을
어휘 만들지 <u>못한</u> 것은 무엇인가요? (   )

① 콩나물이 쑥쑥 자랍니다.
② 고양이가 살금살금 걸어갑니다.
③ 뒤에서 바스락 소리가 났습니다.
④ 거울이 떨어지며 쨍그랑 깨졌습니다.
⑤ 계곡에서 꾸벅꾸벅 물놀이를 했습니다.

★
10 자신의 기분을 말하는 방법으로 알맞은 것을
이해 모두 고르세요. (   )

① 너 때문이라고 말합니다.
② 자신의 기분을 화내며 말합니다.
③ '나'라는 말로 시작하며 말합니다.
④ 있었던 일과 자신의 기분을 말합니다.
⑤ 듣는 사람의 기분을 생각하며 말합니다.

11 듣는 사람의 기분을 생각하며 자신의 기분이
이해 가장 잘 드러나게 말한 것의 기호를 쓰세요.

> ㉮ 나는 무척 고마웠어.
> ㉯ 병원에 입원해서 걱정했어.
> ㉰ 나는 민지가 함께 놀자고 말해 줘서 기뻤어.

(   )

12 다음 상황에서 듣는 사람의 기분을 생각하며
이해 할 대답으로 알맞은 것에 ○표 하세요.

> 상황: 친구가 우산을 접다가 실수로 나에게
> 물을 튀겼을 때

> 친구: 미안해! 옷이 많이 젖었니?
> 나: _____

⑴ 너 일부러 그런 거지?   (   )
⑵ 너 때문에 옷이 다 젖었어.   (   )
⑶ 나는 옷이 젖어서 속상하지만 금방 마를
   테니까 괜찮아.   (   )

어법 더하기

13 다음 문장에 어울리는 알맞은 말에 ○표 하세요.
어휘

> 베짱이가 노래를 (부릅니다, 마십니다).

어법 더하기 ➕ **문장 만들기**

낱말을 활용하여 문장을 만들 때에는 '누가', '무
엇을', '어찌하다(어떻게 하다)'의 차례로 낱말을 씁
니다.

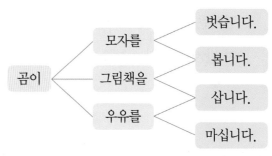

위의 낱말들을 사용해서 다음과 같은 여러 가지
문장을 만들 수 있습니다.
• 곰이 모자를 벗습니다.
• 곰이 그림책을 봅니다.
• 곰이 그림책을 삽니다.
• 곰이 우유를 마십니다.

|1~2| 다음 글을 읽고, 물음에 답하세요.

> 가을 하늘에 구름이 ㉠둥실둥실 떠 있습니다. 단풍나무의 잎이 가을바람에 살랑살랑 움직입니다. ㉡귀여운 고양이들이 소리를 내며 반겨 줍니다.

1 ㉠은 무엇을 흉내 내는 말인가요? ( )

① 구름이 커지는 모양
② 구름이 아래로 가라앉는 모양
③ 구름이 비를 만들며 내는 소리
④ 구름이 가볍게 떠서 움직이는 모양
⑤ 구름이 어딘가에 부딪히며 나는 소리

2 보기에서 알맞은 흉내 내는 말을 찾아 빈칸에 써넣어 ㉡을 실감 나게 바꾸어 쓰세요.

┌─보기─────────────────┐
│ 야옹   음매   짹짹 │
└──────────────────────┘

• 귀여운 고양이들이 [ ][ ] 소리를 내며 반겨 줍니다.

서술형
3 다음 빈칸에 알맞은 흉내 내는 말을 써넣어 문장을 완성하세요.

• 병아리가 [ ] 소리를 냅니다.

도움말 병아리가 어떤 소리를 내는지 떠올려 보아요.

|4~6| 다음 글을 읽고, 물음에 답하세요.

> 가 폴짝! 나만 뜀틀에 올랐어.
> 친구들 모두 날 부러워해.
> 내 마음이 반짝반짝, 보석처럼 반짝반짝!
> 나 블록으로 멋진 성을 만드는데, 민호가 달려들어 깜짝 놀랐어.
> 내 마음이 찌지직! 번개처럼 찌지직!
>
> 내가 만든 성이 와장창 무너졌어.
> 민호한테 너무 화가 나.
> 내 마음이 ㉠ , 화산처럼 ㉠ !

4 글 가와 나에서 '나'에게 일어난 일로 알맞지 않은 것은 무엇인가요? ( )

① 혼자만 뜀틀에 올랐습니다.
② 블록으로 성을 만들었습니다.
③ 민호와 심하게 다투었습니다.
④ '내'가 만든 성이 무너졌습니다.
⑤ 민호가 '내'가 있는 곳으로 달려들었습니다.

5 글 가와 나 중 다음 기분이 잘 나타나 있는 글의 기호를 쓰세요.

┌──────────────────────────┐
│   신나요   │
└──────────────────────────┘

글 ( )

6 ㉠에 들어갈 흉내 내는 말로 알맞은 것은 무엇인가요? ( )

① 스르륵   ② 후드득
③ 둥실둥실   ④ 뚝딱뚝딱
⑤ 우르릉 쾅쾅

7 다음 중 기분을 나타내는 말로 알맞지 <u>않은</u> 것은 무엇인가요? ( )

① 기뻐요.   ② 뿌듯해요.

③ 행복해요.   ④ 반가워요.

⑤ 인사해요.

8 기분을 나타내는 말을 알맞게 사용하여 자신에게 있었던 일을 말한 친구의 이름을 쓰세요.

> 서윤: 나는 달리기를 잘해요.
>
> 재이: 달리기 시합을 했는데 내가 이겼어요.
>
> 현우: 나는 달리기 시합에서 일등을 해서 뿌듯해요.

( )

| **9~11** | 다음 상황을 보고, 물음에 답하세요.

9 이 상황에서 주영이의 기분이 어떠했을지 알맞게 말한 친구에 ○표 하세요.

(1) 주영이는 민지에게 고마웠을 거야.

(2) 주영이는 민지 때문에 속상했을 거야.

( )   ( )

10 주영이가 민지에게 자신의 기분을 말하는 방법으로 알맞지 <u>않은</u> 것은 무엇인가요? ( )

① 무슨 일이 있었는지 생각해 봅니다.

② 그때의 솔직한 자신의 기분을 생각해 봅니다.

③ '나'라는 말로 시작하며 정리한 생각을 말합니다.

④ 있었던 일은 말하지 않고 자신의 기분만 말합니다.

⑤ 솔직하게 말했을 때 듣는 사람의 기분을 생각해 봅니다.

서술형
11 주영이는 민지에게 자신의 기분을 어떻게 말하였을지 생각하여 쓰세요.

• (1) ☐ 는 내가 만든 성이 무너져서 정말

(2) ☐ .

도움말 자신의 기분을 말할 때에는 어떤 말로 시작해야 하는지 생각하면서 주영이가 느꼈을 기분을 떠올려 씁니다.

12 다음 문장의 빈칸에 들어갈 기분을 나타내는 말로 알맞은 것은 무엇인가요? ( )

> 나는 동생이 아파서 _____.

① 지루해   ② 걱정돼

③ 즐거워   ④ 감사해

⑤ 괜찮아

| 13~14 | 다음 글을 읽고, 물음에 답하세요.

> **가** 어느 날, 도치 머리 위에 손바닥만 한 구름이 생겼어요. / "저리 가! 귀찮단 말이야!"
>
> 도치가 버럭버럭 소리를 질러도 구름은 없어지지 않았어요.
>
> "내가 먼저 탈 거야!"
>
> 도치는 친구 치치에게도 화를 냈어요.
>
> 치치가 도치보다 먼저 왔는데도 말이에요.
>
> 그러자 구름이 그림책만 하게 커졌어요.
>
> **나** "애들아, 난 너희들이랑 함께 놀면 좋겠어."
>
> 친구들은 깜짝 놀라 도치를 쳐다보았어요.
>
> 도치가 이렇게 예쁘게 말을 하다니요.
>
> 도치는 친구들과 사이좋게 놀 수 있어서 무척 기뻤어요. / 이제 도치 머리 위에 있던 구름은 감쪽같이 사라졌어요.

13 도치 머리 위에 생긴 구름에 대한 설명으로 알맞은 것에 ○표 하세요.

(1) 도치가 화를 내고 나쁜 말을 하면 크기가 커집니다. ( )

(2) 도치가 버럭버럭 소리를 지를 때마다 크기가 작아집니다. ( )

14 글 **가**와 **나**의 상황에서 도치가 듣는 사람을 생각하며 자신의 기분을 알맞게 말한 것의 기호를 쓰세요.

> ㉮ 글 **가**: 나는 머리 위에 생긴 구름이 없어지지 않고 크기가 커져서 당황스러웠어.
>
> ㉯ 글 **나**: 바르고 고운 말을 쓰니까 머리 위의 구름이 없어졌어.

( )

15 다음 글을 읽고, 물음에 답하세요.

> 친구들 앞에서 노래를 불렀어.
>
> 떨려서 노랫말이 떠오르지 않아.
>
> 내 마음이 꽁꽁, 얼음처럼 꽁꽁!

1단계 이 글에 쓰인 흉내 내는 말을 찾아 쓰세요.

· '☐☐'이 이 글에 쓰인 흉내 내는 말입니다. 이 말은 '어떤 것이 몹시 단단하게 얼어있는 모양.'을 나타냅니다.

도움말 이 글에서 소리나 모양을 나타내는 말을 찾아보아요.

2단계 **1단계**에서 찾은 흉내 내는 말을 넣어 **보기**처럼 문장을 만들어 쓰세요.

보기

반짝반짝	밤하늘의 별이 반짝반짝 빛나고 있습니다.
후드득	빗방울이 후드득 지붕 위로 떨어집니다.

_____

_____

도움말 **1단계**에서 찾은 흉내 내는 말이 어떤 상황에 쓰였는지, 뜻은 무엇인지 다시 살펴보고 말의 뜻이 잘 나타나게 문장을 만들어 보아요.

누구의 집일까요?

벌들이 자신의 집을 찾아갈 수 있도록 낱말에 알맞은 뜻을 찾아 선으로 이으세요.

(1) 흉내

(2) 실감

(3) 기분

(4) 표현

① 사람이나 사물의 소리, 행동 등을 그대로 옮기는 것.

② 기쁨, 즐거움, 슬픔, 화남 같은 마음.

③ 있는 그대로, 진짜처럼 겪고 있는 느낌.

④ 느낌이나 생각을 말이나 글, 몸짓 등으로 나타냄.

거꾸로 정답 ❹ (4) , ❷ (3) , ❸ (2) , ❶ (1)

2

낱말을 정확하게 읽어요

학습 진도표

회차	백점 쪽수	오늘 학습할 내용	학습 주제
1	28~31쪽	개념+어휘+교과서 지문	글자의 짜임 알기 / 받침이 있는 낱말 바르게 읽고 쓰기
2	32~35쪽	개념+어휘+교과서 지문	받침에 주의하며 문장 쓰기 / 「대단한 참외씨」
3	36~39쪽	개념+어휘+교과서 지문	서연이가 학교 신문에 쓴 글 / 「다니엘의 멋진 날」 / 마무리하기
4	40~43쪽	대단원 평가+낱말 놀이터	

대단원 미리 보기

겹받침이 있는
글자의 짜임을 알아요.

'흙'은
[흑]이라고
읽어요.

겹받침이 있는 낱말을 바르게
발음하며 읽고 써요.

사용한 물건을 제자리에 두자

1학년 김서연

나는 물건을 쓰고 나서 제자리에 둡니
다. 그렇게 하면 다음에 그 물건을 쓰려
고 할 때 빨리 찾을 수 있습니다. 하지만
내 동생은 풀이나 가위와 같은 물건을
쓰고 나서 아무 데나 둡니다.

글을 읽고 **글쓴이**가
하고 싶은 말을 찾아요.

어떤 날이
멋진 날일까?

다니엘의
멋진 날

이야기를 읽고 인물의
생각을 알아보아요.

개념 받침이 있는 글자

- 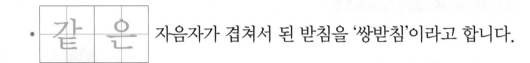 같 은 자음자가 겹쳐서 된 받침을 '쌍받침'이라고 합니다.

- 서로 다 른 두 개의 자음자로 이루어진 받침을 '겹받침'이라고 합니다.

- 낱말의 받침에 자음자가 두 개 있어도 한 개만 소리 납니다.

개념 확인 알맞은 것을 고르며 오늘의 개념을 확인해 보세요.

(1) '밟'은 겹받침이 있는 글자입니다. (○ , ×)

(2) 낱말의 받침에 자음자가 두 개 있으면 두 개가 모두 소리 납니다.

(○ , ×)

문해력을 높이는 어휘

- 오늘 배울 중요 어휘를 따라 쓰며 익혀 보세요.

쌍 받 침

뜻 같은 자음자 두 개로 이루어진 받침.

예 '밖'의 받침은 쌍받침입니다.

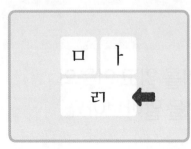

겹 받 침

뜻 서로 다른 두 개의 자음자로 이루어진 받침.

예 '맑'의 받침은 겹받침입니다.

글자의 짜임 알기

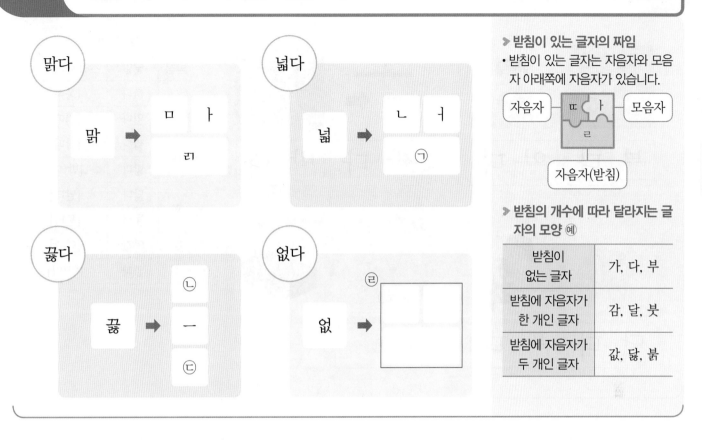

맑다

맑 ➡ ㅁ ㅏ / ㄹㄱ

넓다

넓 ➡ ㄴ ㅓ / ㉠

끓다

끓 ➡ ㉡ / ㅡ / ㉢

없다

㉣

없 ➡

➤ 받침이 있는 글자의 짜임
• 받침이 있는 글자는 자음자와 모음자 아래쪽에 자음자가 있습니다.

자음자 — ㄸ ㅏ / ㄹ — 모음자

자음자(받침)

➤ 받침의 개수에 따라 달라지는 글자의 모양 예

받침이 없는 글자	가, 다, 부
받침에 자음자가 한 개인 글자	감, 달, 붓
받침에 자음자가 두 개인 글자	값, 닳, 붉

2단원 1회

---

1 받침에 자음자가 두 개인 글자를 모두 찾아 색
이해 칠하세요.

싫   운   즐   넓

흙   강   없   어

2 다음 두 낱말의 받침이 어떻게 다른지 빈칸에
추론 알맞은 자음자를 쓰세요.

낚다   밟다

• '낚'의 받침에는 같은 자음자인 (1)[   ]이 겹
쳐서 된 쌍받침이 있고, '밟'의 받침에는 서로
다른 두 개의 자음자인 (2)[   ]과 (3)[   ]
으로 이루어진 겹받침이 있습니다.

3 ㉠에 들어갈 알맞은 받침은 무엇인가요?
적용   (   )

① ㄹㄱ   ② ㄹㅎ   ③ ㅄ
④ ㅆ   ⑤ ㄹㅐ

4 ㉡과 ㉢에 들어갈 자음자는 각각 무엇인지 쓰
적용 세요.

(1) ㉡: (   )
(2) ㉢: (   )

★
5 글자의 짜임을 생각하며 ㉣에 들어갈 알맞은
적용 자음자와 모음자, 받침을 쓰세요.

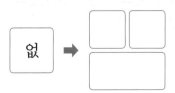

없 ➡

붉 다 읽 다
ⓒ   ⓒ

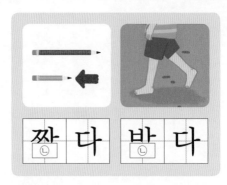

짧 다 밟 다
ⓒ   ⓒ

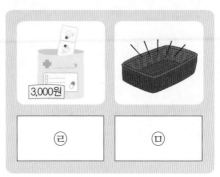

닳 다 뚫 다
ⓒ   ⓒ

3,000원

ⓒ   ⓒ

▶ 낱말 바르게 읽기

받침	낱말	소리 내어 읽기
ㄺ	붉다	[북따]
	읽다	[익따]
ㄼ	짧다	[짤따]
	밟다	[밥:따]
ㅀ	닳다	[달타]
	뚫다	[뚤타]
ㅄ	약값	[약깝]
	없다	[업:따]

6
이해
그림에 어울리는 낱말이 되도록 ㉠과 ㉡에 들어갈 알맞은 받침을 찾아 선으로 이으세요.

(1) [㉠] •　　　• ㉮ [ㄼ]

(2) [㉡] •　　　• ㉯ [ㄺ]

7
적용
㉢에 공통으로 들어갈 받침으로 알맞은 것은 무엇인가요? (　　　)

① ㄺ　　　② ㄼ　　　③ ㅀ

④ ㅄ　　　⑤ ㄲ

8
추론
보기에서 알맞은 받침을 찾아 빈칸에 써넣어 ㉣과 ㉤에 들어갈 낱말을 완성하세요.

┌─ 보기 ─────────────────┐
　　　ㄺ　　ㄼ　　ㅀ　　ㅄ
└──────────────────────┘

(1) 약 가　　　(2) 어 다

서술형

9
적용
다음 낱말을 사용하여 그림의 내용에 알맞은 문장을 쓰세요.

┌────────────────────┐
　　　　　맑다
└────────────────────┘

_____

_____

도움말 그림에서 하늘이나 바다의 모습이 어떠한지 살펴보아요.

받침이 있는 낱말 바르게 읽고 쓰기

• 정답 3쪽

ㄱ

흙   늙다

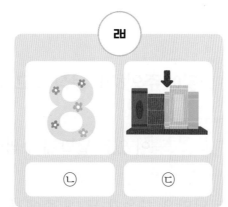

ㄼ

ⓛ   ⓒ

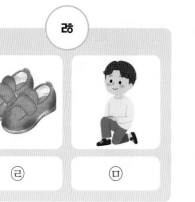

ㄾ

ⓔ   ⓜ

ㅄ

9-7=2

할머니의 사랑

ⓗ틀림업다   ⓢ끝업다

▶ 낱말 바르게 읽기

받침	낱말	소리 내어 읽기
ㄹㄱ	흙	[흑]
	늙다	[늑따]
ㄹㅂ	여덟	[여덜]
	얇다	[얄:따]
ㄹㅎ	닳다	[달타]
	끓다	[꿀타]
ㅄ	틀림없다	[틀리멉따]
	끝없다	[끄덥따]

▶ 겹받침이 쓰인 낱말 더 알아보기

받침	낱말
ㄹㄱ	맑다, 굵다
ㄹㅂ	밟다, 짧다
ㄹㅎ	잃다, 끓다
ㅄ	없다, 가엾다

2단원
1회

---

10 ㄱ에 들어갈 받침으로 알맞은 것은 무엇인가
이해 요? (   )

① ㄱ   ② ㄹㄱ   ③ ㄹㅂ
④ ㄹㅎ   ⑤ ㅄ

11 ⓛ과 ⓒ에 들어갈 알맞은 낱말을 찾아 선으로
적용 이으세요.

(1) [ⓛ] •   • ㉮ 얇다

(2) [ⓒ] •   • ㉯ 여덟

12 알맞은 받침을 써넣어 ⓔ과 ⓜ에 들어갈 낱말
추론 을 완성하세요.

(1)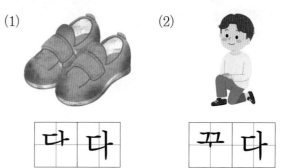

다 다

(2)

꾸 다

13 ⓗ과 ⓢ에서 잘못 쓴 부분을 찾아 바르게 고쳐
적용 쓰세요.

(1) 틀림업다 ➡ 틀 림   다

(2) 끝업다 ➡ 끝   다

나의 실력에 색칠하세요.

😆 🙂 😣

2. 낱말을 정확하게 읽어요 • 31

개념   겹받침이 있는 낱말에 주의하며 문장 쓰고 읽기

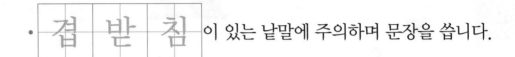

- | 겹 | 받 | 침 | 이 있는 낱말에 주의하며 문장을 씁니다.

- 겹받침이 있는 낱말은 자음자 두 개 중에서 하나만 발음하여 읽습니다.

낱말	발음
흙이	[흘기]
흙 속에	[흑쏘게]

개념 확인   알맞은 것을 고르며 오늘의 개념을 확인해 보세요.

(1) '흙이'는 [흘기]로 발음합니다. (○ , ×)

(2) '흙 속에'는 [흘쏘게]로 발음합니다. (○ , ×)

문해력을 높이는 어휘

- 오늘 배울 중요 어휘를 따라 쓰며 익혀 보세요.

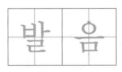
| 발 | 음 |

🟠 말의 소리를 내는 일, 또는 그 소리.

🟠 정확한 발음으로 글을 읽어요.

| 흙 |

🟠 바위가 작게 부서진 것으로, 지구의 겉을 이루는 물질.

🟠 흙에서 새싹이 나왔어요.

받침에 주의하며 문장 쓰기

• 정답 4쪽

1 빈칸에 들어갈 알맞은 낱말을 찾아 선으로 이
이해 으세요.

(1) 불빛이 [　　]. • • ㉮ 넓다

(2) 들판이 [　　]. • • ㉯ 밝다

2 **보기**에서 낱말에 들어갈 알맞은 받침을 찾아
적용 써넣어 문장을 완성하세요.

보기
ㄹㄱ　　ㅀ　　ㅄ　　ㄹㅐ

(1) 물이 | 어 |　| 다 |.

(2) 감기를 | 아 |　| 다 |.

3 다음 중 바르게 쓴 낱말에 ○표 하세요.
적용

(1) 바구니에 사과가 [업다. / 없다.]

(2) 연우는 학교에서 우산을 [잃어버렸다. / 일어버렸다.]

4 **보기**에서 알맞은 낱말을 골라 써넣어 문장을
적용 완성하세요.

보기
끓다　　넓다　　읽는다　　긁는다

(1) 학교 운동장이 [　　　　]．

(2) 철수가 머리를 [　　　　]．

5 다음 문장의 밑줄 친 낱말을 바르게 고친 것에
추론 는 ○표, 바르게 고치지 못한 것에는 ×표 하
세요.

(1)
연필심이 달았다.
　　　→닳았다

(　)

(2)
필통에 연필이 업다.
　　　→엇다

(　)

(3)
크레파스의 길이가 연필의 길이보다
짧다.
　→짤다

(　)

6 다음 문장에서 밑줄 친 글자를 바르게 고쳐 쓰
적용 세요.

닥과 병아리가 모이를 먹는다.

[⊞]

대단한 참외씨 _임수정

• 정답 4쪽

❶ "휴, 간신히 살았네. 하마터면 잡아먹힐 뻔했어."

<u>참외씨</u> 한 개가 **탈출**을 했네요!
주인공

철이가 쓰윽 입을 닦아요.

"아이코! 세상은 무시무시한 곳이구나."

참외씨는 **재빨리** 팔꿈치로 도망갔어요.

"두 번째 탈출 성공!"

중심 내용 | 참외씨 한 개가 탈출하여 철이의 입에서 팔꿈치로 도망갔습니다.

❷ 참외씨는 달리기 시작했어요.

"어딜 그리 **바삐** 가는 게야?"

"탈출하는 중이에요. 그런데 할아버지는 누구세요?"

"바람 따라 여기저기 떠돌아다니는 먼지란다."

중심 내용 | 참외씨는 달려가다가 철이의 옷 위에서 먼지 할아버지를 만났습니다.

• **글의 종류:** 이야기
• **글의 특징:** 철이가 먹은 참외에서 탈출한 참외씨가 참외가 되기 위해 흙을 찾아가는 이야기로, 겹받침이 있는 낱말에 주의하며 읽어 봅니다.

탈출 어떤 상황에서 빠져나옴.
재빨리 동작이 빠르게.
바삐 몹시 급하게.

7 글 ❶에서 참외씨가 한 일은 무엇인가요?
이해
( )

① 철이의 입으로 도망갔습니다.
② 철이의 발꿈치로 도망갔습니다.
③ 함께 탈출할 친구를 모았습니다.
④ 철이에게 자신을 먹지 말라고 했습니다.
⑤ 철이가 먹던 참외에서 탈출하여 팔꿈치로 도망갔습니다.

9 낱말의 알맞은 뜻을 찾아 기호를 쓰세요.
어휘

㉮ 아주 많이 무섭다.
㉯ 겨우. 매우 힘들게.
㉰ 조금만 잘못했더라면. 위험한 상황을 겨우 벗어났을 때 쓰는 말.

낱말	뜻
간신히	(1)
하마터면	(2)
무시무시하다	(3)

10 보기 에서 알맞은 낱말을 찾아 써넣어 문장을
적용 완성하세요.

┌ 보기 ─────────────────────
  간신히   하마터면   무시무시한
└──────────────────────────

• [   ] 우유를 쏟을 뻔했습니다.

8 글 ❷에서 참외씨가 만난 인물은 누구인가요?
이해
( )

① 철이   ② 나비
③ 개미   ④ 바람
⑤ 먼지

❸ "그럼, 혹시 흙이 어디 있는지 아세요? 제 꿈은 흙 속에 들어가서

달고 맛있는 참외가 되는 거예요."

"음, 참외가 되는 건 쉽지 않아. 세상은 아주 넓고 위험하거든."

"그래도 전 꼭 참외가 될 거예요!"

"네 꿈이 그렇다면 알려 주지. 흙은 말이야……."

중심 내용 | 참외씨는 자신의 꿈은 참외가 되는 것이라며 먼지 할아버지에게 흙이 어디 있는지 아시냐고 물었습니다.

❹ 그런데 그때 세상이 흔들리기 시작했어요.
　　　　　　　　　　철이가 자전거를 타서

"으악! 어딜 가는 거야?"

참외씨는 휘리릭 날아가다가…….

고양이 꼬리에 톡! / 앞 발등에 통!
참외씨가 날아간 곳 ①　　　　참외씨가 날아간 곳 ②

나비 날개에 매달려 흔들흔들
참외씨가 날아간 곳 ③

"참외씨 살려!"

툭! – 참외씨가 흙 속에 떨어짐.

㉠"휴, 이제 살았네."

중심 내용 | 철이가 자전거를 타서 참외씨는 날아가게 되었고, 결국 흙 속에 도착했습니다.

▸ **받침에 주의하며 문장 읽기**

• 흙이 어디 있는지 아세요?
• 흙 속에 들어가서 달고 맛있는 참외가 되는 거예요.

→ '흙이'는 [흘기]로 발음하고, '흙 속에'는 [흑쏘게]로 발음합니다.

• **작품 정리**

❶ 참외씨 한 개가 탈출해서 철이의 팔꿈치로 도망감.

↓

❷~❸ 참외씨는 먼지 할아버지를 만나 자신의 꿈은 참외가 되는 것이라며 흙이 있는 곳을 물어봄.

↓

❹ 철이가 자전거를 타자 참외씨는 날아가다가 흙에 떨어짐.

2
단원

2회

---

11 참외씨가 흙을 찾아다니는 까닭은 무엇인가
이해 요? (　　　)

① 흙 속에 숨고 싶기 때문에
② 흙으로 집을 만들고 싶기 때문에
③ 흙 속에 재미있는 것이 많기 때문에
④ 흙에서 친구와 만나기로 했기 때문에
⑤ 흙 속에 들어가서 달고 맛있는 참외가 되는 것이 꿈이기 때문에

서술형

12 먼지 할아버지는 세상을 어떤 곳이라고 했는
이해 지 쓰세요.

• 세상은 _____

_____ 곳이라고 했습니다.

도움말 먼지 할아버지가 참외가 되는 것이 쉽지 않다고 말한 까닭을 찾아보아요.

13 ㉠으로 보아 참외씨가 마지막으로 도착한 곳
추론 은 어디일까요? (　　　)

① 흙　　　　　② 바다
③ 참외　　　　④ 자전거
⑤ 고양이 등

★

14 다음 문장의 밑줄 친 글자를 바르게 읽은 친구
적용 에게 ○표 하세요.

흙이 어디 있는지 아세요?

(1) [흐기]　　　　(2) [흘기]

(　　　)　　　　　（　　　）

나의 실력에 색칠하세요.

개념 글쓴이가 하고 싶은 말을 찾는 방법

• 글의 [제 목] 이 무엇인지 살펴봅니다.

> 글쓴이가 글에서 전하고 싶은 생각을 '글쓴이의 생각' 이라고 해요.

• 글쓴이가 글을 쓴 [까 닭] 이 무엇인지 찾아봅니다.

• 글쓴이가 누구인지 알고 글쓴이가 하고 싶은 말을 찾아봅니다.

개념 확인 알맞은 것을 고르며 오늘의 개념을 확인해 보세요.

(1) 제목에서는 글쓴이가 하고 싶은 말을 알 수 없습니다. (○ , ×)

(2) 글쓴이가 글을 쓴 까닭을 찾아보면 글쓴이가 하고 싶은 말을 알 수 있습니다. (○ , ×)

문해력을 높이는 어휘

• 오늘 배울 중요 어휘를 따라 쓰며 익혀 보세요.

[글 쓴 이]

뜻 글을 쓴 사람.

예 글쓴이가 하고 싶은 말을 생각하며 글을 읽어요.

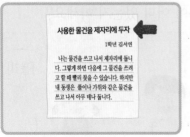

[제 목]

뜻 글이나 영화 등에서, 중심이 되는 내용을 나타내기 위해 붙이는 이름.

예 글의 제목을 살펴보아요.

서연이가 학교 신문에 쓴 글

• 정답 4쪽

㉠사용한 물건을 제자리에 두자

1학년 김서연

나는 물건을 쓰고 나서 제자리에 둡니다. 그렇게 하면 ㉡다음에 그
물건을 제자리에 두면
물건을 쓰려고 할 때 빨리 찾을 수 있습니다. 하지만 내 동생은 풀이나
가위와 같은 물건을 쓰고 나서 아무 데나 둡니다. 그래서 ㉢다음에 쓰
려면 한참을 찾아야 합니다.

물건을 쓰고 나서 제자리에 둡시다. 그렇게 해야 물건을 쉽고 빠르
게 찾을 수 있습니다.

중심 내용 | 물건을 쓰고 나서 제자리에 두어야 물건을 쉽고 빠르게 찾을 수 있습니다.

• **글의 특징:** 서연이가 학교 신문에 쓴 글로, 서연이가 하고 싶은 말이 무엇인지 생각하며 읽을 수 있습니다.

2
단원
3회

제자리 처음부터 있던 자리.
한참 시간이 꽤 지나는 동안.

1 이 글을 쓴 사람은 누구인지 쓰세요.
이해

(   )

2 글쓴이와 동생의 습관을 알맞게 찾아 선으로
이해 이으세요.

(1) | 글쓴이 | •

• ㉮ | 물건을 쓰고 나서 아무 데나 둠.

(2) | 동생 | •

• ㉯ | 물건을 쓰고 나서 제자리에 둠.

3 글쓴이처럼 행동하면 좋은 점은 무엇이라고
이해 하였나요? (   )

① 물건을 잃어버리지 않습니다.
② 물건을 깨끗하게 쓸 수 있습니다.
③ 선생님께 칭찬을 받을 수 있습니다.
④ 친구들과 사이좋게 지낼 수 있습니다.
⑤ 다음에 물건을 쓸 때 빠르게 찾을 수 있습니다.

★
4 ㉠~㉢ 중 글쓴이가 하고 싶은 말이 가장 잘
주제 나타난 부분의 기호를 쓰세요.

(   )

디지털 문해력

5 학급 누리집의 글을 읽고 글쓴이가 하고 싶은
추론 말로 알맞은 것을 찾아 ○표 하세요.

자전거를 안전하게 타자

자전거를 타면 건강에 좋고, 가려는 곳에 빠르게 도착할 수 있습니다. 그러나 안전하게 타지 않으면 다칠 수 있으므로 조심해야 합니다.
자전거를 안전하게 타려면 반드시 안전모를 써야 합니다. 또한 너무 빠르게 달리면 위험하므로, 적당한 속도로 자전거를 타고 내리막길에서는 타지 말아야 합니다.

(1) 자전거를 안전하게 탑시다.   (   )
(2) 자전거를 배울 때에는 조심해야 합니다.
(   )
(3) 자전거는 위험하므로 타지 말아야 합니다.
(   )

다니엘의 멋진 날 _ 미카 아처

• 정답 4쪽

❶ 다니엘은 여러 이웃과 잘 알고 지내요.
　　　　　가까이 사는 사람

다니엘이 할머니 집에 갈 때면 이웃들이 인사하지요, "멋진 날 보내렴!"
　　　　　　　　　　　　　　　　　　　이웃들이 다니엘에게 하는 인사

"잠깐만요." 하고 다니엘이 산체스 부인에게 물어요.

"어떤 날이 멋진 날이에요?"
　다니엘이 궁금한 것

산체스 부인이 대답해요.

"하늘이 이렇게 맑아서 페인트칠하기 좋은 날이란다."

"어떤 날이 멋진 날이야?"

다니엘은 연을 들고 공원으로 가는 에마 누나에게 물어요.

"바람이 씽씽 불어서 **연** 날리기 좋은 날!" / 에마가 대답해요.

㉠건널목 안전 ㉡요원이 대답해요.

"나의 멋진 날은 모두들 안전하게 ㉢귀가하는 날."

다니엘이 할머니 집에 도착하자 할머니가 대답해요.

"나의 멋진 날은 우리 다니엘이 할머니를 꼭 안아 주는 날이란다!"

중심 내용 | 다니엘은 이웃들에게 어떤 날이 멋진 날인지 물어보았습니다.

❷ 다니엘이 집에 도착하자 엄마가 물어요.

"오늘 하루 어땠니, 다니엘?" / "아주 멋진 날이었어요!"
　　　　　　　다니엘이 생각하는 멋진 날 – 할머니 집에 가는 날

중심 내용 | 오늘 하루가 어땠냐는 엄마의 물음에 다니엘은 아주 멋진 날이었다고 대답했습니다.

• 글의 종류: 이야기
• 글의 특징: 다니엘이 이웃들에게 어떤 날이 멋진 날인지를 묻고 대답을 듣는 내용으로, 인물의 생각을 알아볼 수 있습니다.

▶ 인물의 생각을 알아보는 방법
• 이야기에 나오는 인물을 알아봅니다.
• 인물이 한 말과 행동을 살펴봅니다.

• 작품정리

❶ 다니엘은 멋진 날을 보내라는 이웃들의 인사를 듣고, 이웃들에게 어떤 날이 멋진 날인지 물음.

↓

❷ 다니엘은 엄마께 오늘 하루가 아주 멋진 날이었다고 말함.

연 가는 대나무 줄기로 만든 틀에 얇은 종이를 붙여 실에 매어 공중에 날리는 장난감.

6
이해
인물들이 생각하는 멋진 날을 선으로 이으세요.

(1) 산체스 부인 •　• ㉮ 다니엘이 꼭 안아 주는 날

(2) 에마 누나 •　• ㉯ 모두들 안전하게 귀가하는 날

(3) 안전 요원 •　• ㉰ 하늘이 맑아서 페인트칠하기 좋은 날

(4) 할머니 •　• ㉱ 바람이 씽씽 불어서 연 날리기 좋은 날

7
어휘
㉠~㉢ 중 뜻에 알맞은 낱말의 기호를 쓰세요.

낱말	뜻
(1)	집으로 돌아감.
(2)	길을 건널 수 있게 정해진 곳.
(3)	어떤 일을 하는 데 꼭 필요한 사람.

(서술형)

8
감상
자신에게 멋진 날은 어떤 날인지 쓰세요.

_____

_____

도움말 이야기에 등장하는 인물들이 생각하는 멋진 날을 살펴보고 자신이 멋진 날이라고 생각했던 경험을 떠올려 보아요.

9 밑줄 친 낱말이 바르게 쓰인 문장은 무엇인가
이해 요? (   )

① 책을 <u>익었다</u>.
② 네 생각이 <u>옳다</u>.
③ <u>물건갑</u>이 비싸다.
④ <u>흑</u> 속에 들어가다.
⑤ 머리를 양쪽으로 <u>묵었다</u>.

|10~12| **다음 글을 읽고, 물음에 답하세요.**

> 준호야, 안녕?
> 지난번에 내가 넘어졌을 때 기억나?
> 그때 나는 넘어져서 발도 아프고 친구들도 쳐다봐서 많이 부끄러웠어. 그런데 네가 다가와서 괜찮냐고 물어보고 일으켜 주었어. 그때 고맙다는 말을 제대로 하지 못했어. 준호야, 정말 고마워. 다음에 네가 힘든 일이 있을 때 내가 꼭 도와줄게.
>
> 민혁이가

10 이 글에 대한 설명으로 알맞은 것은 무엇인가
특징 요? (   )

① 마음을 전하는 편지글입니다.
② 오늘 있었던 일을 쓴 일기입니다.
③ 책을 읽고 느낀 점을 쓴 글입니다.
④ 그림과 글을 함께 담은 그림책입니다.
⑤ 자신의 생각과 그 까닭을 쓴 글입니다.

11 이 글을 쓴 사람은 누구인지 쓰세요.
이해
(   )

12 이 글의 글쓴이가 하고 싶은 말은 무엇인가
추론 요? (   )

① 친구가 되어 주어서 고맙다는 것입니다.
② 넘어졌을 때 도와줘서 고맙다는 것입니다.
③ 넘어졌을 때 쳐다봐서 부끄러웠다는 것입니다.
④ 발이 아프니 앞으로도 계속 도와 달라는 것입니다.
⑤ 넘어졌을 때 괜찮냐고 물어보지 않아서 속상했다는 것입니다.

어법 더하기

13 낱말을 바르게 읽지 <u>않은</u> 것은 무엇인가요?
어법
(   )

	낱말	발음
①	널뛰기	[널ː뛰기]
②	다람쥐	[다람쥐]
③	주사위	[주사위]
④	까마귀	[까마기]
⑤	가위바위보	[가위바위보]

어법 더하기 ⊕ **모음 'ㅟ'의 발음**

모음 'ㅟ'는 입술을 둥글게 하여 발음하고, 'ㅣ'로 발음하지 않도록 주의해야 합니다.

낱말	발음
가위	[가위]
뛰다	[뛰다]
귀여운	[귀ː여운]

나의 실력에 색칠하세요.
😄 🙂 😣

2
단원

3회

1 다음 낱말에 쓰인 받침의 종류로 알맞은 것을 찾아 선으로 이으세요.

(1) 낚다 •

(2) 밟다 •

• ㉮ 겹받침

• ㉯ 쌍받침

2 다음 글자의 짜임을 생각하며 빈칸에 알맞은 받침을 쓰세요.

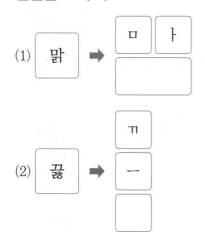

(1) 맑 ➡ ㅁ ㅏ [ ]

(2) 끊 ➡ ㄲ ㅡ [ ]

3 빈칸에 공통으로 들어갈 알맞은 받침은 무엇인가요? ( )

짜다	바다

① ㅀ ② ㄺ ③ ㄼ

④ ㄾ ⑤ ㅄ

4 바르게 쓴 문장에 ○표 하세요.

(1) 낙엽이 북다. ( )

(2) 낙엽이 붉다. ( )

5 보기 에서 알맞은 낱말을 골라 써넣어 문장을 완성하세요.

보기
읽다 넓다 앓다

(1) 들판이 [ ][ ].

(2) 감기를 [ ][ ].

6 밑줄 친 낱말이 바르게 쓰인 문장은 무엇인가요? ( )

① 불빛이 <u>박다</u>.

② 연필심이 <u>달다</u>.

③ 바구니에 사과가 <u>업다</u>.

④ <u>닥</u>과 병아리가 모이를 먹는다.

⑤ 크레파스의 길이가 연필의 길이보다 <u>짧다</u>.

| 7~10 | 다음 글을 읽고, 물음에 답하세요.

> "휴, 간신히 살았네. 하마터면 잡아먹힐 뻔했어."
>
> 참외씨 한 개가 탈출을 했네요!
>
> 철이가 쓰윽 입을 닦아요.
>
> "아이코! 세상은 무시무시한 곳이구나."
>
> 참외씨는 재빨리 팔꿈치로 도망갔어요.
>
> "두 번째 탈출 성공!"
>
> 참외씨는 달리기 시작했어요.
>
> "어딜 그리 바삐 가는 게야?"
>
> "탈출하는 중이에요. 그런데 할아버지는 누구세요?"
>
> "바람 따라 여기저기 떠돌아다니는 먼지란다."
>
> "그럼, 혹시 흙이 어디 있는지 아세요? 제 꿈은 흙 속에 들어가서 달고 맛있는 참외가 되는 거예요."
>
> "음, ㉠참외가 되는 건 쉽지 않아. 세상은 아주 넓고 위험하거든."
>
> "그래도 전 꼭 참외가 될 거예요!"

7 참외씨가 만난 인물은 누구인지 쓰세요.

( )

8 참외씨의 꿈은 무엇인가요? ( )

① 세상을 여행하는 것
② 다른 참외를 만나는 것
③ 먼지처럼 떠돌아다니는 것
④ 달고 맛있는 참외가 되는 것
⑤ 사람들에게서 멀리 도망치는 것

9 ㉠과 같이 말한 까닭은 무엇인가요? ( )

① 날씨가 너무 춥기 때문에
② 참외씨에게 샘이 났기 때문에
③ 시간이 아주 오래 걸리기 때문에
④ 세상은 아주 넓고 위험하기 때문에
⑤ 흙이 남아 있는 곳이 별로 없기 때문에

10 이 글에 쓰인 겹받침이 있는 낱말을 읽는 방법을 바르게 말한 친구에 ○표 하세요.

'흙 속에'는 [흘쏘게]로 읽어야 해. (1)

'흙 속에'는 [흑쏘게]로 읽어야 해. (2)

( ) ( )

11 글을 읽으며 글쓴이가 하고 싶은 말을 찾는 방법을 알맞게 말한 친구의 이름을 모두 쓰세요.

> 수현: 글의 제목을 살펴봐야 해.
> 이준: 글의 첫 번째 문장만 살펴보면 돼.
> 윤서: 글쓴이가 글을 쓴 까닭을 찾아야 해.

( )

| 12~14 | 다음 글을 읽고, 물음에 답하세요.

> **가** 다니엘이 할머니 집에 갈 때면 이웃들이 인사하지요, "멋진 날 보내렴!" / "잠깐만요."
> 하고 다니엘이 산체스 부인에게 물어요.
> "어떤 날이 멋진 날이에요?"
> 산체스 부인이 대답해요. / "하늘이 이렇게 맑아서 페인트칠하기 좋은 날이란다."
> **나** 다니엘은 연을 들고 공원으로 가는 에마 누나에게 물어요. / "바람이 씽씽 불어서 연 날리기 좋은 날!" / 에마가 대답해요.
> 건널목 안전 요원이 대답해요.
> "나의 멋진 날은 모두들 안전하게 귀가하는 날."

12 이웃들이 다니엘에게 어떻게 인사하는지 찾아 쓰세요.

(   )

13 다니엘이 이웃들에게 물어본 것은 무엇인가요? (   )

① 어떤 날이 멋진 날인가요?
② 어떤 날을 좋아하지 않나요?
③ 맑은 날에는 어떤 일을 하나요?
④ 페인트칠은 어떻게 해야 하나요?
⑤ 인사를 잘하는 방법은 무엇인가요?

14 문제 **13**번의 답에 대해 이웃들의 생각을 알맞게 짝 지은 것에 모두 ○표 하세요.

(1) 안전 요원: 모두들 안전하게 귀가하는 날
(   )

(2) 산체스 부인: 하늘이 맑아서 페인트칠하기 좋은 날
(   )

(3) 에마 누나: 바람이 씽씽 불어서 자전거 타기 좋은 날
(   )

15 다음 글을 읽고, 물음에 답하세요.

사용한 물건을 제자리에 두자

1학년 김서연

> 나는 물건을 쓰고 나서 제자리에 둡니다. 그렇게 하면 다음에 그 물건을 쓰려고 할 때 빨리 찾을 수 있습니다. 하지만 내 동생은 풀이나 가위와 같은 물건을 쓰고 나서 아무 데나 둡니다. 그래서 다음에 쓰려면 한참을 찾아야 합니다.
> 물건을 쓰고 나서 제자리에 둡시다. 그렇게 해야 물건을 쉽고 빠르게 찾을 수 있습니다.

1단계 서연이와 동생의 습관은 어떻게 다른지 쓰세요.

서연	물건을 쓰고 나서 (1) _____에 둠.
동생	물건을 쓰고 나서 (2) _____ 둠.

도움말 서연이와 동생이 물건을 쓰고 나서 각각 어디에 둔다고 하였는지 찾아 써요.

2단계 이 글에서 서연이가 하고 싶은 말은 무엇인지 쓰세요.

_____

_____

도움말 글의 제목과 서연이가 글을 쓴 까닭을 살펴보아요.

어떤 색으로 색칠할까요?

글자의 받침에 자음자가 하나인 낱말이 있는 곳에는 파란색을, 받침에 자음자가 두 개인 낱말이 있는 곳에는 빨간색을 색칠하세요.

흙   말   닳다   웃다   넓다

거꾸로 정답   람, 웃다→파란색 / 볼, 말다, 넓다→빨간색

3 그림일기를 써요

● 학습 진도표

온라인
학습 진도표

회차	백점 쪽수	오늘 학습할 내용	학습 주제
1	46~49쪽	개념+어휘+교과서 지문	배울 내용 살펴보기 / 여러 사람 앞에서 발표하는 자세 알아보기
2	50~53쪽	개념+어휘+교과서 지문	자신이 경험한 일이 잘 드러나게 발표하기 / 현장 체험 학습 준비물 안내 / 기억에 남는 일을 문장으로 말하기
3	54~57쪽	개념+어휘+교과서 지문	그림일기 쓰는 방법 알기 / 경험한 일을 그림일기로 나타내기 / 마무리하기
4	58~61쪽	대단원 평가+낱말 놀이터	

발표할 때와 들을 때의
바른 **자세**를 배워요.

경험한 일이 잘 드러나게
발표해요.

5월 3일 금요일			날씨: 맑음	

	체	육		대	회
에	서		열	심	히
달	렸	다	.		

그림일기를 쓰는 방법을
배워요.

개념 발표할 때와 들을 때의 바른 자세

- 발표할 때에는 허리를 펴고 | 바 | 른 | 자세로

서서 듣는 사람을 바라보며 말합니다.

> 바른 자세로 발표하면 말하는 사람은 뜻을 잘 전할 수 있고, 듣는 사람은 뜻을 잘 알아들을 수 있어요.

- 발표할 때에는 알맞은 크기의 목소리로 또박또박 말합니다.

- 발표를 들을 때에는 궁금한 점을 생각하며 듣습니다.

- 발표를 들을 때에는 말하는 사람을 바라보며 바른 자세로 듣습니다.

개념 확인 알맞은 것을 고르며 오늘의 개념을 확인해 보세요.

(1) 발표할 때에는 작은 목소리로 말합니다. (○ , ×)

(2) 발표를 들을 때에는 말하는 사람을 바라보며 듣습니다. (○ , ×)

문해력을 높이는 어휘

- 오늘 배울 중요 어휘를 따라 쓰며 익혀 보세요.

발 표

뜻 공식적으로 여러 사람에게 널리 알리는 것.
예 친구들 앞에서 주말에 했던 일을 발표했어요.

자 세

뜻 몸을 움직이는 모양이나 태도.
예 바른 자세로 말해요.

1 여자아이가 달리기한 경험을 표현한 방법으로
이해 알맞은 것은 무엇인가요? (   )

① 그림일기에 썼습니다.
② 그림을 그려 발표했습니다.
③ 학급 누리집에 사진을 올렸습니다.
④ 학급 누리집에 글을 써서 올렸습니다.
⑤ 친구들 앞에서 몸짓으로 표현했습니다.

|2~3| 다음 그림을 보고, 물음에 답하세요.

2 그림 ❶에서 남자아이가 여자아이의 말을 제
추론 대로 알아듣지 못한 까닭으로 알맞은 것에 모
두 ○표 하세요.

(1) 여자아이가 바닥을 보면서 말했기 때문에
(   )

(2) 여자아이의 목소리가 작아서 잘 안 들렸기
때문에   (   )

(3) 여자아이가 말끝을 흐려서 알아듣기 힘들
었기 때문에   (   )

★
3 그림 ❷의 여자아이처럼 발표하면 좋은 점으
적용 로 알맞은 것을 두 가지 고르세요. (   )

① 발표를 빨리 끝낼 수 있습니다.
② 듣는 사람이 뜻을 알아듣기 쉽습니다.
③ 듣는 사람이 집중하지 않아도 됩니다.
④ 말하는 사람이 뜻을 잘 전할 수 있습니다.
⑤ 말하는 사람이 듣는 사람의 마음을 알 수
있습니다.

4 자신의 경험을 표현하는 방법으로 알맞지 <u>않은</u>
적용 것은 무엇인가요? (   )

① 그날 경험한 일을 일기로 씁니다.
② 있었던 일을 개인 블로그에 씁니다.
③ 사진이나 그림을 가지고 발표합니다.
④ 재미있었던 일을 혼자 떠올려 봅니다.
⑤ 다른 사람에게 자신의 경험을 말합니다.

여러 사람 앞에서 발표하는 자세 알아보기

• 정답 6쪽

발표하기 전에 말할 내용에 대해 생각함.

❶ 다음 시간에는 자신의 꿈에 대해 발표해 볼 거예요.

❷ 내 꿈을 어떻게 소개하면 좋을까? / 현우

❸ 탐험가는 무슨 일을 할까?

❹ 알맞은 크기의 목소리로 또박또박 이야기하네. / 제 꿈은 탐험가입니다.

❺ 탐험가가 되어 북극을 탐험해 보고 싶습니다. / 듣는 사람을 바라보며 말하네.

❻ 허리를 펴고 바른 자세로 서서 발표하네.

• **그림의 특징:** 현우가 자신의 꿈에 대해 발표하는 모습을 통해 바른 자세로 발표하는 방법을 알 수 있습니다.

▶ **바른 자세로 발표하는 방법**

발표하기 전	• 말할 내용에 대해 생각하기
발표할 때	• 바르게 서서 여러 사람이 들을 수 있는 알맞은 크기의 목소리로 또박또박 말하기 • 듣는 사람이 집중할 수 있게 듣는 사람을 바라보며 말하기

---

5 현우가 발표하기 전에 한 일은 무엇인가요?

추론 ( )

① 말할 내용에 대해 생각했습니다.
② 자신의 꿈에 대해 글을 썼습니다.
③ 발표할 때의 표정을 연습했습니다.
④ 친구와 발표할 부분을 나누었습니다.
⑤ 발표하는 방법을 선생님께 질문하였습니다.

6 현우의 꿈은 무엇인지 빈칸에 알맞게 쓰세요.

이해

• ☐☐☐ 이/가 되어 북극을 탐험해 보는 것입니다.

★
7 현우가 발표할 때의 자세로 알맞은 것에 ○표 하세요.

이해

(1) (칠판, 듣는 사람)을 바라보며 말합니다.
(2) 허리를 (펴고, 구부리고) 바른 자세로 서서 말합니다.

서술형
8 현우처럼 바른 자세로 발표했던 친구를 떠올려 보고, 보기 와 같이 친구의 발표 자세를 쓰세요.

적용

┌─보기─
│ 제 친구는 발표할 때에 듣는 사람을 바라보며 말합니다.
└─

• 제 친구는 발표할 때에 _____

도움말 현우가 발표하는 모습과 수업 시간에 발표를 잘했다고 생각한 친구의 모습을 비교하면서 떠올려 보아요.

• **그림의 특징**: 남자아이의 발표를 듣는 친구들의 자세를 보고, 다른 사람의 발표를 들을 때의 바른 자세를 알 수 있습니다.

▶ **다른 사람의 발표를 들을 때의 바른 자세**
• 궁금한 점을 생각하며 듣습니다.
• 말하는 사람을 바라보며 듣습니다.
• 듣는 사람을 방해하지 않도록 시끄럽게 떠들지 않습니다.

3
단원
1회

9
이해
다음 친구들이 어떤 자세로 발표를 듣고 있는지 알맞은 것에 ○표 하세요.

(1) 고개를 숙이고 듣습니다.　　　　（　　）
(2) 말하는 사람을 바라보며 듣습니다.
　　　　　　　　　　　　　　　（　　）
(3) 옆에 앉은 친구에게 말을 하며 듣습니다.
　　　　　　　　　　　　　　　（　　）

10
추론
㉠의 친구가 발표를 듣는 자세로 알맞은 것은 무엇인가요? (　　　)

① 엎드린 자세로 듣고 있습니다.
② 선생님을 보면서 듣고 있습니다.
③ 친구에게 궁금한 점을 묻고 있습니다.
④ 궁금한 점을 생각하며 듣고 있습니다.
⑤ 친구의 말을 받아 적으며 듣고 있습니다.

11
적용
㉡~㉣ 친구들에게 해 줄 말로 알맞은 것을 찾아 선으로 이으세요.

(1)　㉡　•

(2)　㉢　•

(3)　㉣　•

•㉮　딴짓하지 말고 들어야 해.

•㉯　시끄럽게 떠들면 안 돼.

•㉰　말하는 사람을 바라보며 들어야 해.

12
적용
다른 사람의 발표를 들을 때의 바른 자세에 대해 알맞게 말한 친구의 이름을 쓰세요.

도연: 궁금한 점을 생각하면서 발표를 듣는 것도 좋아.
태하: 말하는 사람을 바라보면 떨려서 말을 못할 수 있으니까 다른 곳을 봐야 해.
지유: 발표하는 내용이 이해되지 않으면 옆에 앉은 친구에게 큰 소리로 물어봐야 해.

（　　　　　　　　　　）

나의 실력에 색칠하세요.

개념 경험한 일이 잘 드러나게 발표하기

- 자신이 경험한 일 가운데에서 │기│억│에 남으면서 자세히 말하고 싶은 일을 한 가지 정합니다.

- 발표할 내용을 문장으로 │정│리│하여 바른 자세로 발표합니다.

- 친구들이 발표한 내용을 잘 듣고 인상 깊은 문장을 골라 써 봅니다.

개념 확인 **알맞은 것을 고르며 오늘의 개념을 확인해 보세요.**

(1) 경험한 일을 발표할 때에는 자신이 경험한 일을 모두 말합니다. (○ , ×)

(2) 경험한 일을 발표할 때에는 발표할 내용을 문장으로 정리하여 바른 자세로 발표합니다. (○ , ×)

문해력을 높이는 어휘

- 오늘 배울 중요 어휘를 따라 쓰며 익혀 보세요.

🔵뜻 직접 해 보거나 느끼는 것.

🔵예 비눗방울 안에 들어가 보는 경험을 했어요.

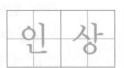 

🔵뜻 어떤 것에 대해 마음속에 깊게 새겨지다.

🔵예 오늘 비눗방울을 불었던 일이 인상 깊어요.

자신이 경험한 일이 잘 드러나게 발표하기

• 정답 6쪽

❶ ㉠

❷ ㉡

❸ ㉢

• **그림의 특징**: 오늘 아침에 있었던 일을 떠올려 정리해 보면, 자신이 경험한 일이 잘 드러나게 발표하는 방법을 알 수 있습니다.

▶ **자신이 잘 발표했는지 스스로 확인하기**

• 알맞은 크기의 목소리로 말했나요?
• 허리를 펴고 바르게 서서 말했나요?
• 듣는 사람을 바라보며 말했나요?
• 경험한 일을 자세히 정리해서 말했나요?

1
이해

㉠~㉢에 들어갈 내용을 **보기**에서 찾아 각각 기호를 쓰세요.

> **보기**
>
> ㉮ 친구를 만났습니다.
> ㉯ 된장찌개를 먹었습니다.
> ㉰ 일곱 시에 일어났습니다.

(1) ㉠: (   )
(2) ㉡: (   )
(3) ㉢: (   )

2
이해

오늘 아침에 있었던 일을 발표하기 위해 생각할 내용이 <u>아닌</u> 것에 ×표 하세요.

(1) 기억에 남는 일을 생각합니다. (   )

(2) 자세히 말하고 싶지 않은 일을 생각합니다.
(   )

(3) 무슨 일이 어디에서 있었던 일인지 생각합니다. (   )

3
적용

오늘 아침에 있었던 일을 떠올려 발표할 내용을 알맞게 말한 친구의 이름을 쓰세요.

> 미연: 내일 가족 여행을 가기로 해서 신나고 기쁩니다.
> 재진: 오늘 학교 가는 길에 갑자기 비가 와서 가방이 젖었습니다.

(   )

★
4
적용

자신이 경험한 일이 잘 드러나게 발표하기 위한 방법으로 알맞지 <u>않은</u> 것은 무엇인가요?
(   )

① 듣는 사람을 바라보며 말합니다.
② 떠오르는 생각을 전부 말합니다.
③ 알맞은 크기의 목소리로 말합니다.
④ 경험한 일을 자세히 정리해서 말합니다.
⑤ 허리를 펴고 바른 자세로 서서 말합니다.

현장 체험 학습 준비물 안내

• 정답 6쪽

내일은 현장 체험 학습을 가죠? 준비물을 안내할 테니 집중해서 잘 들어요.

선생님, 내일 과자 가지고 와도 돼요?

쓰레기를 줄이려면 과자는 봉지째 가져오지 말고 통에 먹을 만큼만 담아 오세요. 그리고 돗자리와 물도 준비해 주세요.

• **그림의 특징**: 선생님께서 현장 체험 학습 준비물에 대해 안내해 주시는 내용을 바른 자세로 잘 듣고 있는 친구가 누구인지 찾을 수 있습니다.

▶ **현장 체험 학습 준비물**
• 통에 먹을 만큼만 담은 과자
• 돗자리
• 물

안내할 어떤 일·장소·행사 등에 대하여 남에게 알려줄.
집중해서 어떤 일에 모든 힘을 쏟아 부어서.

---

5 선생님께서 현장 체험 학습에 대해 안내해 주신 내용은 무엇인가요? (   )
이해

① 현장 체험 학습 장소
② 현장 체험 학습 준비물
③ 현장 체험 학습에서 할 일
④ 현장 체험 학습에서 입을 옷
⑤ 현장 체험 학습 장소로 가는 방법

6 현장 체험 학습에 갈 때 가방에 챙겨야 할 물건을 모두 고르세요. (   )
이해

① 물   ② 돗자리
③ 곰 인형   ④ 봉지 과자
⑤ 통에 먹을 만큼만 담은 과자

7 그림에서 ㉠~㉢의 친구들 중 듣는 자세가 바른 친구를 찾아 기호를 쓰세요.
적용

(   )

8 그림에서 듣는 자세가 바르지 않은 친구가 고쳐야 할 점을 두 가지 고르세요. (   )
적용

① 책상을 바라보아야 합니다.
② 바른 자세로 앉아야 합니다.
③ 말하는 사람을 바라보아야 합니다.
④ 옆에 앉은 친구가 잘 이해하고 있는지 물어보아야 합니다.
⑤ 궁금한 점이 있으면 손을 들지 않고 바로 선생님께 여쭤보아야 합니다.

기억에 남는 일을 문장으로 말하기

•정답 6쪽

❸

•그림의 특징: 우리 반에서 있었던 일 가운데에서 기억에 남는 일을 떠올려 문장으로 정리해 이야기합니다.

▶ 그림 ❶∼❸에서 떠올린 일

그림 ❶	입학식을 함.
그림 ❷	현장 체험 학습을 감.
그림 ❸	체육 대회에서 달리기를 함.

9
이해

그림 ❶에서 떠올린 일은 무엇인가요?
(   )

① 입학식   ② 졸업식
③ 학예회   ④ 체육 대회
⑤ 현장 체험 학습

10
적용

그림 ❷의 일을 떠올려 문장으로 말할 때, ㉮와 ㉯에 들어갈 말이 알맞게 짝 지어진 것은 무엇인가요? (   )

> 우리는 ㉮ 에서 옛날 우리나라 사람들이 쓰던 물건을 ㉯ .

	㉮	㉯
①	학예회	추었습니다
②	학예회	불렀습니다
③	체육 대회	달렸습니다
④	현장 체험 학습	그렸습니다
⑤	현장 체험 학습	보았습니다

11
적용

★ 그림 ❸의 일에 대해 친구들에게 소개할 내용을 문장으로 알맞게 말한 친구의 이름을 쓰세요.

> 수혁: 소풍을 가는 날 비가 와서 옷이 젖었던 일을 그렸어.
> 희진: 체육 대회에서 우리 반 친구가 달리기했던 일을 그렸어.

(   )

서술형

12
적용

우리 반에서 있었던 일 가운데 가장 기억에 남는 일을 한 가지 떠올려 쓰세요.

• _____

_____ 기억에 남습니다.

도움말 우리 반 친구들과 함께한 일 가운데에서 재미있었던 일, 놀랐던 일, 슬펐던 일처럼 인상 깊었던 일을 떠올려 보아요.

나의 실력에 색칠하세요.
😄 🙂 😣

개념 그림일기를 쓰는 방법

• 그날의 날짜와 요일, 날씨를 씁니다.

•  한 일을 표현하는 그림을 그립니다.

> 그림일기는 하루에 경험한 일 가운데에서 기억에 남는 일을 골라 글과 그림으로 나타낸 일기예요.

• 그날 경험한 일 가운데에서 기억에 남는 일을 씁니다.

• 경험한 일에 대한  이나 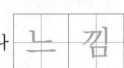 을 씁니다.

개념 확인 알맞은 것을 고르며 오늘의 개념을 확인해 보세요.

(1) 그림일기에는 날짜와 요일 중 하나만 씁니다. (○ , ×)

(2) 그림일기에는 경험한 일에 대한 생각이나 느낌을 함께 씁니다. (○ , ×)

문해력을 높이는 어휘

• 오늘 배울 중요 어휘를 따라 쓰며 익혀 보세요.

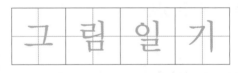

뜻 그림을 위주로 글과 함께 나타낸 일기.

예 오늘 있었던 일을 그림일기로 써요.

뜻 마음이나 생각 속에서 잊히지 않고 남아 있는 것.

예 일기를 읽고 체육 대회를 했던 일이 기억났어요.

그림일기 쓰는 방법 알기

• 정답 7쪽

|1~3| 찬호가 쓴 그림일기를 보고, 물음에 답하세요.

20○○년 10월 24일 일요일 날씨: 해가 쨍쨍한 날

과	수	원	을		하	시	는		할	머
니		댁	에		놀	러		갔	다	.	나
와		동	생	은		빨	갛	게		익	은
사	과	를		땄	다	.	사	과	를		직
접		따		보	니		정	말		재	미
있	었	다	.							

1 찬호가 쓴 그림일기에 대한 설명으로 알맞은
이해 것의 기호를 쓰세요.

> ㉮ 글의 내용과 그림이 어울리지 않습니다.
> ㉯ 그날의 날씨가 어땠는지 떠올리기 어렵습니다.
> ㉰ 날짜와 요일이 있어서 언제 있었던 일인지 알 수 있습니다.

( )

서술형

2 찬호는 어떤 일을 그림으로 표현했는지 쓰세요.
이해

• 동생과 나무에서 [ ] 일
을 그림으로 그렸습니다.

도움말 찬호가 쓴 글을 함께 읽으며 그림을 살펴보아요.

3 그림일기에서 찬호의 생각이나 느낌이 드러난
이해 문장에 ○표 하세요.

(1) 사과를 직접 따 보니 정말 재미있었다.

( )

(2) 과수원을 하시는 할머니 댁에 놀러 갔다.

( )

|4~5| 다음 그림일기를 보고, 물음에 답하세요.

20○○년 10월 22일 화요일

나	는		오	늘		아	침	에		일
어	나		밥	을		먹	고		학	교	에
가	서		공	부	를		했	다	.	그	리
고		집	에		와	서		숙	제	를
하	고		잤	다	.					

4 이 그림일기에 대한 설명으로 알맞은 것에 ○표
이해 하세요.

• 이 그림일기에는 (날짜, 날씨, 그림)이/가 없
습니다.

5 이 그림일기에서 고쳐야 할 점으로 알맞은 것
적용 을 두 가지 고르세요. ( )

① 요일을 씁니다.

② 그림을 그립니다.

③ 날마다 있었던 일을 씁니다.

④ 인상 깊었던 일을 자세히 씁니다.

⑤ 경험한 일에 대한 생각이나 느낌을 씁니다.

경험한 일을 그림일기로 나타내기

• 정답 7쪽

가

10월 4일

나	는		오	늘		아	침	에
일	어	나	서		세	수	를		하	고
옷	을		입	고		학	교	에		갔
다	.		학	교	에	서		점	심	을
먹	고		친	구	랑		놀	았	다	.
저	녁	에		밥	을		먹	고		잤
다	.

나

20○○년 10월 15일 ○요일　날씨: 흐리다가 비가 옴.

어	머	니	께	서		곰		인	형
을		사		주	셨	다	.		곰		인
형	과		함	께		자	라	고		사
주	신		것	이	다	.		오	늘	부	터
곰		인	형	과		같	이		자	야
겠	다	.

• **가**와 **나**의 특징: 두 그림일기가 어떻게 다른지 살펴보며 그림일기를 잘 쓰는 방법을 알 수 있습니다.

▶ 그림일기를 잘 쓰는 방법

날짜와 요일, 날씨	• 그날의 날짜와 요일, 날씨를 씀. • 날씨는 '비'처럼 쓰거나 '눈이 와서 신나는 날'처럼 자세히 씀.
그림	• 가장 중요한 내용을 그림. • 경험한 일이 그림에 잘 드러나게 표현함.
글	• 가장 기억에 남는 내용과 자신의 생각이나 느낌을 씀. • 경험한 일을 자세히 씀.

---

6 이해 **가**와 **나**의 그림일기에 대한 설명으로 알맞지 <u>않은</u> 것은 무엇인가요? ( )

① **가**는 그날 있었던 일을 모두 썼습니다.
② **가**는 학교에서 친구랑 놀았던 모습을 그렸습니다.
③ **나**는 경험한 일을 자세히 썼습니다.
④ **나**는 흐리다가 비가 온 날에 썼습니다.
⑤ **나**는 가장 기억에 남는 일을 그렸습니다.

7 적용 그림일기를 잘 쓰는 방법을 생각하며 **가**에서 고쳐야 할 점으로 알맞은 것에 ○표 하세요.

(1) 날짜를 더 간단하게 씁니다. ( )
(2) 자신의 생각이나 느낌을 씁니다. ( )

8 이해 **나**에서 그림으로 표현한 내용으로 알맞은 것에 ○표 하세요.

(1) 곰 인형을 안고 잔 일 ( )
(2) 어머니께서 곰 인형을 사 주신 일 ( )

★ 디지털 문해력

9 적용 다음 학급 누리집에 올라온 질문에 알맞게 답하지 <u>못한</u> 친구의 이름을 쓰세요.

질문 게시판 >>> 궁금해요

현지 그림일기 잘 쓰는 방법을 알려 주세요.

예빈 그림은 가장 중요한 내용을 그려야 해.

현아 하루 동안 있었던 일을 빼놓지 않고 모두 써야 해.

하준 날씨를 쓸 때는 '비가 와서 아쉬운 날'처럼 자세하게 써도 돼.

( )

10 바른 자세로 말하고 듣는 방법으로 알맞은 것
이해 을 찾아 각각 기호를 쓰세요.

> ㉮ 또박또박 말합니다.
> ㉯ 귀 기울여 듣습니다.
> ㉰ 듣는 사람을 바라봅니다.
> ㉱ 말하는 사람을 바라봅니다.

(1) 바른 자세로 말하기: (   )

(2) 바른 자세로 듣기: (   )

11 바른 자세로 들어야 할 때는 언제인지 알맞은
적용 것을 모두 고르세요. (   )

① 선생님께서 수업하실 때
② 부모님께서 말씀하실 때
③ 수업 시간에 친구가 발표할 때
④ 사전에서 모르는 낱말의 뜻을 찾을 때
⑤ 자신의 생각이나 느낌을 일기에 나타낼 때

★
12 그림일기를 쓸 때 들어갈 내용으로 알맞은 것
적용 을 모두 찾아 ○표 하세요.

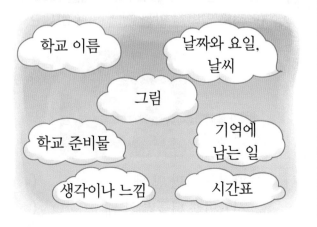

어법 더하기

13 다음 문장에 쓰인 동작을 나타내는 말과 어울
어법 리는 말을 ⎯보기⎯에서 찾아 써넣어 문장을 완
성하세요.

> ⎯보기⎯
> 책을   꿈을   물고기를

(1) 승아가 [   ] 꿉니다.

(2) 황새가 [   ] 먹습니다.

(3) 재현이가 [   ] 읽습니다.

어법 더하기 ⊕ **동작을 나타내는 말에 필요한 말**

동작을 나타내는 말에는 '무엇을'에 해당하는 말
이 필요합니다. 문장을 쓸 때에는 동작을 나타내는
말과 '무엇을'에 해당하는 말이 서로 어울리는지
생각하며 씁니다.

무엇을	동작
책을	㉎ 읽다, 읽는다, 읽어요, 읽습니다.
물고기를	㉎ 먹다, 먹는다, 먹어요, 먹습니다.
선물을	㉎ 주다, 준다, 주어요, 줍니다.
거울을	㉎ 닦다, 닦는다, 닦아요, 닦습니다.
꿈을	㉎ 꾸다, 꾼다, 꾸어요, 꿉니다.
그림을	㉎ 그리다, 그린다, 그려요, 그립니다.

 나의 실력에 색칠하세요.

3
단원

3회

|1~2| 다음 그림을 보고, 물음에 답하세요.

1 그림 ❶과 ❷ 중에서 여자아이가 바른 자세로 발표하고 있는 것의 번호를 쓰세요.

그림 [   ]

2 그림 ❷의 여자아이가 발표하는 자세로 알맞은 것은 무엇인가요? (   )

① 바닥을 보며 말합니다.
② 말끝을 흐리며 말합니다.
③ 고개를 숙이고 말합니다.
④ 작은 목소리로 말합니다.
⑤ 바른 자세로 서서 말합니다.

3 바른 자세로 발표하면 좋은 점을 알맞게 말한 친구의 이름을 쓰세요.

> 서준: 말하려고 하는 내용을 잘 전할 수 있어.
> 도진: 작게 말해도 듣는 사람이 뜻을 알아
>   들을 수 있어.

(   )

|4~5| 다음 그림을 보고, 물음에 답하세요.

4 그림 ❶에서 현우의 발표를 듣는 친구의 생각으로 ㉠에 들어갈 알맞은 말에 ○표 하세요.

⑴ 말끝을 흐려서 알아듣기 힘들어. (   )
⑵ 알맞은 크기의 목소리로 또박또박 이야기
   하네.   (   )

5 그림 ❷에서 현우의 발표 자세를 보고, ㉡에 들어갈 말로 알맞은 것의 기호를 쓰세요.

> ㉮ 삐딱하게 서서 말하네.
> ㉯ 듣는 사람을 바라보며 말하네.
> ㉰ 몸을 앞뒤로 움직이면서 말하네.

(   )

6 발표를 듣는 여자아이의 자세를 보고, 고쳐야 할 점을 알맞게 말한 것에 ○표 하세요.

⑴ 딴짓을 하면 안 돼.   (   )
⑵ 시끄럽게 떠들면 안 돼.   (   )

7 다른 사람의 발표를 들을 때의 바른 자세로 알맞지 <u>않은</u> 것은 무엇인가요? (　　　)

① 딴짓하지 않고 듣습니다.

② 발표를 들으면서 궁금한 점을 생각합니다.

③ 시끄럽게 떠들거나 다른 사람을 방해하지 않습니다.

④ 발표하는 사람의 얼굴을 보면서 바른 자세로 듣습니다.

⑤ 궁금한 점이 생기면 발표를 듣는 도중에 끼어들어 물어봅니다.

|8~9| 다음 그림을 보고, 물음에 답하세요.

8 선생님께서 말씀하신 쓰레기를 줄이기 위한 방법으로 알맞은 것에 ○표 하세요.

(1) 과자를 챙겨오지 않습니다.　(　　)

(2) 과자를 봉지째 가져옵니다.　(　　)

(3) 과자를 통에 먹을 만큼만 담아 옵니다.

(　　)

9 다음 친구는 선생님의 말씀을 어떤 자세로 듣고 있는지 쓰세요.

· _____

_____

듣고 있습니다.

도움말 친구가 어떻게 앉아서 어디를 바라보며 듣고 있는지 살펴보아요.

|10~11| 다음 그림을 보고, 물음에 답하세요.

10 이 그림의 내용을 문장으로 알맞게 말한 것에 ○표 하세요.

(1) 강당에 모여서 입학식을 했어.　(　　)

(2) 공원에 가서 보물찾기를 했어.　(　　)

11 이 그림과 같이 학교에서 있었던 일을 알맞게 발표한 친구의 이름을 쓰세요.

> 지수: 저는 가족여행으로 물놀이를 갔습니다.
>
> 혜림: 저는 주말에 강아지와 공원에서 산책을 했습니다.
>
> 수현: 저는 체육 대회에서 우리 반 친구들과 축구를 했습니다.

(　　　　　　)

| 12~13 | 다음 그림일기를 보고, 물음에 답하세요.

20○○년 10월 22일 화요일

나	는		오	늘		아	침	에		일
어	나		밥	을		먹	고		학	교	에
가	서		공	부	를		했	다	.		그	리
고		집	에		와	서		숙	제	를
하	고		잤	다	.					

12 이 그림일기에 빠진 것은 무엇인가요? (　　　)

① 글　　　② 그림　　　③ 날짜

④ 날씨　　　⑤ 요일

13 이 그림일기에서 고쳐야 할 점으로 알맞은 것에 ○표 하세요.

(1) 오늘 한 일을 빠트리지 않고 전부 써야 합니다. (　　　)

(2) 가장 기억에 남는 일이 잘 드러나게 써야 합니다. (　　　)

14 그림일기를 쓸 때 주의할 점으로 알맞지 <u>않은</u> 것은 무엇인가요? (　　　)

① 날짜와 요일, 날씨를 씁니다.

② 학교에서 배운 내용을 정리하여 씁니다.

③ 경험한 일에 대한 생각이나 느낌을 씁니다.

④ 누구와 무엇을 했는지 경험한 일을 자세히 씁니다.

⑤ 경험한 일 가운데 중요한 장면을 그림으로 그립니다.

15 찬호가 쓴 그림일기를 보고, 물음에 답하세요.

20○○년 10월 24일 일요일　날씨: 해가 쨍쨍한 날

과	수	원	을		하	시	는		할	머
니		댁	에		놀	러		갔	다	.	나
와		동	생	은		빨	갛	게		익	은
사	과	를		땄	다	.	사	과	를		직
접		따		보	니			㉠		

1단계　찬호는 어디에서 있었던 일을 그림일기로 썼는지 빈칸에 알맞은 말을 찾아 쓰세요.

• 찬호는 ☐☐☐☐에 놀러 가서 있었던 일을 썼습니다.

도움말　찬호가 쓴 그림일기에서 어디에 놀러 갔는지 찾아서 써 보아요.

2단계　찬호가 사과를 직접 땄을 때 어떤 생각이나 느낌이 들었을지 ㉠에 이어질 내용을 쓰세요.

_____

_____

도움말　찬호가 경험한 일과 그림일기에 그린 그림을 살펴보고 어떤 생각이나 느낌이 들었을지 떠올려 보아요.

아이스크림 위에 과일을 올려요!

과일에 적힌 낱말의 뜻을 보고, 알맞은 낱말을 찾아 선으로 이으세요.

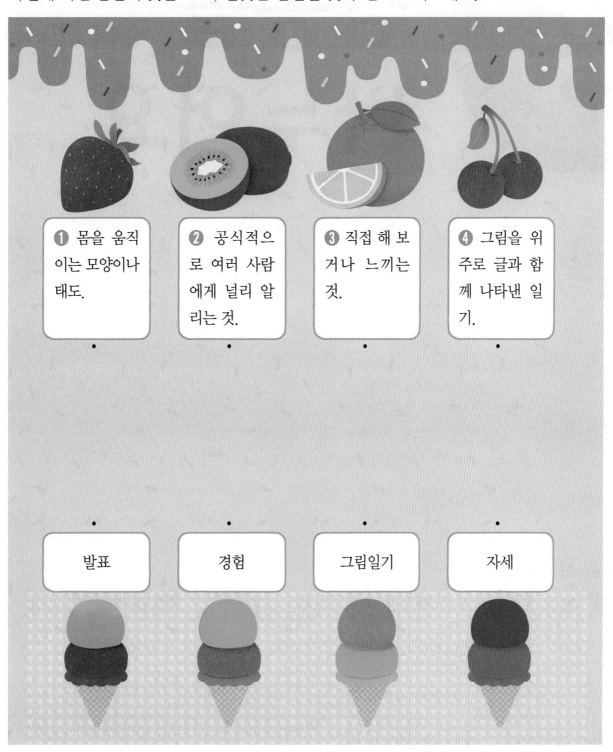

❶ 몸을 움직이는 모양이나 태도.

❷ 공식적으로 여러 사람에게 널리 알리는 것.

❸ 직접 해 보거나 느끼는 것.

❹ 그림을 위주로 글과 함께 나타낸 일기.

발표

경험

그림일기

자세

거꾸로 정답   ❶ 자세 ❷ 발표 ❸ 경험 ❹ 그림일기

나의 실력에 색칠하세요.

4 감동을 나누어요

온라인
학습 진도표

● 학습 진도표

회차	백점 쪽수	오늘 학습할 내용	학습 주제
1	64~67쪽	개념+어휘+교과서 지문	「미역도 맛있어」 / 「소금을 만드는 맷돌」 ①
2	68~71쪽	개념+어휘+교과서 지문	「소금을 만드는 맷돌」 ② / 「양치기 소년」
3	72~75쪽	개념+어휘+교과서 지문	「빨간 모자가 된 아이쿠」 / 「아기 거북이가 숲으로 왔어요!」 / 마무리하기
4	76~79쪽	대단원 평가+낱말 놀이터	

인물의 **생각**이나 말, **행동**을
살펴보며 이야기를 들어요.

아침	친구와 기분 좋게 인사함.
점심	친구들과 공놀이를 함.
저녁	

시간을 나타내는 말을 알고
일이 일어난 **차례**를 정리해요.

만화 영화를 보고, 일어난
일을 **차례**대로 정리해요.

만화 영화를 보고 **감동**적인
장면에 대해 이야기를 나눠요.

개념 누가 무엇을 했는지 생각하며 이야기 듣기

• 등장하는 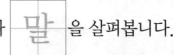 은 누구인지 알아봅니다.

> 그림을 보고 인물의 표정과 행동을 살펴볼 수도 있어요.

• 이야기를 들으며 인물의 생각이나 말 을 살펴봅니다.

• 이야기 속 인물의 행동을 살펴봅니다.

개념 확인 알맞은 것을 고르며 오늘의 개념을 확인해 보세요.

⑴ 이야기를 들을 때에는 등장하는 인물이 누구인지 알아보지 않아도 됩니다. (○ , ×)

⑵ 누가 무엇을 했는지 알기 위해서는 인물의 행동을 살펴봅니다. (○ , ×)

문해력을 높이는 어휘

• 오늘 배울 중요 어휘를 따라 쓰며 익혀 보세요.

뜻 어떤 일에 대한 의견이나 느낌을 가짐. 또는 그 의견이나 느낌.

예 이야기를 듣고 흥부가 제비를 구해 주어서 다행이라고 생각했어요.

뜻 몸을 움직여 어떤 일을 하는 것.

예 흥부는 다친 제비를 도와주는 행동을 했어요.

미역도 맛있어

• 정답 8쪽

❶ 오늘 점심시간에 급식 반찬으로 미역무침이 나왔다. 나는
미역을 가장 싫어한다. 하지만 내 친구 서윤이는 미역무침이
맛있다고 했다.

"너도 한번 먹어 봐. 새콤달콤한 맛이 얼마나 좋은데."

서윤이는 미역무침을 맛있게 먹었다. 나는 그 모습을 보고도 먹을
용기가 나지 않아 고개를 **절레절레** 저었다. 하지만 주위를 둘러보니
친구들이 모두 맛있게 미역무침을 먹고 있었다.

중심 내용 | 미역무침을 먹기 싫어하는 '나'에게 서윤이가 미역무침을 먹어 보라고 이야기했습
니다.

일이 일어난 때
'나'의 이름: 주원

• **글의 종류**: 생활문
• **글의 특징**: 싫어하는 음식을 용기
내어 먹어 보고 새로운 맛을 느끼
게 되는 이야기로, 누가 무엇을 했
는지 생각하며 글을 읽을 수 있습
니다.

반찬 밥을 먹을 때 밥과 함께 먹는
음식.
절레절레 머리를 왼쪽과 오른쪽으
로 자꾸 흔드는 모양.

1 글 ❶에 등장하는 인물 두 명을 고르세요.
이해   (   )

① '나'
② 서윤
③ 동생
④ 선생님
⑤ 부모님

2 '내'가 미역무침을 먹지 않은 까닭은 무엇인가
추론 요? (   )

① 배고프지 않아서
② 미역을 가장 싫어해서
③ 미역을 먹으면 배가 아파서
④ 다른 친구들도 먹지 않아서
⑤ 미역무침에서 이상한 냄새가 나서

3 서윤이의 생각이나 말, 행동으로 알맞은 것을
이해 찾아 선으로 이으세요.

| (1) | 생각이나 말 | • | • ㉮ | 미역무침을 맛있게 먹었다. |

| (2) | 행동 | • | • ㉯ | "너도 한번 먹어 봐. 새콤달콤한 맛이 얼마나 좋은데." |

★
4 서윤이의 모습을 보고 '내'가 한 생각이나 말,
이해 행동을 정리하였습니다. ㉮에 들어갈 내용으
로 알맞은 것에 ○표 하세요.

생각이나 말	미역무침을 먹을 용기가 나지 않았습니다.
행동	㉮

(1) 고개를 절레절레 저었습니다.   (   )

(2) 서윤이에게 미역무침을 먹어달라고 부탁
하였습니다.   (   )

❷ '그럼 나도 한번 먹어 볼까?'

나는 눈을 **질끈** 감고 미역무침을 한번 먹어 보았다. 입을 살짝 벌려 미역무침을 조금 먹어 보았더니 생각보다 맛이 좋았다. 계속 먹다 보니 입안에 새콤함이 가득해졌다. 어느새 미역무침을 모두 다 먹었다.

중심 내용 | '나'는 용기를 내어 미역무침을 먹어 보았고 미역무침을 모두 다 먹었습니다.

❸ "㉠주원이는 반찬을 **골고루** 잘 먹는구나."

선생님께서도 나를 ㉡칭찬해 주시며 박수도 쳐 주셨다. 나는 어깨가 으쓱해지고 자꾸만 웃음이 나왔다.
<u>미역무침을 먹고, 선생님께 칭찬도 받아서 기분이 좋아서 한 행동</u>
'다음에도 새로운 음식 먹기에 **도전해** 봐야지.'

중심 내용 | 선생님께 칭찬을 받은 '나'는 다음에도 새로운 음식을 먹어 봐야겠다고 생각했습니다.

• 작품 정리

❶ 미역무침을 먹기 싫어하던 주원이에게 서윤이가 미역무침을 먹어 보라고 이야기함.

↓

❷～❸ 주원이는 미역무침을 먹고 선생님께 칭찬을 받음.

질끈 눈이나 입에 힘을 주어 눌러 닫는 모양.
골고루 빼놓지 않고 이것저것 모두.
도전해 어려운 일에 용감하게 뛰어들어.

---

5 다음 상황에서 '내'가 한 생각으로 알맞은 것을 찾아 선으로 이으세요.
이해

(1)
| 미역무침을 먹기 전 |

(2)
| 미역무침을 먹은 후 |

•   •

•   •

㉮   ㉯

| '그럼 나도 한번 먹어 볼까?' |

| '다음에도 새로운 음식 먹기에 도전해 봐야지.' |

★
6 ㉠과 ㉡ 중에서 선생님께서 하신 생각이나 말, 행동으로 알맞은 것의 기호를 쓰세요.
이해

(1) 생각이나 말: (   )

(2) 행동: (   )

7 이 글에서 일이 일어난 차례대로 기호를 쓰세요.
이해

㉮ '나'는 미역무침을 먹기 싫어했습니다.
㉯ 선생님께서 '나'를 칭찬해 주셨습니다.
㉰ '나'는 용기 내어 미역무침을 먹어 보았습니다.

(   ) → (   ) → (   )

디지털 문해력
8 다음 온라인 대화에서 '나'와 비슷한 경험을 떠올려 알맞게 말한 친구의 이름을 쓰세요.
감상

현수 친구를 칭찬하고 나도 기분이 좋아진 적이 있어.

나영 브로콜리를 좋아하지 않지만 용기 내어 먹어 본 적이 있어.

아름 아빠와 함께 미역으로 요리를 해 본 적이 있어.

(   )

소금을 만드는 맷돌 ①

• 정답 8쪽

❶ 옛날 옛적에 어느 임금님이 **신기한** 맷돌을 가지고 있었습니다. "나와라, 밥!" 하면 밥이 나오고, "**그쳐라**, 밥!" 하면 뚝 그치는 신기한
원하는 것을 말하면 그대로 나오는 맷돌
맷돌이었답니다.

어느 날 아침, 사람들은 시장에 모여 신기한 맷돌에 대해 이야기를 했습니다.

☐ 우리 임금님에게는 신기한 맷돌이 있다네. ☐

㉠ "그 맷돌이 있으면 **귀한** 물건을 많이 얻을 수 있어."

사람들 뒤에서 **도둑**이 그 말을 조용히 듣고 있었습니다. 도둑은 **고약한** 마음을 먹었습니다.

'그 맷돌이 있으면 부자가 될 수 있겠어.'

중심 내용 | 도둑은 신기한 맷돌에 대한 이야기를 듣고 고약한 마음을 먹었습니다.

• **글의 종류:** 이야기
• **글의 특징:** 신기한 맷돌을 훔친 도둑이 맷돌과 함께 바닷속에 가라앉게 되었다는 내용으로, 일이 일어난 차례를 정리하며 글을 읽을 수 있습니다.

신기한 믿을 수 없을 정도로 놀라운.
그쳐라 계속하지 않고 멈추어라.
귀한 드물어서 구하기나 얻기가 매우 힘든.
도둑 남의 물건을 훔치거나 빼앗는 짓을 하는 사람.
고약한 성질이나 말과 행동이 나쁜.

4
단원
1회

9
이해
도둑이 맷돌에 대해 들은 내용으로 알맞은 것을 두 가지 고르세요. (   )

① 임금님이 가지고 있습니다.

② "그쳐라, 밥!" 하면 밥이 나옵니다.

③ 맷돌이 있는 곳을 아무도 모릅니다.

④ "나와라, 밥!" 하면 밥이 뚝 그칩니다.

⑤ 가지고 있으면 귀한 물건을 많이 얻을 수 있습니다.

11
적용
☐ 안에 들어갈 알맞은 따옴표에 ○표 하세요.

(1) 큰따옴표 [" "] : 인물이 소리 내어 한 말을 나타낼 때 씁니다. (   )

(2) 작은따옴표 [' '] : 인물이 마음속으로 한 말을 나타낼 때 씁니다. (   )

서술형

10
추론
시장에서 사람들이 하는 말을 들은 도둑이 어떤 행동을 하려고 할지 짐작하여 쓰세요.

• 맷돌이 있으면 부자가 될 수 있겠다는 생각에

_____

도움말 맷돌에 대한 이야기를 듣고 도둑이 어떤 마음을 먹었는지 살펴보고, 어떻게 행동했을지 생각해 보아요.

12
이해
㉠에서 시간을 나타내는 말을 찾아 써넣어 글 ❶의 내용을 정리하세요.

• [ ][ ][ ][ ][ ], 사람들이 시장에 모여 신기한 맷돌에 대해 이야기하는 것을 들은 도둑은 고약한 마음을 먹었습니다.

나의 실력에 색칠하세요.

😆 🙂 😖

개념 이야기를 읽고 일이 일어난 차례 정리하기

• 시 간 을 나타내는 말을 찾아봅니다.

> 일이 일어난 때를 알려 주는 말을 '시간을 나타내는 말'이라고 해요.

• 시간을 나타내는 말을 생각하며 일 이 일어난 차례를

정리해 봅니다.

개념 확인 알맞은 것을 고르며 오늘의 개념을 확인해 보세요.

(1) 일이 일어난 곳을 알려 주는 말을 시간을 나타내는 말이라고 합니다.

(○ , ×)

(2) 시간을 나타내는 말을 생각하며 이야기를 읽으면 일이 일어난 차례를 정리할 수 있습니다. (○ , ×)

문해력을 높이는 어휘

• 오늘 배울 중요 어휘를 따라 쓰며 익혀 보세요.

🔵 뜻 어떤 일을 하도록 정해진 때. 또는 하루 중의 어느 한 때.

🔵 예 학교에 갈 시간이에요.

🔵 뜻 순서에 따라 여럿을 하나씩 이어지게 벌여 놓은 것.

🔵 예 오늘 하루 동안 있었던 일을 차례대로 써요.

소금을 만드는 맷돌 ②

• 정답 9쪽

앞의 이야기 옛날 옛적에 어느 임금님이 원하는 것을 말하면 그대로 나오는 신기한 맷돌을 가지고 있었습니다. 어느 날 아침, 사람들이 시장에 모여 신기한 맷돌에 대해 이야기하는 것을 들은 도둑은 맷돌을 훔치기로 하였습니다.

❷ 저녁이 되자 도둑은 **궁궐**로 숨어들었습니다. 그리고 깊은 밤, 모두 잠든 사이 몰래 맷돌을 훔쳐 도망갔습니다. 그러고 나서 ㉠서둘러 배를 타고 바다를 건너 멀리 도망가려고 했습니다.

도둑은 배를 타고 바다를 건너다가 맷돌을 돌려 보고 싶었습니다. 그래서 세상에서 가장 귀한 소금이 나오라고 외쳤습니다. / "나와라, 소금!"

중심 내용 | 맷돌을 훔쳐 배를 타고 가던 도둑은 맷돌에서 소금이 나오게 하였습니다.

❸ 그러자 맷돌에서 하얀 소금이 쏟아져 나왔고, 점점 배 안에 쌓여 갔습니다. 배가 **기우뚱거리기** 시작했습니다. / 도둑은 너무 놀라 무슨 말을 해야 하는지 잊어버렸습니다. 결국, 맷돌은 도둑과 함께 바닷속에 가라앉고 말았습니다. / 바닷속에서도 맷돌은 쉬지 않고 돌았습니다. 그래서 바닷물이 짜게 되었습니다.

배 안에 쌓이는 소금의 무게 때문에 배가 가라앉음.

중심 내용 | 도둑은 배 안에 쌓이는 소금 때문에 너무 놀라 맷돌을 멈추게 하는 말을 잊어버렸고, 도둑과 함께 바닷속에 가라앉은 맷돌이 쉬지 않고 돌며 소금을 쏟아 내어 바닷물이 짜게 되었습니다.

• 작품 정리

❶ 도둑은 신기한 맷돌에 대한 이야기를 듣고 맷돌을 훔칠 마음을 먹음.

↓

❷ 맷돌을 훔친 도둑은 맷돌에서 소금이 나오게 함.

↓

❸ 맷돌을 멈추게 하는 말을 잊어버린 도둑은 맷돌과 함께 바닷속에 가라앉았고, 바닷물이 짜게 됨.

4
단원
2회

궁궐 임금님이 사는 집.
기우뚱거리기 자꾸 이쪽저쪽으로 기울어지며 흔들리기.

---

1 도둑이 맷돌을 훔쳐 도망가려고 한 곳은 어디인가요? ( )

이해

① 궁궐로 도망가려고 하였습니다.
② 숲속으로 도망가려고 하였습니다.
③ 시장으로 도망가려고 하였습니다.
④ 친구 집으로 도망가려고 하였습니다.
⑤ 바다 건너 멀리 도망가려고 하였습니다.

2 도둑이 맷돌과 함께 바닷속에 빠진 까닭은 무엇인가요? ( )

이해

① 맷돌이 너무 무거워서
② 맷돌을 바닷속에 숨기고 싶어서
③ 맷돌을 들고 있다가 발이 미끄러져서
④ 맷돌을 멈추게 하는 말을 잊어버려서
⑤ 맷돌에서 더 많은 소금을 얻고 싶어서

3 ㉠의 뜻으로 알맞은 것에 ○표 하세요.

어휘

(1) 믿을 수 없을 정도로 놀라운. ( )
(2) 어떤 일을 급하게 처리하려고 하여. ( )

★
4 시간을 나타내는 말을 살펴보며 이 글에서 일이 일어난 차례대로 기호를 쓰세요.

이해

㉮ 저녁이 되자 도둑은 궁궐로 숨어들었습니다.
㉯ 깊은 밤, 모두 잠든 사이 도둑은 몰래 맷돌을 훔쳐 도망갔습니다.
㉰ 어느 날 아침, 사람들이 시장에 모여 신기한 맷돌에 대해 이야기를 했습니다.

( ) → ( ) → ( )

양치기 소년

• 정답 9쪽

❶ 어느 평화로운 마을에 양치기 소년이 살았어요.

　양치기 소년은 아침 일찍 양 떼를 몰고 풀밭으로 갔어요. 풀밭에 벌렁 드러누운 양치기 소년은 한가로이 풀을 뜯는 양 떼를 보며 생각했어요.

　　㉠□ 뭐, 재미있는 일 없을까? □

심심한 양치기 소년은 장난을 치고 싶었어요.

　　㉡□ 늑대가 나타났어요! 도와주세요! □

마을 사람들이 깜짝 놀라 뛰어왔어요.
　　　　양치기 소년을 도와주기 위해서

"어디야, 늑대가 어디 있니?"

"심심해서 장난쳤어요."

마을 사람들은 그냥 돌아갔어요.

중심 내용 | 심심한 양치기 소년은 늑대가 나타났다고 거짓말을 하였고, 양치기 소년의 말을 듣고 뛰어온 마을 사람들은 양치기 소년의 말이 거짓말이라는 것을 알고 그냥 돌아갔습니다.

• **글의 종류**: 이야기
• **글의 특징**: 거짓말을 하던 양치기 소년의 말을 아무도 믿지 않게 되었다는 이야기로, 시간을 나타내는 말을 살펴보고 일이 일어난 차례를 정리할 수 있습니다.

▶ **이야기에서 일이 일어난 차례 정리하기**
• 인물이 한 일을 알아봅니다.
• 시간을 나타내는 말을 찾아보고, 시간을 나타내는 말을 사용하여 일이 일어난 차례를 정리합니다.

평화로운 조용하고 고요한.
양치기 양을 기르는 일을 하는 사람.
한가로이 바쁘고 힘든 일에서 벗어나 편안하고 기분 좋게.

---

5 양치기 소년이 친 장난은 무엇인가요?
이해
　　　　　　　　　　　　　　　(　　)

① 늑대를 집에 초대하였습니다.
② 풀밭을 엉망으로 만들었습니다.
③ 늑대가 나타났다고 거짓말을 했습니다.
④ 늑대 때문에 다쳤다고 거짓말을 했습니다.
⑤ 양 떼를 잃어버렸다고 거짓말을 했습니다.

6 양치기 소년이 장난을 친 까닭은 무엇인가요?
이해
　　　　　　　　　　　　　　　(　　)

① 혼자 있기 무서워서
② 마을 사람들과 친해지고 싶어서
③ 마을 사람들을 웃게 해 주고 싶어서
④ 심심하고 재미있는 일을 만들고 싶어서
⑤ 마을 사람들이 자신을 도와줄지 궁금해서

7 글 ❶에서 양치기 소년의 말을 듣고 마을 사람들이 한 일은 무엇인가요? (　　)
이해

① 늑대를 잡았습니다.
② 풀밭에 벌렁 드러누웠습니다.
③ 양치기 소년에게 화를 냈습니다.
④ 양치기 소년의 일을 도와주었습니다.
⑤ 깜짝 놀라 뛰어왔다가 그냥 돌아갔습니다.

8 ㉠과 ㉡의 □ 안에 들어갈 따옴표를 각각 알맞게 쓰세요.
적용

(1) □ 뭐, 재미있는 일 없을까? □

(2) □ 늑대가 나타났어요! 도와주세요! □

❷ 이튿날, 심심해진 양치기 소년은 또다시 늑대가 나타났다고 소리 쳤어요. 이번에도 거짓말이라는 것을 알게 된 마을 사람들은 화를 내 며 돌아갔어요.

중심 내용 | 양치기 소년이 또다시 늑대가 나타났다고 거짓말을 하자 마을 사람들은 화를 내며 돌 아갔습니다.

❸ 며칠 뒤, 이번에는 진짜로 늑대가 나타났어요.

"늑대가 나타났어요! 도와주세요!"

"쳇, 거짓말쟁이. 우리가 또 속을 줄 알고?"

양치기 소년이 소리쳤지만 마을 사람들은 아무도 오지 않았어요. 양 치기 소년은 그제야 거짓말한 것을 **후회했답니다**.

중심 내용 | 며칠 뒤 진짜 늑대가 나타나 양치기 소년이 도와 달라고 소리쳤지만 마을 사람들은 양 치기 소년이 또 거짓말을 한다고 생각하여 오지 않았습니다.

· 작품 정리

❶ 양치기 소년이 늑대가 나 타났다고 거짓말을 함.

↓

❷ 양치기 소년이 또 거짓말을 해서 마을 사람들이 화가 남.

↓

❸ 진짜로 늑대가 나타났을 때 아무도 양치기 소년의 말을 믿 지 않음.

이튿날 어떤 일이 있은 그다음의 날.
후회했답니다 이전의 잘못을 깨닫 고 뉘우쳤답니다.

4
단원
2회

---

9 글 ❷에서 인물이 한 일을 찾아 선으로 알맞게
이해 이으세요.

(1) 양치기 소년 • • ㉮ 늑대가 나타났 다고 소리침.

(2) 마을 사람들 • • ㉯ 거짓말이라는 것 을 알고 화를 냄.

---

10 글 ❸에서 양치기 소년이 부르는 소리에 마을
추론 사람들이 아무도 오지 않은 까닭은 무엇인가
요? ( )

① 늑대를 잡을 자신이 없어서

② 양치기 소년을 돕는 방법을 몰라서

③ 양치기 소년의 목소리를 듣지 못해서

④ 마을 사람들의 집에도 늑대가 나타나서

⑤ 양치기 소년이 또 거짓말을 한다고 생각해서

서술형
11 빈칸에 시간을 나타내는 말을 찾아 써넣어 일
적용 이 일어난 차례대로 글의 내용을 정리하세요.

(1) ☐☐☐☐ 양 떼를 몰고
풀밭으로 간 양치기 소년은 심심해서 마을 사람들에게 늑대가 나타났다고 거짓말을 했습니다.

↓

(2) ☐☐☐ 양치기 소년은 늑대가 나타났다고 또 거짓말을 해서 마을 사람들이 화가 났습니다.

↓

(3) ☐☐☐ 진짜 늑대가 나타 났지만 아무도 양치기 소년의 말을 믿지 않았습니다.

도움말 글 ❶~❸에서 일이 일어난 때를 알려 주는 말을 찾아보 아요.

나의 실력에 색칠하세요.
😄 🙂 😖

개념 만화 영화를 보고 일어난 일을 정리하고 생각이나 느낌 나누기

• 인물의 말과  , 표정과 몸짓을 자세히

살피며 만화 영화를 봅니다.

> 만화 영화에
> 누가 나오는지 알면
> 이야기를 이해하기
> 쉬워요.

• 만화 영화에서 일어난 일을 차례대로 정리합니다.

• 재미있거나 감동적인 장면을 찾아 친구들과 이야기해 봅니다.

개념 확인 알맞은 것을 고르며 오늘의 개념을 확인해 보세요.

(1) 만화 영화를 볼 때 인물의 표정과 몸짓은 살펴보지 않아도 됩니다.

(○ , ×)

(2) 만화 영화를 보고 친구들과 재미있거나 감동적인 장면에 대해 이야기를 나누면 만화 영화가 더 재미있게 느껴집니다. (○ , ×)

문해력을 높이는 어휘

• 오늘 배울 중요 어휘를 따라 쓰며 익혀 보세요.

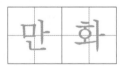 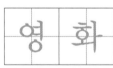

뜻 장면을 만화로 그려서 찍은 영화.

예 일이 일어난 차례를 생각하며 만화 영화를 보아요.

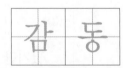

뜻 크게 느끼어 마음이 움직임.

예 만화 영화에서 감동적인 장면을 이야기해요.

빨간 모자가 된 아이쿠

• 정답 9쪽

❶ 아이쿠가 할머니 댁에 가기로 한 것을 알게 된 카르망 콩드 백작은 할머니로 **변장**하고 할머니 댁에 먼저 가서 아이쿠를 기다렸습니다.

❷ 할머니께 가져다드리려던 간식을 다 먹은 아이쿠는 비비와 함께 꽃밭에서 꽃을 따서 할머니께 선물해 드리기로 하였습니다.

❸ 아이쿠와 비비는 할머니 댁에 도착하여 할머니로 변장한 카르망 콩드 백작에게 속아 할머니께 드리려던 꽃을 주었습니다.

❹ 꽃을 받은 카르망 콩드 백작은 몸이 가려워지고, **콧물을** 흘리며 기침과 재채기를 했습니다. 카르망 콩드 백작은 **괴로워하며** 집 밖으로 뛰어나갔습니다.

꽃을 선물 받은 카르망 백작에게 생긴 이상한 반응

❺ 카르망 콩드 백작을 쫓아가던 아이쿠와 비비는 진짜 할머니를 만났고, 할머니께서는 위험할 수도 있다며 아이쿠를 붙잡으셨습니다.

❻ 할머니께서는 길이나 산에서 볼 수 있는 **신기한** 식물이나 버섯을 함부로 만지거나 먹으면 위험하다는 것을 알려 주셨습니다.

• **글의 종류**: 만화 영화
• **글의 특징**: 아이쿠가 할머니로 변장한 카르망 콩드 백작에게 꽃밭에서 딴 꽃을 주고 일어난 일에 대한 내용으로, 일어난 일을 차례대로 정리하고 재미있었던 장면을 친구들과 이야기할 수 있습니다.

변장 원래의 모습을 알아볼 수 없게 하기 위하여 옷차림이나 얼굴, 머리 모양 등을 다르게 바꿈.
괴로워하며 몸이나 마음이 편하지 않고 고통스러운 느낌을 느끼며.
신기한 믿을 수 없을 정도로 놀라운.

1 장면 ❶~❻에 나오지 않는 인물은 누구인가요? (   )

이해

① 비비   ② 레미   ③ 아이쿠
④ 할머니   ⑤ 카르망 콩드 백작

★
2 이 만화 영화에서 일이 일어난 **차례**대로 기호를 쓰세요.

이해

㉮ 아이쿠가 할머니 댁에 가기로 하였습니다.
㉯ 아이쿠와 비비가 할머니께 꽃을 따 드리기로 하였습니다.
㉰ 아이쿠가 할머니로 변장한 카르망 콩드 백작을 만났습니다.
㉱ 꽃을 선물 받은 카르망 콩드 백작에게 이상한 반응이 생겼습니다.

(   )→(   )→(   )→(   )

3 이 만화 영화에서 재미있었던 장면을 알맞게 말한 친구의 이름을 쓰세요.

감상

지호: 꽃을 선물 받은 비비가 뛰어나가는 장면이 재미있었어.
예온: 아이쿠가 할머니께 드릴 간식을 먹는 장면이 재미있었어.

(   )

4 만화 영화를 보고 생각이나 느낌을 나누는 방법으로 빈칸에 들어갈 알맞은 말에 ○표 하세요.

적용

• 만화 영화에서 (인물의 수, 일어난 일)을/를 정리한 후 재미있거나 감동적인 장면에 대해 이야기합니다.

아기 거북이 숲으로 왔어요!

• 정답 9쪽

❶ 엄마 **까투리**와 마지, 두리, 세찌, 꽁지가 바닷가에서 놀고 있었습니다. 그때 꽁지가 거북알을 **발견했습니다.** 알에서 깨어난 아기 거북들은 바다로 떠났습니다.
까투리 가족

❷ 까투리 가족은 집으로 돌아가기로 하였습니다. 혼자 뒤늦게 알에서 깨어난 아기 거북은 까투리 가족을 따라 까투리 가족의 집으로 갔습니다.

❸ 아기 거북은 마지, 두리, 세찌, 꽁지와 미끄럼틀도 타고 공놀이도 하며 재미있게 놀았습니다. 까투리 가족은 아기 거북을 바다거북 아주머니에게 데려다 주기로 하였습니다.
아기 거북의 엄마

❹ 바다로 가는 길에 아기 거북이 **시냇물**에 **빠졌습니다.** 그때 바다거북 아주머니가 나타났고, 아기 거북은 다시 가족을 만났습니다.
바다거북 가족이 사는 곳

• 글의 종류: 만화 영화
• 글의 특징: 숲으로 온 아기 거북이 까투리 가족을 만난 후 다시 가족을 만나게 되는 내용으로, 일어난 일을 차례대로 정리하고 재미있거나 감동적인 장면을 친구들과 이야기할 수 있습니다.

까투리 꿩의 암컷.
발견했습니다 이제까지 찾아내지 못했거나 세상에 알려지지 않은 것을 찾아냈습니다.
시냇물 크지 않은 개울에서 흐르는 물.

---

5 이 만화 영화에 나오는 인물을 두 가지 고르
이해 세요. (   )

① 아기 곰   ② 아기 거북
③ 아기 다람쥐   ④ 까투리 가족
⑤ 부엉이 할아버지

6 아기 거북이 혼자 까투리 가족의 집으로 가게
이해 된 까닭으로 알맞은 것은 무엇인가요?
(   )

① 숲에서 길을 잃어서
② 까투리 가족과 놀고 싶어서
③ 까투리 가족에게 초대받아서
④ 혼자 뒤늦게 알에서 깨어나서
⑤ 엄마 바다거북이 심부름을 시켜서

7 이 만화 영화에서 일이 일어난 차례대로 기호
이해 를 쓰세요.

⑦ 꽁지가 거북알을 발견했습니다.
⑭ 아기 거북이 다시 가족을 만났습니다.
⑮ 아기 거북이 까투리 가족을 따라 집으로 갔습니다.
⑯ 아기 거북과 마지, 두리, 세찌, 꽁지는 재미있게 놀았습니다.

(   )→(   )→(   )→(   )

서술형
8 이 만화 영화에서 재미있거나 감동적인 장면
감상 을 떠올려 쓰세요.

_____

_____

도움말 까투리 가족과 아기 거북에게 어떤 일이 일어났는지 살펴보며 재미있거나 감동적이었던 장면을 떠올려 보아요.

9 이야기에서 누가 무엇을 했는지 알아보는 방법으로 알맞은 것에 모두 ○표 하세요.

이해

(1) 인물의 말을 살펴봅니다. ( )

(2) 인물의 행동을 살펴봅니다. ( )

(3) 인물이 입은 옷을 살펴봅니다. ( )

(4) 인물의 목소리가 큰지 살펴봅니다. ( )

10 「흥부 놀부」 이야기에서 일이 일어난 차례대로 기호를 쓰세요.

이해

> ㉮ 흥부가 지붕에서 떨어진 제비의 다리를 고쳐 주었습니다.
>
> ㉯ 흥부네 가족이 모여 박을 가르자 그 안에 보물이 가득하였습니다.
>
> ㉰ 제비가 흥부에게 물어다 준 박씨를 심자 지붕 위에 큰 박이 열렸습니다.

㉮ → ( ) → ( )

★

11 만화 영화를 보고 생각이나 느낌을 말하는 방법으로 알맞은 것을 두 가지 고르세요.

이해

( )

① 인물이 한 말을 그대로 말합니다.

② 만화 영화의 내용을 외워서 말합니다.

③ 친구의 생각이나 느낌을 따라 말합니다.

④ 떠오르는 장면에 대한 느낌을 말합니다.

⑤ 만화 영화에서 있었던 일에 대한 생각이나 느낌을 말합니다.

12 자신이 본 만화 영화에 대한 생각이나 느낌을 알맞게 말한 친구의 이름을 쓰세요.

적용

> 우철: 「뽀롱뽀롱 뽀로로」는 뽀로로와 친구들이 노는 내용의 만화 영화야.
>
> 리아: 「뽀롱뽀롱 뽀로로」에서 뽀로로가 친구들과 술래잡기하는 모습을 보고 나도 술래잡기를 하고 싶었어.

( )

어법 더하기

13 다음 문장에서 동작을 나타내는 말을 찾아 기호를 쓰세요.

어법

> 수지가 이를 닦습니다.
> ㉮ ㉯ ㉰

( )

어법 더하기⊕ **동작을 나타내는 말**

동작을 나타내는 말은 사람이나 사물의 움직임을 나타내는 말입니다. 다음 문장에서 동작을 나타내는 말을 살펴봅시다.

• 현수가 책을 읽습니다.

• 명희가 얼굴을 씻습니다.

• 한나가 밥을 먹습니다.

• 재현이가 이를 닦습니다.

• 태윤이가 공을 찹니다.

• 진희가 그림을 그립니다.

이야기를 듣거나 읽고 동작을 나타내는 말을 사용하여 문장을 만들어 보면 누가 무엇을 했는지 쉽게 정리할 수 있습니다.

나의 실력에 색칠하세요.

4. 감동을 나누어요 • **75**

|1~3| **다음 글을 읽고, 물음에 답하세요.**

> **가** 오늘 점심시간에 급식 반찬으로 미역무침이 나왔다. 나는 미역을 가장 싫어한다. 하지만 내 친구 서윤이는 미역무침이 맛있다고 했다.
> "너도 한번 먹어 봐. 새콤달콤한 맛이 얼마나 좋은데."
> 서윤이는 미역무침을 맛있게 먹었다.
>
> **나** 나는 눈을 질끈 감고 미역무침을 한번 먹어 보았다. 입을 살짝 벌려 미역무침을 조금 먹어 보았더니 생각보다 맛이 좋았다. 계속 먹다 보니 입안에 새콤함이 가득해졌다. 어느새 미역무침을 모두 다 먹었다.
> "주원이는 반찬을 골고루 잘 먹는구나."
> 선생님께서도 나를 칭찬해 주시며 박수도 쳐 주셨다.

1 일이 일어난 때는 언제인지 빈칸에 알맞은 말을 쓰세요.

오늘 □□□□

2 '나'에게 미역무침을 먹어 보라고 말한 친구는 누구인지 쓰세요.

(   )

3 글 **나** 에서 '내'가 한 행동은 무엇인가요?

(   )

① 서윤이를 칭찬하였습니다.
② 눈을 질끈 감고 눈물을 흘렸습니다.
③ 선생님께 서윤이가 한 말을 전하였습니다.
④ 서윤이에게 미역무침을 나누어 주었습니다.
⑤ 눈을 질끈 감고 미역무침을 먹어 보았습니다.

|4~7| **다음 글을 읽고, 물음에 답하세요.**

> **가** 풀밭에 벌렁 드러누운 양치기 소년은 한가로이 풀을 뜯는 양 떼를 보며 생각했어요.
> '뭐, 재미있는 일 없을까?'
> 심심한 양치기 소년은 장난을 치고 싶었어요.
> "늑대가 나타났어요! 도와주세요!"
> 마을 사람들이 깜짝 놀라 뛰어왔어요.
>
> **나** 이튿날, 심심해진 양치기 소년은 또다시 늑대가 나타났다고 소리쳤어요. 이번에도 거짓말이라는 것을 알게 된 마을 사람들은 화를 내며 돌아갔어요.
>
> **다** 며칠 뒤, 이번에는 진짜로 늑대가 나타났어요. / "늑대가 나타났어요! 도와주세요!"
> ㉠□쳇, 거짓말쟁이. 우리가 또 속을 줄 알고?□
> 양치기 소년이 소리쳤지만 마을 사람들은 아무도 오지 않았어요.

4 글 **가** 에서 양치기 소년은 무엇을 하고 싶어 하였는지 빈칸에 알맞은 말을 쓰세요.

• □□ 을/를 치고 싶어 하였습니다.

5 마을 사람들이 소리 내어 한 말인 ㉠의 □ 안에 들어갈 알맞은 따옴표를 쓰세요.

• 囗 쳇! 거짓말쟁이. 우리가 또 속을 줄 알고? 囗

6 글 **나**와 **다**에 쓰인 시간을 나타내는 말을 찾아 선으로 이으세요.

(1) 글 **나** •

(2) 글 **다** •

• ㉮ 며칠 뒤

• ㉯ 이튿날

7 이 글에서 일이 일어난 차례대로 기호를 쓰세요.

> ㉮ 양치기 소년은 심심해서 늑대가 나타났다고 거짓말을 했습니다.
> ㉯ 진짜 늑대가 나타났지만 아무도 양치기 소년의 말을 믿지 않았습니다.
> ㉰ 양치기 소년이 또 늑대가 나타났다고 하자 마을 사람들은 화를 냈습니다.

( ) → ( ) → ( )

|8~11| 다음 만화 영화의 내용을 보고, 물음에 답하세요.

> ❶ 아이쿠가 할머니 댁에 가기로 한 것을 알게 된 카르망 콩드 백작은 할머니로 변장하고 할머니 댁에 먼저 가서 아이쿠를 기다렸습니다.

> ❷ 할머니께 가져다드리려던 간식을 다 먹은 아이쿠는 비비와 함께 꽃밭에서 꽃을 따서 할머니께 선물해 드리기로 하였습니다.

> ❸ 아이쿠와 비비는 할머니 댁에 도착하여 할머니로 변장한 카르망 콩드 백작에게 속아 할머니께 드리려던 꽃을 주었습니다.

> ❹ 꽃을 받은 카르망 콩드 백작은 몸이 가려워지고, 콧물을 흘리며 기침과 재채기를 했습니다. 카르망 콩드 백작은 괴로워하며 집 밖으로 뛰어나갔습니다.

8 장면 ❸에서 아이쿠가 만난 인물은 누구인지 ○표 하세요.

(1) 진짜 할머니 ( )

(2) 할머니로 변장한 카르망 콩드 백작

( )

9 꽃을 받은 카르망 콩드 백작에게 일어난 일로 알맞은 것을 모두 고르세요. ( )

① 배가 아팠습니다.
② 콧물을 흘렸습니다.
③ 기침을 하였습니다.
④ 몸이 가려워졌습니다.
⑤ 앞이 보이지 않았습니다.

10 이 만화 영화에서 일이 일어난 차례대로 번호를 쓰세요.

(1) 아이쿠가 할머니 댁에 가기로 하였습니다.

( )

(2) 아이쿠가 카르망 콩드 백작에게 꽃을 주었습니다. ( )

(3) 아이쿠가 비비와 함께 할머니께 꽃을 따 드리기로 하였습니다. ( )

(4) 꽃을 선물 받은 카르망 콩드 백작에게 이상한 반응이 생겼습니다. ( )

서술형
11 이 만화 영화에서 재미있었던 장면을 떠올려 쓰세요.

_____

_____

도움말 만화 영화의 내용을 보며 즐거운 기분이나 느낌이 든 장면을 떠올려 보아요.

|12~14| 다음 만화 영화의 내용을 보고, 물음에 답하세요.

❶ 엄마 까투리와 마지, 두리, 세찌, 꽁지가 바닷가에서 놀고 있었습니다. 그때 꽁지가 거북알을 발견했습니다. 알에서 깨어난 아기 거북들은 바다로 떠났습니다.

❷ 까투리 가족은 집으로 돌아가기로 하였습니다. 혼자 뒤늦게 알에서 깨어난 아기 거북은 까투리 가족을 따라 까투리 가족의 집으로 갔습니다.

❸ 아기 거북은 마지, 두리, 세찌, 꽁지와 미끄럼틀도 타고 공놀이도 하며 재미있게 놀았습니다. 까투리 가족은 아기 거북을 바다거북 아주머니에게 데려다주기로 하였습니다.

❹ 바다로 가는 길에 아기 거북이 시냇물에 빠졌습니다. 그때 바다거북 아주머니가 나타났고, 아기 거북은 다시 가족을 만났습니다.

12 장면 ❶에서 꽁지가 발견한 것을 쓰세요.

(   )

13 아기 거북이 까투리 가족의 집에 가서 한 일에 모두 ○표 하세요.

(공놀이 , 달리기 , 숨바꼭질 , 미끄럼틀 타기)

14 이 만화 영화에서 재미있거나 감동적인 장면을 알맞게 말한 친구의 이름을 쓰세요.

예진: 아기 거북이 다시 가족을 만나는 장면이 감동적이었어.

다온: 혼자 씩씩하게 어려움을 이겨낸 아기 거북의 모습이 감동적이었어.

(   )

수행 평가

15 다음 글을 읽고, 물음에 답하세요.

저녁이 되자 도둑은 궁궐로 숨어들었습니다. 그리고 깊은 밤, 모두 잠든 사이 몰래 맷돌을 훔쳐 도망갔습니다. 그러고 나서 서둘러 배를 타고 바다를 건너 멀리 도망가려고 했습니다.

도둑은 배를 타고 바다를 건너다가 맷돌을 돌려 보고 싶었습니다. 그래서 세상에서 가장 귀한 소금이 나오라고 외쳤습니다.

"나와라, 소금!"

그러자 맷돌에서 하얀 소금이 쏟아져 나왔고, 점점 배 안에 쌓여 갔습니다.

1단계 이 글에 쓰인 시간을 나타내는 말 두 가지를 찾아 쓰세요.

(   )

도움말 일이 일어난 때를 알려 주는 말을 찾아보아요.

2단계 빈칸에 알맞은 말을 써넣어 이 글의 내용을 정리한 표를 완성하세요.

시간을 나타내는 말	일어난 일
(1)	도둑이 (2)_____ _____
(3)	도둑이 맷돌을 훔쳐 도망가서 배를 타고 바다를 건너다가 (4)____ _____ _____

도움말 도둑이 언제, 무엇을 했는지 찾아보아요.

내 풍선은 무슨 색일까요?

풍선 안에 쓰인 낱말의 뜻을 보고, 알맞은 낱말과 선을 이으세요.

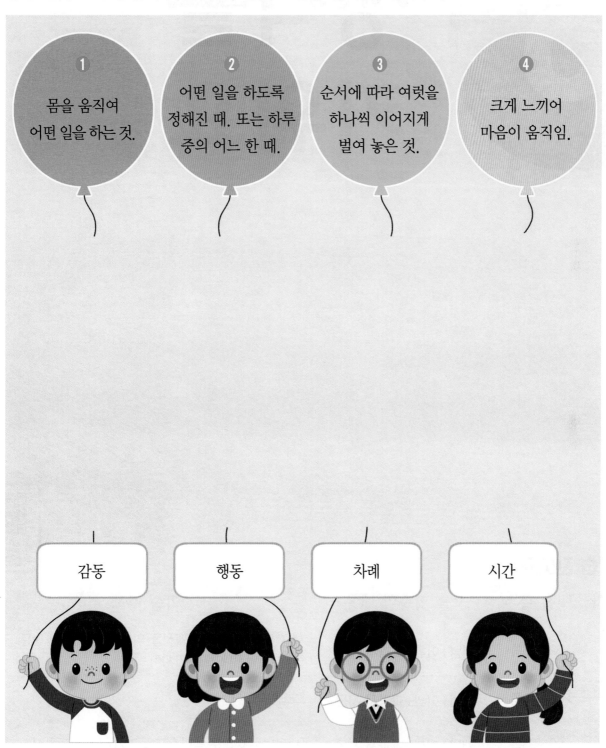

① 몸을 움직여 어떤 일을 하는 것.

② 어떤 일을 하도록 정해진 때. 또는 하루 중의 어느 한 때.

③ 순서에 따라 여럿을 하나씩 이어지게 벌여 놓은 것.

④ 크게 느끼어 마음이 움직임.

감동

행동

차례

시간

거꾸로 정답   ① 행동 ② 시간 ③ 차례 ④ 감동

5 생각을 키워요

● 학습 진도표

온라인
학습 진도표

회차	백점 쪽수	오늘 학습할 내용	학습 주제
1	82~85쪽	개념+어휘+교과서 지문	책 제목 살펴보기 / 「백성을 위해 세종 대왕이 만든 글자, 한글!」 / 글자에 관심 가지기
2	86~89쪽	개념+어휘+교과서 지문	「그래, 책이야!」 / 「우주」
3	90~93쪽	개념+어휘+교과서 지문	「너무너무 어려운 훌라후프 돌리기」 / 마무리하기
4	94~97쪽	대단원 평가+낱말 놀이터	

한글의 특징을 배워요.

책에 흥미를 가져요.

글을 읽고 자신의 생각이나
느낌을 떠올려요.

개념 **한글의 특징**

• 한글은 첫 자음자, 모음자, 받침으로 낱말을 만들 수 있습니다.

• 낱말을 이루고 있는 첫 자음자, 모음자, 받침 가운데에서 하나만 달라져도 글자의 ┃모┃양┃과 ┃소┃리┃가 달라집니다.

• 낱말을 이루고 있는 첫 자음자, 모음자, 받침 가운데에서 하나만 바꾸어도 뜻이 다른 새로운 낱말을 만들 수 있습니다.

개념 확인 **알맞은 것을 고르며 오늘의 개념을 확인해 보세요.**

(1) 낱말을 이루고 있는 모음자 하나만 달라져도 글자의 모양과 소리가 달라집니다. (○ , ×)

(2) 낱말을 이루고 있는 받침을 바꾸어도 낱말의 뜻은 바뀌지 않습니다.

(○ , ×)

문해력을 높이는 **어휘**

• 오늘 배울 중요 어휘를 따라 쓰며 익혀 보세요.

┃한┃글┃

뜻 우리말을 적기 위해 세종 대왕 시대에 만든 우리나라 글자.

예 한글은 백성을 위해 세종 대왕이 만든 글자예요.

'제목'의 뜻은 무엇일까?

뜻

뜻 말. 글·행동 등에 나타내는 속 내용.

예 사전에서 낱말의 뜻을 찾아요.

책 제목 살펴보기

• 정답 11쪽

| 재주 많은 다섯 친구 | 빨간 부채 파란 부채 | 금도끼 은도끼 | 요술 항아리 |

| 웃음은 힘이 세다 | 젊어지는 샘물 | 가나다 글자 놀이 | 바람과 해님 |

• 그림의 특징: 책 제목에서 모양이 비슷한 글자를 찾아 어떤 부분이 다른지 확인할 수 있습니다.

▶ 책 제목에서 비슷한 글자 찾기

	금	음
첫 자음자만 다른 글자	간	란
	재	해
	파	나
	술	물
모음자만 다른 글자	다	도
	구	가
받침만 다른 글자	금	글
	은	음

1
이해
책 제목에서 모양이 비슷한 글자끼리 알맞게 짝 지은 것은 무엇인가요? (   )

① 간 – 주
② 파 – 나
③ 물 – 리
④ 샘 – 해
⑤ 친 – 항

★
2
적용
다음 짝 지은 두 글자는 서로 어떤 것이 다른지 알맞은 것에 ○표 하세요.

(1)	금, 음	(첫 자음자 , 모음자 , 받침) 이/가 다른 글자입니다.
(2)	란, 람	(첫 자음자 , 모음자 , 받침) 이/가 다른 글자입니다.
(3)	주, 지	(첫 자음자 , 모음자 , 받침) 이/가 다른 글자입니다.

서술형
3
적용
다음 두 글자의 모양이 서로 비슷한 까닭을 쓰세요.

| 금 | 글 |

• 두 글자는 서로 _____

_____

도움말 글자 '금'과 '글'의 첫 자음자, 모음자, 받침 가운데에서 어떤 것이 같고, 어떤 것이 다른지 살펴보아요.

4
추론
이 책 가운데에서 읽고 싶은 책을 고를 때 살펴볼 점으로 알맞은 것에 ○표 하세요.

(1) 책의 제목을 살펴봅니다.   (   )
(2) 책의 가격을 살펴봅니다.   (   )
(3) 친구의 생각을 살펴봅니다.   (   )

백성을 위해 세종 대왕이 만든 글자, 한글!

• 정답 11쪽

한자를 쓰던 옛날에는 백성이 글을 읽고 쓸 줄 몰라 억울한 일을 당했습니다.

그 모습을 안타깝게 생각한 조선 시대의 세종 대왕은 신하들의 반대에도 새로운 글자를 만들기 위해 노력했습니다.

세종 대왕은 백성이 글을 쉽게 배우고 매일 쓰며 삶이 편안해지기를 바라는 마음으로 1443년에 한글을 창제했습니다.

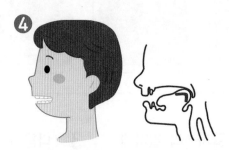

한글은 읽을 때 소리가 나는 모양을 그대로 따라서 글자로 만든 매우 과학적인 글자입니다.

• 글의 특징: 글자를 읽고 쓸 줄 모르는 백성을 위해 세종 대왕이 한글을 만들었다는 내용으로, 한글을 소중히 여기는 마음을 가질 수 있습니다.

▶ 한글이 있어 좋은 점
• 한글이 있어서 자신의 생각을 글로 자유롭게 표현할 수 있습니다.

한자 중국에서 만든 문자.
백성 옛날의 평범한 국민.
억울한 아무 잘못 없이 꾸중을 듣거나 벌을 받거나 하여 화나고 답답한.
조선 시대 1392년부터 1910년까지의 시기.
창제했습니다 전에 없던 것을 처음으로 만들었습니다.

5 장면 ❶에서 알 수 있는 백성의 어려움은 무엇인가요? (　　　)
이해

① 먹을 것이 모자랐습니다.
② 종이를 구하기가 힘들었습니다.
③ 농사를 지을 시간이 없었습니다.
④ 한자를 몰라서 억울한 일을 당했습니다.
⑤ 우리말을 할 줄 몰라서 서로 대화할 수 없었습니다.

6 한글을 만든 사람은 누구인지 찾아 쓰세요.
이해
(　　　　　　)

7 문제 6번의 답으로 쓴 사람이 한글을 만든 까닭으로 알맞은 것의 기호를 쓰세요.
이해

㉮ 백성이 새로운 글자를 만들어 달라고 해서
㉯ 백성이 쉽게 배우고 쓸 수 있는 글자가 필요해서

(　　　　　　)

8 한글이 백성들의 삶을 어떻게 바꾸었을지 알맞게 말한 것에 ○표 하세요.
추론

⑴ 글을 읽고 쓸 수 있게 되어 편리해졌을 것입니다. (　　　)
⑵ 억울한 일이 생겨도 글로 표현할 수 없었을 것입니다. (　　　)

글자에 관심 가지기

• 정답 11쪽

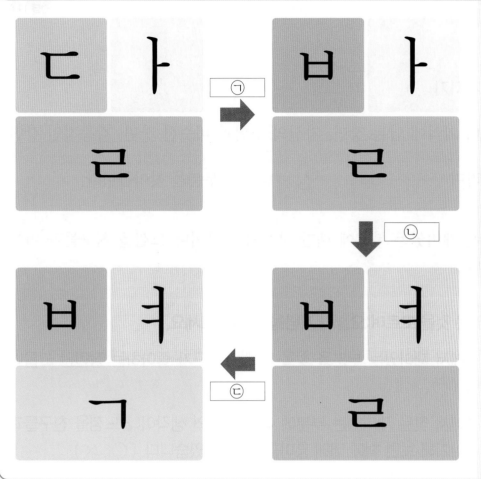

• 그림의 특징: 첫 자음자, 모음자, 받침을 한 개씩 바꿀 때마다 글자의 모양과 소리, 뜻이 달라지는 것을 알 수 있습니다.

▶ 다른 낱말 만들기

공
↓

첫 자음자 바꾸기	모음자 바꾸기	받침 바꾸기
종	강	곰

감
↓

첫 자음자 바꾸기	모음자 바꾸기	받침 바꾸기
밤	곰	갓

5
단원
1회

9
이해
'달'의 글자의 짜임이 알맞게 짝 지어진 것은 무엇인가요? (　　　)

① 첫 자음자 – ㅂ　　② 첫 자음자 – ㄹ
③ 모음자 – ㅏ　　④ 모음자 – ㅕ
⑤ 받침 – ㄱ

10
이해
㉠~㉢에 들어갈 알맞은 말을 찾아 선으로 이으세요.

(1) ㉠ •

(2) ㉡ •

(3) ㉢ •

• ㉮ 받침만 바꾸기

• ㉯ 모음자만 바꾸기

• ㉰ 첫 자음자만 바꾸기

11
적용
다음 낱말에서 모음자만 바꾸어 만든 낱말로 알맞은 것에 모두 ○표 하세요.

볼

| 돌 | 솔 | 발 |
| 벌 | 복 | 봄 |

★
12
적용
한글의 특징으로 알맞은 것의 기호를 쓰세요.

㉮ 낱말을 이루고 있는 첫 자음자만 달라져도 뜻이 다른 낱말이 됩니다.
㉯ 낱말을 이루고 있는 모음자가 달라져도 글자의 모양과 소리는 같습니다.

(　　　　　　　　　　)

나의 실력에 색칠하세요.
😄 🙂 😣

개념 **책에 흥미 가지기**

• 책을 읽으며 기억에 남는 장면, 자신의 경험과 비슷한 장면, 감동적인 장면 등을 떠올리며 | 재 | 미 | 있 | 는 | 부분을 찾아봅니다.

• 책에서 찾은 재미있는 부분에 대한 자신의 생각이나 느낌을 친구들과 이야기해 봅니다.

개념 확인 **알맞은 것을 고르며 오늘의 개념을 확인해 보세요.**

(1) 책에서 재미있는 부분을 찾을 때에는 친구가 좋아하는 장면만 고릅니다. (○ , ×)

(2) 책에서 찾은 재미있는 부분에 대한 자신의 생각이나 느낌을 친구들과 이야기해 보면 책에 대해 흥미를 가질 수 있습니다. (○ , ×)

문해력을 높이는 **어휘**

• 오늘 배울 중요 어휘를 따라 쓰며 익혀 보세요.

책

뜻 글·그림 등을 인쇄한 종이를 여러 장 겹쳐 묶은 것.
예 책이 여러 권 쌓여 있어요.

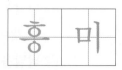

흥미

뜻 재미가 있어서 마음이 기울어지는 것.
예 책을 읽고 우주에 흥미를 느꼈어요.

그래, 책이야! _ 글: 레인 스미스, 옮김: 김경연

● 정답 11쪽

가 **동키** 그건 뭐야?

몽키 책이야.

동키 <u>스크롤</u>은 어떻게 해?
동키가 노트북을 하면서 물음.

몽키 스크롤 안 해. / 한 장 한 장 넘기면 돼.

이건 책이거든.

동키 게임할 수 있어?

몽키 아니. 책인걸.

동키 메일 보낼 수 있어?
동키가 책과 비교하고 있는 것 – 노트북, 태블릿과 같은 전자 기기

몽키 아니.

동키 와이파이는?

몽키 아니.

중심 내용 | 동키는 몽키에게 책으로 무엇을 할 수 있는지 물었습니다.

• **글의 종류**: 그림책
• **글의 특징**: 동키와 몽키, 마우스의 대화를 읽으면서, 전자 기기와는 다른 책의 특징을 알고 책에 흥미를 느낄 수 있습니다.

▶ 글 **가**에서 책에 대한 동키의 생각
• 동키는 책에 대해서 잘 모르지만 궁금해하고 알고 싶어 합니다.

스크롤 컴퓨터 화면을 아래, 위, 왼쪽, 오른쪽으로 움직이는 것.
메일 전자 우편.
와이파이 가까운 거리 안에 있으면 선 없이도 인터넷을 이용할 수 있도록 하는 것.

5 단원
2회

---

1 몽키가 들고 있는 것은 무엇인지 쓰세요.
이해

( )

2 동키가 몽키에게 물어본 내용이 <u>아닌</u> 것은 무
이해 엇인가요? ( )

① 게임할 수 있는지 물어보았습니다.
② 와이파이가 되는지 물어보았습니다.
③ 사진을 찍을 수 있는지 물어보았습니다.
④ 메일을 보낼 수 있는지 물어보았습니다.
⑤ 스크롤은 어떻게 하는지 물어보았습니다.

3 동키가 몽키에게 여러 가지 질문을 한 까닭으
추론 로 알맞은 것에 ○표 하세요.

⑴ 동키의 책을 갖고 싶어서 ( )
⑵ 동키가 무엇을 좋아하는지 궁금해서
( )
⑶ 책으로 무엇을 할 수 있는지 궁금해서
( )

4 동키가 책을 잘 이해할 수 있도록 책이 무엇인
적용 지 바르게 소개한 친구의 이름을 쓰세요.

예린: 키보드를 치면서 친구와 이야기하면
돼.
예준: 글을 읽으면서 재미있는 장면을 떠올
리면 돼.

( )

나 동키 그럼……. 책으로는 뭘 할 수 있어?

동키 비밀번호 있어야 해?

몽키 아니.

동키 **별명**이 있어야 해?
_{동키가 몽키의 책을 가져감.}

몽키 ㉠책이라니까.

(동키는 시간 가는 줄 모르고 오랫동안 책을 읽었습니다.)

중심 내용 | 동키가 몽키에게 책에 비밀번호가 있어야 하는지, 별명이 있어야 하는지 물어보고, 책을 가져가서 오랫동안 읽었습니다.

다 몽키 이제 내 책 돌려줄래?

동키 아니.

몽키 뭐야…….

동키 걱정 마. / 다 보면 **충전해** 놓을게.

마우스 충전할 필요 없어……. / 책이니까.

중심 내용 | 동키가 책을 다 보면 충전해 놓겠다고 하자, 마우스가 책은 충전할 필요가 없다고 말했습니다.

• 작품 정리

가 동키가 몽키가 들고 있는 책을 보며 질문함.

↓

나 동키가 몽키의 책을 가져가서 한참 읽음.

↓

다 몽키가 책을 돌려 달라고 하자 동키가 다 보면 충전해 놓겠다고 말함.

별명 진짜 이름이 아닌 겉모습이나 성격을 가지고 남들이 지어 부르는 이름.
충전해 전지에 전기를 채워 넣어.

---

5 몽키가 ㉠과 같이 말한 까닭으로 알맞은 것에
이해 ○표 하세요.

(1) 책이라서 별명이 없어도 된다는 뜻입니다.

( )

(2) 책이라서 반드시 별명으로 불러주어야 한다는 뜻입니다.

( )

서술형

6 동키가 몽키에게 책을 돌려주지 않으려고 한
추론 까닭은 무엇일지 짐작하여 쓰세요.

• _____

_____ 때문입니다.

도움말 동키가 왜 시간 가는 줄 모르고 오랫동안 책을 읽었을지 생각해 보아요.

7 책에 대한 동키의 생각이 어떻게 달라졌는지
적용 알맞은 것의 기호를 쓰세요.

㉮ 책을 좋아함. → 책을 싫어함.
㉯ 책을 싫어함. → 책을 궁금해 함.
㉰ 책을 궁금해 함. → 책에 흥미를 가짐.

( )

★
8 이 글을 읽고 재미있는 장면을 알맞게 떠올린
감상 친구의 이름을 쓰세요.

아진: 동키가 책을 다 보면 충전해 놓겠다고 말하는 장면이 재미있어.
지윤: 동키와 몽키가 서로 책을 바꿔 읽으며 이야기하는 장면이 재미있어.

( )

우주

● 정답 11쪽

❶ 우주에서는 모든 것이 둥둥 떠다녀요. 사람들이 타고 있는 **우주선** 안의 물건도 둥둥 떠다녀요. 물건이 둥둥 떠다니면 다치거나 위험해질 수 있어요. 그래서 물건을 묶거나 어딘가에 붙여 두어야 해요.

> 물건이 떠서 움직이는 모양.

중심 내용 | 우주에서는 모든 것이 둥둥 떠다니기 때문에 다치거나 위험해질 수 있으니 물건을 묶거나 어딘가에 붙여 두어야 합니다.

❷ 화장실에서 **볼일**을 볼 때에는 몸이 둥둥 뜨지 않게 발걸이와 손잡이를 이용해 몸을 고정해요. 잠을 잘 때에는 벽에 붙여 놓은 이불 속에 들어가서 자요. 음식을 먹을 때에는 음식을 담아 둔 주머니와 수저가 떠다니지 않게 **식판**에 붙여 놓고 먹어야 해요.

중심 내용 | 우주에서는 몸이나 물건이 둥둥 뜨지 않게 고정해야 합니다.

- **글의 종류**: 설명하는 글
- **글의 특징**: 우주에서는 모든 것이 둥둥 떠다닌다는 것을 설명하는 글을 읽고 어떤 생각이나 느낌이 드는지 떠올려 봅니다.

우주선 지구를 벗어나 우주를 날아다닐 수 있는 탈것.
볼일 대변이나 소변을 이르는 말.
식판 밥, 국, 서너 가지의 반찬을 담을 수 있도록 오목한 칸이 있는 넓은 그릇.

---

9 이 글에서 설명하고 있는 곳은 어디인가요?

대상

( )

① 집 ② 우주 ③ 지구
④ 화장실 ⑤ 비행기

10 이 글의 내용으로 알맞은 것은 무엇인가요?

이해

( )

① 우주에서는 밥을 먹지 못합니다.
② 우주선은 사람이 탈 수 없습니다.
③ 우주에서는 모든 것들이 둥둥 떠다닙니다.
④ 우주에서 볼일을 볼 때에는 몸을 고정하지 않아도 됩니다.
⑤ 우주에서 잠을 잘 때에는 이불 속에 들어갈 수 없습니다.

11 우주에서 물건을 묶거나 어딘가에 붙여 두어야 하는 까닭으로 알맞은 것의 기호를 쓰세요.

이해

㉮ 물건이 둥둥 떠다니면 다치거나 위험해질 수 있기 때문입니다.
㉯ 다른 사람이 말도 없이 내 물건을 가져갈 수 있기 때문입니다.
㉰ 물건이 어디에 있는지 잊어버리지 않고 쉽게 찾을 수 있기 때문입니다.

( )

★ 12 이 글을 읽고 든 생각이나 느낌으로 알맞은 것에 ○표 하세요.

감상

(1) 지구는 정말 아름다울까? ( )
(2) 우주에 호랑이도 살고 있구나. ( )
(3) 우주에서는 왜 물건들이 떠다니는 것일까? ( )

나의 실력에 색칠하세요.

😄 🙂 😣

개념 글을 읽고 생각이나 느낌 나누기

• 글쓴이가 한 일을 차례대로 정리합니다.

• 글쓴이의 | 마 | 음 | 을 짐작할 수 있는 부분을 찾아보고, 어떤 마음이었을지 생각해 봅니다.

• 글쓴이가 한 일이나, 글쓴이의 생각이나 느낌에 대해 어떤  이나 느낌이 들었는지 떠올려 표현합니다.

개념 확인 알맞은 것을 고르며 오늘의 개념을 확인해 보세요.

(1) 글을 읽을 때에는 글쓴이의 마음을 짐작해 봅니다. (○ , ×)

(2) 글쓴이가 한 일에 대한 자신의 생각은 떠올리지 않아도 됩니다. (○ , ×)

문해력을 높이는 어휘

• 오늘 배울 중요 어휘를 따라 쓰며 익혀 보세요.

뜻 몸의 감각이나 마음으로 깨달아 아는 기운이나 감정.

예 이불의 부드러운 느낌이 좋아요.

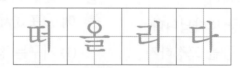

뜻 생각이나 기억을 되살리다.

예 엄마 무릎을 베고 잤던 기억을 떠올려요.

너무너무 어려운 훌라후프 돌리기

• 정답 12쪽

❶ "자, 이제 운동장에 나가 볼까요?"

선생님의 말씀에 친구들은 모두 "우아!" 하고 소리를 질렀다. 나만 ㉠"어휴."라고 했다. 왜냐하면 훌라후프로 운동하는 시간이기 때문이다.

친구들은 훌라후프가 떨어지지 않게 잘 돌린다. 그런데 내가 하면 훌라후프가 금방 뚝 떨어진다.

중심 내용 | '나'는 훌라후프를 조금만 돌려도 금방 떨어져 훌라후프로 운동하는 시간이 싫습니다.

• 글의 특징: 친구들처럼 훌라후프를 잘 돌리고 싶어 노력하는 글쓴이의 모습을 보며 생각이나 느낌을 떠올려 볼 수 있습니다.

▶ 글 ❶에서 알 수 있는 '나'의 마음

말	"어휴."
마음	훌라후프로 운동하는 시간이 싫고 두려움.

---

1 글 ❶에 대한 설명으로 알맞은 것에 ○표 하세요.
이해

(1) '나'는 운동장에 나가지 않았습니다.
( )

(2) '내'가 훌라후프를 돌리면 금방 떨어집니다.
( )

(3) '나'와 친구들은 운동장에 나가자는 선생님의 말씀에 기뻐했습니다. ( )

2 '내'가 ㉠처럼 말한 까닭으로 알맞은 것은 무엇인가요? ( )
이해

① 훌라후프를 가져오지 않아서

② 운동장에 나가는 것이 귀찮아서

③ 훌라후프로 운동하는 것이 좋아서

④ 훌라후프를 오래 돌리면 힘들어서

⑤ 훌라후프로 운동하는 시간이 싫고 두려워서

★3 '나'는 훌라후프를 잘 돌리는 친구들을 보며 어떤 마음이 들었을지 알맞은 것에 ○표 하세요.
추론

(1) 안타깝고 슬픈 마음 ( )

(2) 흐뭇하고 기쁜 마음 ( )

(3) 신기하고 부러운 마음 ( )

5
단원
3회

디지털 문해력

4 '나'와 비슷한 생각이나 느낌이 들었던 경험을 알맞게 말한 친구의 이름을 쓰세요.
적용

< 우리 반 이야기방 🔍 ☰

🔵 희주
나만 바이올린을 연주할 수 있어서 친구들에게 알려줬던 게 뿌듯했어.

🔵 소희
친구들과 함께 지도를 보면서 처음 가 보는 곳에 도착했을 때 정말 보람 있었어.

🔵 성찬
다른 친구들은 연극 대사를 잘 외웠지만 나는 잘 외우지 못해서 속상했어.

( )

❷ 친구들처럼 훌라후프를 잘 돌리고 싶어서 나는 훌라후프가 있다고 생각하면서 허리를 이리저리 움직였다. 선생님은 훌라후프 돌리기를 포기하지 않고 노력하는 모습이 기특하다고 칭찬해 주셨다. 칭찬을 받아서 기분이 좋았지만 다음에는 친구들처럼 훌라후프를 잘 돌리면 좋겠다.

중심 내용 | '나'는 친구들처럼 훌라후프를 잘 돌리고 싶어서 훌라후프가 있다고 생각하면서 허리를 움직였고, 선생님은 포기하지 않고 노력하는 모습이 기특하다며 칭찬해 주셨습니다.

> ▶ '나'에게 일어난 일

> | 운동장에 나감. |
> | :---: |
> | ↓ |
> | 훌라후프를 잘 돌리지 못함. |
> | ↓ |
> | 훌라후프를 잘 돌리려고 노력함. |
> | ↓ |
> | 선생님께 칭찬을 받음. |

5
이해
'내'가 훌라후프를 잘 돌리고 싶어서 한 행동은 무엇인가요? ( )

① 친구를 따라했습니다.
② 좋은 훌라후프를 샀습니다.
③ 밤새 훌라후프 돌리기를 연습했습니다.
④ 선생님께 훌라후프 돌리는 방법을 여쭈어 보았습니다.
⑤ 훌라후프가 있다고 생각하면서 허리를 이리저리 움직였습니다.

서술형
6
추론
선생님께 칭찬을 받은 '나'는 어떤 마음이었을지 짐작하여 쓰세요.

• 선생님께 칭찬을 받은 '나'는 _____
_____ 마음이 들었을 것입니다.

도움말 선생님께 칭찬을 받았을 때 '나'의 마음이 어떠했을지 떠올려 보아요.

7
이해
'나'에게 일어난 일을 보기 에서 찾아 차례대로 기호를 쓰세요.

보기
㉮ 선생님께 칭찬을 받았습니다.
㉯ 친구들과 운동장에 나갔습니다.
㉰ 훌라후프를 잘 돌리지 못했습니다.
㉱ 훌라후프를 잘 돌리고 싶어서 노력했습니다.

㉯ → ( ) → ( ) → ( )

★
8
감상
'내'가 한 일에 대해 생각이나 느낌을 떠올려 알맞게 말한 친구의 이름을 쓰세요.

> 민정: 훌라후프 돌리기를 포기하는 모습이 아쉬워.
> 지민: 훌라후프가 있다고 생각하면서 허리를 돌린다는 생각이 재치 있어.
> 하윤: 결국에는 친구들보다 훌라후프를 잘 돌리게 된 것을 보니 자랑스러워.

( )

|9~10| 다음 안내판의 내용을 보고, 물음에 답하세요.

> 도토리와 밤은 겨울철
> 야생 동물의 먹이입니다.
>
> 다람쥐에게 도토리를
> 돌려주세요!

9
적용

안내판에 쓰인 다음 두 글자의 다른 점으로 알맞은 것에 ○표 하세요.

동 돌 (첫 자음자 , 모음자 , 받침)

10
추론

이 글을 읽고 떠올린 생각이나 느낌으로 알맞은 것의 기호를 쓰세요.

> ㉮ 겨울철에 도토리와 밤을 많이 먹어야겠다.
> ㉯ 산에 떨어진 도토리와 밤을 주워 오지 말아야겠다.

(   )

11
추론

친구들이 무엇에 대해 설명하고 있는지 쓰세요.

세종 대왕이 만들었어.

1443년에 만들어진 글자야.

읽을 때 소리가 나는 모양을 그대로 따라서 만들었어.

(1) 한자 (   )
(2) 한글 (   )

12
적용

글자 '물'의 첫 자음자를 바꾸어 만든 낱말로 알맞은 것은 무엇인가요? (   )

① 묵   ② 문   ③ 말
④ 불   ⑤ 밀

어법 더하기

13
어법

물건을 셀 때 쓰는 알맞은 낱말을 찾아 선으로 이으세요.

(1) 종이 •   • ㉮ 통
(2) 연필 •   • ㉯ 대
(3) 수박 •   • ㉰ 장
(4) 자동차 •   • ㉱ 자루

> **어법 더하기 ⊕ 물건을 셀 때 쓰는 낱말**
>
> 물건을 셀 때에는 각각의 물건마다 어울리는 낱말을 써야 합니다. 짝이 되는 두 개를 하나의 덩어리로 세기도 하는데 신발이나 양말의 왼쪽과 오른쪽 짝을 묶어 셀 때는 '한 켤레'라고 합니다. 또 숟가락과 젓가락을 묶어서 셀 때는 '한 벌'이라고 합니다.
>
> | 물건 | 물건을 셀 때 쓰는 낱말 |
> |------|------------------------|
> | 배추 | 포기 |
> | 배 | 척 |
> | 쌀 | 톨 |
> | 집 | 채 |
> | 두부 | 모 |
> | 옷 | 벌 |

5
단원

3회

나의 실력에 색칠하세요.

| 1~2 | 다음 그림을 보고, 물음에 답하세요.

> 빨간 부채
> 파란 부채

1 이 그림에서 색칠된 글자와 모양이 비슷한 글자는 무엇인가요? (　　　)

① 간　　　② 빨　　　③ 파
④ 음　　　⑤ 지

2 문제 **1**번에서 답한 글자는 색칠된 글자와 서로 무엇이 다른지 알맞은 것에 ○표 하세요.

(첫 자음자 , 모음자 , 받침)

| 3~4 | 다음을 보고, 물음에 답하세요.

 세종 대왕은 백성이 글을 쉽게 배우고 매일 쓰며 삶이 편안해지기를 바라는 마음으로 1443년에 한글을 창제했습니다.

3 세종 대왕이 백성을 생각하며 만든 것은 무엇인지 쓰세요.

(　　　　　　　)

4 문제 **3**번에서 답한 것에 대해 알맞게 말한 친구의 이름을 쓰세요.

> 찬솔: 만들어진 까닭을 알 수 있어.
> 하은: 만든 사람이 누구인지 알 수 없어.
> 율이: 언제 만들어졌는지 알려져 있지 않아.

(　　　　　　　)

| 5~7 | 다음을 보고, 물음에 답하세요.

별　➡ ⑤ 　벽

5 ⑤에 들어갈 말로 알맞은 것에 ○표 하세요.

(1) 받침만 바꾸기　　　　　　　(　　　)
(2) 모음자만 바꾸기　　　　　　(　　　)
(3) 첫 자음자만 바꾸기　　　　　(　　　)

6 글자 '별'에서 모음자를 바꾼 말로 알맞지 않은 것은 무엇인가요? (　　　)

① 발　　　② 벌　　　③ 불
④ 병　　　⑤ 볼

7 이 내용에서 알 수 있는 한글의 특징을 알맞게 말한 것에 ○표 하세요.

(1) 낱말을 이루고 있는 받침이 달라져도 낱말의 뜻은 바뀌지 않아.　　　　(　　　)
(2) 낱말을 이루고 있는 모음자가 달라지면 글자의 모양과 소리가 달라져.　　(　　　)

| 8~9 | 다음 글을 읽고, 물음에 답하세요.

> 가 | 동키 | 그건 뭐야?
>
> 몽키 | 책이야.
>
> 동키 | 스크롤은 어떻게 해?
>
> 몽키 | 스크롤 안 해.
> 한 장 한 장 넘기면 돼.
> 이건 책이거든.
>
> 동키 | 게임할 수 있어?
>
> 몽키 | 아니. 책인걸.
>
> 나 | (동키는 시간 가는 줄 모르고 오랫동안 책을 읽었습니다.)
>
> 몽키 | 이제 내 책 돌려줄래?
>
> 동키 | 아니.
>
> 몽키 | 뭐야…….
>
> 동키 | 걱정 마.
> 다 보면 충전해 놓을게.
>
> 마우스 | ㉠

8 ㉠에 들어갈 말로 알맞은 것에 ○표 하세요.

(1) 충전할 필요 없어. ( )

(2) 오늘까지 꼭 충전해 줘. ( )

(3) 어떻게 충전하는지 아니? ( )

9 이 글을 읽고 재미있었던 부분을 알맞게 떠올려 말한 친구의 이름을 쓰세요.

> 은서: 동키가 책을 잘 몰라서 엉뚱한 질문을 하는 장면이 재미있었어.
>
> 지호: 동키가 끝까지 책에 흥미를 느끼지 못하고 딴짓을 하는 장면이 재미있었어.

( )

| 10~11 | 다음 글을 읽고, 물음에 답하세요.

> 우주에서는 모든 것이 둥둥 떠다녀요. 사람들이 타고 있는 우주선 안의 물건도 둥둥 떠다녀요. 물건이 둥둥 떠다니면 다치거나 위험해질 수 있어요. 그래서 물건을 묶거나 어딘가에 붙여 두어야 해요.
>
> 화장실에서 볼일을 볼 때에는 몸이 둥둥 뜨지 않게 발걸이와 손잡이를 이용해 몸을 고정해요. 잠을 잘 때에는 벽에 붙여 놓은 이불 속에 들어가서 자요. 음식을 먹을 때에는 음식을 담아 둔 주머니와 수저가 떠다니지 않게 식판에 붙여 놓고 먹어야 해요.

10 우주에서는 물건을 어떻게 해야 하는지 알맞게 설명한 것은 무엇인가요? ( )

① 물건을 쓰지 않아야 합니다.

② 물건에 이름을 써야 합니다.

③ 물건을 사람들과 나눠 써야 합니다.

④ 물건을 가지런하게 정리해야 합니다.

⑤ 물건을 묶거나 어딘가에 붙여 두어야 합니다.

서술형

11 이 글을 읽고 우주에 대해서 떠올린 생각이나 느낌을 보기처럼 쓰세요.

> 보기
>
> 나는 우주에서는 왜 물건들이 떠다니는 것인지 궁금해졌어.

• 나는 _____

도움말 이 글을 읽고 우주에 대해 새로 알게 된 사실이나 우주에 대해 떠올린 생각이나 느낌을 써요.

5 단원 4회

|12~14| 다음 글을 읽고, 물음에 답하세요.

> 가 친구들은 훌라후프가 떨어지지 않게 잘 돌린다. 그런데 내가 하면 훌라후프가 금방 뚝 떨어진다.
> 친구들처럼 훌라후프를 잘 돌리고 싶어서 나는 훌라후프가 있다고 생각하면서 허리를 이리저리 움직였다.
> 나 선생님은 훌라후프 돌리기를 포기하지 않고 노력하는 모습이 기특하다고 칭찬해 주셨다. 칭찬을 받아서 기분은 좋았지만 다음에는 친구들처럼 훌라후프를 잘 돌리면 좋겠다.

12 '내'가 훌라후프를 잘 돌리고 싶어서 한 행동으로 알맞은 것에 ○표 하세요.

• 훌라후프가 (있다고, 없다고) 생각하면서 허리를 이리저리 움직였습니다.

13 '내'가 선생님께 칭찬을 받은 까닭은 무엇인지 빈칸에 들어갈 알맞은 말을 쓰세요.

• 훌라후프 돌리기가 어려워도 포기하지 않고

  ☐ ☐ 하는 모습이 기특해서

14 글 가와 나에서 '내'가 느낀 마음으로 알맞은 것을 찾아 선으로 이으세요.

(1) 글 가 •   • ㉮ 뿌듯하고 기쁨.

(2) 글 나 •   • ㉯ 신기하고 부러움.

---

15 다음을 보고, 물음에 답하세요.

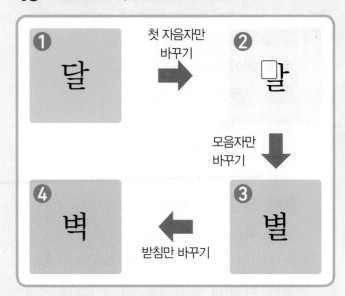

1 단계 **2**의 빈칸에 들어갈 알맞은 자음자를 쓰세요.

(   )

도움말 **2**에서 모음자를 바꾸어 **3**의 '별'이 된 것을 통해 빈칸에 어떤 자음자가 들어갈지를 생각해 보아요.

2 단계 **4**에서 첫 자음자, 모음자, 받침 가운데에서 하나를 바꾸어 보기처럼 다른 낱말을 만들어 보세요.

> 보기
> 받침을 바꾸면 '벌'이 됩니다.

• ☐☐☐ 을/를 바꾸면 ☐

이/가 됩니다.

도움말 '벽'의 첫 자음자, 모음자, 받침 가운데에서 하나를 바꾸어 다른 낱말을 만들어 보아요.

잃어버린 튜브의 주인을 찾아요!

동물 친구들이 말하는 낱말의 뜻을 보고, 알맞은 낱말을 보기에서 찾아 쓰며 튜브와 이어 주세요.

보기

느낌   흥미   뜻   한글

재미가 있어서 마음이 기울어지는 것.

말. 글·행동 등에 나타내는 속 내용.

우리말을 적기 위해 세종 대왕 시대에 만든 우리나라 글자.

몸의 감각이나 마음으로 깨달아 아는 기운이나 감정.

거꾸로 정답   ①한글 ②뜻 ③흥미 ④느낌

나의 실력에 색칠하세요.

6 문장을
읽고 써요

온라인
학습 진도표

● **학습 진도표**

회차	백점 쪽수	오늘 학습할 내용	학습 주제
1	100~103쪽	개념+어휘+교과서 지문	영화관을 바르게 이용하는 방법 / 「발명보다 위대한 발견」 / 「반짝반짝」
2	104~107쪽	개념+어휘+교과서 지문	낱말 바르게 읽고 쓰기 / 「소방관의 부탁」
3	108~111쪽	개념+어휘+교과서 지문	「괜찮아 아저씨」 / 마무리하기
4	112~115쪽	대단원 평가+낱말 놀이터	

쓰레기를 아무 데나 버리면 안 돼요.

생각을 **문장**으로 나타내는 방법을 배워요.

복도에서 뛰지 않고 질서를 지키는 별이 되고 싶어요.

시를 읽고 자신의 생각을 **문장**으로 나타내요.

6
단원

꽃[꼳]

소리와 글자가 다른 낱말을 **정확하게** 써요.

기린은∨혀로∨얼굴에 붙은∨ 벌레를∨떼어 냅니다. ∨∨귓속을∨ 청소하기도 하지요.

글의 의미를 생각하며 **자연스럽게** 읽어요.

개념 생각을 문장으로 나타내기

• 문제 상황을 살펴봅니다.

• 어떻게 행동하면 좋을지, 그렇게 생각한 | 까 | 닭 |은

무엇인지 생각합니다.

자신의 생각을 문장으로 쓸 때에는 문제 상황에 대한 생각과 까닭을 자세하게 쓰는 것이 좋아요.

• 자신의 | 생 | 각 |을 문장으로 씁니다.

개념 확인 **알맞은 것을 고르며 오늘의 개념을 확인해 보세요.**

(1) 생각을 문장으로 나타낼 때에는 문제 상황을 먼저 살펴봅니다. (○ , ×)

(2) 생각을 문장으로 나타낼 때에는 문제 상황에 대한 생각과 까닭을 짧고 간단하게 쓰는 것이 좋습니다. (○ , ×)

문해력을 높이는 어휘

• 오늘 배울 중요 어휘를 따라 쓰며 익혀 보세요.

| 문 | 제 |

🔘 연구하거나 해결해야 하는 일.

🔘 사람들이 쓰레기를 아무 데나 버리는 것이 문제예요.

쓰레기를 아무 데나 버리면 안 돼요.

| 문 | 장 |

🔘 생각을 말로 나타낼 때 하나의 정리된 뜻을 나타내는 말의 단위.

🔘 문장으로 자신의 생각을 표현해요.

영화관을 바르게 이용하는 방법

• 정답 13쪽

• **그림의 특징**: 영화관을 바르게 이용하지 않는 친구들의 모습이 나타나 있는 그림으로, 문제 상황을 살펴보고 어떻게 행동하면 좋을지 생각해 봅니다.

▶ **그림에 나타난 문제 상황**
• 영화에 나오는 장면을 휴대 전화로 찍었습니다.
• 영화관에서 큰 소리로 이야기를 나누었습니다.
• 앞자리를 발로 찼습니다.
• 영화관에서 휴대 전화 소리가 울리게 했습니다.
• 영화를 보는 중에 아무 데나 쓰레기를 버렸습니다.

1
이해

이 그림에 나타난 문제 상황으로 알맞지 <u>않은</u> 것은 무엇인가요? (   )

① 영화관에서 앞자리를 발로 찼습니다.
② 영화관에서 영화를 보다가 잠들었습니다.
③ 영화관에서 아무 데나 쓰레기를 버렸습니다.
④ 영화관에서 휴대 전화 소리가 울리게 했습니다.
⑤ 영화관에서 영화에 나오는 장면을 휴대 전화로 찍었습니다.

2
적용

❶의 친구에게 해 줄 말을 생각이 잘 드러나는 문장으로 표현한 것은 무엇인가요? (   )

① 하지 마.
② 왜 찍는 거야?
③ 그러면 안 된다니까.
④ 찍어서 나중에 나랑 같이 보자.
⑤ 영화에 나오는 장면을 휴대 전화로 찍으면 안 돼.

3
추론

다음과 같은 말을 해 주어야 하는 친구를 찾아 번호를 쓰세요.

> 영화를 볼 때에는 큰 소리로 이야기하거나 시끄럽게 하면 안 돼.

(   )

★
4
적용

❺의 친구에게 해 줄 말이 잘 나타나도록 알맞은 말에 ○표 하여 문장을 완성하세요.

• 쓰레기는 영화가 ⑴(시작한, 끝난) 뒤에 ⑵(의자 위, 밖에 있는 쓰레기통)에 버려야 해.

발명보다 위대한 발견

• 정답 13쪽

❶ 프랭클린은 전기를 발명했다.
_{아직까지 없던 것을 새로 생각하여 만들어 냄.}
저는 안 쓰는 전기를 발견했습니다.
_{아직 찾아내지 못했거나 알려지지 않은 것을 찾아냄.}

❷ 다임러는 자동차를 발명했다.
전 저만의 **자가용**을 발견했습니다.
_{자전거}

❸ 터린은 비닐 봉투를 발명했다.
전 예쁜 **재활용** 가방을 발견했죠.

❹ 발명보다 위대한 발견

미래를 위해

낭비되고 있는 에너지를 발견하세요!

• 종류: 광고
• 특징: 발명과 발견을 나란히 보여 주며 우리가 일상에서 낭비하고 있는 자원을 발견하자는 내용으로, 문제 상황을 살펴보고 자신의 생각을 문장으로 나타낼 수 있습니다.

▶ 낭비되는 자원을 아끼는 방법

❶	안 쓰는 전등을 끔.
❷	자동차 대신 자전거를 탐.
❸	일회용 비닐 봉투 대신 여러 번 쓸 수 있는 가방을 사용함.

자가용 개인이나 가정에서 쓰는 자동차.
재활용 쓰고 버리는 물건을 다른 데에 다시 사용하거나 사용할 수 있게 함.
낭비되고 돈, 시간, 물건 등이 함부로 쓰이고.

---

5 광고에서 사람들이 발견한 것은 무엇인가요?
_{이해}
( )

① 사용하기 어려운 물건
② 우리가 낭비하고 있는 자원
③ 생활을 불편하게 만드는 물건
④ 미래에도 쓸 수 있는 새로운 에너지
⑤ 생활의 즐거움을 느끼게 해 주는 물건

6 광고에서 전하고자 하는 내용은 무엇인지 생
_{추론} 각하여 알맞은 말에 ○표 하세요.

• 우리의 생활을 편리하게 해 줄 것을 (1)(발명, 발견)하는 것도 중요하지만, 자원을 아낄 수 있는 방법을 (2)(발명, 발견)하는 것도 중요합니다.

7 이 광고를 보고 떠오른 생각이나 느낌을 알맞
_{추론} 게 말한 친구의 이름을 쓰세요.

> 도아: 무엇을 발견하는 것은 어려워.
> 지유: 학교에 갈 때 부모님 차를 타지 않고 스스로 걸어가야겠다고 생각했어.

( )

_{서술형}
8 다음 문제 상황을 보고, 자신의 생각을 문장으
_{적용} 로 쓰세요.

> 더 쓸 수 있는 종이를 버리려고 해요.

• 아직 더 쓸 수 있으니까 _____

도움말 문제가 무엇인지 살펴보고, 문제를 해결할 수 있는 방법을 떠올려 문장으로 써요.

소단원1 반짝반짝 _ 신형건

● 정답 13쪽

❶ 너는

별이 되고 싶니?

너 혼자

반짝 빛나고 싶니?
하나의 작은 빛이 나타났다가 사라짐.

1연 별처럼 혼자 빛나고 싶은지 물어보았습니다.

❷ 너는

별자리가 되고 싶니?

여럿이 함께

반짝반짝 반짝반짝
작은 빛이 여러 개 모여 나타났다가 사라짐.

빛나고 싶니?

2연 별자리처럼 다른 사람들과 함께 빛나고 싶은지 물어보았습니다.

· 글의 종류: 시
· 글의 특징: 별과 별자리를 통해 혼자 하는 일과 여럿이 함께 하는 일이 모두 중요하다는 것을 이해하고, 자신은 어떻게 빛나고 싶은지 문장으로 쓸 수 있습니다.

▶ **빛날 수 있는 상황 떠올리기** 예

혼자 반짝 빛날 수 있는 때	· 쓰레기를 스스로 주울 때 · 내 생각을 마음껏 표현할 때
여럿이 함께 빛날 수 있는 때	· 함께 즐거움을 느낄 때 · 도움이 필요한 친구를 함께 도와줄 때

별자리 여러 개의 별들이 이어진 모습에 그와 비슷하게 생긴 동물, 물건, 신화 속 인물의 이름을 붙인 것.

---

6 단원
1 회

9 이해 **이 시에 쓰인 낱말이 나타내는 뜻으로 알맞은 것을 찾아 선으로 이으세요.**

(1) 별 · · ㉮ 혼자 빛나는 것

(2) 별자리 · · ㉯ 여럿이 함께 빛나는 것

11 추론 **자신은 어떻게 빛나고 싶은지 자신의 생각이 잘 드러나게 문장으로 말한 친구의 이름을 쓰세요.**

> 민준: 혼자 반짝거릴 거야.
> 조이: 여럿이 함께 빛나고 싶어.
> 유나: 부끄럽지만 용기를 내어 손을 들고 내 생각을 발표하는 별이 되고 싶어.

( )

국어활동

12 적용 **자신의 생각이 잘 드러나게 표현한 문장에 모두 ○표 하세요.**

(1) 하면 안 돼요. ( )

(2) 주변이 너무 지저분하니까 정리를 해야 해요. ( )

(3) 안전을 위해 차에서는 안전띠를 풀지 않아야 해요. ( )

10 이해 **이 시에서 말하고자 하는 내용으로 알맞은 것에 ○표 하세요.**

(1) 혼자 멋있어 보이는 일을 하는 것이 가장 중요합니다. ( )

(2) 혼자 하는 일과 여럿이 함께 하는 일이 모두 중요합니다. ( )

나의 실력에 색칠하세요.
😄 🙂 🙁

개념 정확하게 쓰고 자연스럽게 읽기

- 낱말을  나는 대로만 쓰지 않습니다.

> 낱말을 소리 나는 대로만 쓰면 읽는 사람이 뜻을 알기 어렵고, 소리는 같지만 뜻이 다른 낱말을 바르게 구별할 수 없어요.

- 문 장 의 내용을 생각하며 뜻이 잘 통할 수 있게 띄어 읽습니다.

- 글을 쓴 사람이 말하려는 내용이 무엇인지 떠올리며 읽습니다.

개념 확인 알맞은 것을 고르며 오늘의 개념을 확인해 보세요.

(1) 모든 낱말은 소리 나는 대로만 써야 합니다. (○ , ×)

(2) 글을 자연스럽게 읽으려면 문장의 내용을 생각하며 띄어 읽습니다.

(○ , ×)

문해력을 높이는 어휘

- 오늘 배울 중요 어휘를 따라 쓰며 익혀 보세요.

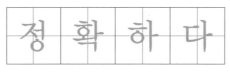

정 확 하 다

뜻 바르고 확실하여 틀림이 없다.

예 고양이를 정확하게 가리켜요.

자 연 스 럽 다

뜻 억지로 꾸미지 않아 이상함이 없다.

예 고양이가 인형 사이에 자연스럽게 앉아 있어요.

낱말 바르게 읽고 쓰기

• 정답 14쪽

| 1~2 | 다음 그림을 보고, 물음에 답하세요.

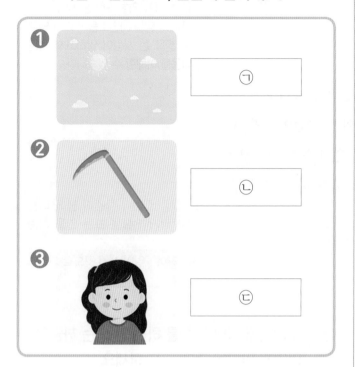

❶

㉠

❷

㉡

❸

㉢

1 그림을 보고 ㉠~㉢에 들어갈 알맞은 낱말을 찾아 선으로 이으세요.
이해

(1) ㉠ •   • ㉮ 낮

(2) ㉡ •   • ㉯ 낟

(3) ㉢ •   • ㉰ 낫

2 ㉠~㉢의 낱말을 바르게 소리 내어 읽은 친구
어휘 에 ○표 하세요.

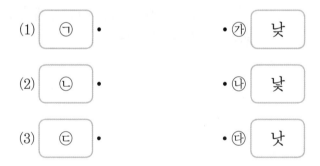

(1) [낫]   (2) [낮]   (3) [낟]

( )   ( )   ( )

★ 디지털 문해력

3 학급 누리집에 올라온 질문의 답으로 알맞은
이해 것을 두 가지 골라 기호를 쓰세요.

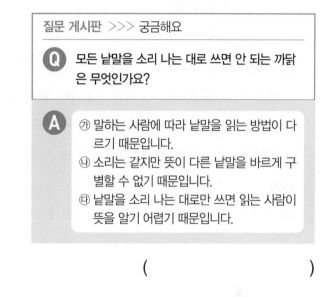

질문 게시판 >>> 궁금해요

Q 모든 낱말을 소리 나는 대로 쓰면 안 되는 까닭
은 무엇인가요?

A ㉮ 말하는 사람에 따라 낱말을 읽는 방법이 다
르기 때문입니다.
㉯ 소리는 같지만 뜻이 다른 낱말을 바르게 구
별할 수 없기 때문입니다.
㉰ 낱말을 소리 나는 대로만 쓰면 읽는 사람이
뜻을 알기 어렵기 때문입니다.

( )

4 그림에 알맞은 낱말에 ○표 하세요.
어휘

(1)
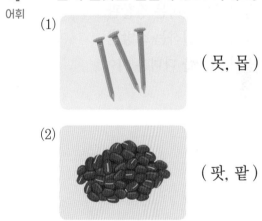
(못, 몹)

(2)

(팟, 팥)

5 빈칸에 들어갈 알맞은 글자를 →보기 에서 찾아
어휘 쓰세요.

┌ 보기 ┐
꽃   꼳   맛   맏
└────────────────┘

• (1) ☐ 향기를 (2) ☐ 습니다.

6
단원
2회

소방관의 부탁

● 정답 14쪽

내용 듣기

❶ 여러분, 안녕하세요. 저는 **소방서**에서 일하는 소방관입니다. 오늘은 우리 모두의 안전을 지키기 위한 방법을 이야기하려고 합니다.

중심 내용 | 우리 모두의 안전을 지키기 위한 방법을 이야기하려고 합니다.

❷ 첫째, 소방서에 장난 전화를 하면 안 됩니다. 신고가 들어오면 소
소방관이 부탁하는 내용 ①
방관은 바로 **출동해야** 합니다. 그런데 만약 그 전화가 장난이라면 정말 도움이 필요한 다른 사람들에게 소방관이 갈 수 없게 됩니다. 소방관들이 위험에 처한 사람들을 도울 수 있게 장난 전화를 하지 말아 주세요.

중심 내용 | 소방관들이 위험에 처한 사람들을 도울 수 있도록 소방서에 장난 전화를 하면 안 됩니다.

• **글의 종류**: 알려 주는 글
• **글의 특징**: 소방관이 모두의 안전을 지키기 위한 방법을 말해 주는 글로, 문장을 자연스럽게 띄어 읽으며 글을 쓴 사람이 말하고자 하는 내용을 이해할 수 있습니다.

소방서 집이나 물건이 불에 타는 것을 막거나 불을 끄는 일을 하는 기관.
출동해야 일이 생긴 곳으로 가야.

6 이 글은 누가 하는 이야기인가요? ( )
이해
① 학교에서 일하는 선생님
② 소방관이 되고 싶은 아이
③ 경찰서에서 일하는 경찰관
④ 소방서에서 일하는 소방관
⑤ 소방서 견학을 다녀온 아이

7 이 글에서 알려 주려는 것은 무엇인가요?
추론
( )
① 소방관이 되는 방법
② 소방서를 찾아가는 방법
③ 전화할 때 지켜야 할 예절
④ 우리나라에 있는 소방서의 개수
⑤ 모두의 안전을 지키기 위한 방법

8 소방서에 장난 전화를 하면 안 되는 까닭은 무엇인지 알맞은 것에 ○표 하세요.
이해
(1) 장난 전화를 받은 소방관들의 기분이 나빠져서 ( )
(2) 정말 도움이 필요한 다른 사람들에게 소방관이 갈 수 없게 되어서 ( )

서술형
9 문장을 다음과 같이 읽으면 자연스럽게 느껴지지 않는 까닭은 무엇인지 쓰세요.
적용

첫째, ∨소방서에∨장난∨전화를∨하면 ∨안∨됩니다. ∨신고가∨들어오면∨소방관은∨바로∨출동해야∨합니다.

• 낱말마다 모두 ＿＿＿＿＿＿＿＿＿＿＿

도움말 문장을 자연스럽게 읽으려면 글을 쓴 사람이 말하려는 내용을 떠올리며 읽어야 해요.

❸ 둘째, 도로에 있는 소화전 근처에는 차를 대면 안 됩니다. 소방관
_{소방관이 부탁하는 내용 ②}
은 불이 났을 때 소방차에 있는 물을 뿌려 불을 끕니다. 하지만 소방차
에는 많은 물을 가지고 다닐 수 없습니다. 그래서 도로에 물을 끌어다
쓸 수 있는 곳을 만들어 놓았지요. '소방 용수'라고 적힌 표지판이나 도
로에 빨간색으로 칠해진 곳을 본 적이 있나요? 소방차는 그곳에서 물
을 끌어다 쓴답니다. 부모님께서 소화전 근처에 주차하시지 않도록 꼭
_{소화전 근처를 차로 막고 있으면 불이 났을 때 소방차가 물을 끌어다 쓸 수 없기 때문에}
말씀드려 주세요.

중심 내용 | 도로에 있는 소화전 근처에는 차를 대면 안 됩니다.

❹ 셋째, 불이 난 곳 근처에서 구경하지 말고 빠르게 **대피해야** 합니
다. 건물에 불이 나면 불에 탄 물건이 우리의 머리 위로 떨어질 수도
_{불이 난 곳 근처에서 구경하지 말고 빠르게 대피해야 하는 까닭}
있습니다. 불이 나면 모두의 안전을 위해 건물에서 멀리 떨어진 곳으
로 대피해야 합니다.

중심 내용 | 불이 났을 때 불이 난 곳 근처에서 구경하지 말고 빠르게 대피해야 합니다.

❺ 앞으로도 우리 소방관들은 여러분의 안전을 위해 열심히 일할 것
입니다. 고맙습니다.

중심 내용 | 앞으로도 소방관들은 여러분의 안전을 위해 열심히 일할 것입니다.

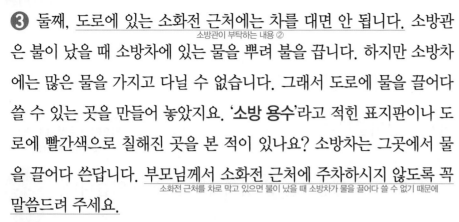

• 글의 구조

❶ 모두의 안전을 지키기 위한 방법을 이야기하려고 함.

❷ 소방서에 장난 전화를 하면 안 됨.

❸ 도로에 있는 소화전 근처에는 차를 대면 안 됨.

❹ 불이 난 곳 근처에서 구경하지 말고 빠르게 대피해야 함.

❺ 앞으로도 소방관들은 안전을 위해 열심히 일할 것임.

소방 용수 　불을 끌 때 사용하기 위해 저장하거나 가지고 있는 물.
대피해야 　위험을 피해 잠깐 안전한 곳으로 가야.

6
단원
2회

10 글 ❸에서 말한, 차를 대면 안 되는 곳을 두 가
이해 지 고르세요. (　　　　)

① 도로에 빨간색으로 칠해진 곳
② 도로에 흰색 선으로 표시된 곳
③ 도로에 울타리가 길게 둘러진 곳
④ 도로에 노란색 점선으로 표시된 곳
⑤ '소방 용수'라고 적힌 표지판이 있는 곳

11 글 ❹에서 부탁하는 내용은 무엇인지 쓰세요.
이해
• 불이 난 곳 근처에서 구경하지 말고 빠르게

　□□　하라는 것입니다.

12 글 ❹에서 불이 나면 어디로 가야 한다고 했는
이해 지 알맞은 말에 ○표 하세요.

• 건물에서 (멀리, 조금) 떨어진 곳으로 갑니다.

★
13 문장을 자연스럽게 띄어 읽은 것의 기호를 쓰
적용 세요.

㉮ 불이 나면∨모두의 안전을 위해∨건물
에서∨멀리 떨어진 곳으로∨대피해야
합니다.
㉯ 불이∨나면 모두의∨안전을∨위해 건물
에서 멀리∨떨어진∨곳으로 대피해야∨
합니다.

(　　　　　　　)

개념 글의 의미를 생각하며 자연스럽게 읽기

글을 바르게 띄어 읽으려면 문장의 내용을 생각해야 해요.

• 글을 읽으며 내용을 살펴봅니다.

• '(무엇이)'에 해당하는 말 뒤에서 조금 쉬어 읽습니다.

• '누가(무엇이)'에 해당하는 말이 길면 한 번 더 쉬어 읽습니다.

• 문장과 문장 사이에서는 낱말과 낱말 사이보다 조금 더 쉬어 읽습니다.

개념 확인 알맞은 것을 고르며 오늘의 개념을 확인해 보세요.

(1) 글을 바르게 띄어 읽으려면 문장의 내용을 생각해야 합니다. (○ , ×)

(2) 글을 읽을 때 '누가(무엇이)'에 해당하는 말 뒤에서는 쉬어 읽지 않습니다. (○ , ×)

문해력을 높이는 어휘

• 오늘 배울 중요 어휘를 따라 쓰며 익혀 보세요.

뜻 일이나 움직임을 멈추다.

예 산에 오르다가 잠시 쉬어요.

뜻 뜻이 반대인 말.

예 '높다'의 반대말은 '낮다'예요.

괜찮아 아저씨 _ 김경희

• 정답 14쪽

❶ 어느 마을에 괜찮아 아저씨가 살고 있었어요.
주인공

㉠아저씨는 아침이면 세수를 하고 머리 모양을 만들었지요.

그리고 이렇게 말했죠.

"오, 괜찮은데?"

아저씨는 머리카락 숫자를 세었어요.

하나, 둘, 셋, 넷, 다섯, 여섯, 일곱, 여덟, 아홉, 열

중심 내용 | 아저씨는 아침이면 세수를 하고 머리 모양을 만들었습니다.

❷ 아저씨가 낮잠을 자는데 새들이 **포르르**.

머리카락 한 올이 쏘옥~
아저씨에게 일어난 일 – 머리카락이 하나 빠짐.

다음 날, 아저씨는 세수를 하고 머리카락을 세 개씩 묶었어요.

"오, 괜찮은데?"
아저씨의 성격 – 긍정적임.

하나, 둘, 셋, 넷, 다섯, 여섯, 일곱, 여덟, 아홉

중심 내용 | 아저씨가 낮잠을 자는데 새들이 머리카락을 물고 가서 머리카락이 아홉 개 남았지만, 아저씨는 머리카락을 세 개씩 묶고 괜찮다고 말하였습니다.

• **글의 종류**: 이야기
• **글의 특징**: 괜찮아 아저씨에게 일어난 일을 생각하며 글을 자연스럽게 읽는 연습을 할 수 있습니다.

▶ **글을 자연스럽게 읽기** 예

> 아저씨는∨아침이면 세수를 하고∨머리 모양을 만들었지요.∨∨그리고∨이렇게 말했죠.∨∨
> "오,∨괜찮은데?"

포르르 작고 가볍게 떠는 모양.
올 실이나 줄을 세는 단위.

---

6 단원
3회

---

1 아저씨가 아침이면 하는 일은 무엇인가요?
이해   (   )

① 머리카락을 잘랐습니다.
② 새들과 함께 놀았습니다.
③ 머리를 깨끗이 감았습니다.
④ 낮잠 잘 시간을 정했습니다.
⑤ 세수를 하고 머리 모양을 만들었습니다.

2 아저씨의 머리카락이 빠진 까닭으로 알맞은
이해 것에 ○표 하세요.

(1) 머리를 묶다가 빗에 끼어서   (   )
(2) 밤에 새들이 몰래 뽑아 가서   (   )
(3) 낮잠을 자는데 새들이 물고 가서   (   )

3 머리카락이 아홉 개 남은 아저씨는 어떤 머리
이해 모양을 만들었는지 쓰세요.

• 머리카락을 [   ] 개씩 묶었습니다.

★ 4 ㉠을 자연스럽게 읽는 방법을 바르게 말한 친
추론 구의 이름을 쓰세요.

> 지후: '아저씨는' 뒤에서 조금 쉬어 읽어야 해.
> 아영: "오, 괜찮은데?"는 쉬지 않고 한 번에 붙여서 읽어야 해.
> 준수: '그리고 이렇게 말했죠.'와 "오, 괜찮은데?" 사이는 아주 조금 쉬어 읽어야 해.

(   )

❸ 비 오는 날, 거미가 아저씨 머리에 매달려 흔들흔들.

머리카락 한 올이 쏘옥~

다음 날, 아저씨는 세수를 하고 **가르마**를 탔어요.

"오, 괜찮은데?" / 하나, 둘, 셋, 넷, 다섯, 여섯, 일곱, 여덟

중심 내용 | 비 오는 날, 아저씨의 머리에 거미가 매달려 머리카락이 여덟 개 남았지만, 아저씨는 가르마를 타고 괜찮다고 말하였습니다.

❹ 아저씨는 곰이랑 시소를 타고 오르락내리락.

머리카락 한 올이 쏘옥~

다음 날, 아저씨는 세수를 하고 머리카락을 꼬불꼬불 말았어요.

"오, 괜찮은데?" / 하나, 둘, 셋, 넷, 다섯, 여섯, 일곱

중심 내용 | 곰이랑 시소를 타고 오르락내리락하다가 아저씨의 머리카락이 일곱 개 남았지만, 아저씨는 머리카락을 꼬불꼬불 말고 괜찮다고 말하였습니다.

❺ 아저씨랑 깡충깡충 토끼가 달리기 **경주**를 하니 머리카락 한 올이 쏘옥~

다음 날, 아저씨는 세수를 하고 머리카락을 땋았어요.

"오, 괜찮은데?" / 하나, 둘, 셋, 넷, 다섯, 여섯

중심 내용 | 토끼와 달리기 경주를 하다가 아저씨의 머리카락이 여섯 개 남았지만, 아저씨는 머리카락을 땋고 괜찮다고 말하였습니다.

• **작품 정리**

❶ 아저씨는 아침이면 세수를 하고 머리 모양을 만듦.

↓

❷~❺ 아저씨의 머리카락이 한 올씩 빠졌지만 아저씨는 남은 머리카락에 어울리는 머리 모양을 만들며 괜찮다고 말함.

▶ **아저씨의 머리카락이 빠진 까닭**

글 ❸	거미가 아저씨의 머리에 매달려서
글 ❹	곰이랑 시소를 타고 오르락내리락해서
글 ❺	토끼랑 달리기 경주를 해서

가르마 이마에서 머리 뒤쪽으로 머리카락을 양쪽으로 나누었을 때 생기는 가느다란 자국.

경주 사람, 동물, 차량 등이 정해진 거리를 달려 빠르기를 겨루는 일.

5
이해
아저씨에게 일어난 일은 무엇인지 빈칸에 알맞은 말을 쓰세요.

• [   ][   ][   ][   ]이/가 한 올씩 **빠졌**습니다.

6
이해
머리카락 개수에 따라 아저씨는 어떤 머리 모양을 만들었는지 선으로 이으세요.

(1) 여섯 개 •　• ㉮ 가르마를 탐.

(2) 일곱 개 •　• ㉯ 머리카락을 땋음.

(3) 여덟 개 •　• ㉰ 머리카락을 꼬불꼬불 말았음.

7
추론
이 글에서 알 수 있는 아저씨의 성격으로 알맞은 것을 두 가지 고르세요. (　　　)

① 밝습니다.　　② 긍정적입니다.
③ 화를 잘 냅니다.　　④ 걱정이 많습니다.
⑤ 눈물을 잘 흘립니다.

서술형
8
적용
머리카락 개수마다 달라진 아저씨의 머리 모양을 생각하며 아저씨께 해 주고 싶은 말을 쓰세요.

_____

_____

도움말 머리카락이 한 올씩 빠질 때마다 아저씨가 머리 모양을 어떻게 바꾸었는지 떠올려 보아요.

| 9~11 | 다음 글을 읽고, 물음에 답하세요.

공작새는 꾀꼬리의 아름다운 목소리를 부러워했어요.

꾀꼬리: 공작새야, 너에게는 아름다운 깃털이 있잖아.

하지만 공작새는 날마다 꾀꼬리처럼 예쁜 목소리를 달라고 빌었어요. 그러던 어느 날, 하늘에서 목소리가 들렸어요.

하늘: 공작새야, 너에게 아름다운 깃털 대신 예쁜 목소리를 주도록 하마!

공작새는 깜짝 놀라 외쳤어요.

공작새: ㉠그건 안 돼요. 저는 지금 제 모습에서 목소리만 더 예뻐지고 싶은 거예요.

그러자 하늘이 이렇게 말했어요.

하늘: 다른 사람을 부러워하고 욕심만 내기보다 자신의 좋은 점을 잘 살리려고 애쓰는 게 좋단다.
  <small>마음과 힘을 다하여 무엇을 이루려고 하는.</small>

9 공작새가 부러워한 것은 무엇인가요? (   )

이해

① 꾀꼬리의 예쁜 깃털
② 꾀꼬리의 귀여운 얼굴
③ 꾀꼬리의 커다란 몸집
④ 꾀꼬리의 아름다운 날개
⑤ 꾀꼬리의 아름다운 목소리

10 ㉠에서 느껴지는 공작새의 마음으로 알맞은 것에 ○표 하세요.

추론

(반가움, 기쁨, 당황함)

11 이 글로 목소리 연극을 할 때, ㉠을 자연스럽게 띄어 읽은 친구는 누구인지 이름을 쓰세요.

적용

서우: 그건∨안 돼요.∨저는 지금∨제∨모습에서∨목소리만∨더 예뻐지고∨싶은 거예요.

다미: 그건∨안 돼요.⋁저는∨지금 제 모습에서∨목소리만∨더 예뻐지고 싶은 거예요.

(   )

어법 더하기

12 다음 문장에 들어갈 알맞은 말을 보기에서 찾아 쓰세요.

어휘

보기

| 더럽다 | 밝다 | 빠르다 |
| 어둡다 | 느리다 | 깨끗하다 |

⑴ 낮은 [   ]. 밤은 [   ].

⑵ 토끼는 달리기가 [   ]. 하지만 거북은 [   ].

어법 더하기⊕ **여러 가지 반대말**

우리말에는 뜻이 반대인 말이 있습니다. 여러 가지 반대말을 살펴보고 문장을 만들어 보면 자신의 생각을 문장으로 나타내는 것이 더 쉬워집니다.

• 묶다 ↔ 풀다
• 싫다 ↔ 좋다
• 더럽다 ↔ 깨끗하다
• 들어가다 ↔ 나가다

6
단원

3회

1 영화관에서 앞자리를 발로 차는 친구에게 해 줄 말을 생각이 잘 드러나는 문장으로 표현한 것의 기호를 쓰세요.

> ㉮ 하면 안 돼.
>
> ㉯ 앞 사람이 불편할 수도 있으니까 앞자리 를 발로 차면 안 돼.

(　　　　　　　　　)

|2~3| 다음 광고 내용을 보고, 물음에 답하세요.

> ❶ 다임러는 자동차를 발명했다.
> 　 전 저만의 자가용을 발견했습니다.
>
> ❷ 터린은 비닐 봉투를 발명했다.
> 　 전 예쁜 재활용 가방을 발견했죠.
>
> ❸ 　　　　㉠
>
> 미래를 위해
> 낭비되고 있는 에너지를 발견하세요!

2 장면 ❶과 ❷에서 사람들이 발견한 것은 무엇 인지 선으로 이으세요.

(1) 장면 ❶　　•　　•㉮ 예쁜 재활용 가방

(2) 장면 ❷　　•　　•㉯ 자신만의 자 가용

3 ㉠에 들어갈 알맞은 말에 각각 ○표 하세요.

• (발명, 발견)보다 위대한 (발명, 발견)

|4~6| 다음 상황을 보고, 물음에 답하세요.

4 여자아이가 잘못한 점은 무엇인가요? (　　)

① 종이를 한 장만 계속 사용합니다.

② 친구의 그림을 따라 그리려고 합니다.

③ 더 쓸 수 있는 종이를 버리려고 합니다.

④ 물감을 아끼지 않고 함부로 사용합니다.

⑤ 아직 쓸 수 있는 연필을 버리려고 합니다.

5 여자아이가 어떻게 행동하면 좋을지 알맞게 말한 것에 모두 ○표 하세요.

⑴ 종이의 빈 부분을 더 쓰면 좋겠습니다.

(　　)

⑵ 종이를 뒤집어서 다시 쓰면 좋겠습니다.

(　　)

⑶ 그림을 그린 종이를 다른 친구들에게 나누 어 주면 좋겠습니다. (　　)

서술형

6 여자아이에게 해 줄 말을 생각하며 자신의 생 각을 문장으로 쓰세요.

• 종이를 버리지 말고 ＿＿＿＿＿＿＿＿＿

＿＿＿＿＿＿＿＿＿＿＿＿＿＿＿＿＿＿＿

도움말 문제 **5**번에서 답한 내용을 생각하며 여자아이가 어떻게 행동하면 좋을지 써 보아요.

|7~8| 다음 시를 읽고, 물음에 답하세요.

> 너는
> 별이 되고 싶니?
> 너 혼자
> 반짝 빛나고 싶니?
>
> 너는
> 별자리가 되고 싶니?
> 여럿이 함께
> 반짝반짝 반짝반짝
> 빛나고 싶니?

7 혼자 빛날 수 있을 때와 여럿이 함께 빛날 수 있을 때가 언제인지 알맞은 것을 찾아 선으로 이으세요.

(1) 혼자 빛날 수 있을 때 •　　• ㉮ 쓰레기를 스스로 주울 때

(2) 여럿이 함께 빛날 수 있을 때 •　　• ㉯ 도움이 필요한 친구를 함께 도와줄 때

8 이 시에서 말하고자 하는 것을 문장으로 알맞게 이야기한 친구의 이름을 쓰세요.

> 다운: 혼자보다 여럿이 중요한데, 그런데, 나는, 그러니까, 그런 것 같은데…….
> 주현: 다른 사람들을 위해 혼자서 할 수 있는 일과 함께 힘을 모아서 할 수 있는 일이 모두 중요하다고 말하고 있어.

(　　　　　　　)

9 빈칸에 알맞은 받침을 써넣어 그림에 어울리는 낱말을 완성하세요.

(1)
나

(2)
나

|10~11| 다음 글을 읽고, 물음에 답하세요.

> 소방서에 장난 전화를 하면 안 됩니다. 신고가 들어오면 소방관은 바로 출동해야 합니다. 그런데 만약 그 전화가 장난이라면 정말 도움이 필요한 다른 사람들에게 소방관이 갈 수 없게 됩니다. ㉠소방관들이 위험에 처한 사람들을 도울 수 있게 장난 전화를 하지 말아 주세요.

10 이 글에서 부탁하는 내용으로 알맞은 것에 ○표 하세요.

(1) 위험에 처한 사람들을 찾아 주세요.

(　　　　　　)

(2) 소방서에 장난 전화를 하지 말아 주세요.

(　　　　　　)

11 ㉠을 자연스럽게 띄어 읽은 것의 기호를 쓰세요.

> ㉮ 소방관들이∨위험에 처한 사람들을∨도울 수 있게∨장난 전화를 하지∨말아 주세요.
> ㉯ 소방관들이∨위험에∨처한∨사람들을∨도울∨수∨있게∨장난∨전화를∨하지 말아∨주세요.

(　　　　　　　)

| 12~14 | 다음 글을 읽고, 물음에 답하세요.

> 아저씨는 머리카락 숫자를 세었어요. / 하나, 둘, 셋, 넷, 다섯, 여섯, 일곱, 여덟, 아홉, 열
>
> 아저씨가 낮잠을 자는데 새들이 포르르. 머리카락 한 올이 쏘옥~
>
> 다음 날, 아저씨는 세수를 하고 머리카락을 세 개씩 묶었어요. / "오, 괜찮은데?"
>
> 하나, 둘, 셋, 넷, 다섯, 여섯, 일곱, 여덟, 아홉
>
> 비 오는 날, 거미가 아저씨 머리에 매달려 흔들흔들. / 머리카락 한 올이 쏘옥~
>
> 다음 날, 아저씨는 세수를 하고 가르마를 탔어요. / "오, 괜찮은데?"

12 낮잠을 자던 아저씨에게 일어난 일은 무엇인 가요? (　　　)

① 머리카락이 모두 사라졌습니다.
② 새들이 머리를 묶어 주었습니다.
③ 새들이 날아와 잠을 깨웠습니다.
④ 새들이 머리카락 한 올을 주고 갔습니다.
⑤ 새들이 머리카락 한 올을 가지고 날아갔습니다.

13 가르마를 탈 때 아저씨에게 남은 머리카락은 몇 개일지 쓰세요.

□ 개

서술형
14 아저씨가 말한 "오, 괜찮은데?"와 바꾸어 쓸 수 있는 말을 떠올려 쓰세요.
적용

• "오, _____"

> 도움말 아저씨가 되었다고 생각하고 상황을 즐겁게 받아들일 수 있는 말을 떠올려 보아요.

수행 평가

15 다음 그림을 보고, 물음에 답하세요.

1단계 이 그림에서 알 수 있는 문제는 무엇인지 빈칸에 알맞은 말을 쓰세요.

• 손을 씻을 때 수도꼭지의 □ 을/를 계속 틀어 두고 있습니다.

> 도움말 그림 속 남자아이가 하고 있는 행동과 주변의 상황을 살펴보아요.

2단계 이 그림에서 알 수 있는 문제에 대한 자신의 생각을 쓰세요.

• 손에 비누칠을 할 때는 _____

> 도움말 **1**단계에서 파악한 문제 상황을 다시 한번 살펴보고, 그 상황에서 남자아이가 해야 할 행동이 무엇인지 생각해 보아요.

주인을 찾아요!

강아지들이 주인을 찾아갈 수 있도록 길을 따라가서 뜻에 알맞은 낱말을 찾으세요.

(1) 생각을 말로 나타낼 때 하나의 정리된 뜻을 나타내는 말의 단위.

(2) 연구하거나 해결해야 하는 일.

(3) 일이나 움직임을 멈추다.

(4) 뜻이 반대인 말.

❶ 쉬다　　❷ 문장　　❸ 문제　　❹ 반대말

거꾸로 정답　❶ (4) ❶ (3) ❸ (2) ❷ (1) ❷

7 무엇이 중요할까요

온라인
학습 진도표

● 학습 진도표

회차	백점 쪽수	오늘 학습할 내용	학습 주제
1	118~121쪽	개념+어휘+교과서 지문	만들기 시간에 일어난 일 / 「독도」 / 「사진을 예의 있게 찍어요」
2	122~125쪽	개념+어휘+교과서 지문	「자연은 발명왕」 / 「진짜 일 학년 책가방을 지켜라!」
3	126~129쪽	개념+어휘+교과서 지문	현장 체험 학습을 다녀와서 쓴 글 / 겪은 일 쓰기 / 마무리하기
4	130~133쪽	대단원 평가+낱말 놀이터	

무엇을 **설명**하는지 생각하며
글을 읽어요.

겪은 일을 정리하는 방법을
배워요.

7
단원

겪은 일과 느낌이 잘 드러나게
글을 써요.

개념 무엇을 설명하는지 생각하며 글 읽기

• 글의  을 살펴봅니다.

> 무엇을 설명하는지 제목에 나타나지 않을 때에는 글에서 소개하는 내용을 살펴보며 제목의 뜻을 생각해 보아요.

• 글에 여러 번 나온 낱말 이나 그림 등을 살펴봅니다.

• 글에서 어떤 점을 소개하고 있는지 살펴봅니다.

개념 확인 알맞은 것을 고르며 오늘의 개념을 확인해 보세요.

(1) 글을 읽을 때에 글의 제목은 살펴보지 않아도 됩니다. (○ , ×)

(2) 글에 여러 번 나온 낱말을 살펴보면 글에서 무엇을 설명하는지 찾을 수 있습니다. (○ , ×)

문해력을 높이는 어휘

• 오늘 배울 중요 어휘를 따라 쓰며 익혀 보세요.

뜻 어떤 것을 남에게 알기 쉽게 말함. 또는 그런 말.

예 설명하는 글을 읽고 장난감을 만들어요.

뜻 잘 알려지지 않았거나, 모르는 사실이나 내용을 잘 알게 해 주는 것.

예 친구들에게 우리 가족을 소개해요.

만들기 시간에 일어난 일

• 정답 16쪽

• **그림의 특징**: 만들기를 하는 아이들의 모습을 통해 설명하는 글을 어떻게 읽어야 하는지 알 수 있습니다.

▶ **설명하는 글을 읽는 방법**
• 글에 나타난 대상과 차례를 살펴보며 글을 자세히 읽습니다.
• 무엇이 중요한지 살펴보며 글을 읽습니다.

1 두 아이는 무엇을 하고 있는지 알맞은 것에 ○표 하세요.
이해

(1) 색종이 접기 ( )
(2) 그림 그리기 ( )
(3) 장난감 조립하기 ( )

2 민지가 만들기를 잘하기 위한 방법으로 알맞은 것은 무엇인가요? ( )
이해

① 설명이 긴지 짧은지를 확인해야 합니다.
② 설명하는 사람이 누구인지 알아야 합니다.
③ 설명을 듣지 않고 자신의 마음대로 합니다.
④ 설명하는 사람의 목소리가 어떠한지 생각해 보아야 합니다.
⑤ 무엇을 어떻게 하라는 것인지에 대한 설명을 듣고 내용을 이해해야 합니다.

3 설명하는 글과 관련 있는 경험을 알맞게 말한 친구의 이름을 쓰세요.
적용

> 정연: 언니가 책을 읽고 느낀 점을 글로 쓰는 것을 본 적이 있어.
> 수현: 아빠께서 설명서를 보면서 새로 산 청소기를 조립하시는 것을 본 적이 있어.

( )

서술형

4 설명하는 글을 읽었던 경험을 한 가지 떠올려 쓰세요.
적용

_____

도움말 만들기 설명서와 같이 어떤 것에 대해 알려 주는 글을 읽었던 자신의 경험을 떠올려 보아요.

7
단원
1회

• **정답** 16쪽

❶ 독도는 우리나라 동쪽 끝에 위치한 섬입니다. 독도는 큰 섬 두 개와 작은 **바위섬** 89개로 이루어져 있습니다. 큰 섬 두 개를 각각 동도와 서도라고 부릅니다. 독도는 동도와 서도를 모두 합쳐 부르는 이름입니다.

중심 내용 | 독도는 우리나라 동쪽 끝에 위치하며 동도와 서도, 바위섬 89개로 이루어져 있습니다.

❷ 동도에는 **등대**와 배가 섬에 닿을 수 있도록 만든 시설이 있습니다. 동도에 있는 등대는 밤에도 불을 밝혀 독도 주변을 지키는 데 도움을 줍니다. 독도를 지키는 경비대도 이곳에 있습니다.

중심 내용 | 동도에는 등대와 배가 섬에 닿을 수 있도록 만든 시설이 있고, 독도를 지키는 경비대도 있습니다.

❸ 서도에는 주민을 위한 숙소가 있습니다. 독도를 사람들에게 널리
그 지역에 사는 사람이 지내는 곳
알리고 **보존하는** 일을 하는 독도관리사무소 직원도 독도에 올 때는 이곳을 이용합니다. 또 서도에는 땅에 스며든 물이 땅 밖으로 모이는
주민을 위한 숙소
곳이 있습니다. 옛날에는 사람들이 이 물을 썼지만, 요즘은 바닷물을 우리가 먹을 수 있게 바꾼 뒤 그 물을 사용합니다.

중심 내용 | 서도에는 주민을 위한 숙소와 땅에 스며든 물이 땅 밖으로 모이는 곳이 있습니다.

• **글의 종류**: 설명하는 글
• **글의 특징**: 독도의 위치, 동도와 서도에 대한 내용으로, 글의 제목과 내용을 살펴보며 무엇을 설명하는지 찾아보며 읽습니다.

• **글의 구조**

독도의 위치와 구성	
동도에 있는 것	서도에 있는 것
등대, 배가 섬에 닿을 수 있게 만든 시설, 경비대.	숙소, 땅에 스며든 물이 땅 밖으로 모이는 곳.

바위섬 바위가 많은 섬. 또는 바위로 이루어진 섬.
등대 밤에 다니는 배에 목표, 뱃길, 위험한 곳 따위를 알려 주려고 불을 켜 비추는 시설.
보존하는 보호하고 남아 있게 하는.

---

5 이 글의 제목을 쓰세요.
제목

( )

6 동도와 서도에 있는 것은 무엇인지 ᅴ보기ᅴ에서
적용 모두 찾아 각각 기호를 쓰세요.

┌─보기─
㉮ 등대
㉯ 주민을 위한 숙소
㉰ 독도를 지키는 경비대
㉱ 배가 섬에 닿을 수 있도록 만든 시설
㉲ 땅에 스며든 물이 땅 밖으로 모이는 곳
└────────────

(1) 동도: ( )
(2) 서도: ( )

★ **디지털 문해력**

7 이 글에서 무엇을 설명하고 있는지 알맞게 말
추론 한 친구의 이름을 쓰세요.

🔍 ≡

🧑 다연
이 글은 독도에 사는 신기한 동물과 식물을 소개하고 있습니다.

🧑 지호
이 글은 우리나라의 섬과 다른 나라의 섬이 어떻게 다른지 소개하고 있습니다.

🧑 수민
이 글은 독도의 위치, 동도와 서도에 대한 내용을 소개하고 있습니다.

( )

사진을 예의 있게 찍어요

• 정답 16쪽

❶ 있었던 일을 오래 기억하려고 우리는 사진을 찍습니다. 사진을 찍을 때에는 어떤 점을 지켜야 할까요?

중심 내용 | 우리는 있었던 일을 오래 기억하려고 사진을 찍습니다.

❷ 첫째, 다른 사람의 모습을 함부로 찍어서는 안 됩니다. 다른 사람의 모습을 찍을 때에는 반드시 그 사람에게 허락을 받아야 합니다. 같은 반 친구나 선생님도 허락 없이 찍으면 안 됩니다.
_{부탁하는 일을 하도록 들어줌.}

중심 내용 | 다른 사람의 모습을 함부로 찍어서는 안 됩니다.

❸ 둘째, 사진 촬영을 허락하지 않는 곳에서 사진을 찍어서는 안 됩니다. 사진을 찍을 때 내는 빛이 작품에 영향을 주기 때문입니다.
_{반응이나 변화가 생기게 하는 것.}

중심 내용 | 사진 촬영을 허락하지 않는 곳에서 사진을 찍어서는 안 됩니다.

❹ 셋째, 사진을 찍을 때 다른 사람을 불편하게 해서는 안 됩니다. 사진을 찍기 전, 자신이 사람들이 다니는 길을 막고 있는지 먼저 살펴야 합니다.

중심 내용 | 사진을 찍을 때 다른 사람을 불편하게 해서는 안 됩니다.

• **글의 종류:** 설명하는 글
• **글의 특징:** 사진을 예의 있게 찍는 방법을 설명하는 글로, 글의 제목과 내용을 살펴보며 무엇을 설명하는지 찾아보며 읽습니다.

• **글의 구조**

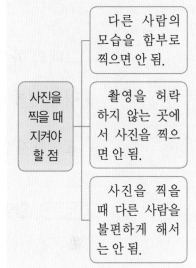

사진을 찍을 때 지켜야 할 점
- 다른 사람의 모습을 함부로 찍으면 안 됨.
- 촬영을 허락하지 않는 곳에서 사진을 찍으면 안 됨.
- 사진을 찍을 때 다른 사람을 불편하게 해서는 안 됨.

---

8 우리는 왜 사진을 찍는다고 하였는지 빈칸에 알맞은 말을 쓰세요.
_{이해}

• 있었던 일을 오래 ☐☐ 하기 위해서입니다.

9 이 글의 내용으로 알맞은 것을 모두 고르세요.
_{이해}   (   )

① 사진은 한 번에 여러 장 찍는 것이 좋습니다.
② 다른 사람의 모습을 함부로 찍어서는 안 됩니다.
③ 사진을 찍을 때 다른 사람을 불편하게 해서는 안 됩니다.
④ 사진 촬영을 허락하지 않는 곳에서 사진을 찍어서는 안 됩니다.
⑤ 사진을 찍을 때 가려져 사진에 안 나오는 사람이 있는지 살펴야 합니다.

10 이 글이 무엇을 설명하는지 알기 위한 방법으로 알맞은 것에 모두 ○표 하세요.
_{적용}

(1) 글에서 무엇을 알려 주려는지 생각해 봅니다.   (   )
(2) 제목에 있는 낱말 '사진'과 '예의'를 생각해 봅니다.   (   )
(3) 사진을 찍을 때 얼마나 빛이 나는지 생각해 봅니다.   (   )

11 이 글에서 설명하는 것은 무엇인가요?
_{대상}   (   )

① 사진에 잘 나오는 방법
② 좋은 사진을 고르는 방법
③ 사진을 재미있게 찍는 방법
④ 사진을 오래 보관하는 방법
⑤ 사진을 예의 있게 찍는 방법

_{나의 실력에 색칠하세요.}
😄 🙂 😣

7단원 1회

개념　겪은 일을 정리하는 방법

- 언 제 , 어디에서 있었던 일인지, 그때의 마음은 어떠했는지를 생각합니다.

> 겪은 일을 정리할 때에는 겪은 일에 대한 상황과 그때의 마음, 그러한 마음이 든 까닭 등을 자세하게 표현해요.

- 겪은 일에 대한 마음은 '즐거웠다', '재미있었다'라고만 표현하지 않고 자 세 하 게 표현합니다.

개념 확인　알맞은 것을 고르며 오늘의 개념을 확인해 보세요.

(1) 겪은 일을 정리할 때에는 언제, 어디에서 있었던 일인지, 그때의 마음은 어떠했는지를 생각합니다. (○ , ×)

(2) 겪은 일에 대한 마음을 표현할 때에는 짧고 간단하게 표현합니다.

(○ , ×)

문해력을 높이는 어휘

- 오늘 배울 중요 어휘를 따라 쓰며 익혀 보세요.

겪 은 일

🔵뜻 당하거나 경험한 일.

🔵예 겪은 일을 글로 썼어요.

마 음

🔵뜻 사람이 가지고 있는 기분이나 느낌.

🔵예 사랑하는 마음을 표현해요.

자연은 발명왕

• 정답 16쪽

❶ 유리창에 붙어 있는 인형을 본 적이 있나요? 그것을 붙일 때에 사용하는 물건은 문어의 **빨판을 본떠** 만들었습니다. 문어는 빨판을 이용하여 어디에나 잘 달라붙습니다. 우리가 흔히 쓰는 칫솔걸이도 이것을 본떠 만든 물건입니다.

유리창에 붙어 있는 인형

문어의 빨판의 특징 *문어의 빨판*

중심 내용 | 문어의 빨판을 본떠 유리창에 인형을 붙일 때 사용하는 물건과 칫솔걸이를 만들었습니다.

❷ 낙하산은 민들레씨를 본떠 만들었습니다. 민들레씨의 가는 실 끝에는 털이 여러 개 달려 있습니다. 이 털이 있어서 민들레씨는 <u>둥둥 떠서 멀리까지 날아갈 수 있습니다.</u> 또 <u>천천히 땅에 떨어지게 됩니다.</u> 낙하산을 이용하면 비행기에서 안전하게 땅으로 내려올 수 있습니다.

민들레씨의 특징 ① *민들레씨의 특징 ②*

중심 내용 | 낙하산은 민들레씨를 본떠 만들었습니다.

❸ 숲속을 걷다 보면 옷에 열매가 붙어 있는 경우가 있습니다. 도꼬마리 열매에는 갈고리 모양의 가시가 많이 있습니다. 그래서 <u>새나 짐승의 털에 잘 붙습니다.</u> 이것을 보고 단추나 끈보다 더 쉽게 붙였다 떼었다 할 수 있는 물건을 만들었습니다.

끝이 뾰족하고 꼬부라진 모양 *도꼬마리 열매의 특징*

중심 내용 | 도꼬마리 열매의 가시를 본떠 쉽게 붙였다 떼었다 할 수 있는 물건을 만들었습니다.

• **글의 종류**: 설명하는 글
• **글의 특징**: 자연을 본떠 만든 물건을 소개하는 글로, 설명하는 대상이 무엇인지 찾고 제목의 뜻을 생각하며 읽습니다.

• **글의 구조**

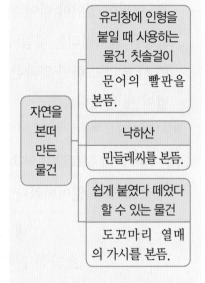

자연을 본떠 만든 물건	유리창에 인형을 붙일 때 사용하는 물건, 칫솔걸이
	문어의 빨판을 본뜸.
	낙하산
	민들레씨를 본뜸.
	쉽게 붙였다 떼었다 할 수 있는 물건
	도꼬마리 열매의 가시를 본뜸.

본떠 이미 있는 것을 그대로 따라 만들어.

---

1 다음 물건들은 무엇을 본떠 만들었는지 알맞은 것을 찾아 선으로 이으세요.
이해

(1) 칫솔걸이 •   • ㉮ 민들레씨

(2) 낙하산 •   • ㉯ 문어의 빨판

2 도꼬마리 열매가 새나 짐승의 털에 잘 붙는 까닭으로 알맞은 것은 무엇인가요? (   )
이해

① 끈적거려서
② 바람에 날아다녀서
③ 맛있는 냄새가 나서
④ 열매 끝에 털이 달려 있어서
⑤ 갈고리 모양의 가시가 많이 있어서

3 이 글에서 소개하는 것은 무엇인지 알맞은 것에 ○표 하세요.
대상

(1) 자연에서 만들어진 것   (   )
(2) 자연을 본떠 만든 물건   (   )

4 이 글을 읽고 알게 된 점을 알맞게 말한 친구의 이름을 쓰세요.
감상

> 은성: 자연을 본떠 만든 물건에는 또 어떤 것이 있을까 궁금해.
> 해인: 유리창에 인형을 붙일 때 사용하는 물건이 문어의 빨판을 본떠 만든 것이라는 것을 알았어.

(   )

진짜 일 학년 책가방을 지켜라! _ 신순재

• 정답 16쪽

❶ 아무리 찾아도 없어.

책가방을 탈탈 털어도 안 나와.

나는 **알림장**을 뚫어지게 쳐다봤어.

연필 깨끗이 깎아 오기.

휴, 연필이 있어야 깎아 가지.

필통을 잃어버리는 바람에 연필도 싹 사라졌는걸.

또 사 달라고 하면 엄마한테 혼날 텐데.

벌써 세 번째니까.

'내'가 필통을 잃어버린 횟수
중심 내용 | '나'는 필통을 세 번째 잃어버렸습니다.

❷ 엄마한테 **철석같이** 약속을 하고는 겨우 새 필통을 샀어.
필통을 다시 잃어버리지 않겠다는 약속

내가 또 필통 잃어버리나 봐라!

> 내 물건 지키기 비법 1
>
> 초강력 끈적 대마왕 이름표 붙이기

중심 내용 | '나'는 필통을 잃어버리지 않으려고 이름표를 붙였습니다.

• **글의 종류:** 이야기
• **글의 특징:** 자신의 물건을 쉽게 잃어버리던 준수가 자신만의 물건 지키기 비법을 만들어 가는 내용으로, 준수가 겪은 일과 그때의 마음을 알아보고 자신이 겪은 일을 정리하며 읽을 수 있습니다.

▶ **이야기를 읽고 겪은 일 정리하기**
• 인물이 겪은 일과 비슷한 자신의 경험을 떠올립니다.
• 인물이 느꼈을 마음을 짐작해 봅니다.

알림장 알려야 할 내용을 적은 글.
철석같이 마음이나 의지, 약속 등이 매우 굳고 단단하게.
비법 남들에게 알려지지 않은 특별한 방법.

---

5 '내'가 잃어버린 것은 무엇인가요? (   )
이해

① 신발　　　　② 필통

③ 책가방　　　④ 알림장

⑤ 연필깎이

6 '내'가 물건을 잃어버리지 않기 위해 한 행동은
이해 무엇인가요? (   )

① 이름표를 붙였습니다.

② 물건을 숨겨 두었습니다.

③ 친구에게 맡겨 두었습니다.

④ 물건을 가지고 다니지 않았습니다.

⑤ 물건을 책가방 안에서 꺼내지 않았습니다.

7 글 ❷에서 '나'의 마음은 어떠했을까요?
추론
(   )

① 엄마께 혼나서 억울했습니다.

② 잃어버린 연필이 생각나서 속상했습니다.

③ 약속을 지키지 못할까 봐 걱정이 되었습니다.

④ 새 가방이 마음에 들지 않아서 짜증이 났습니다.

⑤ 다시는 필통을 잃어버리지 않을 것이라고 다짐했습니다.

8 이와 같은 글을 읽고 겪은 일을 정리하는 방법
적용 으로 알맞은 것에 ○표 하세요.

(1) 소리나 모양을 나타내는 말을 살펴봅니다.
(   )

(2) 인물이 겪은 일과 비슷한 자신의 경험을 떠올립니다.
(   )

❸ "학교 다녀왔습니다!"

집에 들어가면서 큰 소리로 외쳤어.

"잘 다녀왔니?"

엄마가 물었어.

"필통도 잘 다녀왔고?"

쌍둥이 누나들이 얄밉게 끼어들었지.

눈을 **흘기면서도** 난 가방 속을 들여다봤어.

필통을 잃어버리지 않았는지 확인하기 위해서

새로 산 필통이 **얌전히** 들어 있었지.

"준수야, 알림장 잘 써 왔어?"

"그럼요!"

나는 자신 있게 가방을 열어젖혔어.

"㉠어? 알림장이 어디 갔지?"

중심 내용 | '나'는 새로 산 필통은 지켰지만 알림장을 잃어버렸습니다.

• 작품 정리

❶ 준수가 필통을 잃어버림.

↓

❷ 새 필통을 산 준수는 필통을 또 잃어버리지 않기 위해 이름표를 붙임.

↓

❸ 준수는 새로 산 필통은 지켰지만 알림장을 잃어버림.

쌍둥이 한 어머니에게서 한꺼번에 태어난 두 아이.
흘기면서도 눈동자를 옆으로 굴리어 못마땅하게 노려보면서도.
얌전히 모양이 가지런하게.

9
이해

쌍둥이 누나들의 말을 듣고 '내'가 한 행동은 무엇인가요? (   )

① 쌍둥이 누나들을 놀렸습니다.

② 쌍둥이 누나들에게 화를 냈습니다.

③ 눈물을 흘리며 엄마 품에 안겼습니다.

④ 눈을 흘기며 가방 속을 들여다보았습니다.

⑤ 눈을 크게 뜨고 쌍둥이 누나들을 쳐다보았습니다.

10
이해

글 ❸에서 '내'가 겪은 일은 무엇인가요?
(   )

① 연필이 부러졌습니다.

② 필통을 잃어버렸습니다.

③ 책가방이 찢어졌습니다.

④ 알림장을 잃어버렸습니다.

⑤ 필통과 알림장을 모두 잃어버렸습니다.

11
추론

㉠을 말하는 '나'의 마음은 어떠했을지 →보기 에서 알맞은 말을 골라 쓰세요.

┌─보기─
행복함.   자랑스러움.   당황스러움.
└─

(   )

7
단원
2회

서술형

12
적용

'내'가 겪은 일과 비슷한 자신의 경험을 한 가지 떠올려 쓰세요.

_____

_____

도움말 인물이 겪은 일과 비슷한 경험을 떠올릴 수도 있지만 비슷한 마음을 느꼈던 경험을 떠올릴 수도 있어요.

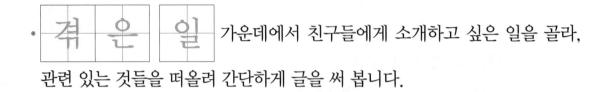

개념　겪은 일이 잘 드러나는 글 쓰기

· 　겪 　은 　일 　가운데에서 친구들에게 소개하고 싶은 일을 골라, 관련 있는 것들을 떠올려 간단하게 글을 써 봅니다.

· 자신이 겪은 일과 관련 있는 　느 　낌 　을 다양하게 표현해 봅니다.

· 겪은 일과 그때의 마음이 잘 드러나게 자신이 겪은 일을 글로 씁니다.

개념 확인　알맞은 것을 고르며 오늘의 개념을 확인해 보세요.

(1) 글을 쓰기 전에 친구들에게 소개하고 싶은 겪은 일과 관련 있는 것들을 떠올려 봅니다. (○ , ×)

(2) 겪은 일을 글로 쓸 때에는 느낌이 드러나지 않아도 됩니다. (○ , ×)

문해력을 높이는 어휘

· 오늘 배울 중요 어휘를 따라 쓰며 익혀 보세요.

　글

😀 뜻 생각이나 일의 내용을 글자로 나타낸 것.
😀 예 겪은 일과 느낌이 잘 드러나게 글을 써요.

　다 　양 　하 　다

😀 뜻 모양, 빛깔, 형태 등이 여러 가지로 많다.
😀 예 장난감의 모양과 색깔이 다양해요.

현장 체험 학습을 다녀와서 쓴 글

• 정답 17쪽

1학년이 되어서 처음으로 현장 체험 학습을 갔다. 친구들과 함께 버스를 타고 **수목원**으로 갔다.

수목원에는 큰 나무와 예쁜 꽃이 많았다. '오리나무'와 '꽝꽝나무'는 이름이 너무 **우스웠다**. 화살나무는 **줄기**가 화살처럼 생겨 신기했다. 점심시간에는 할머니께서 싸 주신 김밥을 친구들과 나누어 먹었다. 김밥 안에 있는 우엉이 달콤하고 **짭조름했다**.

친구들과 술래잡기도 했다. ⌈⎯⎯⎯⎯⎯ ㉠ ⎯⎯⎯⎯⎯⌉

신나게 놀고 나니 선생님께서 집에 가야 한다고 하셨다. 더 놀고 싶었는데 아쉬웠다.

중심 내용 | '나'는 수목원으로 현장 체험 학습을 가서 나무와 꽃을 본 후, 친구들과 김밥을 나누어 먹고 술래잡기를 했습니다.

• **글의 종류**: 생활문
• **글의 특징**: 수목원으로 현장 체험 학습을 다녀와서 겪은 일과 느낌이 잘 드러나게 쓴 글입니다.

수목원 연구를 하거나 여러 사람에게 보이기 위해서 나무와 풀을 모아 기르는 곳.
우스웠다 재미가 있어 웃을 만했다.
줄기 나무와 풀의 작은 가지나 잎이 붙는, 중심이 되는 부분.
짭조름했다 조금 짠맛이 있었다.

---

1 글쓴이가 현장 체험 학습을 간 곳은 어디인가요? (   )

이해

① 동물원
② 수목원
③ 박물관
④ 미술관
⑤ 놀이공원

2 이 글의 내용으로 알맞지 <u>않은</u> 것은 무엇인가요? (   )

이해

① 친구들과 술래잡기를 하였습니다.
② 김밥을 친구들과 나누어 먹었습니다.
③ 김밥 안에 있는 우엉에서 쓴맛이 났습니다.
④ 줄기가 화살처럼 생긴 화살나무를 봐서 신기했습니다.
⑤ 1학년이 되어서 처음으로 현장 체험 학습을 갔습니다.

3 다음은 글쓴이가 이 글을 쓰기 위해 정리한 내용입니다. 겪은 일과 관련 있는 알맞은 낱말을 보기에서 모두 찾아 쓰세요.

적용

┌─보기─────────────────────┐
│   버스   꽃   부모님   김밥   │
│ 강아지   미끄럼틀   술래잡기   바다 │
└─────────────────────────┘

겪은 일	겪은 일과 관련 있는 것
현장 체험 학습	

4 글쓴이가 겪은 일과 관련 있는 느낌을 표현한 문장으로 ㉠에 들어가기 알맞은 것을 찾아 ○표 하세요.

추론

(1) 내가 술래였다.   (   )
(2) 친구가 나를 잡을까 봐 조마조마했다.
                                      (   )

7
단원
3회

겪은 일 쓰기

• 정답 17쪽

|5~7| 다음 남자아이의 하루를 살펴보고, 물음에 답하세요.

겪은 일	생각이나 느낌
❶ 오늘은 해님이 반짝거리는구나. 기분이 좋아.	㉠ 좋았다.
❷	재미있었다.
❸	맛있었다.

★
5 그림 ❶에 대한 생각이나 느낌이 더 잘 드러나
이해 도록 ㉠을 알맞게 고친 것은 무엇인가요?
( )

① 기분이 좋았다.

② 창밖을 보았다.

③ 바람이 시원했다.

④ 기분이 좋고 즐겁고 또 신나고 좋았다.

⑤ 날씨가 좋아 마음이 들뜨고 상쾌한 기분이 들었다.

6 그림 ❷를 보고 겪은 일이 잘 드러나게 글로
추론 쓸 때 빈칸에 들어갈 알맞은 말은 무엇인가
요? ( )

> 오늘은 수학 시간에 [ ]
> 수학 공부를 하면서 친구랑 놀이도 하니까
> 수학 공부가 더 흥미롭게 느껴졌다.

① 책을 읽었다.　　② 축구를 했다.

③ 노래를 불렀다.　　④ 카드 놀이를 했다.

⑤ 친구와 장난을 쳤다.

7 다음은 그림 ❸을 보고 쓴 글입니다. 이 글에
추론 대한 설명으로 알맞은 것에 ○표 하세요.

> 내 생일날 아버지께서 맛있는 미역국을
> 끓여 주셨다. 미역국에 밥을 말아 김치와
> 함께 먹으니 내가 좋아하는 달콤한 사탕보
> 다도 맛있었다.

(1) 겪은 일이 무엇인지 알기 어렵습니다.

( )

(2) 겪은 일과 그때의 생각이나 느낌이 잘 드러납니다. ( )

서술형
8 가족과 놀이공원에 갔던 경험을 떠올려 생각이
적용 나 느낌이 잘 드러나게 문장을 완성하세요.

• 가족과 놀이공원에 가서 놀이 기구를 타니

도움말 가족과 놀이공원에 갔던 경험을 떠올리며 그때의 생각이나 느낌을 자세하게 써 보아요.

|9~12| **다음 온라인 대화를 읽고, 물음에 답하세요.**

영지: 지금 뭐 해? 같이 놀자.

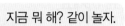
경훈: 나, 우리 동네에서 열리는 아나바다 행사에 가려고 하는데 같이 갈래?

영지: 응? 그게 뭐야?

경훈: '아껴 쓰고, 나눠 쓰고, 바꿔 쓰고, 다시 쓰고'의 앞 글자만 따서 부르는 거야.

영지: 아, 그렇구나. 아껴 쓰는 건 알겠는데 나눠 쓰는 건 뭐지?

경훈: 나에게 필요가 없지만, 다른 사람에게는 필요한 물건을 나누어 주는 거야.

영지: 서로에게 필요한 물건을 바꾸어 쓰는 것은 바꿔 쓰기구나.

경훈: 그래, 맞아. 쓸 수 있는 물건을 버리지 않고 다시 쓰는 건?

영지: 다시 쓰기! 나도 갈래. 같이 가자.

경훈: 그래.

9 경훈이는 영지에게 어디에 가자고 했나요?
이해
( )

① 도서관에 가자고 했습니다.
② 놀이터에 가자고 했습니다.
③ 아나바다 행사에 가자고 했습니다.
④ 어린이날 행사에 가자고 했습니다.
⑤ 할아버지 생신 잔치에 가자고 했습니다.

10 '아나바다'의 뜻은 무엇인지 빈칸에 알맞은 말을 쓰세요.
이해

• '아껴 쓰고, 나눠 쓰고, 바꿔 쓰고, 다시 쓰고'의 ☐☐☐ 만 따서 부르는 말입니다.

11 설명하는 내용을 알맞게 찾아 선으로 이으세요.
이해

(1) 나눠 쓰기 •

(2) 바꿔 쓰기 •

(3) 다시 쓰기 •

• ㉮ 서로에게 필요한 물건을 바꾸어 쓰는 것.

• ㉯ 나에게 필요 없는 물건을 나누어 주는 것.

• ㉰ 쓸 수 있는 물건을 버리지 않고 다시 쓰려고 노력하는 것.

12 영지가 겪은 일과 그때의 마음이 가장 잘 드러나게 표현한 것을 찾아 ○표 하세요.
적용

(1) 주말에 친구와 도서관에 갔어. ( )
(2) 현장 체험 학습을 박물관으로 갔으면 좋겠어. ( )
(3) 나에게 필요 없는 물건을 다른 친구와 바꾸는 행사가 있다는 것을 알게 돼서 신기했어. ( )

나의 실력에 색칠하세요.

| 1~2 | 다음 그림을 보고, 물음에 답하세요.

1 이 그림에서 설명하고 있는 것은 무엇인지 빈칸에 알맞은 말을 쓰세요.

⬚⬚⬚ (으)로 한복을 접는 방법

2 그림 ❶과 ❷에서 두 아이에 대한 설명으로 알맞은 것을 찾아 선으로 이으세요.

(1) 민지　•

•㉮ 설명을 듣고 내용을 잘 이해하였습니다.

(2) 현수　•

•㉯ 설명을 듣고 내용을 잘 이해하지 못하였습니다.

3 설명하는 글과 관련 있는 경험으로 알맞은 것에 ○표 하세요.

(1) 친구에게 편지를 쓴 경험　　(　　)

(2) 장난감을 만드는 방법에 대한 글을 읽고 장난감을 만든 경험　　(　　)

| 4~6 | 다음 글을 읽고, 물음에 답하세요.

독도

가 독도는 우리나라 동쪽 끝에 위치한 섬입니다. 독도는 큰 섬 두 개와 작은 바위섬 89개로 이루어져 있습니다.

나 동도에는 등대와 배가 섬에 닿을 수 있도록 만든 시설이 있습니다. 동도에 있는 등대는 밤에도 불을 밝혀 독도 주변을 지키는 데 도움을 줍니다. 독도를 지키는 경비대도 이곳에 있습니다.

다 서도에는 주민을 위한 숙소가 있습니다. 독도를 사람들에게 널리 알리고 보존하는 일을 하는 독도관리사무소 직원도 독도에 올 때는 이곳을 이용합니다.

4 이 글의 내용으로 알맞은 것은 무엇인가요?
(　　)

① 서도에는 등대가 있습니다.

② 독도는 우리나라 서쪽 끝에 있습니다.

③ 동도에는 주민을 위한 숙소가 있습니다.

④ 동도에는 독도를 지키는 경비대가 있습니다.

⑤ 독도는 하나의 큰 섬으로 이루어져 있습니다.

5 이 글에서 소개하는 것은 무엇인지 빈칸에 알맞은 말을 쓰세요.

⬚⬚ 의 위치, 동도와 서도

6 이 글을 읽고 알게 된 점을 알맞게 말한 친구의 이름을 쓰세요.

> 하은: 독도에 직접 가 보고 싶어졌어.
> 도경: 독도가 우리나라 동쪽 끝에 있다는 것을 알았어.

(   )

7 무엇을 설명하는지 생각하며 글을 읽는 방법으로 알맞은 것을 모두 찾아 ○표 하세요.

(1) 글의 제목을 살펴봅니다. (   )

(2) 글을 읽고 궁금한 점을 떠올려 봅니다.

(   )

(3) 글에서 여러 번 나온 낱말이 무엇인지 살펴봅니다. (   )

| **8~10** | 다음 글을 읽고, 물음에 답하세요.

> **가** 엄마한테 철석같이 약속을 하고는 겨우 새 필통을 샀어.
> 내가 또 필통 잃어버리나 봐라!
>
> > 내 물건 지키기 비법 1
> > **초강력 끈적 대마왕 이름표 붙이기**
>
> **나** "잘 다녀왔니?" / 엄마가 물었어.
> "필통도 잘 다녀왔고?"
> 쌍둥이 누나들이 얄밉게 끼어들었지.
> 눈을 흘기면서도 난 가방 속을 들여다봤어.
> 새로 산 필통이 얌전히 들어 있었지.
> "준수야, 알림장 잘 써 왔어?" / "그럼요!"
> 나는 자신 있게 가방을 열어젖혔어.
> "어? 알림장이 어디 갔지?"

8 새 필통을 산 후 '내'가 필통에 붙인 것은 무엇인지 쓰세요.

(   )

서술형

9 글 **나**에서 '내'가 겪은 일은 무엇인지 쓰세요.

• 필통은 지켰지만 _____

_____

도움말 글 **나**에 나타난 '나'의 말과 행동을 자세히 살펴보아요.

10 글 **나**에서 '나'의 마음으로 가장 알맞은 것은 무엇인가요? (   )

① 미안함.   ② 고마움.
③ 외로움.   ④ 무서움.
⑤ 당황스러움.

11 자신이 겪은 일과 그때의 마음을 알맞게 말한 친구의 이름을 쓰세요.

> 소영: 오늘 미술 시간에 준비물을 잘 챙겨 와서 선생님께 칭찬을 받았어. 선생님께 죄송한 마음이 들었어.
> 윤호: 오늘 친구들과 함께 바람에 떨어지는 낙엽을 잡았어. 낙엽을 하나도 못 잡은 건 섭섭하지만, 친구들과 신나게 놀 수 있어서 좋았어.

(   )

7 단원 **4**회

| 12~14 | 다음 글을 읽고, 물음에 답하세요.

> **가** 1학년이 되어서 처음으로 현장 체험 학습을 갔다. 친구들과 함께 버스를 타고 수목원으로 갔다. / 수목원에는 큰 나무와 예쁜 꽃이 많았다.
> **나** 점심시간에는 할머니께서 싸 주신 김밥을 친구들과 나누어 먹었다. 김밥 안에 있는 우엉이 달콤하고 짭조름했다. / 친구들과 술래잡기도 했다. 친구가 나를 잡을까 봐 조마조마했다.

12 글쓴이가 겪은 일은 무엇인지 빈칸에 알맞은 말을 쓰세요.

> • 수목원으로 ☐☐☐☐☐☐☐ 을/를 갔습니다.

13 글쓴이가 수목원에 가서 한 일에 ○표 하세요.

⑴ 술래잡기를 하였습니다. ( )
⑵ 혼자 김밥을 먹었습니다. ( )
⑶ 할머니와 이야기를 나누었습니다. ( )

14 이 글을 읽고 겪은 일과 느낌이 잘 드러나는지 알맞게 살펴본 친구의 이름을 쓰세요.

> 시우: '김밥 안에 있는 우엉이 달콤하고 짭조름했다.'라는 표현은 느낌이 잘 드러나지 않아. '김밥이 참 맛있었다.'라고 고치는 게 좋겠어.
> 나은: 술래잡기할 때 내가 술래가 될까 봐 조마조마했다는 경험이 자신의 마음을 잘 표현한 것 같아. 나도 술래잡기할 때 그렇게 느꼈거든.

( )

수행 평가

15 다음 글을 읽고, 물음에 답하세요.

> ### 자연은 발명왕
>
> 유리창에 붙어 있는 인형을 본 적이 있나요? 그것을 붙일 때에 사용하는 물건은 문어의 빨판을 본떠 만들었습니다. 문어는 빨판을 이용하여 어디에나 잘 달라붙습니다. 우리가 흔히 쓰는 칫솔걸이도 이것을 본떠 만든 물건입니다.
> 낙하산은 민들레씨를 본떠 만들었습니다. 민들레씨의 가는 실 끝에는 털이 여러 개 달려 있습니다. 이 털이 있어서 민들레씨는 둥둥 떠서 멀리까지 날아갈 수 있습니다. 또 천천히 땅에 떨어지게 됩니다. 낙하산을 이용하면 비행기에서 안전하게 땅으로 내려올 수 있습니다.
> 숲속을 걷다 보면 옷에 열매가 붙어 있는 경우가 있습니다. 도꼬마리 열매에는 갈고리 모양의 가시가 많이 있습니다. 그래서 새나 짐승의 털에 잘 붙습니다. 이것을 보고 단추나 끈보다 더 쉽게 붙였다 떼었다 할 수 있는 물건을 만들었습니다.

1단계 이 글의 제목은 무엇인지 쓰세요.

( )

> **도움말** 제목은 글의 전체 내용을 나타내기 위해 붙이는 이름이에요.

2단계 이 글에서 소개하는 것은 무엇인지 쓰세요.

> • 이 글은 ＿＿＿＿＿＿＿＿＿＿＿＿＿ ＿＿＿＿＿＿＿을/를 소개하고 있습니다.

> **도움말** 글의 제목과 내용을 살펴보고, 설명하는 내용이 무엇인지 생각해 보아요.

물고기를 알록달록 색칠해요!

다음 낱말의 뜻을 보고 알맞은 낱말을 찾아 물고기를 색칠하세요.

(1) 당하거나 경험한 일.

(2) 모양, 빛깔, 형태 등이 여러 가지로 많다.

(3) 생각이나 일의 내용을 글자로 나타낸 것.

(4) 어떤 것을 남에게 알기 쉽게 말함. 또는 그런 말.

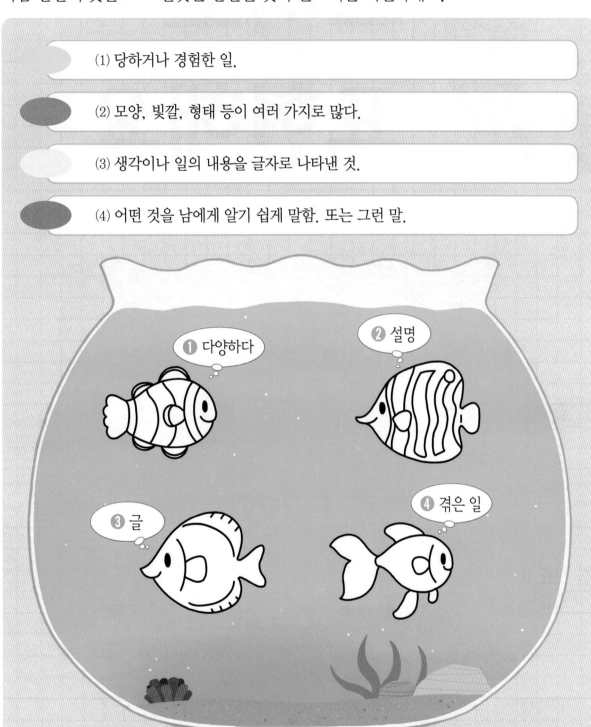

❶ 다양하다

❷ 설명

❸ 글

❹ 겪은 일

거꾸로 정답 ❷ (4) ❸ (3) ❶ (2) ❹ (1)

나의 실력에 색칠하세요.

8 느끼고 표현해요

온라인
학습 진도표

● 학습 진도표

회차	백점 쪽수	오늘 학습할 내용	학습 주제
1	136~139쪽	개념+어휘+교과서 지문	「감기」 / 「브로콜리지만 사랑받고 싶어」
2	140~143쪽	개념+어휘+교과서 지문	「요술 항아리」 / 「바람에 날아간 깃털」
3	144~147쪽	개념+어휘+교과서 지문	「인사」 / 「강아지풀」
4	148~151쪽	대단원 평가+낱말 놀이터	

인물을 **상상**하며 작품을
감상해요.

인물의 말과 행동을 보고
인물의 생각을 **짐작**해요.

작품에 대한 생각이나
느낌을 나누어요.

개념 인물을 상상하며 작품 감상하기

- 글에서 인물의 | 모 | 습 | 과 행동을 나타내는 표현을 찾습니다.

- 인물의 | 마 | 음 | 을 짐작해 봅니다.

- 인물의 모습과 행동을 상상하며 그림이나 몸짓으로 표현해 봅니다.

개념 확인 알맞은 것을 고르며 오늘의 개념을 확인해 보세요.

(1) 인물의 모습과 행동을 나타내는 표현을 통해 인물의 모습과 행동을 상상할 수 있습니다. (○ , ×)

(2) 인물을 마음을 짐작하는 것은 인물을 상상하는 데에 도움이 되지 않습니다. (○ , ×)

문해력을 높이는 어휘

- 오늘 배울 중요 어휘를 따라 쓰며 익혀 보세요.

| 인 | 물 |

뜻 시나 이야기 속에서 말이나 행동, 생각을 하는 이.

예 그림책에서 인물의 표정을 살펴보아요.

| 상 | 상 |

뜻 실제로 경험하지 않은 것에 대하여 마음속으로 그려 봄.

예 내가 크면 되고 싶은 모습을 상상해 보아요.

감기 _ 전병호

• 정답 18쪽

❶ 책상에

재채기했다

책상 감기 들었다

1연 책상에 재채기를 했더니 책상이 감기에 걸렸습니다.

❷ 창문에 재채기했다

창문 감기 들었다

2연 창문에 재채기를 했더니 창문이 감기에 걸렸습니다.

❸ 연필,

공책,

가방도

다 누웠다

3연 연필, 공책, 가방도 다 누웠습니다.

❹ ㉠감기야, 나 오늘은

학교 가고 싶어.

4연 '나'는 감기가 나아서 학교에 가고 싶습니다.

• 글의 종류: 시
• 글의 특징: 감기가 낫고 싶은 '나'의 마음이 드러난 시로, 감기에 걸렸던 경험을 떠올리면서 읽으면 '나'의 마음을 파악할 수 있습니다.

▶ '나'의 마음 짐작하기 예

1~3연	힘들고 기운이 없음.
4연	• 감기가 낫기를 바람. • 감기에 걸려 학교에 가지 못해 속상함.

재채기 코안이 자극을 받아 간지럽다가 갑자기 코로 숨을 터뜨려 내뿜으면서 큰 소리를 내는 것.

---

1 책상이 감기에 든 까닭은 무엇인가요?

이해 ( )

① '내'가 학교에 가지 않아서

② '내'가 책상에 앉지 않아서

③ 책상이 추운 곳에 오래 있어서

④ 감기에 든 '내'가 책상에 엎드려 자서

⑤ 감기에 든 '내'가 책상에 대고 재채기를 해서

2 연필, 공책, 가방이 다 누운 까닭으로 알맞은

추론 것에 ○표 하세요.

(1) '내'가 버렸기 때문에 ( )

(2) '내'가 누워서 보았기 때문에 ( )

서술형

3 '내'가 ㉠과 같이 말한 까닭은 무엇일지 쓰세요.

이해

_____

_____

도움말 자신이 감기에 걸렸을 때 어떤 마음이었는지를 생각하여 '나'의 마음을 짐작해 보아요.

4 ㉠은 어떤 목소리로 읽어야 할지 알맞은 것에

감상 ○표 하세요.

(1) 화가 난 목소리 ( )

(2) 크고 밝은 목소리 ( )

(3) 힘없고 간절한 목소리 ( )

브로콜리지만 사랑받고 싶어

_ 별다름 · 달다름 • 정답 18쪽

❶ 어제 들었어.

아이들이 싫어하는 채소 1위에 내가 뽑혔다는 걸.

쉿, 밤새도록 펑펑 운 건 비밀이야. / 하지만 괜찮아.

나도 아이들에게 사랑받고 말 거니까.
　　　　　내가 원하는 것

무슨 좋은 생각이 있냐고? / 물론이지.

사랑받는 친구들을 다 따라 해 볼 거거든.
　　소시지와 라면

나도 소시지처럼 분홍색이면 사랑받을 수 있겠지?

…… 그건 내 **착각**이었어.

나도 라면처럼 보글보글 파마하면 사랑받을 수 있겠지?

…… 이것도 내 착각이었어.

왜 하나도 **효과**가 없는 거야?

초록색이라서? / 맛이 없어서?

아니면 내가…….

브로콜리라서?

중심 내용 | 아이들이 싫어하는 채소 1위에 뽑힌 '나'는 아이들이 자신을 좋아하도록 만들기 위해 사랑받는 친구들을 따라 했지만 효과가 하나도 없었습니다.

• 글의 종류: 이야기
• 글의 특징: 아이들이 싫어하는 채소 1위에 뽑힌 브로콜리의 이야기로, 브로콜리의 모습과 행동을 상상하며 읽을 수 있습니다.

▶ 글 ❶에서 '나'의 마음 짐작하기

말	어제 들었어. 아이들이 싫어하는 채소 1위에 내가 뽑혔다는 걸.
마음	예 슬프고 화가 남.

착각 어떤 사물이나 사실을 실제와 다르게 생각함.
효과 어떤 일을 하여서 생기는 좋은 결과.

---

5 '나'는 누구인지 쓰세요.
이해

( )

6 '내'가 밤새도록 펑펑 운 까닭은 무엇인가요?
이해
( )

① 아이들이 자신을 놀렸기 때문에
② 파마가 마음에 들지 않았기 때문에
③ 소시지가 자신과 놀아 주지 않았기 때문에
④ 아이들이 초록색을 싫어한다는 것을 알게 되었기 때문에
⑤ 아이들이 싫어하는 채소 1위에 자신이 뽑혔다는 소식을 들었기 때문에

7 '내'가 아이들에게 사랑받기 위해 한 행동을 두
이해 가지 고르세요. ( )

① 슬픈 척을 하였습니다.
② 아이들을 안아 주었습니다.
③ 초록색이 되어 보았습니다.
④ 라면처럼 파마를 하였습니다.
⑤ 소시지처럼 분홍색이 되었습니다.

★
8 문제 **7**번과 같이 행동했지만 하나도 효과가
추론 없었을 때 '나'의 마음으로 알맞은 것은 무엇인가요? ( )

① 부럽습니다.　　② 지루합니다.
③ 속상합니다.　　④ 즐겁습니다.
⑤ 기대됩니다.

브로콜리지만 사랑받고 싶어

• 정답 18쪽

② 이제 알겠어. / 브로콜리는 절대 사랑받을 수 없다는 걸.

아무도 없는 곳으로 떠날 거야!

떠나기 전에 이것만 두고 갈게. / 별거 아니고 작은 이별 선물이야.

좋아해 줄지는 모르겠지만 밤새 열심히 만들었어.

진짜 갈게. 안녕!

중심 내용 | '나'는 브로콜리는 절대 사랑받을 수 없다는 생각이 들어 이별 선물을 만들고 떠나기로 했습니다.

③ 아이: **맛있어!**
브로콜리수프를 먹은 아이가 한 말

응? 뭐라고 했어? 맛있다고 한 거야?

양파와 감자를 버터에 달달 볶은 다음 ┐
초록초록 브로콜리 섞어 주고   │── 브로콜리수프를 만드는 방법
새하얀 우유 넣고 보글보글 끓여 주면   │
음~ 끝내주게 맛있는 브로콜리수프 완성! ┘
아주 좋고 굉장하게

그래, 바로 이거야. / ㉠따라 할 필요가 없는 거였어!

중심 내용 | 이별 선물로 만든 브로콜리수프가 맛있다고 하는 아이를 만난 '나'는 다른 사람을 따라 할 필요가 없다는 것을 깨달았습니다.

> ▶ 글 ③에서 '나'의 마음 짐작하기

말	그래, 바로 이거야. 따라 할 필요가 없는 거였어!
마음	⑩ 기분이 좋고 신남.

• 작품 정리

> **①** '나'는 아이들이 싫어하는 채소 1위에 뽑혀 사랑받는 친구들을 따라했지만, 효과가 없었음.
>
> ↓
>
> **②** '나'는 이별 선물을 만들고 떠나기로 함.
>
> ↓
>
> **③** '나'는 이별 선물로 만든 브로콜리수프가 맛있다고 하는 아이를 만나고, 다른 사람을 따라 할 필요가 없다는 것을 깨달음.

별거 흔하지 않고 이상한 것. 별것.
이별 서로 갈리어 떨어짐.

9 '내'가 떠나기로 결심한 까닭은 무엇인가요?
이해   (   )

① 혼자 있고 싶었기 때문에
② 아이들이 싫어졌기 때문에
③ 선물을 받지 못했기 때문에
④ 먼 곳을 여행하고 싶어졌기 때문에
⑤ 사랑받을 수 없다는 것을 깨달았기 때문에

10 '내'가 떠나기 전에 이별 선물로 만든 것은 무
이해 엇인지 쓰세요.

(   )

서술형
11 "맛있어!"라는 아이의 말을 들은 '나'의 마음은
적용 어떠했을지 쓰세요.

_____

_____

도움말 자신이 만든 음식을 좋아해 주는 사람을 만났을 때의 마음은 어떠할지 생각해 보아요.

12 ㉠의 뜻을 알맞게 말한 친구의 이름을 쓰세요.
추론

> 채아: 사랑받는 친구들을 따라 해야 사랑받을 수 있다는 뜻이야.
> 온유: 다른 사람을 따라 하기보다는 자신이 잘하는 일을 하는 것이 좋다는 뜻이야.

(   )

8
단원
1회

나의 실력에 색칠하세요.
😄 🙂 😣

개념 작품을 보고 인물의 행동과 생각 알기

• 어떤 인물이 등장하는지 생각하며 작품을 감상합니다.

• 일이 일어난 | 차 | 례 | 를 생각합니다.

• 인물의 말과 행동을 보고 인물의 | 생 | 각 | 을 짐작합니다.

개념 확인 알맞은 것을 고르며 오늘의 개념을 확인해 보세요.

(1) 작품을 감상할 때 일이 일어난 차례는 생각하지 않아도 됩니다. (○ , ×)

(2) 인물의 말과 행동으로는 인물의 생각을 짐작할 수 없습니다. (○ , ×)

문해력을 높이는 어휘

• 오늘 배울 중요 어휘를 따라 쓰며 익혀 보세요.

뜻 배우가 각본에 따라 말과 행동으로 이야기를 나타내는 무대 예술.

예 친구들과 연극을 해요.

뜻 사정이나 형편 등을 대강 알아차리는 것.

예 친구의 속상한 마음을 짐작해 보아요.

요술 항아리

• 정답 19쪽

❶ 농부가 밭을 갈다가 요술 항아리를 **발견했습니다**.
어떤 것이든 하나만 넣어도 여러 개가 생기는 항아리.

난 자네에게 땅만 팔았지, 요술 항아리는 팔지 않았단 말일세.

❷ 대감이 요술 항아리를 **빼앗**으려고 했습니다.

❸ 농부와 대감이 다투다가 원님에게 **판결**을 내려 달라고 부탁했습니다.
옳고 그름을 따져서 결정함.

• **글의 종류**: 연극
• **글의 특징**: 요술 항아리를 욕심내던 원님의 말과 행동을 보고 생각을 짐작할 수 있습니다.

▶ **대감의 말과 생각**

말	난 자네에게 땅만 팔았지, 요술 항아리는 팔지 않았단 말일세.
생각	요술 항아리를 가지고 싶어.

발견했습니다 찾아내지 못했거나 아직 알려지지 않은 것을 찾아냈습니다.
대감 옛날에 나라 일을 하는 사람을 높여 부르던 말.

1
이해

요술 항아리를 발견한 인물로 알맞은 것에 ○표 하세요.

농부	대감	원님

★
2
적용

장면 ❷에서 대감의 생각으로 가장 알맞은 것은 무엇인가요? ( )

① 요술 항아리를 가지고 싶습니다.
② 농부에게 칭찬을 하고 싶습니다.
③ 농부에게 다른 땅도 팔고 싶습니다.
④ 농부에게서 땅을 다시 사고 싶습니다.
⑤ 농부에게 요술 항아리를 팔고 싶습니다.

3
추론

장면 ❸에서 농부와 대감이 원님에게 판결을 내려 달라고 한 까닭은 무엇인가요? ( )

① 지나가던 원님을 만나서
② 요술 항아리가 원님의 것이라서
③ 항아리를 원님의 집에 두어야 해서
④ 요술 항아리를 마을 사람들과 나누고 싶어서
⑤ 원님이 요술 항아리의 주인을 올바르게 정해 줄 것이라고 생각해서

4
이해

인물과 인물이 한 행동이 알맞게 짝 지어진 것의 기호를 쓰세요.

⑦ 농부 – 요술 항아리를 땅에 묻었습니다.
④ 대감 – 요술 항아리를 빼앗으려고 하였습니다.

( )

❹ 이제 이 항아리는 내 것이니라.
㉠

원님은 요술 항아리가 욕심이 나서 자신이 가졌습니다.

❺ ㉡저 항아리를 깨부숴야겠어.

원님의 어머니가 요술 항아리에 빠져 여러 명이 되었습니다.

원님의 어머니가 여러 명이 된 까닭

❻

원님은 자신의 잘못을 깨달았습니다.

원님의 말과 생각	
말	저 항아리를 깨부숴야겠어.
생각	항아리를 깨부수면 누가 나의 어머니인지 알 수 있겠지.

깨부숴야겠어 단단한 것을 쳐서 조각이 나게 해야겠어.

---

5 장면 ❹에서 알 수 있는 원님의 성격으로 알맞은 것은 무엇인가요? (   )
추론

① 정직합니다.
② 겁이 많습니다.
③ 화를 잘 냅니다.
④ 욕심이 많습니다.
⑤ 밝고 씩씩합니다.

6 장면 ❹에서 ㉠에 들어갈 원님의 생각으로 가장 알맞은 것은 무엇인가요? (   )
적용

① '농부가 얄밉군.'
② '난 곧 부자가 될 거야.'
③ '난 어리석은 사람이야.'
④ '항아리가 깨지면 어떻게 하지?'
⑤ '난 어려운 사람들을 돕고 싶어.'

7 장면 ❺에서 원님이 ㉡과 같이 말한 까닭은 무엇인가요? (   )
추론

① 진짜 어머니를 찾기 위해서
② 아버지도 여러 명이 될까 봐
③ 어머니가 항아리를 욕심내셔서
④ 어머니가 항아리를 깨자고 하셔서
⑤ 요술 항아리가 아니었다는 것을 깨달아서

8 장면 ❻에서 원님이 깨달은 것은 무엇인지 알맞은 것의 기호를 쓰세요.
주제

⑦ 어머니께 효도하여야 합니다.
⑭ 항아리를 깨부수지 말아야 합니다.
⑮ 헛된 욕심을 가지지 말아야 합니다.

(   )

바람에 날아간 깃털

• 정답 19쪽

가 옛날 어느 마을에 말을 함부로 하는 청년이 살았습니다. 이 청년은 다른 사람의 자그마한 실수를 **부풀려** 말하기도 했고, 자신이 알고 있는 일을 다른 사람에게 쉽게 전하기도 했습니다.

인물 ①

중심 내용 | 옛날 어느 마을에 말을 함부로 하는 청년이 살았습니다.

나 그러자 마을에서 가장 나이가 많은 할아버지가 이 청년에게 새의 깃털을 한 **움큼** 주며 이렇게 말했습니다.

인물 ②

"지금부터 동네 모든 집 대문 앞에 이 깃털 하나씩을 놓고 오세요."

청년은 할아버지가 시키는 대로 했습니다. 그리고 할아버지를 다시 찾아갔습니다. 할아버지는 청년에게 이렇게 말했습니다.

"이제 그 깃털을 모두 다시 가져오세요."

다시 뛰어나간 청년은 **빈손**으로 올 수밖에 없었습니다.

"깃털이 너무 가벼워 바람에 모두 날아가 버렸고, 하나도 없었습니다." / 그러자 할아버지가 말했습니다.

㉠"당신이 한 말도 바람에 날아간 깃털과 같습니다. 한번 내뱉으면 다시는 주워 담을 수가 없으니까요."

중심 내용 | 할아버지는 깃털을 통해 한번 내뱉은 말은 주워 담을 수 없음을 깨닫게 해 주었습니다.

• **글의 종류**: 이야기
• **글의 특징**: 말을 함부로 하는 청년이 바람에 날아간 깃털을 통해 자신을 잘못을 깨닫게 된다는 내용으로, 작품에 대한 자신의 생각이나 느낌을 떠올릴 수 있습니다.

부풀려 어떤 일을 실제보다 과장되게 하여.
움큼 손으로 한 줌 움켜질 만한 분량을 세는 단위.
빈손 돈이나 물건 따위를 아무것도 가진 것이 없는 상태를 이르는 말.

9
적용
청년의 성격을 알 수 있는 부분으로 알맞은 것의 기호를 모두 쓰세요.

> ㉮ 말을 함부로 했습니다.
> ㉯ 청년은 할아버지를 다시 찾아갔습니다.
> ㉰ 자신이 알고 있는 일을 다른 사람에게 쉽게 전했습니다.

( )

10
추론
할아버지께서 ㉠과 같이 말씀하셨을 때 청년의 마음은 어땠을지 두 가지 고르세요.

( )

① 시시함.
② 수상함.
③ 행복함.
④ 부끄러움.
⑤ 후회스러움.

서술형

11
주제
할아버지께서 깃털을 통해 청년에게 알려 주고 싶으셨던 것은 무엇인지 쓰세요.

• 깃털이 바람에 잘 날리는 것처럼 _____
_____

도움말 바람에 날아가 없어진 깃털은 말과 어떤 점이 같은지 떠올려 보아요.

12
적용
청년에게 해 줄 말을 알맞게 말한 친구에게 ○ 표 하세요.

(1) 깃털이 가볍다는 것을 알면 좋겠어요. ( )

(2) 다른 사람에 대해 함부로 이야기해서는 안 돼요. ( )

8
단원
2회

나의 실력에 색칠하세요.

개념　작품에 대한 생각이나 느낌 나누기

• 자신이 이야기 속 인물이라면 어떻게 할지 생각해 봅니다.

• 자신의 | 경 | 험 | 을 떠올려 인물의 마음을 짐작해 봅니다.

같은 이야기를 읽어도 생각이나 느낌은 서로 다를 수 있습니다.

• 이야기 속 인물에게 해 주고 싶은 말을 | 정 | 리 | 하여 친구들과 이야기합니다.

개념 확인　알맞은 것을 고르며 오늘의 개념을 확인해 보세요.

(1) 자신이 이야기 속 인물이라면 어떻게 할지 생각하며 이야기 속 인물에게 해 주고 싶은 말을 정리합니다. (○ , ×)

(2) 같은 이야기를 읽으면 생각이나 느낌도 서로 같습니다. (○ , ×)

문해력을 높이는 어휘

• 오늘 배울 중요 어휘를 따라 쓰며 익혀 보세요.

| 작 | 품 |

뜻 그림·조각·소설·시 등 창작 활동으로 만든 것.

예 훌륭한 작품을 읽었어요.

| 인 | 사 |

뜻 마주 대하거나 헤어질 때에 예의를 나타내는 것.

예 어른을 만나면 인사해요.

인사 _ 김성미

• 정답 19쪽

❶ 늑대 아저씨네 옆집에 여우 가족이 **이사**를 왔습니다.

　여우는 아침부터 엄마한테 **혼이 나서**, 늑대 아저씨는 **고장** 난 시계
인물 ①　　　　　　　　　　　　　　　　　　　인물 ②
때문에 늦잠을 자서, 기분이 좋지 않았어요.

여우: 쳇, 엄마는 왜 아침부터 잔소리야!

늑대 아저씨: 으악! 늦었다, 늦었어.

여우: 어! 옆집 아저씨네. / 인사할까?

　아냐, 오늘은 그럴 기분이 아니야.

늑대 아저씨: 어! 옆집 아이네. / 인사할까?

　아냐, 그럴 시간이 없어.

늑대 아저씨: 잠깐 인사할 걸 그랬나? / 에잇. 다음에 또 보겠지, 뭐.

여우: 그냥 인사할 걸 그랬나? / 몰라. 다음에 하지, 뭐.

여우: 같이 가기 싫은데.

늑대 아저씨: ㉠어디 들렀다 갈까.

중심 내용 | 이웃에 사는 여우와 늑대 아저씨는 인사를 하지 않고 서로 모른척하였지만 계속 마주쳤습니다.

• 글의 종류: 이야기
• 글의 특징: 여우와 늑대 아저씨가 서로 인사를 하기까지 했던 생각들이 잘 나타난 이야기로, 작품을 읽은 후 친구들과 자신의 생각이나 느낌을 나눌 수 있습니다.

▶ **인물의 마음 짐작하기** 예

여우	• 엄마한테 혼이 나서 기분이 좋지 않음. • 속상함.
늑대 아저씨	• 늦잠을 자서 기분이 좋지 않음. • 당황함.

이사　사는 곳을 다른 데로 옮김.
혼이 나서　호되게 꾸지람을 듣거나 벌을 받아서.
고장　기계나 장치가 제대로 움직이지 못하게 된 것.

---

1 여우와 늑대 아저씨는 어떤 사이인지 알맞은
이해　것에 ○표 하세요.

> 사촌　　　이웃　　　친구

2 여우와 늑대 아저씨가 기분이 좋지 않은 까닭
이해　을 각각 선으로 이으세요.

(1) | 여우 | •
(2) | 늑대 아저씨 | •

• ㉮ | 늦잠을 잤기 때문에
• ㉯ | 엄마한테 혼이 났기 때문에

3 여우와 늑대 아저씨가 마주쳤을 때의 행동으
이해　로 알맞은 것에 ○표 하세요.

(1) 반갑게 인사했습니다. 　　　　(　　)
(2) 인사를 하지 않았습니다. 　　(　　)

4 늑대 아저씨가 ㉠과 같이 생각한 까닭은 무엇
추론　인가요? (　　)

① 약속이 있기 때문에
② 집에 가기 싫었기 때문에
③ 여우와 인사를 하고 싶었기 때문에
④ 꼭 필요한 물건을 사야 했기 때문에
⑤ 여우와 같이 가는 것이 불편했기 때문에

❷ 늑대 아저씨: 그냥 확 인사해 버릴까?

여우: 지금이라도 인사할까?

여우: 아니지. 내가 먼저 인사하면 지는 거잖아.

늑대 아저씨: 아니지. 이제 와서 인사하면 너무 이상하잖아.

여우: 아, 불편해.

늑대 아저씨: 아, 불편해.

중심 내용 | 여우와 늑대 아저씨는 인사를 하지 않아서 마음이 불편했습니다.

❸ 어느 겨울날, 여우와 늑대 아저씨는 우연히 **건널목**에서 마주쳤습니다.

여우: 안녕하세요?

늑대 아저씨: 안녕?

중심 내용 | 어느 겨울날, 다시 만난 여우와 늑대 아저씨는 인사를 하였습니다.

• **작품 정리**

❶ 이웃에 사는 여우와 늑대 아저씨는 서로 인사를 하지 않았지만 계속 마주침.

↓

❷ 여우와 늑대 아저씨는 인사를 하지 않아서 마음이 불편했음.

↓

❸ 어느 겨울 날, 다시 만난 여우와 늑대 아저씨는 인사를 함.

건널목 강, 길, 내 따위에서 건너다니게 된 일정한 곳.

★
5 【보기】에서 낱말의 뜻을 보고, 여우와 늑대 아
어휘　저씨의 마음을 잘 나타낸 말을 두 가지씩 골라
기호를 쓰세요.

┌─보기─────────────────────
㉮ 개운하다: (기분이나 몸이) 상쾌하고 가
　　볍다.
㉯ 불편하다: 어떤 것을 사용하거나 이용하
　　는 것이 어색하거나 괴롭다.
㉰ 반갑다: 그리워하던 사람을 만나거나 원
　　하는 일이 이루어져서 마음이 즐겁고
　　기쁘다.
㉱ 어색하다: 잘 모르거나 아니면 별로 만
　　나고 싶지 않았던 사람과 마주 대하여
　　자연스럽지 못하다.
└──────────────────────────

(1) 글 ❷	
(2) 글 ❸	

〔디지털 문해력〕

6 학급 누리집에 여우나 늑대 아저씨에게 해 주
적용　고 싶은 말을 **잘못** 쓴 친구의 이름을 쓰세요.

┌──────────────────────────
1학년 2반 학급 누리집

🏠 우리들의 이야기 > 1학년 2반

여우나 늑대 아저씨에게 해 주고 싶은 말 쓰기

작성자 선생님 | 작성일 20○○. ○○. ○○ | 조회수 20

자신이 여우나 늑대 아저씨라면 어떻게 할지 생각해 보고, 한 인물을 골라 해 주고 싶은 말을 쓰세요.

 늑대 아저씨, 인사를 안 해서 그렇게 불편하다면 인사를 먼저 하는 게 좋지 않을까요? 아저씨가 먼저 인사를 해 주었다면 여우도 분명히 좋아했을 거예요.

 여우야, 인사를 하지 않아서 마음이 불편하다면 다른 사람이 먼저 인사해 주기를 기다리지 말고 용기를 내 먼저 인사하면 돼.

 여우야, 인사를 하기 싫다면 상대방이 보지 못하는 곳에 숨는 것이 좋아.
└──────────────────────────

(　　　　　　　)

강아지풀 _ 이일숙

● 정답 19쪽

1 꾸벅꾸벅
조는 모습을 흉내 내는 말

졸고 있는

동생에게 다가가

1연 졸고 있는 동생에게 다가갔습니다.

2 꺾어 온 강아지풀

콧구멍에 간질간질

2연 꺾어 온 강아지풀을 동생 콧구멍에 넣고 간지럽혔습니다.

3 아무런 **반응**이 없네

㉠어라, 이게 아닌데

3연 '나'는 동생이 아무런 반응이 없어 당황했습니다.

- **글의 종류**: 시
- **글의 특징**: 졸고 있는 동생 콧구멍을 강아지풀로 간지럽혔지만 반응이 없어 어리둥절한 '나'의 모습이 나타난 시로, 장면을 떠올리며 낭송해 볼 수 있습니다.

반응 자극에 대하여 어떤 현상이 일어남.

---

7 이 시에 나오는 인물을 두 가지 고르세요.
이해

( )

① 나 　　　　 ② 동생
③ 콧구멍 　　 ④ 강아지풀
⑤ 간질간질

8 '내'가 동생에게 다가간 까닭은 무엇인가요?
이해

( )

① 동생과 자려고
② 동생 옆에 앉으려고
③ 동생에게 할 말이 있어서
④ 동생 옆에 있는 강아지풀을 꺾으려고
⑤ 강아지풀로 동생에게 장난을 치고 싶어서

9 ㉠에 어울리는 표정은 무엇인가요? ( )
적용

① 졸린 표정
② 우는 표정
③ 화가 난 표정
④ 당황하는 표정
⑤ 활짝 웃는 표정

8
단원
3회

서술형

10 이 시를 읽고 떠오르는 장면을 알맞게 쓰세요.
감상

_____

_____

도움말 이 시에서 '나'는 강아지풀로 동생의 콧구멍을 간지럽히고 있고, 동생이 아무런 반응이 없자 놀라고 있어요.

나의 실력에 색칠하세요.

|1~3| 다음 시를 읽고, 물음에 답하세요.

> 창문에 재채기했다
> 창문 감기 들었다
>
> 연필,
> 공책,
> 가방도
> 다 누웠다
>
> ㉠감기야, 나 오늘은
> 학교 가고 싶어.

1 '내'가 창문에 재채기를 하자 일어난 일은 무엇인가요? ( )

① 창문이 열렸습니다.
② 창문이 눈을 떴습니다.
③ 창문이 감기 들었습니다.
④ 창문이 인사를 했습니다.
⑤ 창문이 재채기를 했습니다.

2 연필, 공책, 가방이 다 누웠다고 말한 까닭은 무엇일까요? ( )

① '나'처럼 화가 난 것처럼 느껴져서
② 다른 연필, 공책, 가방을 사고 싶어서
③ '나'처럼 기분이 좋은 것처럼 느껴져서
④ '나'처럼 움직이고 싶은 것처럼 느껴져서
⑤ '내'가 누워 있으므로 다른 것들도 누운 것처럼 느껴져서

3 ㉠에서 짐작할 수 있는 '나'의 마음은 무엇인가요? ( )

① 감기가 낫고 싶은 마음
② 아픈 친구를 걱정하는 마음
③ 학교에 가지 않아서 기쁜 마음
④ 감기가 더 심해지기를 바라는 마음
⑤ 친구들에게 감기를 옮기지 않기를 바라는 마음

|4~6| 다음 글을 읽고, 물음에 답하세요.

> 어제 들었어.
> 아이들이 싫어하는 채소 1위에 내가 뽑혔다는 걸.
> 쉿, 밤새도록 펑펑 운 건 비밀이야.
> 하지만 괜찮아.
> 나도 아이들에게 사랑받고 말 거니까.
> 무슨 좋은 생각이 있냐고?
> 물론이지.
> 사랑받는 친구들을 다 따라 해 볼 거거든.
> 나도 소시지처럼 분홍색이면 사랑받을 수 있겠지?
> …… 그건 내 착각이었어.
> 나도 라면처럼 보글보글 파마하면 사랑받을 수 있겠지?
> …… 이것도 내 착각이었어.

4 '내'가 밤새도록 펑펑 운 까닭으로 알맞은 것에 ○표 하세요.

(1) 아이들이 자신을 빼고 놀았기 때문입니다. ( )

(2) 아이들이 싫어하는 채소 1위에 자신이 뽑혔기 때문입니다. ( )

5 '내'가 소시지와 라면을 따라 한 까닭은 무엇인 가요? ( )

① 파마를 하고 싶어서

② 분홍색이 되고 싶어서

③ 아이들과 멀어지고 싶어서

④ 아이들에게 사랑받고 싶어서

⑤ 아이들에게 먹히고 싶지 않아서

6 이 글에서 '나'의 마음은 어떠할지 알맞은 것에 ○표 하세요.

(1) 슬픕니다. (   )

(2) 기대됩니다. (   )

(3) 부끄럽습니다. (   )

| 7~11 | 다음 글을 읽고, 물음에 답하세요.

이제 알겠어.

브로콜리는 절대 사랑받을 수 없다는 걸.

㉠아무도 없는 곳으로 떠날 거야!

떠나기 전에 이것만 두고 갈게.

별거 아니고 작은 이별 선물이야.

좋아해 줄지는 모르겠지만 밤새 열심히 만들었어.

진짜 갈게. 안녕!

아이: 맛있어!

응? 뭐라고 했어? 맛있다고 한 거야?

양파와 감자를 버터에 달달 볶은 다음

초록초록 브로콜리 섞어 주고

새하얀 우유 넣고 보글보글 끓여 주면

음~ 끝내주게 맛있는 브로콜리수프 완성!

㉡그래, 바로 이거야.

따라 할 필요가 없는 거였어!

---

7 이 글에 나오는 인물에 모두 ○표 하세요.

| 수프 | 아이 | 브로콜리 |

8 브로콜리가 ㉠과 같이 말한 까닭으로 알맞은 것에 ○표 하세요.

(1) 브로콜리는 절대 사랑받을 수 없다고 생각 하기 때문입니다. (   )

(2) 브로콜리는 절대 예뻐질 수 없다는 것을 알았기 때문입니다. (   )

9 브로콜리는 떠나기 전에 어떤 일을 했나요?

(   )

① 감자를 삶았습니다.

② 우유를 사 왔습니다.

③ 양파와 친구가 되었습니다.

④ 브로콜리수프를 만들었습니다.

⑤ 밤새 친구들과 함께 놀았습니다.

10 ㉡을 말하는 브로콜리의 마음으로 알맞은 것 은 무엇인가요? ( )

① 신남. ② 긴장됨. ③ 무서움.

④ 화가 남. ⑤ 재미없음.

11 브로콜리에게 해 주고 싶은 말을 알맞게 말한 친구의 이름을 쓰세요.

태리: 다른 사람을 따라 하다 보면 더 맛있 는 음식을 만들 수 있을 거야.

민준: 너를 보고 다른 사람을 따라 하는 것 보다 내가 잘하는 일을 하는 것이 더 좋 다는 것을 알게 되었어.

(   )

8 단원 4회

정답 20쪽

|12~14| 다음 글을 읽고, 물음에 답하세요.

> 가 여우: 어! 옆집 아저씨네. / 인사할까?
> 아냐, 오늘은 그럴 기분이 아니야.
> 늑대 아저씨: 어! 옆집 아이네. / 인사할까?
> 아냐, 그럴 시간이 없어.
> 나 늑대 아저씨: 그냥 확 인사해 버릴까?
> 여우: 지금이라도 인사할까?
>
> 여우: 아니지. 내가 먼저 인사하면 지는 거잖아.
> 늑대 아저씨: 아니지. 이제 와서 인사하면 너무
> 이상하잖아.
>
> 여우: 아, [㉠].
> 늑대 아저씨: 아, [㉠].

12 여우와 늑대 아저씨는 어떤 사이인지 알맞은 것에 ○표 하세요.

⑴ 옆집에 사는 이웃입니다. ( )

⑵ 다른 동네에 사는 친구입니다. ( )

13 글 나 에서 여우가 인사를 하지 않은 까닭은 무엇인가요? ( )

① 학교에 늦어서

② 늑대 아저씨가 무서워서

③ 늑대 아저씨가 멀리 있어서

④ 이제 와서 인사하면 이상해서

⑤ 먼저 인사하면 지는 것 같아서

서술형

14 인사를 하지 않은 여우와 늑대 아저씨의 마음을 떠올려 ㉠에 공통으로 들어갈 말을 쓰세요.

• 아, [ ].

도움말 인사를 하지 않았는데 계속 마주친다면 어떤 마음이 들지 떠올려 보아요.

수행 평가

15 다음 연극을 보고, 물음에 답하세요.

❶
이제 이 항아리는 내 것이니라.

원님은 요술 항아리가 욕심이 나서 자신이 가졌습니다.

❷

원님의 어머니가 요술 항아리에 빠져 여러 명이 되었습니다.

1단계 원님의 어머니가 여러 명이 된 까닭은 무엇인지 쓰세요.

• [ ] [ ] 항아리에 빠졌기 때문입니다.

도움말 원님의 어머니에게 어떤 일이 있었는지 살펴보아요.

2단계 장면 ❷에서 원님이 다음과 같이 말했을 때, 원님의 생각은 무엇일지 쓰세요.

> "저 항아리를 깨부숴야겠어."

• '항아리를 깨부수면 _____

_____ .'

도움말 원님이 요술 항아리를 깨부숴야겠다고 말한 까닭이 무엇인지 생각해 보아요.

우리 집은 어디일까요?

낱말에 알맞은 뜻을 연결하여 동물 친구들의 집을 찾아주세요.

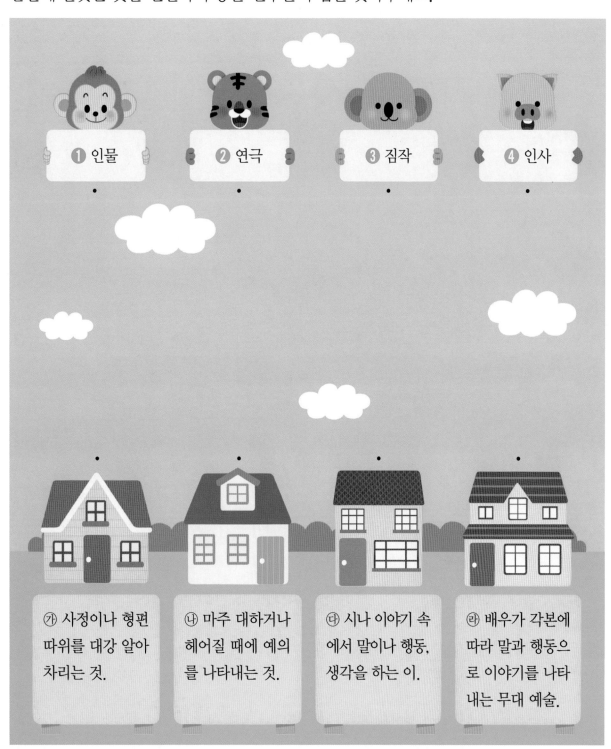

❶ 인물   ❷ 연극   ❸ 짐작   ❹ 인사

㉮ 사정이나 형편 따위를 대강 알아차리는 것.

㉯ 마주 대하거나 헤어질 때에 예의를 나타내는 것.

㉰ 시나 이야기 속에서 말이나 행동, 생각을 하는 이.

㉱ 배우가 각본에 따라 말과 행동으로 이야기를 나타내는 무대 예술.

8
단원

4회

거꾸로 정답   ㉱④ ㉰③ ㉯② ㉮①

초등 1, 2학년을 위한
추천 라인업

동아출판

1~2학년 1, 2학기(전 4권)

어휘력을 높이는
초능력 맞춤법 + 받아쓰기

- 쉽고 빠르게 배우는 **맞춤법 학습**
- 단계별 낱말과 문장 **바르게 쓰기 연습**
- 학년, 학기별 국어 교과서 **어휘 학습**

➕ 선생님이 불러 주는 듣기 자료, 맞춤법 원리 학습 동영상 강의

1~2학년 대상

빠르고 재밌게 배우는
초능력 구구단

- 3회 누적 학습으로 **구구단 완벽 암기**
- 기초부터 활용까지 **3단계 학습**
- 개념을 시각화하여 **직관적 구구단 원리 이해**
- 다양한 유형으로 구구단 **유창성과 적용력 향상**

➕ 구구단송

1~2학년 대상

원리부터 응용까지
초능력 시계·달력

- 초등 1~3학년에 걸쳐 있는 시계 학습을 **한 권으로 완성**
- 기초부터 활용까지 **3단계 학습**
- 개념을 시각화하여 **시계달력 원리를 쉽게 이해**
- 다양한 유형의 **연습 문제와 실생활 문제로 흥미 유발**

➕ 시계·달력 개념 동영상 강의

2022 개정 교육과정

백점

국어 1·2

평가북

● 학교 시험 대비 수준별 **단원 평가**

2022 개정 교육과정

동아출판

평가북 구성과 특징

1 수준별 단원 평가 A단계
학교에서 실시하는 객관식 문항의
단원 평가를 완벽하게 대비할 수 있습니다.

2 수준별 단원 평가 B단계
학교에서 실시하는 서술형 문항이 포함된
단원 평가를 확실하게 대비할 수 있습니다.

백점

국어 1·2

평가북

차례

❶ 1단원 ·· 2쪽

❷ 2단원 ·· 6쪽

❸ 3단원 ·· 10쪽

❹ 4단원 ·· 14쪽

❺ 5단원 ·· 18쪽

❻ 6단원 ·· 22쪽

❼ 7단원 ·· 26쪽

❽ 8단원 ·· 30쪽

따라 쓰기 ·· 34쪽

|1~2| 다음 글을 읽고, 물음에 답하세요.

> 가을 하늘에 구름이 둥실둥실 떠 있습니다. 단풍나무의 잎이 가을바람에 살랑살랑 움직입니다. 귀여운 고양이들이 야옹 소리를 내며 반겨 줍니다. 아이가 자전거를 타고 ㉠씽씽 지나갑니다.

1 이 글에 쓰인 흉내 내는 말에 대한 설명으로 알맞은 것에 모두 ○표 하세요.

(1) '야옹'은 고양이가 우는 소리를 나타내는 말입니다. ( )

(2) '둥실둥실'은 구름이 떠 있는 모양을 나타내는 말입니다. ( )

(3) '살랑살랑'은 나뭇잎이 세차게 흔들려 떨어지는 모양을 나타내는 말입니다. ( )

2 ㉠과 바꾸어 쓰기에 알맞은 흉내 내는 말은 무엇인가요? ( )

① 활짝   ② 쾅쾅   ③ 풍덩

④ 쌩쌩   ⑤ 깡충

3 흉내 내는 말을 알맞게 사용하여 말한 친구에 ○표 하세요.

(1) 거북이 엉금엉금 기어갑니다. ( )

(2) 팽이가 첨벙첨벙 돌아갑니다. ( )

|4~5| 다음 글을 읽고, 물음에 답하세요.

> **가** 친구들 앞에서 노래를 불렀어.
> 떨려서 노랫말이 떠오르지 않아.
> 내 마음이 꽁꽁, ㉠ 처럼 꽁꽁!
> **나** 폴짝! 나만 뜀틀에 올랐어.
> 친구들 모두 날 부러워해.
> 내 마음이 반짝반짝, ㉡ 처럼 반짝반짝!
> **다** 블록으로 멋진 성을 만드는데, 민호가 달려들어 깜짝 놀랐어.
> 내 마음이 찌지직, ㉢ 처럼 찌지직!

4 ㉠~㉢에 들어갈 알맞은 말을 찾아 선으로 이으세요.

(1) ㉠ •

(2) ㉡ •

(3) ㉢ •

• ㉮ 보석

• ㉯ 얼음

• ㉰ 번개

5 이 글에 쓰인 흉내 내는 말의 뜻이 잘 나타나도록 문장을 만든 친구의 이름을 쓰세요.

> 연호: 손을 비누로 폴짝 씻었습니다.
> 채아: 날씨가 추워서 손이 꽁꽁 얼었습니다.
> 로이: 나에게 달려오는 개를 보고 반짝반짝 놀랐습니다.

( )

|6~7| 다음 그림을 보고, 물음에 답하세요.

6 그림 ❶에 어울리는 기분을 나타내는 말로 알맞은 것은 무엇인가요? (　　)

① 기뻐요.　　② 슬퍼요.
③ 좋아요.　　④ 흐뭇해요.
⑤ 반가워요.

7 그림 ❷에 어울리는 기분을 나타내는 말을 ┌보기┐에서 찾아 쓰세요.

┌─보기─────────────────┐
　겁나요.　　화나요.　　즐거워요.
└──────────────────────┘

(　　　　　　　　　)

8 빈칸에 들어갈 기분을 나타내는 말로 가장 알맞은 것은 무엇인가요? (　　)

┌──────────────────────┐
│ 서우: 다리를 다치는 바람에 현장 체험 학 │
│ 　　습에 가지 못해서 _____. │
└──────────────────────┘

① 신나요　　② 신기해요
③ 뿌듯해요　　④ 속상해요
⑤ 고마워요

|9~10| 다음 글을 읽고, 물음에 답하세요.

┌──────────────────────┐
│ 　도치는 화를 내며 말을 하는 버릇이 있어요. │
│ 그래서 도치 별명은 버럭쟁이예요. │
│ 　그러던 어느 날, 도치 머리 위에 손바닥만 │
│ 한 구름이 생겼어요. │
│ 　"저리 가! 귀찮단 말이야!" │
│ 　도치가 버럭버럭 소리를 질러도 구름은 없 │
│ 어지지 않았어요. │
│ 　"내가 먼저 탈 거야!" │
│ 　도치는 친구 치치에게도 화를 냈어요. │
│ 치치가 도치보다 먼저 왔는데도 말이에요. │
│ 　그러자 구름이 그림책만 하게 커졌어요. │
│ 　번쩍! 우르르 쾅! │
│ 　구름에서 번개가 떨어지고 천둥이 쳤어요. │
│ 　"구름 때문에 친구들이랑 놀 수가 없잖아." │
│ 　도치는 슬퍼서 펑펑 울었어요. │
└──────────────────────┘

9 도치의 별명은 무엇이었는지 찾아 쓰세요.

(　　　　　　　　　)

10 도치가 자신에게 있었던 일과 그때의 기분이 잘 드러나게 말한 것의 기호를 쓰세요.

┌──────────────────────┐
│ ㉮ 나는 머리 위에 구름이 생겨서 무척 기 │
│ 　뻤어. │
│ ㉯ 나는 치치가 나에게 화를 내서 정말 속 │
│ 　상했어. │
│ ㉰ 나는 머리 위에 생긴 구름 때문에 친구 │
│ 　들과 놀 수 없어서 슬펐어. │
└──────────────────────┘

(　　　　　　　　　)

1 이 글에 쓰인 흉내 내는 말로 알맞지 <u>않은</u> 것은 무엇인가요? (　　　)

> 가을 하늘에 구름이 둥실둥실 떠 있습니다. 단풍나무의 잎이 가을바람에 살랑살랑 움직입니다. 귀여운 고양이들이 야옹 소리를 내며 반겨 줍니다. 아이가 자전거를 타고 씽씽 지나갑니다.

① 씽씽
② 야옹
③ 살랑살랑
④ 둥실둥실
⑤ 가을바람

2 다음 문장에 어울리는 흉내 내는 말에 ○표 하세요.

(1) 친구들이 (엉엉, 깔깔) 소리를 내며 웃습니다.

(2) 토끼가 (깡충깡충, 번쩍번쩍) 신나게 풀밭을 뛰어갑니다.

서술형

3 빈칸에 알맞은 흉내 내는 말을 써넣어 사진에 어울리는 문장을 완성하세요.

• 단풍이 [　　　　] 물들었습니다.

도움말 빨갛고 노랗게 물든 단풍의 모양을 실감 나게 설명할 수 있는 흉내 내는 말을 떠올려 보아요.

|4~5| 다음 글을 읽고, 물음에 답하세요.

> 가 블록으로 멋진 성을 만드는데, 민호가 달려들어 깜짝 놀랐어.
> 내 마음이 찌지직, 번개처럼 찌지직!
> 나 내가 만든 성이 와장창 무너졌어.
> 민호한테 너무 화가 나.
> 내 마음이 우르릉 쾅쾅, 화산처럼 우르릉 쾅쾅!

4 글 가와 나에서 '나'의 기분이 어떠했는지 생각하며 보기에서 알맞은 말을 찾아 써넣어 문장을 완성하세요.

보기

| 신났다 | 화가 났다 | 깜짝 놀랐다 |

글 가	(1) 민호가 갑자기 달려들어 [　　　　] .
글 나	(2) 성이 무너져서 민호에게 [　　　　] .

5 이 글을 읽고 든 생각을 알맞게 말한 것에 ○표 하세요.

(1) '우르릉 쾅쾅'이라는 말을 여러 번 사용해서 글의 내용이 지루하게 느껴져. (　　　)

(2) 흉내 내는 말을 너무 많이 사용해서 말하는 사람의 기분을 잘 알 수 없어. (　　　)

(3) '번개처럼 찌지직'처럼 흉내 내는 말을 사용해서 글의 내용이 더 실감 나게 느껴져.
(　　　)

| 6~7 | 다음 상황을 보고, 물음에 답하세요.

6 주영이가 겪은 일은 무엇인가요? (   )

① 민지와 다투었습니다.

② 민지를 화나게 했습니다.

③ 민지와 함께 성을 만들었습니다.

④ 민지의 장난감을 망가뜨렸습니다.

⑤ 주영이가 블록으로 만들던 성을 민지가 무너뜨렸습니다.

7 주영이가 민지의 기분을 생각하며 자신의 기분을 알맞게 말한 것의 기호를 쓰세요.

> ㉮ 민지야, 나는 속상해.
> ㉯ 너 때문에 내가 만든 성이 무너져서 너무 화가 나!
> ㉰ 민지야, 나는 내가 만든 성이 무너져서 정말 속상해.

(   )

8 다음 빈칸에 들어갈 기분을 나타내는 말로 알맞은 것에 ○표 하세요.

• 나는 노래를 잘 부른다고 선생님께 칭찬받아서 정말 (뿌듯했어, 안타까웠어).

| 9~10 | 다음 글을 읽고, 물음에 답하세요.

가 도치는 화를 내며 말을 하는 버릇이 있어요.

그래서 도치 별명은 버럭쟁이예요.

그러던 어느 날, 도치 머리 위에 손바닥만 한 구름이 생겼어요. / "저리 가! 귀찮단 말이야!"

도치가 버럭버럭 소리를 질러도 구름은 없어지지 않았어요.

나 어디선가 작은 양산을 쓴 할머니가 나타나 말했어요.

"나쁜 말 구름을 없애려면 말이다…….".

할머니는 도치에게 소곤소곤 이야기해 주었어요.

다 "얘들아, 난 너희들이랑 함께 놀면 좋겠어."

친구들은 깜짝 놀라 도치를 쳐다보았어요.

도치가 이렇게 예쁘게 말을 하다니요.

도치는 친구들과 사이좋게 놀 수 있어서 무척 기뻤어요. / 이제 도치 머리 위에 있던 구름은 감쪽같이 사라졌어요.

9 도치 머리 위에 생긴 구름을 없애는 방법은 무엇이었나요? (   )

① 친구를 많이 사귑니다.

② 바르고 고운 말을 합니다.

③ 구름에게 소리를 지릅니다.

④ 화를 내고 나쁜 말을 합니다.

⑤ 친구들에게 없애 달라고 부탁합니다.

10 도치는 머리 위의 구름이 사라진 것을 보고 자신의 기분을 어떻게 말하였을지 쓰세요.

• 나는 _____

_____

> 도움말 도치는 소리를 질러도 없어지지 않던 구름이 감쪽같이 사라진 것을 보고 어떤 기분이 들었을지 생각해 보아요.

1 겹받침과 쌍받침에 대한 설명으로 알맞은 것을 찾아 각각 기호를 쓰세요.

> ㉮ '낚'의 받침처럼 같은 자음자가 겹쳐서 된 받침.
> ㉯ '옳'의 받침처럼 서로 다른 두 개의 자음자로 이루어진 받침.

(1) 겹받침: (   )
(2) 쌍받침: (   )

2 글자의 짜임에 맞게 빈칸에 알맞은 자음자를 써넣으세요.

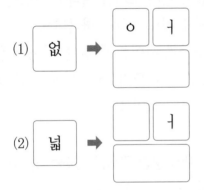

(1) 없 ➡ ㅇ ㅓ

(2) 넓 ➡ ㅓ

3 빈칸에 공통으로 들어갈 알맞은 받침은 무엇인가요? (   )

부 다   이 다

① ㄶ   ② ㄺ   ③ ㄼ
④ ㅄ   ⑤ ㄵ

4 빈칸에 들어갈 알맞은 낱말을 →보기에서 찾아 쓰세요.

> ┌보기┐
> 넓다   긁는다   잃어버렸다

(1) 철수가 머리를 ⬚.

(2) 학교 운동장이 ⬚.

(3) 연우는 학교에서 우산을 ⬚.

5 다음 문장을 읽고 받침이 있는 낱말을 바르게 쓴 것을 찾아 선으로 이으세요.

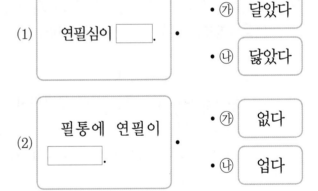

(1) 연필심이 ⬚.   • ㉮ 달았다
                    • ㉯ 닳았다

(2) 필통에 연필이 ⬚.   • ㉮ 없다
                        • ㉯ 업다

(3) ⬚과 병아리가 모이를 먹는다.   • ㉮ 닥
                                    • ㉯ 닭

(4) 크레파스의 길이가 연필의 길이보다 ⬚.   • ㉮ 짧다
                                            • ㉯ 짭다

| 6~8 | 다음 글을 읽고, 물음에 답하세요.

"그럼, 혹시 흙이 어디 있는지 아세요? 제 꿈은 ㉠흙 속에 들어가서 달고 맛있는 참외가 되는 거예요."
"음, 참외가 되는 건 쉽지 않아. 세상은 아주 넓고 위험하거든."
"그래도 전 꼭 참외가 될 거예요!"
"네 꿈이 그렇다면 알려 주지. 흙은 말이야……."
그런데 그때 세상이 흔들리기 시작했어요.
"으악! 어딜 가는 거야?"
참외씨는 휘리릭 날아가다가…….
고양이 꼬리에 톡!
앞 발등에 통!
나비 날개에 매달려 흔들흔들

6 참외씨가 흙을 찾아다니는 까닭은 무엇인지 쓰세요.

• 달고 맛있는 ☐☐ 이/가 되기 위해서

7 참외씨가 날아간 곳의 차례대로 기호를 쓰세요.

㉮ 나비 날개
㉯ 고양이 꼬리
㉰ 고양이 앞 발등

( ) → ( ) → ( )

8 ㉠을 바르게 읽은 것에 ○표 하세요.

(1) [흑쏘게] ( )
(2) [흑소게] ( )
(3) [흘쏘게] ( )

| 9~10 | 다음 글을 읽고, 물음에 답하세요.

다니엘이 산체스 부인에게 물어요.
"어떤 날이 멋진 날이에요?"
산체스 부인이 대답해요.
"하늘이 이렇게 맑아서 페인트칠하기 좋은 날이란다."
"어떤 날이 멋진 날이야?"
다니엘은 연을 들고 공원으로 가는 에마 누나에게 물어요.
"바람이 씽씽 불어서 연 날리기 좋은 날!"
에마가 대답해요.
건널목 안전 ㉠요원이 대답해요.
"나의 멋진 날은 모두들 안전하게 ㉡귀가하는 날."

9 산체스 부인은 어떤 날이 멋진 날이라고 말했나요? ( )

① 친구들과 놀러 가는 날
② 강아지와 함께 산책하는 날
③ 모두들 안전하게 귀가하는 날
④ 하늘이 맑아서 페인트칠하기 좋은 날
⑤ 바람이 씽씽 불어서 연 날리기 좋은 날

10 ㉠과 ㉡의 뜻을 찾아 알맞게 선으로 이으세요.

(1) ㉠ 요원 •

(2) ㉡ 귀가 •

• ㉮ 집으로 돌아감.

• ㉯ 어떤 일을 하는 데 꼭 필요한 사람.

B 단계 · 단원 평가

1 빈 곳에 알맞은 받침을 써서 그림에 어울리는 낱말을 완성하세요.

(1) (2)

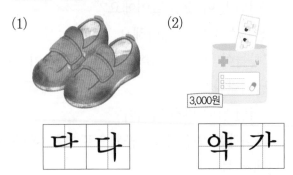

다 다   약 가

2 다음 그림에 알맞은 문장을 두 가지 고르세요.

( )

① 바다가 넓다.
② 구멍을 뚫다.
③ 하늘이 맑다.
④ 나비가 가엾다.
⑤ 개미가 틀림없다.

3 빈칸에 들어갈 알맞은 낱말을 보기 에서 찾아 문장을 완성해 쓰세요.

┌─보기─────────────────┐
│ 밝다   없다   긁는다 │
└──────────────────────┘

• 바구니에 사과가 [   ].

|4~5| 다음 글을 읽고, 물음에 답하세요.

┌────────────────────────────────┐
│ "휴, ㉠간신히 살았네. ㉡하마터면 잡아먹힐 │
│ 뻔했어."   │
│ 참외씨 한 개가 탈출을 했네요!   │
│ 철이가 쓰윽 입을 닦아요.   │
│ "아이코! 세상은 ㉢무시무시한 곳이구나."   │
│ 참외씨는 재빨리 팔꿈치로 도망갔어요.   │
│ "두 번째 탈출 성공!"   │
│ 참외씨는 달리기 시작했어요.   │
└────────────────────────────────┘

4 참외씨가 탈출한 까닭은 무엇인가요? ( )

① 철이와 놀고 싶어서
② 달리기를 하고 싶어서
③ 친구를 만나기로 해서
④ 세상을 구경하고 싶어서
⑤ 철이에게 잡아먹힐 뻔해서

서술형
5 낱말 ㉠~㉢의 뜻을 보고, ㉠~㉢ 중에서 한 가지를 골라 문장을 만들어 쓰세요.

┌────────────────────────────────┐
│ ㉠: 겨우. 매우 힘들게.   │
│ ㉡: 조금만 잘못했더라면. 위험한 상황을   │
│   겨우 벗어났을 때 쓰는 말.   │
│ ㉢: 아주 많이 무서운.   │
└────────────────────────────────┘

_____

_____

도움말 낱말의 뜻을 참고하여 문장을 만들어 써요.

|6~7| 다음 글을 읽고, 물음에 답하세요.

사용한 물건을 제자리에 두자

1학년 김서연

나는 물건을 쓰고 나서 제자리에 둡니다. 그렇게 하면 다음에 그 물건을 쓰려고 할 때 빨리 찾을 수 있습니다. 하지만 내 동생은 풀이나 가위와 같은 물건을 쓰고 나서 아무 데나 둡니다. 그래서 다음에 쓰려면 한참을 찾아야 합니다.

㉠물건을 쓰고 나서 제자리에 둡시다. 그렇게 해야 물건을 쉽고 빠르게 찾을 수 있습니다.

6 이 글의 제목을 찾아 쓰세요.

( )

7 글쓴이가 ㉠과 같이 생각하는 까닭은 무엇인가요? ( )

① 물건이 빨리 망가지기 때문입니다.
② 물건을 아껴 쓸 수 있기 때문입니다.
③ 새로운 물건을 살 수 있기 때문입니다.
④ 물건을 쉽고 빠르게 찾을 수 있기 때문입니다.
⑤ 물건을 다른 사람들과 함께 나누어 쓸 수 있기 때문입니다.

8 글쓴이가 하고 싶은 말을 찾는 방법을 알맞게 말한 친구의 이름을 쓰세요.

예원: 글자 수가 몇 개인지 세어 봐야 해.
동후: 글의 제목이 무엇인지 살펴봐야 해.
성아: 글쓴이가 어디에서 글을 썼는지 알아봐야 해.

( )

|9~10| 다음 글을 읽고, 물음에 답하세요.

"어떤 날이 멋진 날이야?"
다니엘은 연을 들고 공원으로 가는 에마 누나에게 물어요.
"바람이 씽씽 불어서 연 날리기 좋은 날!"
에마가 대답해요.
건널목 안전 요원이 대답해요.
"나의 멋진 날은 모두들 안전하게 귀가하는 날."
다니엘이 할머니 집에 도착하자 할머니가 대답해요.
"나의 멋진 날은 우리 다니엘이 할머니를 꼭 안아 주는 날이란다!"

9 인물들이 생각하는 멋진 날로 알맞은 것의 기호를 쓰세요.

㉮ 다니엘이 꼭 안아 주는 날
㉯ 모두들 안전하게 귀가하는 날
㉰ 바람이 씽씽 불어서 연 날리기 좋은 날

(1) 에마 누나 ( )
(2) 안전 요원 ( )
(3) 할머니 ( )

서술형

10 이 글에서 인물의 생각을 알아보는 방법을 쓰세요.

• 어떠한 인물이 나오는지 찾아보고, 인물이 한

[(1)](이)나[(2)]

을/를 살펴봅니다.

도움말 문제 **9**번에서 인물의 생각을 알 수 있었던 방법을 떠올려 써요.

1 다음 그림에서 여자아이가 달리기한 경험을 표현한 방법으로 알맞은 것에 모두 ○표 하세요.

(1) 그림일기로 씁니다. ( )

(2) 친구들 앞에서 발표합니다. ( )

(3) 학급 누리집에 사진을 올렸습니다.

( )

2 다음 그림에서 여자아이의 발표 자세로 알맞은 것을 ☀보기 에서 찾아 기호를 쓰세요.

> ☀보기
> ㉮ 말끝을 흐려 말합니다.
> ㉯ 끝까지 분명하게 말합니다.

3 바른 자세로 발표하면 좋은 점으로 알맞은 것의 기호를 쓰세요.

> ㉮ 말하는 사람은 뜻을 잘 전할 수 있습니다.
> ㉯ 듣는 사람은 말하는 사람이 발표한 내용을 따라 말할 수 있습니다.

( )

|4~5| 다음 그림을 보고, 물음에 답하세요.

4 친구들이 발표를 듣는 자세가 어떠한지 알맞은 것을 찾아 선으로 이으세요.

(1) 미나 •

(2) 주희 •

• ㉮ 궁금한 점을 생각하며 듣습니다.

• ㉯ 말하는 사람을 바라보며 듣습니다.

5 은호가 발표를 들을 때 고쳐야 할 점으로 알맞은 것에 ○표 하세요.

(1) 시끄럽게 떠들면 안 돼. ( )

(2) 말하는 사람을 바라봐야 해. ( )

|6~7| 다음 그림을 보고, 물음에 답하세요.

6 그림 ❶과 ❷에 대한 설명으로 알맞은 것을 두 가지 고르세요. (   )

① 그림 ❶은 입학식을 한 일을 떠올린 장면입니다.

② 그림 ❶은 친구들과 공원에 갔던 일을 떠올린 장면입니다.

③ 그림 ❷는 체육 시간에 공놀이했던 일을 떠올린 장면입니다.

④ 그림 ❷는 넘어진 친구를 일으키시는 선생님의 모습을 떠올린 장면입니다.

⑤ 그림 ❷는 체육 대회에서 달리기 시합에 나갔던 경험을 떠올린 장면입니다.

7 그림 ❶과 ❷는 모두 어떤 일을 떠올린 것인지 알맞게 말한 친구의 이름을 쓰세요.

> 은주: 혼자 힘으로 해낸 일 가운데에서 기억에 남는 일을 떠올린 것입니다.
> 지혜: 우리 반이 함께한 일 가운데에서 기억에 남는 일을 떠올린 것입니다.

(   )

|8~10| 찬호가 쓴 그림일기를 보고, 물음에 답하세요.

20○○년 10월 24일 일요일				날씨: 해가 쨍쨍한 날				
	과	수	원	을		하	시	는		할	머
니		댁	에		놀	러		갔	다	.		나
와		동	생	은		빨	갛	게		익	은
사	과	를		땄	다	.		사	과	를		직
접		따		보	니		정	말		재	미
있	었	다	.								

8 찬호가 그림일기를 쓴 날의 날씨는 어땠는지 알맞은 것에 ○표 하세요.

⑴ 해가 쨍쨍한 날   (   )

⑵ 바람이 쌩쌩 부는 날   (   )

9 찬호가 그림일기에 그림으로 그린 일은 무엇인지 알맞은 것에 ○표 하세요.

• 동생과 (사과를 딴, 나무를 심은) 일을 그렸습니다.

10 찬호가 그림일기에 쓴 내용으로 알맞은 것은 무엇인가요? (   )

① 동생과 사과를 먹었습니다.

② 할머니와 식물원에 갔습니다.

③ 과일 가게에서 사과를 샀습니다.

④ 부모님께서 사과를 따 주셨습니다.

⑤ 과수원을 하시는 할머니 댁에 갔습니다.

| 1~3 | 다음 그림을 보고, 물음에 답하세요.

1 그림 ❶에서 ㉠에 들어갈 말로 알맞은 것에 ○ 표 하세요.

(1) 말끝을 흐려서 알아듣기 힘들어. (　　)

(2) 또박또박 힘주어 말하니 잘 들려. (　　)

2 그림 ❷에서 여자아이의 발표 자세를 알맞게 말한 친구의 이름을 쓰세요.

> 도현: 바르게 서서 끝까지 분명하게 말하고 있어.
>
> 채은: 움츠린 자세로 친구에게 소근소근 말하고 있어.

(　　　　　　　　)

서술형

3 그림 ❷의 여자아이처럼 발표하면 좋은 점을 쓰세요.

_____

_____

도움말 바른 자세로 발표하면 말하는 사람이나 듣는 사람에게 좋은 점이 무엇일지 떠올려 쓰세요.

| 4~5 | 다음 그림을 보고, 물음에 답하세요.

4 현우가 발표하는 자세로 알맞지 <u>않은</u> 것은 무엇인가요? (　　)

① 듣는 사람을 바라보며 말합니다.

② 허리를 펴고 바른 자세로 말합니다.

③ 자신 없는 표정으로 말끝을 흐립니다.

④ 발표하기 전에 말할 내용을 생각합니다.

⑤ 알맞은 크기의 목소리로 또박또박 말합니다.

5 현우의 발표를 들은 친구들의 반응으로 알맞은 것에 ○표 하세요.

(1) 현우의 꿈이 무엇인지 알아듣기 힘들었어.

(　　)

(2) 현우의 꿈이 탐험가라는 것을 잘 알아들을 수 있었어.

(　　)

6 여럿이 함께 들을 때의 바른 자세로 알맞은 것에 ○표 하세요.

(1) (옆사람, 말하는 사람)을 바라보며 듣습니다.

(2) (궁금한, 지적할) 점을 생각하며 듣습니다.

|7~9| 다음 그림일기를 보고, 물음에 답하세요.

가 20○○년 10월 24일 일요일   날씨: 해가 쨍쨍한 날

	과	수	원	을		하	시	는		할	머
니		댁	에		놀	러		갔	다	.		나
와		동	생	은		빨	갛	게		익	은
사	과	를		땄	다	.	사	과	를		직
접		따		보	니		정	말		재	미
있	었	다	.								

나 20○○년 10월 22일 화요일   날씨:

	나	는		오	늘		아	침	에		일
어	나		밥	을		먹	고		학	교	에
가	서		공	부	를		했	다	.	그	리
고		집	에		와	서		숙	제	를	
하	고		잤	다	.						

7 **가**에서 '내'가 놀러 간 곳은 어디인가요?

( )

① 산 　　② 바다 　　③ 식물원
④ 동물원 　　⑤ 할머니 댁

8 **가**에서 '내'가 동생과 한 일을 빈칸에 알맞게 쓰세요.

• 빨갛게 익은 [　][　] 을/를 땄습니다.

9 **가**와 비교하여 **나**를 고쳐야 할 점으로 빈칸에 들어갈 알맞은 말을 →보기 에서 찾아 쓰세요.

┌보기─────────────────
│ 　그림　　날씨　　날짜　　느낌
└─────────────────────

(1) **가**의 '해가 쨍쨍한 날'처럼 [　][　] 을/를 씁니다.

(2) **가**의 '정말 재미있었다'처럼 자신의 생각이나 [　][　] 을/를 씁니다.

10 그림일기를 쓸 때 확인해야 할 내용으로 알맞은 것의 기호 두 가지를 쓰세요.

⑦ 경험한 일은 짧고 간단하게 씁니다.
㉯ 날짜와 요일, 날씨 가운데 하나만 씁니다.
㉰ 경험한 일에 대한 생각이나 느낌을 씁니다.
㉲ 경험한 일 가운데 중요한 내용을 그림으로 그립니다.

( )

| 1~3 | 다음 글을 읽고, 물음에 답하세요.

> **가** 오늘 점심시간에 급식 반찬으로 미역무침이 나왔다. 나는 미역을 가장 싫어한다.
> **나** ㉠"너도 한번 먹어 봐. 새콤달콤한 맛이 얼마나 좋은데." / 서윤이는 미역무침을 맛있게 먹었다. 나는 그 모습을 보고도 먹을 용기가 나지 않아 고개를 절레절레 저었다. 하지만 주위를 둘러보니 친구들이 모두 맛있게 미역무침을 먹고 있었다.

1 ㉠에 대한 설명으로 알맞은 것에 ○표 하세요.

• 서윤이가 (1)('나' , 친구들)에게 한 (2)(말 , 행동)입니다.

2 미역무침을 먹는 서윤이를 보고 '내'가 한 생각과 행동으로 알맞은 것을 찾아 선으로 이으세요.

(1) ['나'의 생각] • • ㉮ 고개를 절레절레 저었습니다.

(2) ['나'의 행동] • • ㉯ 미역무침을 먹을 용기가 나지 않았습니다.

3 이 글에서 일이 일어난 차례대로 기호를 쓰세요.

> ㉮ '나'는 미역무침을 먹기 싫어했습니다.
> ㉯ 서윤이가 '나'에게 미역무침을 먹어 보라고 이야기하였습니다.
> ㉰ '나'는 친구들이 모두 맛있게 미역무침을 먹는 모습을 보았습니다.

㉮ → ( ) → ( )

| 4~6 | 다음 글을 읽고, 물음에 답하세요.

> **가** 옛날 옛적에 어느 임금님이 신기한 맷돌을 가지고 있었습니다. "나와라, 밥!" 하면 밥이 나오고, "그쳐라, 밥!" 하면 뚝 그치는 신기한 맷돌이었답니다.
> **나** 저녁이 되자 도둑은 궁궐로 숨어들었습니다. 그리고 깊은 밤, 모두 잠든 사이 몰래 맷돌을 훔쳐 도망갔습니다.
> **다** 도둑은 배를 타고 바다를 건너다가 맷돌을 돌려 보고 싶었습니다. 그래서 세상에서 가장 귀한 소금이 나오라고 외쳤습니다.
> "나와라, 소금!"
> 그러자 맷돌에서 하얀 소금이 쏟아져 나왔고, 점점 배 안에 쌓여 갔습니다. 배가 기우뚱거리기 시작했습니다.
> 도둑은 너무 놀라 무슨 말을 해야 하는지 잊어버렸습니다. 결국, 맷돌은 도둑과 함께 바닷속에 가라앉고 말았습니다.

4 임금님이 가지고 있던 신기한 물건은 무엇인가요? ( )

① 말을 할 줄 아는 맷돌
② 밤에만 돌아가는 맷돌
③ 주인을 알아보는 맷돌
④ 소금만 계속해서 나오는 맷돌
⑤ 원하는 것을 말하면 그대로 나오는 맷돌

5 글 **다**에서 도둑이 잊어버린 말은 무엇인가요?
( )

① 나와라, 소금! ② 그쳐라, 소금!
③ 멈춰라, 맷돌! ④ 돌아라, 맷돌!
⑤ 없어져라, 소금!

6 빈칸에 들어갈 시간을 나타내는 말을 글에서 알맞게 찾아 쓰세요.

> ⑦ 이/가 되자 도둑은 궁궐로 숨어 들었음.
>
> → ⑭ , 몰래 맷돌을 훔쳐 도망가려고 배를 타고 바다를 건너다가 맷돌과 함께 바닷속에 가라앉음.

(1) ⑦: (   )

(2) ⑭: (   )

|7 ~10| 다음 만화 영화의 내용을 보고, 물음에 답하세요.

> ❶ 아이쿠가 할머니 댁에 가기로 한 것을 알게 된 카르망 콩드 백작은 할머니로 변장하고 할머니 댁에 먼저 가서 아이쿠를 기다렸습니다.
>
> ❷ 할머니께 가져다드리려던 간식을 다 먹은 아이쿠는 비비와 함께 꽃밭에서 꽃을 따서 할머니께 선물해 드리기로 하였습니다.
>
> ❸ 아이쿠와 비비는 할머니 댁에 도착하여 할머니로 변장한 카르망 콩드 백작에게 속아 할머니께 드리려던 꽃을 주었습니다.
>
> ❹ 꽃을 받은 카르망 콩드 백작은 몸이 가려워지고, 콧물을 흘리며 기침과 재채기를 했습니다. 카르망 콩드 백작은 괴로워하며 집 밖으로 뛰어나갔습니다.

7 장면 ❶~❹에서 나오는 인물을 모두 쓰세요.

(   )

8 아이쿠는 할머니께 무엇을 선물하려고 하였는지 알맞은 것에 ○표 하세요.

• 아이쿠는 할머니께 (간식, 꽃밭에서 딴 꽃)을 선물해 드리려고 하였습니다.

9 장면 ❸에서 아이쿠와 비비가 한 일은 무엇인가요? (   )

① 할머니와 간식을 먹었습니다.

② 카르망 콩드 백작을 놀렸습니다.

③ 할머니가 계신 곳을 찾아보았습니다.

④ 카르망 콩드 백작을 혼내 주었습니다.

⑤ 할머니께 드리려던 것을 카르망 콩드 백작에게 주었습니다.

10 이 만화 영화에서 일이 일어난 차례를 알맞게 정리한 것에 ○표 하세요.

> ⑦ 아이쿠는 할머니 댁에 가기로 하였습니다.
>
> ⑭ 아이쿠와 비비가 할머니께 꽃을 따 드리기로 하였습니다.
>
> ⑮ 아이쿠가 할머니로 변장한 카르망 콩드 백작을 만났습니다.
>
> ⑯ 꽃을 선물 받은 카르망 콩드 백작에게 이상한 반응이 생겼습니다.

(1) ⑦ → ⑭ → ⑮ → ⑯   (   )

(2) ⑭ → ⑯ → ⑦ → ⑮   (   )

(3) ⑮ → ⑭ → ⑯ → ⑦   (   )

4 단원 **A**단계

| 1~3 | 다음 글을 읽고, 물음에 답하세요.

> 가 오늘 점심시간에 급식 반찬으로 미역무침이 나왔다. 나는 미역을 가장 싫어한다. 하지만 내 친구 서윤이는 미역무침이 맛있다고 했다.
> "㉠너도 한번 먹어 봐. 새콤달콤한 맛이 얼마나 좋은데."
> 나 나는 ㉡눈을 질끈 감고 미역무침을 한번 먹어 보았다. 입을 살짝 벌려 미역무침을 조금 먹어 보았더니 생각보다 맛이 좋았다.
> 다 "주원이는 반찬을 골고루 잘 먹는구나."
> 선생님께서도 나를 ㉢칭찬해 주시며 박수도 쳐 주셨다. 나는 어깨가 으쓱해지고 자꾸만 웃음이 나왔다.

1 이 글에 등장하는 인물은 누구인지 쓰세요.

'나', 서윤, (   )

2 ㉠~㉢ 중에서 '내'가 한 행동으로 알맞은 것의 기호를 쓰세요.

(   )

서술형

3 '나'의 행동을 보고 선생님께서 하신 말씀은 무엇인지 쓰세요.

_____

_____

도움말 미역무침을 먹은 '나'를 보고 선생님께서 어떤 말씀을 하셨는지 찾아보아요.

| 4~7 | 다음 글을 읽고, 물음에 답하세요.

> 가 도둑은 배를 타고 바다를 건너다가 맷돌을 돌려 보고 싶었습니다. 그래서 세상에서 가장 귀한 소금이 나오라고 외쳤습니다.
> "나와라, 소금!"
> 그러자 맷돌에서 하얀 소금이 쏟아져 나왔고, 점점 배 안에 쌓여 갔습니다.
> 나 저녁이 되자 도둑은 궁궐로 숨어들었습니다. 그리고 깊은 밤, 모두 잠든 사이 몰래 맷돌을 훔쳐 도망갔습니다. 그리고 나서 서둘러 배를 타고 바다를 건너 멀리 도망가려고 했습니다.
> 다 어느 날 아침, 사람들은 시장에 모여 신기한 맷돌에 대해 이야기를 했습니다.
> "우리 임금님에게는 신기한 맷돌이 있다네."
> "그 맷돌이 있으면 귀한 물건을 많이 얻을 수 있어."
> 사람들 뒤에서 도둑이 그 말을 조용히 듣고 있었습니다. 도둑은 고약한 마음을 먹었습니다.
> ㉠□그 맷돌이 있으면 부자가 될 수 있겠어.□

4 가~다를 일이 일어난 차례대로 알맞게 정리하여 쓴 것은 무엇인가요? (   )

① 가 → 나 → 다   ② 가 → 다 → 나

③ 나 → 가 → 다   ④ 다 → 가 → 나

⑤ 다 → 나 → 가

5 사람들은 시장에 모여 무엇에 대한 이야기를 하였는지 쓰세요.

• 임금님이 가진 신기한 □□에 대해 이야기를 했습니다.

6 도둑이 한 일로 알맞은 것을 두 가지 고르세요. (   )

① 맷돌을 훔쳤습니다.

② 임금님을 만났습니다.

③ 사람들과 이야기를 하였습니다.

④ 맷돌에서 소금이 나오게 하였습니다.

⑤ 바다를 건너 도망가려고 배를 만들었습니다.

7 도둑이 마음속으로 한 말임을 생각하여 ㉠의 □ 안에 들어갈 알맞은 따옴표를 쓰세요.

• ⬚⬚그 맷돌이 있으면 부자가 될 수 있었

겠어.⬚⬚

| 8~10 | 다음 만화 영화의 내용을 보고, 물음에 답하세요.

> ❶ 엄마 까투리와 마지, 두리, 세찌, 꽁지가 바닷가에서 놀고 있었습니다. 그때 꽁지가 거북알을 발견했습니다. 알에서 깨어난 아기 거북들은 바다로 떠났습니다.
>
> ❷ 까투리 가족은 집으로 돌아가기로 하였습니다. 혼자 뒤늦게 알에서 깨어난 아기 거북은 까투리 가족을 따라 까투리 가족의 집으로 갔습니다.
>
> ❸ 아기 거북은 마지, 두리, 세찌, 꽁지와 미끄럼틀도 타고 공놀이도 하며 재미있게 놀았습니다. 까투리 가족은 아기 거북을 바다거북 아주머니에게 데려다주기로 하였습니다.
>
> ❹ 바다로 가는 길에 아기 거북이 시냇물에 빠졌습니다. 그때 바다거북 아주머니가 나타났고, 아기 거북은 다시 가족을 만났습니다.

8 아기 거북이 혼자 까투리 가족의 집으로 가게 된 까닭으로 알맞은 것에 ○표 하세요.

⑴ 까투리 가족에게 초대받았기 때문입니다.
( )

⑵ 혼자 뒤늦게 알에서 깨어났기 때문입니다.
( )

⑶ 아기 거북의 가족이 까투리 가족의 집에 있기 때문입니다. ( )

9 이 만화 영화에서 일어난 일을 차례대로 정리할 때, 알맞지 <u>않은</u> 것은 무엇인가요?
( )

① 꽁지가 거북알을 발견했습니다.

② 까투리 가족이 집으로 돌아왔습니다.

③ 아기 거북이 마지, 두리, 세찌, 꽁지와 놀았습니다.

④ 까투리 가족과 아기 거북이 바다에 갔습니다.

⑤ 아기 거북이 다시 가족을 만났습니다.

서술형

10 ➡보기처럼 자신이 이 만화 영화의 아기 거북이라면 어떻게 하였을지 쓰세요.

➡보기

내가 아기 거북처럼 가족과 떨어져 혼자 있었더라면 나는 울면서 그 자리에서 움직이지 못했을 거야.

• 내가 아기 거북처럼 가족과 떨어져 혼자 있

었더라면 나는 _____

도움말 가족과 떨어져 혼자 있었던 경험을 떠올리며 자신이라면 어떻게 행동했을지 상상해 보아요.

4
단원
B단계

| 1~2 | 다음 내용을 보고, 물음에 답하세요.

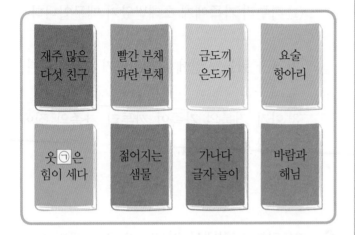

| 재주 많은 다섯 친구 | 빨간 부채 파란 부채 | 금도끼 은도끼 | 요술 항아리 |
| 웃㉠은 힘이 세다 | 젊어지는 샘물 | 가나다 글자 놀이 | 바람과 해님 |

1 친구의 설명을 보고, ㉠에 들어갈 글자로 알맞은 것에 ○표 하세요.

> 글자 '금'과 첫 자음자만 다른 글자야.

(1) 감 (   )   (2) 김 (   )

(3) 음 (   )   (4) 을 (   )

2 책 제목에서 찾은 두 글자의 서로 다른 점을 찾아 알맞게 선을 이으세요.

(1) 란 – 람 ·   · ㉮ 첫 자음자

(2) 물 – 술 ·   · ㉯ 모음자

                         · ㉰ 받침

| 3~4 | 다음을 보고, 물음에 답하세요.

가: 한자를 쓰던 옛날에는 백성이 글을 읽고 쓸 줄 몰라 억울한 일을 당했습니다.

나: 세종 대왕은 백성이 글을 쉽게 배우고 매일 쓰며 삶이 편안해지기를 바라는 마음으로 1443년에 한글을 창제했습니다.

3 가를 보고 알맞게 말한 친구의 이름을 쓰세요.

> 승한: 옛날에는 모든 사람이 한자를 써서 편했겠구나.
> 주현: 옛날에는 한자를 써서 백성이 글을 읽고 쓰는 것이 어려웠겠구나.

(   )

4 나를 보고 알 수 있는 것에 모두 ○표 하세요.

(1) 한글을 만든 사람 (   )

(2) 한글을 만든 까닭 (   )

(3) 한글을 바르게 사용하는 방법 (   )

5 다음 낱말에서 모음자만 바꾸어 만든 낱말로 알맞은 것에 모두 ○표 하세요.

| 감 | 강 갓 담 |
| | 곰 금 잠 |

| 6~8 | 다음 글을 읽고, 물음에 답하세요.

> **가** 동키 그건 뭐야?
>
> 몽키 책이야.
>
> 동키 스크롤은 어떻게 해?
>
> 몽키 스크롤 안 해. / 한 장 한 장 넘기면 돼.
> 이건 ⬚⬚⬚⬚⬚ (이)거든.
>
> **나** 동키 비밀번호 있어야 해?
>
> 몽키 아니.
>
> 동키 별명이 있어야 해?
>
> 몽키 책이라니까.
>
> (동키는 시간 가는 줄 모르고 오랫동안 책을 읽었습니다.)
>
> 몽키 이제 내 책 돌려줄래?
>
> 동키 아니.
>
> 몽키 뭐야…….
>
> 동키 걱정 마.
> 다 보면 충전해 놓을게.
>
> 마우스 충전할 필요 없어…….

6 ㉠에 들어갈 말로 알맞은 것은 무엇인가요?
( )

① 책 　　② 거울 　　③ 연필
④ 시계 　　⑤ 노트북

7 동키가 몽키에게 물어본 내용으로 알맞은 것을 모두 고르세요. ( )

① 어떻게 켜야 해?
② 별명이 있어야 해?
③ 충전은 어떻게 해?
④ 스크롤은 어떻게 해?
⑤ 비밀번호 있어야 해?

8 동키가 책을 돌려주지 않으려는 까닭으로 알맞은 것의 기호를 쓰세요.

> ㉮ 몽키를 약 올리고 싶어서
> ㉯ 책에 흥미를 느껴 더 읽고 싶어서
> ㉰ 노트북이 더 재미있다고 생각해서

( )

| 9~10 | 다음 글을 읽고, 물음에 답하세요.

> 선생님의 말씀에 친구들은 모두 "우아!" 하고 소리를 질렀다. 나만 "어휴."라고 했다. 왜냐하면 훌라후프로 운동하는 시간이기 때문이다.
> 친구들은 훌라후프가 떨어지지 않게 잘 돌린다. 그런데 내가 하면 훌라후프가 금방 뚝 떨어진다.
> 친구들처럼 훌라후프를 잘 돌리고 싶어서 ㉠나는 훌라후프가 있다고 생각하면서 허리를 이리저리 움직였다.

9 '내'가 ㉠처럼 행동한 까닭으로 알맞은 것에 ○ 표 하세요.

⑴ 훌라후프를 돌리기 싫어서 ( )
⑵ 훌라후프를 잘 돌리고 싶어서 ( )

10 '내'가 한 일에 대한 생각이나 느낌으로 알맞은 것의 기호를 쓰세요.

> ㉮ 훌라후프를 돌리고 싶지 않아서 교실에 혼자 남은 모습이 안타까워.
> ㉯ 친구들처럼 훌라후프를 잘 돌리려고 노력하는 모습이 대단하다고 생각해.

( )

5
단원
A단계

|1~3| 다음을 보고, 물음에 답하세요.

가 한자를 쓰던 옛날에는 백성이 글을 읽고 쓸 줄 몰라 억울한 일을 당했습니다.

나 그 모습을 안타깝게 생각한 조선 시대의 세종 대왕은 신하들의 반대에도 새로운 글자를 만들기 위해 노력했습니다.

다 세종 대왕은 백성이 글을 쉽게 배우고 매일 쓰며 삶이 편안해지기를 바라는 마음으로 1443년에 한글을 창제했습니다.

라 한글은 읽을 때 소리가 나는 모양을 그대로 따라서 글자로 만든 매우 과학적인 글자입니다.

1 세종 대왕이 한글을 만든 까닭으로 알맞은 것에 ○표 하세요.

(1) 한자를 더 이상 쓰고 싶지 않아서 (　　　)

(2) 백성들이 글을 쉽게 배우고 매일 쓰며 삶이 편안해지기를 바라서 (　　　)

2 한글에 대한 설명으로 알맞은 것의 기호를 쓰세요.

> ㉮ 1443년에 창제되었습니다.
> ㉯ 신하들만 쓸 수 있는 글자였습니다.
> ㉰ 한글을 쓰는 백성은 억울한 일을 당했습니다.

(　　　　　)

3 한글이 과학적인 글자인 까닭은 무엇인지 찾아 빈칸에 알맞은 말을 쓰세요.

• 한글은 읽을 때 ☐☐이/가 나는 모양을 그대로 따라서 만든 글자이기 때문입니다.

|4~5| 다음을 보고, 물음에 답하세요.

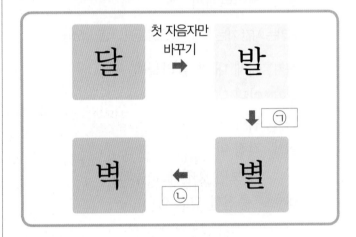

첫 자음자만 바꾸기

달 ➡ 발

↓ ㉠

벽 ⬅ 별

㉡

4 ㉠과 ㉡에 들어갈 말을 **보기**에서 찾아 차례대로 기호를 쓰세요.

> **보기**
> ㉮ 받침만 바꾸기　　㉯ 모음자만 바꾸기

(1) ㉠: (　　　　　)　(2) ㉡: (　　　　　)

서술형

5 이 내용을 통해 알 수 있는 한글의 특징을 알맞게 쓰세요.

• 한글은 낱말을 이루고 있는 첫 자음자, 모음자, 받침 가운데에서 하나만 달라져도 글자의 모양과 소리, 뜻이 _____.

 도움말 '달'에서 '발', '별', '벽'으로 달라질 때마다 글자의 모양과 소리, 뜻이 어떻게 되는지 살펴봅니다.

6 다음 낱말에서 받침과 모음자를 각각 바꾸어 만든 낱말에 ○표 하세요.

손	(1) 받침 바꾸기	(솜, 신)
	(2) 모음자 바꾸기	(돈, 산)

|7~8| 다음 글을 읽고, 물음에 답하세요.

> 가 동키 그건 뭐야?
>
> 몽키 책이야.
>
> 동키 스크롤은 어떻게 해?
>
> 몽키 스크롤 안해. / 한 장 한 장 넘기면 돼. 이건 책이거든.
>
> 나 (동키는 시간 가는 줄 모르고 오랫동안 책을 읽었습니다.)
>
> 몽키 ㉠이제 내 책 돌려줄래?
>
> 동키 아니.
>
> 몽키 뭐야……
>
> 동키 다 보면 충전해 놓을게.
>
> 마우스 충전할 필요 없어……

7 몽키가 ㉠과 같이 말한 까닭은 무엇인지 알맞은 것에 ○표 하세요.

(1) 동키가 책을 안 읽고 있어서 ( )

(2) 동키가 오랫동안 책을 읽어서 ( )

8 이 글을 읽고 재미있는 부분을 알맞게 떠올린 친구의 이름을 쓰세요.

> 효주: 마우스가 책을 충전해야 된다고 말하는 모습이 재미있어.
>
> 경우: 동키가 몽키에게 책으로 스크롤을 어떻게 하는지 물어보는 장면이 재미있어.

( )

|9~10| 다음 글을 읽고, 물음에 답하세요.

> "자, 이제 운동장에 나가 볼까요?"
>
> 선생님의 말씀에 친구들은 모두 "우아!" 하고 소리를 질렀다. 나만 "어휴."라고 했다. 왜냐하면 훌라후프로 운동하는 시간이기 때문이다.
>
> 친구들은 훌라후프가 떨어지지 않게 잘 돌린다. 그런데 내가 하면 훌라후프가 금방 뚝 떨어진다.
>
> 친구들처럼 훌라후프를 잘 돌리고 싶어서 나는 훌라후프가 있다고 생각하면서 허리를 이리저리 움직였다. 선생님은 훌라후프 돌리기를 포기하지 않고 노력하는 모습이 기특하다고 칭찬해 주셨다. 칭찬을 받아서 기분이 좋았지만 다음에는 친구들처럼 훌라후프를 잘 돌리면 좋겠다.

9 '나'에게 일어난 일로 알맞지 <u>않은</u> 것은 무엇인가요? ( )

① 운동장에 나갔습니다.

② 선생님께 칭찬을 받았습니다.

③ 친구의 훌라후프를 빌렸습니다.

④ 훌라후프를 잘 돌리려고 노력했습니다.

⑤ 훌라후프를 돌려도 금방 떨어뜨렸습니다.

10 '내'가 느꼈을 마음을 짐작하여 알맞은 말에 ○표 하세요.

(1) 운동장에 나가면서 "어휴."라고 말했을 때에는 (두려운, 신나는) 마음이었을 것입니다.

(2) 선생님께 칭찬을 받았을 때에는 (뿌듯한, 억울한) 마음이었을 것입니다.

|1~3| 다음 광고 내용을 보고, 물음에 답하세요.

❶ 프랭클린은 전기를 ㉠발명했다.
저는 안 쓰는 전기를 ㉡발견했습니다.

❷ 터린은 비닐 봉투를 발명했다.
전 예쁜 재활용 가방을 발견했죠.

❸ 발명보다 위대한 발견 / 미래를 위해
낭비되고 있는 에너지를 발견하세요!

1 ㉠과 ㉡의 뜻을 찾아 기호를 쓰세요.

(1) 아직까지 없던 것을 새로 생각하여 만들어 냄.
(2) 아직 찾아내지 못했거나 알려지지 않은 것을 찾아냄.

2 이 광고에서 전하고자 하는 내용으로 알맞은 것은 무엇인가요? (   )

① 전기를 쓰지 말자.
② 예쁜 가방을 만들자.
③ 새로운 물건을 발명하자.
④ 새로운 에너지를 발명하자.
⑤ 낭비하고 있는 자원을 아끼자.

3 광고 내용을 보고 떠오른 생각이나 느낌을 알맞게 말한 것에 ○표 하세요.

(1) 나는 꽃에 물을 주어야겠다고 생각했어.
(   )

(2) 학교에 갈 때 부모님 차를 타지 않고 스스로 걸어가야겠다고 생각했어. (   )

|4~5| 다음 시를 읽고, 물음에 답하세요.

너는
㉠별이 되고 싶니?
너 혼자
반짝 빛나고 싶니?

너는
㉡별자리가 되고 싶니?
여럿이 함께
반짝반짝 반짝반짝
빛나고 싶니?

4 이 시에서 ㉠과 ㉡이 뜻하는 것으로 알맞은 것을 찾아 기호를 쓰세요.

㉮ 혼자   ㉯ 여럿

(1) ㉠: (   )
(2) ㉡: (   )

5 이 시를 읽고 자신의 생각을 문장으로 알맞게 말하지 <u>못한</u> 친구는 누구인가요? (   )

① 연우: 함께 즐거움을 느낄 때 우리 모두 빛날 수 있어.
② 지아: 쓰레기를 스스로 주울 때 나 혼자 빛날 수 있어.
③ 아영: 내 생각을 마음껏 표현하는 때도 혼자 반짝 빛날 수 있지.
④ 세아: 도움이 필요한 친구를 함께 도와줄 때에도 여럿이 함께 빛날 수 있어.
⑤ 조이: 나는, 그러니까, 급식실에서 밥 먹을 때, 그러니까, 줄을, 차례대로……

| 6~8 | **다음 글을 읽고, 물음에 답하세요.**

> **가** 여러분, 안녕하세요. 저는 소방서에서 일하는 소방관입니다. 오늘은 우리 모두의 안전을 지키기 위한 방법을 이야기하려고 합니다.
> **나** ㉠소방서에 장난 전화를 하면 안 됩니다. 신고가 들어오면 소방관은 바로 출동해야 합니다. 그런데 만약 그 전화가 장난이라면 정말 도움이 필요한 다른 사람들에게 소방관이 갈 수 없게 됩니다. 소방관들이 위험에 처한 사람들을 도울 수 있게 장난 전화를 하지 말아 주세요.

6 이 글에 대한 설명으로 알맞은 것에 ○표 하세요.

(1) 소방관이 소방서에서 하는 일에 대해 알려 주는 글입니다. ( )

(2) 소방관이 자신을 도와준 사람들에게 고마움을 전하는 글입니다. ( )

(3) 소방관이 우리 모두의 안전을 지키기 위한 방법을 알려 주는 글입니다. ( )

7 글 **나**에서 부탁하는 내용은 무엇인가요? ( )

① 불장난을 하지 말아 주세요.

② 소방관에게 말을 걸지 말아 주세요.

③ 소방서의 문을 함부로 열지 말아 주세요.

④ 소방서에 장난 전화를 하지 말아 주세요.

⑤ 위험에 처한 사람들을 모른 척하지 말아 주세요.

8 ㉠을 더 자연스럽게 띄어 읽은 친구의 이름을 쓰세요.

> 재현: 소방서에 장난 전화를 하면 안 됩니다. ∨신고가 들어오면 소방관은 바로 출동해야 합니다.
> 예나: 소방서에∨장난 전화를 하면∨안 됩니다. ∨신고가 들어오면∨소방관은∨바로 출동해야 합니다.

( )

| 9~10 | **다음 글을 읽고, 물음에 답하세요.**

> **가** 아저씨는 곰이랑 시소를 타고 오르락내리락. / 머리카락 한 올이 쏘옥~
> 다음 날, 아저씨는 세수를 하고 머리카락을 꼬불꼬불 말았어요. / "오, 괜찮은데?"
> 하나, 둘, 셋, 넷, 다섯, 여섯, 일곱
> **나** 아저씨랑 깡충깡충 토끼가 달리기 경주를 하니 머리카락 한 올이 쏘옥~
> 다음 날, 아저씨는 세수를 하고 머리카락을 땋았어요. / "오, 괜찮은데?"
>
> | ㉠ |

9 글 **가**에서 아저씨의 머리카락 한 올이 빠진 까닭은 무엇인지 빈칸에 알맞은 말을 쓰세요.

• 곰이랑 ☐☐을/를 탔기 때문입니다.

10 ㉠에 들어갈 알맞은 말에 ○표 하세요.

(1) 하나, 둘, 셋, 넷, 다섯, 여섯 ( )

(2) 하나, 둘, 셋, 넷, 다섯, 여섯, 일곱, 여덟 ( )

|1~2| 다음 광고 내용을 보고, 물음에 답하세요.

❶ 프랭클린은 전기를 발명했다.

　　㉠저는 안 쓰는 전기를 발견했습니다.

❷ 다임러는 자동차를 발명했다.

　　㉡전 저만의 자가용을 발견했습니다.

❸ 터린은 비닐 봉투를 발명했다.

　　㉢전 예쁜 재활용 가방을 발견했죠.

❹ 발명보다 위대한 발견 / 미래를 위해
　 낭비되고 있는 에너지를 발견하세요!

1 ㉠~㉢에 해당하는 내용으로 알맞은 것을 찾아 선으로 이으세요.

(1) ㉠　·

(2) ㉡　·

(3) ㉢　·

·㉮ 자동차 대신 자전거를 탑니다.

·㉯ 사용하지 않는 전등을 끕니다.

·㉰ 여러 번 쓸 수 있는 천 가방을 사용합니다.

서술형

2 광고 내용을 보고 떠오른 생각이나 느낌을 한 문장으로 쓰세요.

· 나는 _____

_____(라)고 생각했어.

도움말 생활 속에서 낭비되고 있는 자원을 발견했던 일과 그 일을 통해 느낀 점을 생각해 보아요.

|3~4| 다음 상황을 보고, 물음에 답하세요.

3 남자아이가 놀란 표정을 지은 까닭으로 알맞은 것에 ○표 하세요.

(1) 여자아이가 친구의 물감을 함부로 썼기 때문입니다.　　　　　　　　(　　)

(2) 여자아이가 더 쓸 수 있는 종이를 버리려고 했기 때문입니다.　　　（　　)

4 남자아이의 생각을 문장으로 표현할 때, 빈칸에 이어질 알맞은 말은 무엇인가요? (　　　)

아직 더 쓸 수 있으니까 _____.

① 아직 쓸 수 있는데
② 종이를 한 번만 쓰면 좋겠어요
③ 종이를 한곳에 모으면 좋겠어요
④ 그러니까, 종이가, 아까우니까……
⑤ 종이를 뒤집어서 다시 쓰면 좋겠어요

5 낱말의 글자와 소리가 바르게 짝 지어지지 않은 것은 무엇인가요? (　　　)

① 팥[팓]　　② 윷[윤]　　③ 못[몯]
④ 꽃[꼳]　　⑤ 낮[낫]

6 알맞은 문장이 되도록 빈칸에 들어갈 알맞은 글자를 -보기 에서 찾아 쓰세요.

-보기
| 갔 | 같 | 낮 | 낯 |

(1) ☐ 잠을 자고 수영장에 (2) ☐ 습니다.

8 ㉠을 자연스럽게 띄어 읽을 때 띄어 읽지 <u>않아도</u> 되는 부분의 번호를 쓰세요.

불이 나면①모두의 안전을 위해②건물에서③멀리 떨어진④곳으로⑤대피해야 합니다.

(   )

| **7~8** | 다음 글을 읽고, 물음에 답하세요.

가 도로에 있는 소화전 근처에는 차를 대면 안 됩니다. 소방관은 불이 났을 때 소방차에 있는 물을 뿌려 불을 끕니다. 하지만 소방차에는 많은 물을 가지고 다닐 수 없습니다. 그래서 도로에 물을 끌어다 쓸 수 있는 곳을 만들어 놓았지요.

나 불이 난 곳 근처에서 구경하지 말고 빠르게 대피해야 합니다. 건물에 불이 나면 불에 탄 물건이 우리의 머리 위로 떨어질 수도 있습니다. ㉠불이 나면 모두의 안전을 위해 건물에서 멀리 떨어진 곳으로 대피해야 합니다.

7 이 글에서 말하는 내용으로 알맞은 것을 두 가지 고르세요. (   )

① 불이 나면 스스로 꺼야 합니다.
② 물건이 불에 타면 빨리 치워야 합니다.
③ 소화전 근처에서는 차를 조심해야 합니다.
④ 도로에 있는 소화전 근처에는 차를 대면 안 됩니다.
⑤ 불이 난 곳 근처에서 구경하지 말고 빠르게 대피해야 합니다.

| **9~10** | 다음 글을 읽고, 물음에 답하세요.

㉠비 오는 날, 거미가 아저씨 머리에 매달려 흔들흔들.
머리카락 한 올이 쏘옥~
다음 날, 아저씨는 세수를 하고 가르마를 탔어요. / "오, 괜찮은데?"
하나, 둘, 셋, 넷, 다섯, 여섯, 일곱, 여덟
아저씨는 곰이랑 시소를 타고 오르락내리락.
머리카락 한 올이 쏘옥~
다음 날, 아저씨는 세수를 하고 머리카락을 꼬불꼬불 말았어요. / "오, 괜찮은데?"

9 아저씨의 말을 통해 알 수 있는 아저씨의 성격으로 알맞은 것에 ○표 하세요.

(긍정적입니다, 화를 잘 냅니다)

10 ㉠을 자연스럽게 띄어 읽을 수 있도록 알맞은 곳에 ∨를 하세요.

비 오는 날,∨거미가☐아저씨☐머리에 매달려∨흔들흔들.

| 1~2 | 다음 그림을 보고, 물음에 답하세요.

1 두 아이는 무엇을 하고 있나요? (　　　)

　① 책을 읽고 있습니다.

　② 요리를 하고 있습니다.

　③ 색종이를 접고 있습니다.

　④ 그림을 그리고 있습니다.

　⑤ 만화 영화를 보고 있습니다.

2 현수가 민지보다 만들기를 잘한 까닭은 무엇인가요? (　　　)

　① 설명을 혼자만 들어서

　② 한복을 직접 본 적이 있어서

　③ 만들기를 여러 번 해 보아서

　④ 색종이를 많이 가지고 있어서

　⑤ 설명을 듣고 내용을 이해해서

| 3~5 | 다음 글을 읽고, 물음에 답하세요.

　유리창에 붙어 있는 인형을 본 적이 있나요? 그것을 붙일 때에 사용하는 물건은 문어의 빨판을 본떠 만들었습니다. 문어는 빨판을 이용하여 어디에나 잘 달라붙습니다. 우리가 흔히 쓰는 칫솔걸이도 이것을 본떠 만든 물건입니다.

　낙하산은 민들레씨를 본떠 만들었습니다. 민들레씨의 가는 실 끝에는 털이 여러 개 달려 있습니다. 이 털이 있어서 민들레씨는 둥둥 떠서 멀리까지 날아갈 수 있습니다. 또 천천히 땅에 떨어지게 됩니다. 낙하산을 이용하면 비행기에서 안전하게 땅으로 내려올 수 있습니다.

3 유리창에 인형을 붙일 때에 사용하는 물건은 무엇을 본떠 만들었나요? (　　　)

　① 민들레씨　　　　② 문어의 빨판

　③ 미역의 줄기　　　④ 상어의 머리

　⑤ 원숭이의 꼬리

4 민들레씨가 천천히 땅에 떨어지는 까닭은 무엇인지 알맞은 말에 ○표 하세요.

　• 민들레씨의 가는 실 끝에 (털, 가시)이/가 여러 개 달려 있기 때문입니다.

5 이 글에서 설명하는 내용으로 보아 제목으로 알맞은 것에 ○표 하세요.

　⑴ 자연은 발명왕　　　　　　　　(　　　)

　⑵ 자연을 지켜요　　　　　　　　(　　　)

　⑶ 자연에서 자라는 식물들　　　　(　　　)

| 6~8 | 다음 글을 읽고, 물음에 답하세요.

> **가** 아무리 찾아도 없어. / 책가방을 탈탈 털어도 안 나와. / 나는 알림장을 뚫어지게 쳐다봤어.
>
> **연필 깨끗이 깎아 오기.**
>
> 휴, 연필이 있어야 깎아 가지. / 필통을 잃어버리는 바람에 연필도 싹 사라졌는걸.
>
> **나** 엄마한테 철석같이 약속을 하고는 겨우 새 필통을 샀어. / 내가 또 필통 잃어버리나 봐라!
>
> 내 물건 지키기 비법 1
> **초강력 끈적 대마왕 이름표 붙이기**

6 '내'가 필통을 새로 산 까닭은 무엇인가요?

( )

① 필통이 망가져서
② 필통이 더러워져서
③ 필통을 잃어버려서
④ 필통이 마음에 들지 않아서
⑤ 필통에 넣어야 될 학용품이 많아서

7 '내'가 필통을 잃어버리지 않기 위해 한 행동으로 알맞은 것에 ○표 하세요.

(1) 필통에 이름표를 붙였습니다. ( )

(2) 필통을 친구들에게 보여 주었습니다.

( )

8 문제 **7**번의 답과 같이 행동했을 때 '나'의 마음으로 알맞은 것을 찾아 기호를 쓰세요.

> ㉮ 필통을 새로 사서 기분이 좋았습니다.
> ㉯ 다시는 필통을 잃어버리지 않을 것이라고 다짐하였습니다.

( )

| 9~10 | 다음 글을 읽고, 물음에 답하세요.

> 1학년이 되어서 처음으로 현장 체험 학습을 갔다. 친구들과 함께 버스를 타고 수목원으로 갔다.
>
> 수목원에는 큰 나무와 예쁜 꽃이 많았다. '오리나무'와 '꽝꽝나무'는 이름이 너무 우스웠다. 화살나무는 줄기가 화살처럼 생겨 신기했다. ㉠점심시간에는 할머니께서 싸 주신 김밥을 친구들과 나누어 먹었다. ㉡김밥 안에 있는 우엉이 달콤하고 짭조름했다.
>
> ㉢친구들과 술래잡기도 했다. ㉣친구가 나를 잡을까 봐 조마조마했다. 신나게 놀고 나니 선생님께서 집에 가야 한다고 하셨다. 더 놀고 싶었는데 아쉬웠다.

9 이 글을 쓰기 위해 겪은 일과 관련 있는 것을 떠올린 것으로 알맞지 <u>않은</u> 것은 무엇인가요?

( )

① 나무   ② 버스   ③ 김밥
④ 수목원   ⑤ 미끄럼틀

10 ㉠~㉣을 겪은 일과 그때의 느낌으로 나누어 알맞게 선으로 이으세요.

(1) ㉠ •

(2) ㉡ •

(3) ㉢ •

(4) ㉣ •

• ㉮ 겪은 일

• ㉯ 느낌

| 1~2 | 다음 글을 읽고, 물음에 답하세요.

가 독도는 우리나라 동쪽 끝에 위치한 섬입니다. 독도는 큰 섬 두 개와 작은 바위섬 89개로 이루어져 있습니다. 큰 섬 두 개를 각각 동도와 서도라고 부릅니다.

나 동도에는 등대와 배가 섬에 닿을 수 있도록 만든 시설이 있습니다. 동도에 있는 등대는 밤에도 불을 밝혀 독도 주변을 지키는 데 도움을 줍니다. 독도를 지키는 경비대도 이곳에 있습니다.

다 서도에는 땅에 스며든 물이 땅 밖으로 모이는 곳이 있습니다. 옛날에는 이 물을 썼지만, 요즘은 바닷물을 우리가 먹을 수 있게 바꾼 뒤 그 물을 사용합니다.

1 이 글의 내용으로 알맞은 것에 모두 ○표 하세요.

(1) 독도는 우리나라 동쪽 끝에 있습니다.

( )

(2) 동도에는 등대가 있어서 밤에도 불을 밝힙니다. ( )

(3) 서도에는 배가 섬에 닿을 수 있도록 만든 시설이 있습니다. ( )

2 글 가 ~ 다 에서 소개하는 내용을 알맞게 찾아 선으로 이으세요.

(1) 글 가 •   • ㉮ 동도

(2) 글 나 •   • ㉯ 서도

(3) 글 다 •   • ㉰ 독도의 위치

| 3~5 | 다음 글을 읽고, 물음에 답하세요.

자연은 발명왕

낙하산은 민들레씨를 본떠 만들었습니다. 민들레씨의 가는 실 끝에는 털이 여러 개 달려 있습니다. 이 털이 있어서 민들레씨는 둥둥 떠서 멀리까지 날아갈 수 있습니다. 또 천천히 땅에 떨어지게 됩니다. 낙하산을 이용하면 비행기에서 안전하게 땅으로 내려올 수 있습니다.

숲속을 걷다 보면 옷에 열매가 붙어 있는 경우가 있습니다. 도꼬마리 열매에는 갈고리 모양의 가시가 많이 있습니다. 그래서 새나 짐승의 털에 잘 붙습니다. 이것을 보고 단추나 끈보다 더 쉽게 붙였다 떼었다 할 수 있는 물건을 만들었습니다.

3 민들레씨를 본떠 만든 물건은 무엇인지 쓰세요.

( )

4 쉽게 붙였다 떼었다 할 수 있는 물건은 도꼬마리 열매에 있는 가시의 어떤 점을 본떠 만들었나요? ( )

① 길쭉한 모양인 점
② 색깔이 여러 가지인 점
③ 새나 짐승의 털에 잘 붙는 점
④ 바람에 멀리까지 날아가는 점
⑤ 지독한 냄새가 멀리까지 퍼지는 점

5 이 글에서 소개하는 것은 무엇인지 빈칸에 알맞은 말을 글에서 찾아 쓰세요.

☐ ☐ 을/를 본떠 만든 물건

| 6~7 | 다음 글을 읽고, 물음에 답하세요.

> 가 엄마한테 철석같이 ㉠약속을 하고는 겨우 새 필통을 샀어.
>
> 내가 또 필통 잃어버리나 봐라!
>
> 나 "잘 다녀왔니?" / 엄마가 물었어.
>
> "필통도 잘 다녀왔고?"
>
> 쌍둥이 누나들이 얄밉게 끼어들었지.
>
> 눈을 흘기면서도 난 가방 속을 들여다봤어.
>
> 새로 산 필통이 얌전히 들어 있었지.
>
> "준수야, 알림장 잘 써 왔어?" / "그럼요!"
>
> 나는 자신 있게 가방을 열어젖혔어.
>
> "㉡어? 알림장이 어디 갔지?"

6 ㉠의 내용은 무엇일지 빈칸에 알맞은 말을 글에서 찾아 쓰세요.

- ☐☐ 을/를 다시 잃어버리지 않겠다는 약속일 것입니다.

서술형

7 ㉡을 말하는 '나'의 마음은 어떠할지 쓰세요.

_____

_____

도움말 준수가 겪은 일과 비슷한 자신의 경험을 떠올려 보고, 준수의 마음을 짐작해 보아요.

8 겪은 일을 정리하는 방법을 떠올리며 알맞은 말에 ○표 하세요.

- 겪은 일과 그때의 마음을 떠올려 (간단하게, 자세하게) 표현합니다.

| 9~10 | 다음 대화를 읽고, 물음에 답하세요.

> 영지: 지금 뭐 해? 같이 놀자.
>
> 경훈: 나, 우리 동네에서 열리는 아나바다 행사에 가려고 하는데 같이 갈래?
>
> 영지: 응? 그게 뭐야?
>
> 경훈: '아껴 쓰고, 나눠 쓰고, 바꿔 쓰고, 다시 쓰고'의 앞 글자만 따서 부르는 거야.
>
> 영지: 아, 그렇구나. 아껴 쓰는 건 알겠는데 나눠 쓰는 건 뭐지?
>
> 경훈: 나에게 필요가 없지만, 다른 사람에게는 필요한 물건을 나누어 주는 거야.
>
> 영지: 서로에게 필요한 물건을 바꾸어 쓰는 것은 바꿔 쓰기구나.
>
> 경훈: 그래, 맞아. 쓸 수 있는 물건을 버리지 않고 다시 쓰는 건?
>
> 영지: 다시 쓰기! 나도 갈래. 같이 가자.

9 경훈이가 설명하는 내용으로 알맞은 것에 ○표 하세요.

(1) 바꿔 쓰기: 서로에게 필요한 물건을 바꾸어 쓰는 것. ( )

(2) 다시 쓰기: 나에게 필요 없는 물건을 나누어 주는 것. ( )

(3) 나눠 쓰기: 쓸 수 있는 물건을 버리지 않고 다시 쓰려고 노력하는 것. ( )

10 두 친구 중에서 겪은 일에 대해 마음이 잘 드러나게 표현한 친구는 누구인지 쓰세요.

> 경훈: 재미있었어.
>
> 영지: 아나바다 행사가 무엇인지 알게 돼서 신기했어.

( )

7
단원
B단계

| 1~2 | 다음 시를 읽고, 물음에 답하세요.

> 책상에
> 재채기했다
> 책상 감기 들었다
>
> 창문에 재채기했다
> 창문 감기 들었다
>
> 연필,
> 공책,
> 가방도
> 다 누웠다
>
> ㉠감기야, 나 오늘은
> 학교 가고 싶어.

1 '내'가 책상과 창문에 재채기를 한 까닭으로 알맞은 것의 기호를 쓰세요.

> ㉮ '내'가 감기에 걸렸기 때문입니다.
> ㉯ 책상과 창문에 먼지가 많았기 때문입니다.
> ㉰ 책상과 창문이 '나'에게 감기를 옮겼기 때문입니다.

(   )

2 '내'가 ㉠과 같이 말한 까닭은 무엇인가요? (   )

① 감기가 낫고 싶기 때문입니다.
② 감기에 걸리고 싶기 때문입니다.
③ 학교에 가고 싶지 않기 때문입니다.
④ 연필, 공책, 가방이 없어졌기 때문입니다.
⑤ 친구들이 집에 놀러 오길 바라기 때문입니다.

3 다음에서 설명하는 것은 무엇인가요? (   )

> 시나 이야기 속에서 말이나 행동, 생각을 하는 이.

① 작품   ② 표정   ③ 인물
④ 기분   ⑤ 상상

| 4~5 | 다음 글을 읽고, 물음에 답하세요.

> **가** 어제 들었어. / 아이들이 싫어하는 채소 1위에 내가 뽑혔다는 걸.
>   쉿, 밤새도록 펑펑 운 건 비밀이야.
>   하지만 괜찮아.
> **나** 사랑받는 친구들을 다 따라 해 볼 거거든.
> 나도 소시지처럼 분홍색이면 사랑받을 수 있겠지?
> …… 그건 내 착각이었어.
> 나도 라면처럼 뽀글뽀글 파마하면 사랑받을 수 있겠지?
> …… 이것도 내 착각이었어.
> 왜 하나도 효과가 없는 거야?
> 초록색이라서? / 맛이 없어서?
> 아니면 내가……. / 브로콜리라서?

4 글 **가**에서 짐작할 수 있는 '나'의 기분은 어떠한가요? (   )

① 신남.   ② 슬픔.   ③ 고마움.
④ 행복함.   ⑤ 우쭐함.

5 글 **나**에서 '내'가 아이들에게 사랑받기 위해 한 행동에 모두 ○표 하세요.

(1) 라면처럼 파마를 했습니다. (   )
(2) 젤리처럼 말랑말랑해졌습니다. (   )
(3) 소시지처럼 분홍색이 되었습니다. (   )

| 6~7 | 다음 연극을 보고, 물음에 답하세요.

농부가 밭을 갈다가 요술 항아리를 발견했습니다.

대감이 요술 항아리를 빼앗으려고 했습니다.

㉠난 자네에게 땅만 팔았지, 요술 항아리는 팔지 않았단 말일세.

농부와 대감이 다투다가 원님에게 판결을 내려 달라고 부탁했습니다.

6 장면 ❶에서 농부가 발견한 것은 무엇인지 쓰세요.

( )

7 대감이 ㉠과 같이 말한 까닭은 무엇인가요?

( )

① 땅을 다시 사고 싶었기 때문입니다.
② 항아리를 가지고 싶었기 때문입니다.
③ 항아리의 값도 받고 싶었기 때문입니다.
④ 땅값을 더 많이 받고 싶었기 때문입니다.
⑤ 항아리를 농부에게 주고 싶었기 때문입니다.

| 8~10 | 다음 글을 읽고, 물음에 답하세요.

여우는 아침부터 엄마한테 혼이 나서, 늑대 아저씨는 고장 난 시계 때문에 늦잠을 자서, 기분이 좋지 않았어요.

여우: 쳇, 엄마는 왜 아침부터 잔소리야!
늑대 아저씨: 으악! 늦었다, 늦었어.

여우: 어! 옆집 아저씨네. / 인사할까?
　아냐, 오늘은 그럴 기분이 아니야.
늑대 아저씨: 어! 옆집 아이네. / 인사할까?
　아냐, 그럴 시간이 없어.

늑대 아저씨: 잠깐 인사할 걸 그랬나?
　에잇. 다음에 또 보겠지, 뭐.
여우: 그냥 인사할 걸 그랬나?
　몰라. 다음에 하지, 뭐.

8 여우는 왜 기분이 좋지 않았나요? ( )

① 늦잠을 잤기 때문입니다.
② 학교에 가기 싫었기 때문입니다.
③ 엄마한테 혼이 났기 때문입니다.
④ 너무 일찍 일어났기 때문입니다.
⑤ 옆집 아저씨를 만났기 때문입니다.

9 이 글의 내용으로 알맞은 것에 ○표 하세요.

• 여우는 옆집 아저씨를 보고 인사를 (했습니다, 하지 않았습니다).

10 이 글에서 여우와 늑대 아저씨의 마음을 알맞게 짐작한 친구에 ○표 하세요.

(1) 찬희: 서로 반갑고 개운할 것 같아. ( )
(2) 은솔: 서로 불편하고 어색할 것 같아.

( )

|1~3| 다음 시를 읽고, 물음에 답하세요.

> 책상에 / 재채기했다
> 책상 감기 들었다
>
> 창문에 재채기했다
> 창문 감기 들었다
>
> 연필, / 공책, / 가방도
> 다 누웠다
>
> ㉠감기야, 나 오늘은
> 학교 가고 싶어.

1 '나'에게 일어난 일로 알맞은 것은 무엇인가요? ( )

① 감기에 걸렸습니다.
② 아침 일찍 학교에 갔습니다.
③ 밤늦게까지 숙제를 했습니다.
④ 방이 추워서 이불을 덮었습니다.
⑤ 공책에 연필로 글씨를 썼습니다.

2 ㉠은 어떤 목소리로 읽는 것이 좋을지 알맞은 것에 ○표 하세요.

(1) 밝고 힘찬 목소리 ( )
(2) 힘없고 간절한 목소리 ( )
(3) 겁이 나서 떨리는 목소리 ( )

서술형
3 이 시에서 '나'의 마음은 어떠할지 쓰세요.

_____

_____

도움말 감기에 걸렸던 경험을 떠올려 '나'의 마음을 짐작해 보아요.

|4~5| 다음 글을 읽고, 물음에 답하세요.

> **가** 나도 소시지처럼 분홍색이면 사랑받을 수 있겠지? / …… 그건 내 착각이었어.
> 나도 라면처럼 뽀글뽀글 파마하면 사랑받을 수 있겠지? / …… 이것도 내 착각이었어.
> 왜 하나도 효과가 없는 거야?
> **나** 아무도 없는 곳으로 떠날 거야!
> 떠나기 전에 이것만 두고 갈게.
> 별거 아니고 작은 이별 선물이야.
> 좋아해 줄지는 모르겠지만 밤새 열심히 만들었어.
> 진짜 갈게. 안녕!
>
> 아이: 맛있어!
> 응? 뭐라고 했어? 맛있다고 한 거야?
> **다** 그래, 바로 이거야.
> 따라 할 필요가 없는 거였어!

4 '내'가 만든 선물을 먹은 아이가 한 말은 무엇인가요? ( )

① 고맙다고 했습니다.
② 맛있다고 했습니다.
③ 브로콜리가 싫다고 했습니다.
④ 다른 선물을 달라고 했습니다.
⑤ 브로콜리에게 떠나지 말라고 했습니다.

5 이 글을 읽고 느낀 점으로 알맞은 것에 ○표 하세요.

(1) 자신을 좋아하는 친구를 찾는 것은 어렵습니다. ( )
(2) 다른 사람을 따라 하기보다 자신이 잘할 수 있는 일을 하는 것이 더 좋습니다. ( )

| 6~8 | 다음 연극을 보고, 물음에 답하세요.

❶ 이제 이 항아리는 내 것이니라.

원님은 요술 항아리가 욕심이 나서 자신이 가졌습니다.

❷ 저 항아리를 깨부숴야겠어.

원님의 어머니가 요술 항아리에 빠져 여러 명이 되었습니다.

❸ 원님은 자신의 잘못을 깨달았습니다.

6 원님의 어머니가 여러 명이 된 까닭은 무엇인지 쓰세요.

• 어머니가 [   ]에 빠졌기 때문에

7 원님은 자신의 어머니를 찾기 위해 어떻게 생각하였는지 알맞은 것을 찾아 기호를 쓰세요.

> ㉮ 항아리를 팔아야겠다고 생각했습니다.
> ㉯ 항아리를 숨겨야겠다고 생각했습니다.
> ㉰ 항아리를 깨부숴야겠다고 생각했습니다.

(   )

서술형

8 원님에게 해 주고 싶은 말을 쓰세요.

• _____ 안 됩니다.

도움말 욕심이 나서 항아리를 빼앗은 원님에게 일어난 일을 살펴보고, 해 주고 싶은 말을 정리하여 씁니다.

| 9~10 | 다음 글을 읽고, 물음에 답하세요.

> 가 여우: 어! 옆집 아저씨네. / 인사할까?
>   아냐, 오늘은 그럴 기분이 아니야.
> 늑대 아저씨: 어! 옆집 아이네. / 인사할까?
>   아냐, 그럴 시간이 없어.
> 나 늑대 아저씨: 그냥 확 인사해 버릴까?
> 여우: 지금이라도 인사할까?
>
> 여우: 아니지. 내가 먼저 인사하면 지는 거잖아.
> 늑대 아저씨: 아니지. 이제 와서 인사하면 너무 이상하잖아.
>
> 여우: 아, 불편해.
> 늑대 아저씨: 아, 불편해.
> 다 어느 겨울날, 여우와 늑대 아저씨는 우연히 건널목에서 마주쳤습니다.
> 여우: 안녕하세요?
> 늑대 아저씨: 안녕?

9 여우와 늑대 아저씨가 서로 불편하다고 생각한 까닭으로 알맞은 것에 ○표 하세요.

(1) 전혀 모르는 사이이기 때문에 (   )

(2) 인사를 했는데 상대방이 받아 주지 않았기 때문에 (   )

(3) 옆집에 사는 사이인 것을 아는데 인사를 하지 않았기 때문에 (   )

10 글 다 에서 여우와 늑대 아저씨의 마음은 어떠했을까요? (   )

① 개운했을 것입니다.
② 답답했을 것입니다.
③ 서운했을 것입니다.
④ 불편했을 것입니다.
⑤ 어색했을 것입니다.

8 단원
B 단계

따라 쓰기

글씨를 바르게 따라 쓰며 각 단원에서 배운 낱말을 다시 한번 익혀 보세요.

1. 기분을 말해요

맴	맴	맴	맴	맴	맴

활	짝	활	짝	활	짝

쌩	쌩	쌩	쌩	쌩	쌩

스	르	륵	스	르	륵

휘	휘	휘	휘	휘	휘

방	긋	방	긋	방	긋

꽁	꽁	꽁	꽁	꽁	꽁

와	장	창	와	장	창

쾅	쾅	쾅	쾅	쾅	쾅

바	스	락	바	스	락

쑥	쑥	쑥	쑥	쑥	쑥

쨍	그	랑	쨍	그	랑

2. 낱말을 정확하게 읽어요

낚	다	낚	다	낚	다

맑	다	맑	다	맑	다

붉	다	붉	다	붉	다

넓	다	넓	다	넓	다

밟	다	밟	다	밟	다

끓	다	끓	다	끓	다

뚫	다	뚫	다	뚫	다

탈	출	탈	출	탈	출

재	빨	리	재	빨	리

신	문	신	문	신	문

제	자	리	제	자	리

한	참	한	참	한	참

3. 그림일기를 써요

발	표	발	표	발	표
경	험	경	험	경	험
입	학	식	입	학	식
생	각	생	각	생	각

자	세	자	세	자	세
기	억	기	억	기	억
과	수	원	과	수	원
느	낌	느	낌	느	낌

4. 감동을 나누어요

칭	찬	칭	찬	칭	찬
소	금	소	금	소	금
꽃	밭	꽃	밭	꽃	밭
가	족	가	족	가	족

맷	돌	맷	돌	맷	돌
거	짓	말	거	짓	말
까	투	리	까	투	리
장	면	장	면	장	면

5. 생각을 키워요

한	글	한	글	한	글
소	리	소	리	소	리
충	전	충	전	충	전
마	음	마	음	마	음

창	제	창	제	창	제
별	명	별	명	별	명
우	주	우	주	우	주
짐	작	짐	작	짐	작

6. 문장을 읽고 써요

발	견	발	견	발	견
별	자	리	별	자	리
부	탁	부	탁	부	탁
숫	자	숫	자	숫	자

여	럿	여	럿	여	럿
꽃	향	기	꽃	향	기
전	화	전	화	전	화
깃	털	깃	털	깃	털

7. 무엇이 중요할까요

독	도	독	도	독	도
사	진	사	진	사	진
비	행	기	비	행	기
약	속	약	속	약	속

등	대	등	대	등	대
자	연	자	연	자	연
필	통	필	통	필	통
수	목	원	수	목	원

8. 느끼고 표현해요

재	채	기	재	채	기
이	별	이	별	이	별
욕	심	욕	심	욕	심
건	널	목	건	널	목

채	소	채	소	채	소
농	부	농	부	농	부
옆	집	옆	집	옆	집
늦	잠	늦	잠	늦	잠

동아출판

실수를 줄이는 한 끗 차이!
빈틈없는 연산서

• 교과서 전단원 연산 구성   • 하루 4쪽, 4단계 학습   • 실수 방지 팁 제공

수학의 기본

실력이 완성되는 강력한 차이!
새로워진
유형서

• 기본부터 응용까지 모든 유형 구성
• 대표 예제로 유형 해결 방법 학습
• 서술형 강화책 제공

개념 이해가 실력의 차이!
대체불가
개념서

• 교과서 개념 시각화 구성
• 수학익힘 교과서 완벽 학습
• 기본 강화책 제공

평가북

백점

국어 1·2

- 한눈에 보이는 **정확한 답**
- 한번에 이해되는 **쉬운 풀이**

모바일
빠른 정답

동아출판

차례

개념북 ·· 1쪽

평가북 ·· 21쪽

백점 국어 빠른 정답

QR코드를 찍으면 **정답과 풀이**를
쉽고 빠르게 확인할 수 있습니다.

모바일
빠른 정답

1. 기분을 말해요

1회 교과서 학습　10~13쪽

개념 확인 (1) ◯ (2) ✕

1 ②, ④ **2** (2) ◯ **3** (1) ㉯ (2) ㉮ **4** ① **5** (1) ㉮ (2) ㉯ **6** ③ **7** (1) ㉮, ㉰ (2) ㉯, ㉱ **8** (1) 활짝 (2) 맴맴 (3) 울긋불긋 **9** 하준 **10** ⑤ **11** ③ **12** (1) ㉯ (2) ㉮ (3) ㉱ (4) ㉯ **13** ⑩ 주렁주렁

개념 확인 (1) '둥실둥실', '야옹'처럼 모양이나 소리를 나타내는 말을 흉내 내는 말이라고 합니다.
(2) 흉내 내는 말을 사용하면 말의 재미를 느낄 수 있고, 실감 나는 표현을 할 수 있습니다.

1 여자아이가 친구들 앞에서 노래를 부르고 있고, 친구들이 여자아이의 노래를 들으며 웃고 있습니다.

2 흉내 내는 말을 사용하면 같은 장면이라도 더 실감 납니다.

3 장면 ❶은 놀이공원에 가서 노는 모습이고, 장면 ❷는 아파서 누워 있는 모습입니다.

4 생일을 축하해 주는 친구에게는 '고마워'가 알맞습니다.

5 '둥실둥실'은 구름이 떠 있는 모양, '살랑살랑'은 단풍나무의 잎이 움직이는 모양을 나타내는 말입니다.

6 아이가 자전거를 타고 지나가는 모양을 나타내기에 알맞은 흉내 내는 말은 '씽씽'입니다.

7 '깔깔'과 '똑딱똑딱'은 소리를 나타내는 흉내 내는 말이고, '깡충깡충'과 '둥실둥실'은 모양을 나타내는 흉내 내는 말입니다.

8 그림에 어울리는 흉내 내는 말을 찾아봅니다.

9 흉내 내는 말을 사용하면 문장의 상황이 더 재미있게 느껴집니다.

10 친구들과 헤어져 집에 가는 모습은 찾을 수 없습니다.

11 '낑낑', '스르륵', '흔들흔들', '재잘재잘'이 쓰였습니다.

12 '휘휘', '방긋', '대롱대롱', '어흥'이 들어가야 합니다.

13 사과가 나무에 열린 모습을 문장으로 표현해 봅니다.

> **채점 기준**
> 열매가 많이 매달려 있는 모양에 어울리는 흉내 내는 말을 넣어 문장을 완성했으면 정답으로 합니다.

2회 교과서 학습　14~17쪽

개념 확인 (1) ◯ (2) ✕

1 (1) ㉯ (2) ㉮ **2** ① **3** 보석 **4** (1) 꽁꽁 (2) 반짝반짝 **5** ④ **6** (1) 깜짝 놀람 (2) 화가 남 **7** (2) ◯ **8** 은석 **9** (1) ㉯ (2) ㉱ (3) ㉮ **10** ㉯ **11** ③ **12** (1) ⑩ 기준이가 생일선물을 줘서 (2) ⑩ 행복했어.

개념 확인 (1) '신나요', '편안해요'는 기분을 나타내는 말입니다.
(2) 듣는 사람을 생각하며 자신의 기분을 말할 때에는 '나'라는 말로 시작합니다.

1 글 ❶은 친구들 앞에서 노래를 부르는데 노랫말이 떠오르지 않는 상황이고, 글 ❷는 '나'만 뜀틀에 올라가서 친구들이 부러워하는 상황입니다.

2 글 ❶에서 '나'는 노래를 부르며 떨려하고 있습니다.

3 친구들이 모두 자신을 부러워해서 신이 나는 기분을 '보석처럼 반짝반짝'이라고 표현했습니다.

4 얼음에 어울리는 흉내 내는 말은 '꽁꽁'이고, 보석에 어울리는 흉내 내는 말은 '반짝반짝'입니다.

5 '내'가 블록으로 멋진 성을 만들고 있었는데 민호가 달려들었고, '내'가 만든 성이 무너졌습니다.

6 '나'는 블록으로 멋진 성을 만드는데 민호가 달려들어 깜짝 놀랐다가 성이 무너지자 화가 났습니다.

7 '와장창'은 갑자기 한꺼번에 무너지거나 부서지는 소리 또는 그 모양을 나타내는 말입니다.

8 은석이는 자신이 겪었던 일과 그때의 기분을 떠올려 말하였고, 지호는 겪은 일만 말하였습니다.

9 그림 ❶은 기뻐하는 모습, 그림 ❷는 무서워하는 모습, 그림 ❸은 슬퍼하는 모습을 나타내고 있습니다.

10 그림 ❹의 친구는 화난 표정을 짓고 있으므로 친구에게 화가 났던 경험을 떠올린 ㉯가 알맞습니다.

11 주영이는 자신이 만든 성이 무너져서 속상했다고 말했을 것입니다.

12 친구와 있었던 일과 그때의 기분을 떠올려 봅니다.

> **채점 기준**
> 친구와 있었던 일과 그때의 자신의 기분을 떠올려 문장이 자연스럽게 이어지도록 썼으면 정답으로 합니다.

개념 확인 (1) ○ (2) ✕

1 ①   **2** 머리   **3** ⑤   **4** ②   **5** ㉯   **6** (1) ○

7 예 예쁘게   **8** 예 무척 기뻐.   **9** ⑤   **10** ③, ④,

⑤   **11** ㉰   **12** (3) ○   **13** 부릅니다

개념 확인 (1) '나'로 시작하며 자신의 기분을 말하면 듣는 사
람의 기분이 상하지 않으면서 자신의 기분을 잘 전달
할 수 있습니다.

(2) 이야기 속 주인공이 되어 기분을 말할 때에도 말
을 듣는 상대방의 마음을 생각해야 합니다.

1 도치는 화를 내며 말을 하는 버릇이 있었습니다.

2 버럭쟁이 도치의 머리 위에 손바닥만 한 구름이 생겼
습니다.

3 도치가 화를 내자 구름이 그림책만 하게 커졌고, 구
름에서 번개가 떨어지고 천둥이 쳤습니다.

4 도치는 머리 위에 손바닥만 한 구름이 생겼을 때는
귀찮고 화가 났고, 머리 위의 구름 때문에 친구들과
놀 수 없게 되었을 때는 슬펐습니다.

5 듣는 사람을 생각하며 도치에게 있었던 일과 그때의
기분이 잘 드러나도록 말한 것은 ㉯입니다.

6 도치가 놀이터에서 한 말을 통해 할머니께서 바르고
고운 말을 써야 나쁜 말 구름이 없어진다고 말씀하셨
다는 것을 알 수 있습니다.

7 화를 내고 나쁜 말만 하던 도치가 친구들에게 바르고
고운 말을 하자 친구들이 깜짝 놀라서 도치를 쳐다보
았습니다.

8 친구들과 놀게 된 도치는 기쁘고 행복했을 것입니다.

> **채점 기준**
> '기뻐', '행복해'와 같은 기분을 나타내는 말을 문장이 자
> 연스럽게 이어지도록 썼으면 정답으로 합니다.

9 '꾸벅꾸벅'은 '머리나 몸을 앞으로 자꾸 많이 숙였다
가 드는 모양.'을 뜻하는 말이므로 '계곡에서 첨벙첨
벙 물놀이를 했습니다.'와 같이 써야 합니다.

10 듣는 사람의 기분을 생각하며 '나'라는 말로 시작하
고, 있었던 일과 자신의 기분을 말합니다.

11 '나'라는 말로 시작하며 있었던 일과 자신의 기분을
모두 말한 것은 ㉯입니다.

12 친구의 기분을 생각하며 말한 것은 (3)입니다.

13 '노래를'에 어울리는 말은 '부릅니다'입니다.

---

1 ④   **2** 야옹   **3** 예 삐악삐악   **4** ③   **5** 가

6 ⑤   **7** ⑤   **8** 현우   **9** (2) ○   **10** ④   **11** (1) 나

(2) 예 속상해   **12** ②   **13** (1) ○   **14** ㉮   **15**

1단계 꽁꽁   2단계 예 냉동실에 얼린 물이 꽁꽁 얼었
습니다.

1 '둥실둥실'은 '물체가 공중이나 물 위에 가볍게 떠서
계속 움직이는 모양.'을 나타내는 말입니다.

2 '야옹'은 '고양이가 우는 소리.', '음매'는 '소나 송아지
의 울음소리.', '엉금엉금'은 '큰 동작으로 느리게 걷거
나 기는 모양.'을 나타내는 말입니다.

3 병아리가 내는 소리를 나타내는 말은 '삐악삐악'입니
다. '삐약삐약'으로 잘못 쓰지 않도록 조심해야 합니다.

> **채점 기준**
> '삐악삐악', '삑삑'과 같은 말을 떠올려 문장이 자연스럽게
> 이어지도록 썼으면 정답으로 합니다.

4 '민호한테 너무 화가 나.'라는 말로 표현했지만 '내'가
민호와 실제로 심하게 다투었는지는 이 글에서 알 수
없습니다.

> **왜 답이 아닐까?**
> ① 글 가에서 '나만 뜀틀에 올랐어.'라고 하였습니다.
> ② 글 나에서 블록으로 멋진 성을 만들고 있다고 하였습
> 니다.
> ④ 글 나에서 민호가 달려들었고, '내'가 만든 성이 무너
> 졌다고 하였습니다.
> ⑤ 글 나에서 민호가 달려들어 깜짝 놀랐다고 하였습니다.

5 글 가에서 '나'는 혼자 뜀틀에 오르자 친구들이 부러
워해서 뿌듯하고 신이 났습니다.

6 글 나에서 '나'는 민호한테 너무 화가 난다고 하였으므
로 ㉠에는 화산이 폭발하는 모습에 어울리는 '우르릉 쾅
쾅'과 같은 흉내 내는 말이 들어가는 것이 어울립니다.

7 '인사해요'는 동작을 나타내는 말입니다.

> **더 알아보기**
>
> **기분을 나타내는 말** 예
> • 신나요   • 뿌듯해요   • 행복해요
> • 무서워요   • 편안해요   • 답답해요
> • 부끄러워요   • 미안해요   • 속상해요

8 '뿌듯해요'와 같은 기분을 나타내는 말을 사용하여 자
신의 기분을 알맞게 말한 친구는 현우입니다.

9 주영이는 민지 때문에 자신이 만든 성이 무너져서 속상했을 것입니다.

10 다른 사람에게 자신의 기분을 말할 때에는 있었던 일과 자신의 기분을 모두 말해야 합니다.

더 알아보기

상대방의 기분을 생각하며 자신의 기분을 말하는 방법 예

무슨 일이 있었는지 생각해 보기

↓

그때의 솔직한 자신의 기분 생각해 보기

↓

솔직하게 말했을 때 듣는 사람의 기분 생각해 보기

↓

'나'라는 말로 시작하며 정리한 생각 말하기

11 '나'로 시작하며 자신에게 있었던 일과 그 일이 일어났을 때의 기분을 나타내는 말을 해야 합니다.

채점 기준

자신의 기분을 말할 때에는 어떤 말로 시작해야 하는지 생각하며 (1)에 '나'를 쓰고, (2)에 주영이가 느꼈을 기분을 '속상해'와 같은 말로 나타내어 썼으면 정답으로 합니다.

12 아픈 동생을 보는 상황에서 자신의 기분을 나타내는 말로 알맞은 것은 '걱정돼요'입니다.

13 도치 머리 위에 생긴 구름은 도치가 화를 내고 나쁜 말을 하면 크기가 커졌습니다.

14 '나'로 시작하며 도치에게 있었던 일과 기분을 바르게 말한 것은 ㉮입니다.

15 1단계 '꽁꽁'은 '물이나 땅, 사물 등이 아주 단단하게 얼어 있는 모양.'을 나타내는 흉내 내는 말입니다.

채점 기준

상	'꽁꽁'을 찾아 빈칸에 알맞게 쓴 경우
하	'꽁꽁'이 아닌 다른 낱말을 찾아 빈칸에 쓴 경우

2단계 '꽁꽁'을 사용하여 낱말의 뜻이 잘 나타나도록 문장을 만들어 씁니다.

채점 기준

상	'꽁꽁'의 뜻이 정확하게 나타나도록 한 문장으로 만들어 쓴 경우
중	'꽁꽁'의 뜻을 알고 있으며, 그 뜻이 나타나도록 한 문장으로 썼으나 어색한 부분이 있는 경우
하	'꽁꽁'을 사용하여 문장을 썼으나 한 문장으로 완성하여 쓰지 못했고, 어색한 부분이 있는 경우

2. 낱말을 정확하게 읽어요

개념 확인 (1) ○ (2) ✕

1 싫, 넓, 흙, 없   **2** (1) ㄱ (2) ㄹ (3) ㅂ   **3** ⑤

4 (1) ㄲ (2) ㄶ   **5** 없   **6** (1) ㉯ (2) ㉮   **7** ③

8 (1) 약값 (2) 없다   **9** 예 하늘이 맑다. / 바다가 맑다.   **10** ②   **11** (1) ㉯ (2) ㉮

12 (1) 닳다 (2) 꿇다

13 (1) 틀림없다 (2) 끝없다

개념 확인 (1) '밟'의 'ㄼ' 받침은 서로 다른 두 개의 자음자로 이루어져 있습니다.

(2) 낱말의 받침에 자음자가 두 개 있어도 한 개만 소리 납니다.

1 '싫, 넓, 흙, 없'은 받침에 자음자가 두 개인 글자입니다.

2 '낚'에는 같은 자음자인 'ㄱ'이 겹쳐서 된 쌍받침이 있고, '밟'에는 서로 다른 두 개의 자음자인 'ㄹ'과 'ㅂ'으로 이루어진 겹받침이 있습니다.

3 글자 '넓'의 짜임이므로 빈칸에는 'ㄼ'이 들어갑니다.

4 글자 '끓'에는 자음자 'ㄲ'과 겹받침 'ㄶ'이 들어갑니다.

5 글자 '없'은 자음자 'ㅇ'과 모음자 'ㅓ'에 겹받침 'ㅄ'을 합한 글자입니다.

6 ㉠에는 'ㄺ' 받침, ㉡에는 'ㄼ' 받침이 들어가야 합니다.

7 'ㄶ' 받침이 들어가 '닳다'와 '뚫다'가 되어야 합니다.

8 빈칸에는 모두 'ㅄ' 받침을 써야 합니다.

9 그림에는 '하늘이 맑다', '바다가 맑다' 등과 같은 문장이 어울립니다.

채점 기준

'맑다'를 사용하여 그림과 어울리는 문장을 만들었으면 정답으로 합니다.

10 ㉠에는 'ㄺ' 받침이 들어가야 합니다.

11 ㉡에는 '여덟', ㉢에는 '얇다'가 들어가야 합니다.

12 'ㄶ' 받침을 넣어 ㉣은 '닳다', ㉤은 '꿇다'로 씁니다.

13 'ㅄ' 받침을 써서 '틀림업다'를 '틀림없다'로, '끝업다'를 '끝없다'로 고쳐 써야 합니다.

개념확인 (1) ○ (2) ✕

1 (1) ㉯ (2) ㉮ **2** (1) 없 다 (2) 앓 다

3 (1) 없다. (2) 잃어버렸다. **4** (1) 넓다 (2) 긁는다

5 (1) ○ (2) ✕ (3) ✕ **6** 닭 **7** ⑤ **8** ⑤

9 (1) ㉯ (2) ㉰ (3) ㉮ **10** 하마터면 **11** ⑤

12 예 아주 넓고 위험한 **13** ① **14** (2) ○

개념확인 (1) '흙이'는 [흘기]로 발음합니다.
(2) '흙 속에'는 [흑쏘게]로 발음하는 것이 알맞습니다.

1 '불빛이' 뒤에는 '밝다'가 들어가야 하고, '들판이' 뒤에는 '넓다'가 들어가는 것이 알맞습니다.

2 ⑴에는 'ㅄ' 받침이 들어가야 하고, ⑵에는 'ㅀ' 받침이 들어가야 합니다.

3 '없다.'와 '잃어버렸다.'로 쓰는 것이 알맞습니다.

4 학교 운동장이 '넓다', 머리를 '긁는다'로 씁니다.

5 ⑵의 '업다'는 '없다'로, ⑶의 '짭다'는 '짧다'로 고치는 것이 알맞습니다.

6 '닥'은 '닭'으로 고쳐 쓰는 것이 알맞습니다.

7 참외씨는 철이가 먹던 참외에서 탈출하여 팔꿈치로 도망갔습니다.

8 글 ❷에서 참외씨는 탈출하는 중에 먼지 할아버지를 만났습니다.

9 ㉮는 '무시무시하다'의 뜻이고, ㉯는 '간신히'의 뜻입니다. ㉰는 '하마터면'의 뜻입니다.

10 '조금만 잘못했더라면. 위험한 상황을 겨우 벗어났을 때 쓰는 말.'이라는 뜻의 '하마터면'이 들어가는 것이 알맞습니다.

11 참외씨는 흙 속에 들어가서 달고 맛있는 참외가 되는 것이 꿈이기 때문에 흙을 찾아다니고 있습니다.

12 먼지 할아버지는 세상은 아주 넓고 위험한 곳이라고 했습니다.

채점 기준
'아주 넓고 위험하다'의 뜻으로 썼으면 정답으로 합니다.

13 ㉠에서는 다행이라는 참외씨의 마음을 알 수 있으므로, 참외씨가 찾고 있던 흙에 도착했다는 것을 알 수 있습니다.

14 '흙이'는 [흘기]로 발음합니다.

개념확인 (1) ✕ (2) ○

1 (1학년) 김서연 **2** (1) ㉯ (2) ㉮ **3** ⑤ **4** ㉠

5 (1) ○ **6** (1) ㉰ (2) ㉳ (3) ㉯ (4) ㉮ **7** (1) ㉢

(2) ㉠ (3) ㉡ **8** 예 엄마가 안아 주는 날입니다.

9 ② **10** ① **11** 민혁(이) **12** ② **13** ④

개념확인 (1) 글의 제목을 살펴보면 글쓴이가 하고 싶은 말을 알 수 있습니다.
(2) 글쓴이가 하고 싶은 말을 찾으려면 글쓴이가 글을 쓴 까닭이 무엇인지 찾아봐야 합니다.

1 이 글을 쓴 사람은 1학년 김서연입니다.

2 글쓴이는 물건을 쓰고 나서 제자리에 두는데, 동생은 풀이나 가위와 같은 물건을 쓰고 나서 아무 데나 둔다고 하였습니다.

3 물건을 쓰고 나서 제자리에 두면 물건을 쉽고 빠르게 찾을 수 있다고 하였습니다.

4 제목에 글쓴이가 하고 싶은 말이 가장 잘 나타나 있습니다.

5 글의 제목을 살펴보고, 글쓴이가 글을 쓴 까닭을 찾아봅니다.

6 인물들의 말과 행동을 살펴보고, 인물들이 생각하는 멋진 날을 알맞게 선으로 이어 봅니다.

7 '집으로 돌아감.'은 ㉢'귀가'의 뜻이고, '길을 건널 수 있게 정해진 곳.'은 ㉠'건널목'의 뜻입니다. '어떤 일을 하는 데 꼭 필요한 사람.'은 ㉡'요원'의 뜻입니다.

8 채점 기준
기분이 좋거나 행복한 느낌이 드는 때를 떠올려 문장으로 알맞게 썼으면 정답으로 합니다.

9 ①의 '익었다'는 '읽었다'로 써야 하고, ③의 '물건갑'은 '물건값'으로 써야 합니다. ④의 '흑'은 '흙'으로 써야 하고, ⑤의 '묵었다'는 '묶었다'로 써야 합니다.

10 이 글은 마음을 전하는 편지글입니다.

11 이 글은 민혁이가 준호에게 보내는 글이므로 글쓴이는 '민혁'입니다.

12 글쓴이는 넘어졌을 때 도와줘서 고맙다는 말을 하려고 이 글을 썼습니다.

13 모음 'ㅟ'를 'ㅣ'로 발음하지 않아야 하므로, '까마귀'는 [까마귀]로 발음하는 것이 알맞습니다.

1 (1) ㉯ (2) ㉮　**2** (1) ㄺ (2) ㄼ　**3** ③　**4** (2) ○
5 (1) 넓다 (2) 앓다　**6** ⑤　**7** 먼지 (할아버지)
8 ④　**9** ④　**10** (2) ○　**11** 수현, 윤서　**12** "멋진 날 보내렴!"　**13** ①　**14** (1) ○　(2) ○
15 **1단계** (1) 제자리 (2) 아무 데나　**2단계** 예 사용한 물건을 제자리에 두자는 것입니다.

1 '낚다'는 'ㄲ' 받침이 들어간 낱말이고, '밟다'는 'ㄼ' 받침이 들어간 낱말입니다. 같은 자음자가 겹쳐서 된 받침은 '쌍받침'이고, 서로 다른 두 개의 자음자로 이루어진 받침은 '겹받침'입니다.

> **더** 알아보기
>
> **쌍받침과 겹받침이 쓰인 낱말**
>
> | 쌍받침 | 겹받침 |
> | --- | --- |
> | 꺾다 | 맑다 |
> | 닦다 | 긁다 |
> | 섞다 | 없다 |
> | 있다 | 가엾다 |
> | 갔다 | 짧다 |
> | 탔다 | 않다 |

2 '맑'에는 'ㄺ' 받침이 들어가고, '끓'에는 'ㅀ' 받침이 들어갑니다.

3 빈칸에는 'ㄼ' 받침이 들어가서 '짧다', '밟다'가 되어야 합니다.

4 'ㄺ' 받침을 써서 '붉다'로 쓰는 것이 알맞으므로 (2)가 바르게 쓴 문장입니다.

5 '들판이'에는 '넓다'가 어울리고, '감기를'에는 '앓다'가 어울립니다.

6 ⑤의 '짧다'가 바르게 쓰였습니다. '짧다'를 소리 나는 대로 쓰거나 'ㄼ' 받침 중에서 자음자를 하나만 쓰지 않도록 주의합니다.

> **왜** 답이 아닐까?
>
> ① '박다'는 '밝다'로 고쳐 써야 합니다.
> ② '달다'는 '닳다'로 고쳐 써야 합니다.
> ③ '업다'는 '없다'로 고쳐 써야 합니다.
> ④ '닥'은 '닭'으로 고쳐 써야 합니다.

7 참외씨는 탈출해서 달리다가 먼지 할아버지를 만났습니다.

8 참외씨의 꿈은 흙 속에 들어가서 달고 맛있는 참외가 되는 것이라고 하였습니다.

9 먼지 할아버지는 세상은 아주 넓고 위험하기 때문에 참외가 되는 것이 쉽지 않다고 말했습니다.

10 겹받침이 있는 낱말에 주의하여 '흙 속에'는 [흑쏘게]로 읽어야 합니다.

> **더** 알아보기
>
> 낱말의 받침에 자음자가 두 개 있어도 하나만 소리 나므로 '흙'은 [흑]으로 발음합니다. 'ㄺ'은 낱말의 끝이나 자음 앞에서는 [ㄱ]으로 발음하지만, '맑게'[말께]와 같이 'ㄱ' 앞에서는 [ㄹ]로 발음합니다.

11 글의 첫 번째 문장만으로 글쓴이가 하고 싶은 말을 찾을 수는 없습니다.

> **더** 알아보기
>
> **글쓴이가 하고 싶은 말을 찾는 방법**
> • 글의 제목이 무엇인지 살펴봅니다.
> • 글쓴이가 글을 쓴 까닭이 무엇인지 찾아봅니다.
> • 글쓴이가 누구인지 알고 글쓴이가 하고 싶은 말을 찾아봅니다.

12 다니엘이 할머니 집에 갈 때면 이웃들은 "멋진 날 보내렴!" 하고 인사합니다.

13 다니엘은 산체스 부인, 에마 누나, 안전 요원에게 어떤 날이 좋은 날인지를 물었습니다.

14 에마 누나는 바람이 씽씽 불어서 연 날리기 좋은 날이 멋진 날이라고 하였습니다. 인물의 생각을 알기 위해서는 인물이 한 말과 행동을 살펴보아야 합니다.

15 **1단계** 서연이는 물건을 쓰고 나서 제자리에 두지만 동생은 물건을 쓰고 나서 아무 데나 둔다고 하였습니다.

> **채점 기준**
>
> | 상 | 서연이와 동생의 습관을 각각 알맞게 찾아 썼습니다. |
> | --- | --- |
> | 중 | 서연이와 동생의 습관 중에서 한 가지만 알맞게 썼습니다. |
> | 하 | 서연이와 동생의 습관을 모두 알맞게 쓰지 못했습니다. |

2단계 제목인 '사용한 물건을 제자리에 두자'와 서연이가 글을 쓴 까닭을 살펴보면 하고 싶은 말을 찾을 수 있습니다.

> **채점 기준**
>
> | 상 | 서연이가 하고 싶은 말을 알맞게 파악하여 썼습니다. |
> | --- | --- |
> | 중 | 서연이가 하고 싶은 말은 파악했으나 문장으로 쓰는 못했습니다. |
> | 하 | 서연이가 하고 싶은 말을 파악하지 못하여 알맞게 쓰지 못했습니다. |

개념북
2
단원

3. 그림일기를 써요

1회 교과서 학습   46~49쪽

개념 확인 (1) ✕ (2) ◯
1 ①   **2** (2) ◯ (3) ◯   **3** ②, ④   **4** ④   **5** ①
6 탐험가   **7** (1) 듣는 사람 (2) 펴고   **8** 예 바르게
서서 또박또박 말합니다.   **9** (2) ◯   **10** ④
11 (1) ㉯ (2) ㉰ (3) ㉮   **12** 도연

개념 확인 (1) 발표할 때에는 알맞은 크기의 목소리로 또박
또박 말합니다.
  (2) 발표를 들을 때에는 말하는 사람을 바라봅니다.

1 여자아이는 달리기했던 일을 그림일기로 썼습니다.

2 그림 ❶에서 여자아이는 말끝을 흐리고 있으며, 남자
아이의 생각으로 보아 여자아이의 목소리가 작아서
제대로 알아듣지 못했을 것입니다.

3 그림 ❷의 여자아이처럼 바른 자세로 발표하면 말하
는 사람은 뜻을 잘 전할 수 있고, 듣는 사람은 뜻을
알아듣기 쉽습니다.

4 재미있었던 일을 혼자 떠올려 보는 것은 자신이 경험
한 일을 표현하는 방법으로 알맞지 않습니다.

5 그림 ❸에서 현우는 발표하기 전에 말할 내용에 대해
생각했습니다.

6 현우는 탐험가가 되어 북극을 탐험해 보고 싶다고 발
표했습니다.

7 현우는 듣는 사람을 바라보며 허리를 펴고 바르게 서
서 말했습니다.

8 바른 자세로 발표하는 방법을 떠올려 씁니다.

> **채점 기준**
> 바른 자세로 발표하는 방법을 알고 알맞게 썼으면 정답
> 으로 합니다.

9 두 친구는 말하는 사람을 바라보며 바른 자세로 듣고
있습니다.

10 ㉠의 친구는 궁금한 점을 생각하며 발표를 듣고 있습
니다.

11 발표를 들을 때에는 시끄럽게 떠들거나 딴짓하지 말
고 말하는 사람을 바라보며 들어야 합니다.

12 발표를 들을 때에는 궁금한 점을 생각하며 듣는 것이
좋습니다.

2회 교과서 학습   50~53쪽

개념 확인 (1) ✕ (2) ◯
1 (1) ㉰ (2) ㉯ (3) ㉮   **2** (2) ✕   **3** 재진   **4** ②
5 ②   **6** ①, ②, ⑤   **7** ㉠   **8** ②, ③   **9** ①
10 ⑤   **11** 희진   **12** 예 줄다리기 시합에서 우리
반이 1등해서 기뻤던 일이

개념 확인 (1) 경험한 일을 발표할 때에는 자신이 경험한 일
가운데 기억에 남으면서 자세히 말할 수 있는 한 가
지를 정해 말합니다.
  (2) 경험한 일을 발표할 때에는 발표할 내용을 문장으
로 정리하여 바른 자세로 발표합니다.

1 그림 ❶은 아침에 일어난 일, 그림 ❷는 된장찌개를
먹은 일, 그림 ❸은 친구를 만난 일을 떠올린 장면입
니다.

2 자신이 경험한 일 가운데에서 발표할 내용을 정하려
면 자세히 말하고 싶은 일 한 가지를 정합니다.

3 미연이는 내일 하기로 한 일을 말하고 있습니다.

4 발표할 때에는 떠오르는 생각을 전부 말하는 것이 아
니라 발표하기 전에 미리 정리한 내용을 말해야 합
니다.

5 선생님께서는 현장 체험 학습 준비물을 안내하기 위
해 집중해서 잘 들으라고 하셨습니다.

6 선생님께서 현장 체험 학습 준비물로 통에 먹을 만큼
만 담은 과자와 돗자리, 물을 말씀하셨습니다.

7 ㉠의 친구는 바른 자세로 앉아서 선생님을 바라보며
듣고 있습니다.

8 여럿이 함께 들을 때에는 말하는 사람을 바라보고,
바른 자세로 앉아 잘 들어야 합니다.

9 그림 ❶의 친구들은 입학식을 하고 있습니다.

10 그림 ❷는 현장 체험 학습에서 옛날 우리나라 사람들
이 쓰던 물건을 보았던 일을 떠올린 것입니다.

11 그림 ❸은 체육 대회에서 있었던 일을 소개하는 것이
알맞습니다.

12 우리 반에서 함께한 일 가운데 기억에 남는 일을 떠
올려 씁니다.

> **채점 기준**
> 학교에서 우리 반 선생님과 친구들이 함께한 일 가운데
> 기억에 남는 일을 썼으면 정답으로 합니다.

개념 확인 (1) × (2) ○

1 ㉰ **2** 예 사과를 딴 **3** (1) ○ **4** 날씨 **5** ④,
⑤ **6** ② **7** (2) ○ **8** (2) ○ **9** 현아 **10** (1) ㉮
㉰ (2) ㉯, ㉱ **11** ①, ②, ③ **12** 날짜와 요일, 날
씨, 그림, 기억에 남는 일, 생각이나 느낌 **13** (1)
꿈을 (2) 물고기를 (3) 책을

개념 확인 (1) 그림일기에는 날짜와 요일, 날씨를 모두 씁니다.
(2) 그림일기에는 경험한 일에 대한 생각이나 느낌을
함께 씁니다.

1 찬호가 쓴 그림일기에는 날짜와 요일이 있어 언제 있
었던 일인지 알 수 있습니다.

2 찬호는 동생과 나무에서 사과를 딴 일을 그렸습니다.

> 채점 기준
> 그림일기를 읽고 찬호가 할머니 댁에서 동생과 함께 나
> 무에서 사과를 땄던 일을 그림으로 나타낸 것을 알고 알
> 맞게 썼으면 정답으로 합니다.

3 사과를 직접 따 보니 정말 재미있었다고 한 부분에서
찬호의 생각이나 느낌을 알 수 있습니다.

4 이 그림일기에는 날씨가 없습니다.

5 그림일기를 쓸 때에는 인상 깊었던 일을 쓰고, 경험
한 일에 대한 생각이나 느낌을 씁니다.

6 ㉮의 그림일기에는 글의 내용과 관련이 없는 그림이
그려져 있습니다.

7 ㉮에는 자신의 생각이나 느낌이 드러나도록 고쳐 써
야 합니다.

8 ㉯에서는 어머니께서 곰 인형을 사 주신 일이 그림으
로 나타나 있습니다.

9 그림일기에는 가장 기억에 남는 일을 씁니다.

10 ㉮, ㉰는 바른 자세로 말하는 방법이고, ㉯, ㉱는 바
른 자세로 듣는 방법입니다.

11 선생님께서 수업하실 때, 부모님이 말씀하실 때, 수
업 시간에 친구가 발표할 때 등 다른 사람이 말을 할
때 바른 자세로 집중하여 들어야 합니다.

12 그림일기에는 날짜와 요일, 날씨, 그림, 기억에 남는
일, 생각이나 느낌이 들어가야 합니다.

13 각 동작에 어울리는 말은 '꿈을', '물고기를', '책을'이
알맞습니다.

1 ② **2** ⑤ **3** 서준 **4** (2) ○ **5** ㉯ **6** (1) ○
7 ⑤ **8** (3) ○ **9** 예 바른 자세로 앉아서 **10** (1)
○ **11** 수현 **12** ④ **13** (2) ○ **14** ②
15 1단계 할머니 댁 2단계 예 정말 재미있었다. /
신기하고 뿌듯했다.

1 바른 자세로 발표하고 있는 것은 그림 ❷입니다.

2 그림 ❷의 여자아이는 바른 자세로 서서 말하고 있습
니다.

> 왜 답이 아닐까?
> ①, ③ 여자아이가 바닥을 보거나 고개를 숙이며 말하는
> 모습은 나타나 있지 않습니다.
> ②, ④ 그림 ❶의 여자아이가 발표하는 자세입니다.

3 바른 자세로 발표하면 말하는 사람은 뜻을 잘 전할
수 있고, 듣는 사람은 뜻을 알아듣기 쉽습니다.

4 현우는 말끝을 흐리지 않고 또박또박 말하고 있습니
다.

5 그림 ❷에서 현우는 듣는 사람을 바라보며 말하고 있
습니다.

> 더 알아보기
> **현우의 발표 자세**
> • 허리를 펴고 바르게 서서 말합니다.
> • 알맞은 크기의 목소리로 또박또박 말합니다.

6 여자아이는 그림을 그리며 딴짓을 하고 있으므로 고
쳐야 할 점으로 알맞은 것은 (1)입니다.

7 다른 사람이 발표를 하는 도중에 끼어들어 물어보면
발표하는 데에 방해가 될 수 있으므로 바르게 듣는
자세로는 알맞지 않습니다.

8 선생님께서 쓰레기를 줄이기 위해 과자는 봉지째 가져
오지 말고 통에 먹을 만큼만 담아 오라고 하셨습니다.

9 친구는 바른 자세로 앉아 선생님을 바라보며 잘 듣고
있습니다.

> 채점 기준
> 다른 사람의 말을 들을 때의 바른 자세를 알고 알맞게 썼
> 으면 정답으로 합니다.
> 이런 답도 가능해!
> • 말하는 사람을 바라보며
> • 딴짓하지 않고 집중해서
> • 듣는 사람을 방해하지 않고

개념북

3 단원

10 그림은 입학식을 했던 일을 그린 것입니다.

11 학교에서 있었던 일을 알맞게 떠올린 친구는 수현이입니다.

12 이 그림일기에는 날씨가 빠져 있습니다.

13 그림일기에는 오늘 한 일을 전부 쓰는 것이 아니라 가장 기억에 남는 일을 떠올려 자신의 생각과 느낌을 함께 써야 합니다.

14 그림일기에는 학교에서 배운 내용을 쓰는 것이 아니라 경험한 일이 잘 드러나게 써야 합니다.

15 **1단계** 찬호는 할머니 댁에 놀러 가서 있었던 일을 그림일기에 썼습니다.

채점 기준	
상	찬호가 할머니 댁에 놀러 갔다는 내용을 파악하여 알맞게 썼습니다.
하	찬호가 할머니 댁에 놀러 갔다는 내용을 파악하지 못하여 알맞게 쓰지 못하였습니다.

2단계 사과를 직접 따 본 찬호의 마음이 어땠을지 생각이나 느낌을 알맞게 떠올려 씁니다.

채점 기준	
상	찬호가 동생과 함께 사과를 직접 땄을 때 어떤 생각이나 느낌이 들었을지 떠올려 알맞게 썼습니다.
중	찬호가 동생과 함께 사과를 직접 딴 상황과 어울리지 않는 생각이나 느낌을 썼습니다.
하	찬호가 동생과 함께 사과를 직접 땄을 때 느꼈을 생각이나 느낌을 전혀 떠올리지 못했습니다.

4. 감동을 나누어요

개념 확인 (1) ✕ (2) ◯

1 ①, ②   **2** ②   **3** (1) ④ (2) ㉮   **4** (1) ◯   **5** (1) ㉮ (2) ④   **6** (1) ㉠ (2) ㉡   **7** ㉮, ㉰, ④   **8** 나영
9 ①, ⑤   **10 예** 맷돌을 훔치려고 할 것입니다.
11 (1) ◯   **12** 어느 날 아침

개념 확인 (1) 이야기를 들을 때 등장하는 인물을 알면 누가 무엇을 했는지 정리하기 쉽습니다.
(2) 인물의 생각이나 말, 행동을 살펴보면 누가 무엇을 했는지 알 수 있습니다.

1 글 ❶에는 '나'와 친구 서윤이가 등장합니다.

2 '나'는 미역을 가장 싫어하기 때문에 미역으로 만든 음식인 미역무침을 먹지 않았습니다.

3 서윤이는 '나'에게 미역무침을 먹어 보라고 말하며 미역무침을 맛있게 먹었습니다.

4 '나'는 서윤이가 미역무침을 맛있게 먹는 모습을 보고도 미역무침을 먹을 용기가 나지 않아 고개를 절레절레 저었습니다.

5 미역무침을 먹기 전에는 용기 내어 먹어 보겠다고 생각하였고, 미역무침을 먹은 후에는 다른 새로운 음식 먹기에 도전해 봐야겠다고 생각하였습니다.

6 선생님께서는 '나'에게 반찬을 골고루 잘 먹는다고 칭찬해 주시며 박수도 쳐 주셨습니다.

7 인물의 생각이나 말, 행동을 살펴보고 일어난 일을 차례대로 정리합니다.

8 이 글은 싫어하는 음식을 용기 내어 먹어 본 일에 대한 이야기입니다.

9 사람들은 임금님이 신기한 맷돌을 가지고 있으며, 맷돌이 있으면 귀한 물건을 많이 얻을 수 있다고 말하였습니다.

10 | 채점 기준 |
|---|
| 도둑이 맷돌을 훔치려고 한다는 내용을 썼으면 정답으로 합니다. |

11 사람들이 소리 내어 한 말이므로 큰따옴표가 들어가야 합니다.

12 ㉠에서 시간을 나타내는 말은 '어느 날 아침'입니다.

개념 확인 (1) × (2) ○

1 ⑤　**2** ④　**3** (2) ○　**4** ㉰, ㉮, ㉯　**5** ③　**6** ④

7 ⑤　**8** (1) [　'　'　]　(2) [　"　"　]　**9** (1) ㉮

(2) ㉯　**10** ⑤　**11** (1) 아침 일찍 (2) 이튿날 (3) 며칠 뒤

개념 확인 (1) '어느 날 아침'처럼 시간을 나타내는 말은 일이 일어난 때를 알려 줍니다.

(2) 시간을 나타내는 말을 생각하면서 글을 읽으면 일이 일어난 차례를 알 수 있습니다.

1 맷돌을 훔친 도둑은 배를 타고 바다 건너 멀리 도망가려고 하였습니다.

2 도둑은 배 안에 소금이 쌓여 배가 기우뚱거리자 너무 놀라 무슨 말을 해야 하는지 잊어버려서 맷돌과 함께 바닷속에 가라앉았습니다.

3 '믿을 수 없을 정도로 놀라운.'은 '신기한'의 뜻입니다.

4 시간을 나타내는 말은 '저녁', '깊은 밤', '어느 날 아침'입니다. 이야기의 흐름을 생각하여 일이 일어난 차례를 정리합니다.

5 양치기 소년은 마을 사람들에게 늑대가 나타났다고 거짓말을 하였습니다.

6 양치기 소년은 심심해서 늑대가 나타났다고 거짓말을 하는 장난을 쳤습니다.

7 늑대가 나타났다는 양치기 소년의 말에 마을 사람들은 깜짝 놀라 뛰어왔다가, 양치기 소년의 말이 거짓말이었다는 것을 알고 그냥 돌아갔습니다.

8 ⑴은 양치기 소년이 마음속으로 한 말이므로 작은따옴표를, ⑵는 양치기 소년이 소리 내어 한 말이므로 큰따옴표를 씁니다.

9 양치기 소년은 거짓말로 늑대가 나타났다고 소리쳤고, 마을 사람들은 양치기 소년의 말이 거짓말이라는 것을 알고 화를 냈습니다.

10 양치기 소년이 늑대가 나타났다는 거짓말을 여러 번 했기 때문에 마을 사람들은 양치기 소년이 또 거짓말을 한다고 생각하였습니다.

11 　채점 기준
시간을 나타내는 말 '아침 일찍', '이튿날', '며칠 뒤'를 모두 썼으면 정답으로 합니다.

개념 확인 (1) × (2) ○

1 ②　**2** ㉮, ㉯, ㉰, ㉱　**3** 예온　**4** 일어난 일

5 ②, ④　**6** ④　**7** ㉮, ㉰, ㉱, ㉯　**8** 예 아기 거북이 다시 가족을 만나는 장면이 감동적이었습니다.

9 (1) ○　(2) ○　**10** ㉰, ㉯　**11** ④, ⑤　**12** 리아

13 ㉯

개념 확인 (1) 인물이 어떤 말과 행동을 하는지 알기 위해 인물의 표정과 몸짓을 자세히 살펴보아야 합니다.

(2) 만화 영화를 보고 재미있거나 감동적인 장면에 대해 생각이나 느낌을 나누면 내용에 대해 더 잘 이해할 수 있습니다.

1 장면 ❶~❻에 나오는 인물은 아이쿠, 카르망 콩드 백작, 비비, 할머니입니다.

2 누가 무엇을 했는지 살펴보고 일어난 일을 차례대로 정리해 봅니다.

3 아이쿠에게 꽃을 선물 받고 이상한 반응이 생겨 뛰어나간 인물은 카르망 콩드 백작입니다.

4 만화 영화에서 일어난 일을 차례대로 정리한 후에 생각이나 느낌을 나눕니다.

5 등장인물은 까투리 가족(엄마 까투리, 마지, 두리, 세찌, 꽁지)과 아기 거북입니다.

6 아기 거북은 혼자 뒤늦게 알에서 깨어나 다른 아기 거북들을 따라가지 못하고 까투리 가족을 따라 까투리 가족의 집으로 갔습니다.

7 만화 영화에서 일어난 일을 생각하며 일이 일어난 차례를 정리해 봅니다.

8 　채점 기준
인물이 겪은 일을 알맞게 떠올려 재미있거나 감동적인 장면에 대해 썼으면 정답으로 합니다.

9 이야기에서 누가 무엇을 했는지 알기 위해서는 인물이 한 생각이나 말, 행동을 살펴보아야 합니다.

10 「흥부 놀부」 이야기의 내용을 떠올리며 일이 일어난 차례를 정리해 봅니다.

11 다른 사람의 생각이나 느낌을 존중하며 자신이 직접 느낀 점을 말해야 합니다.

12 리아는 만화 영화를 보고 술래잡기하고 싶다는 생각이 들었다고 말하였습니다.

13 '닦습니다'는 수지의 움직임을 나타내는 말입니다.

1 점심시간 **2** 서윤(이) **3** ⑤ **4** 장난 **5** ⌜ ˝ ⌟ **6** (1) ⓷ (2) ㉮ **7** ㉮, ㉰, ㉯ **8** (2) ○ **9** ②, ③, ④ **10** (1) 1 (2) 3 (3) 2 (4) 4 **11** ⓔ 아이쿠가 카르망 콩드 백작을 할머니라고 부르는 장면이 재미있었습니다. **12** 거북알 **13** 공놀이, 미끄럼틀 타기 **14** 예진 **15** ❶단계 저녁, 깊은 밤 ❷단계 (1) 저녁 (2) ⓔ 궁궐로 숨어들었습니다. (3) 깊은 밤 (4) ⓔ 맷돌에서 소금이 나오게 하였습니다.

1 이 글은 오늘 점심시간에 급식 반찬으로 미역무침이 나온 후 일어난 일입니다.

> **더 알아보기**
>
> 이야기에서 '누가', '무엇을 했는지'와 함께 '언제', '어디에서' 일어난 일인지 살펴보는 것도 이야기의 내용을 이해하는 데에 도움을 줍니다.

2 서윤이는 '나'에게 새콤달콤한 맛이 좋다며 미역무침을 한번 먹어 보라고 말하였습니다.

3 미역무침을 먹기 싫어했던 '나'는 용기 내어 미역무침을 먹어 보았습니다.

> **왜 답이 아닐까?**
>
> ① '나'는 서윤이를 칭찬하지 않았습니다. 칭찬하는 행동을 한 인물은 선생님입니다.
> ② '나'는 눈을 질끈 감고 미역무침을 먹어 보았으나, 눈물을 흘리지는 않았습니다.
> ④ '나'는 미역무침을 조금 먹어 보았더니 생각보다 맛이 좋아서 미역무침을 모두 다 먹었습니다.

4 풀밭에 벌렁 드러누운 양치기 소년은 심심해서 장난을 치고 싶었습니다.

5 인물이 소리 내어 한 말을 나타낼 때 쓰는 큰따옴표를 바르게 씁니다.

> **더 알아보기**
>
> 인물이 마음속으로 한 말을 나타낼 때에는 작은따옴표를 씁니다.

6 글 ⓷에서 시간을 나타내는 말은 '이튿날'이고 글 ⓸에서 시간을 나타내는 말은 '며칠 뒤'입니다.

> **더 알아보기**
>
> '시간을 나타내는 말'은 일이 일어난 때를 알려 주는 말입니다.

7 이야기의 흐름을 생각하며 일이 일어난 차례를 정리해 봅니다.

> **더 알아보기**
>
> 시간을 나타내는 말을 살펴보면 일이 일어난 차례를 정리하는 데 도움이 됩니다.

8 장면 ❸에서 할머니 댁에 도착한 아이쿠는 할머니로 변장한 카르망 콩드 백작을 만나 할머니께 드리려던 꽃을 주었습니다.

9 장면 ❹에서 꽃을 받은 카르망 콩드 백작은 몸이 가려워지고, 콧물을 흘리며 기침과 재채기를 하였습니다.

10 할머니 댁에 가기로 한 아이쿠는 비비와 꽃을 따서 할머니로 변장한 카르망 콩드 백작에게 꽃을 주었고, 꽃을 선물 받은 카르망 콩드 백작은 이상한 반응이 생겨 도망갔습니다.

11 만화 영화를 보며 재미있게 느껴졌던 장면을 떠올려 씁니다.

> **채점 기준**
>
> 인물이 겪은 일을 알맞게 떠올려 재미있게 느낀 장면에 대해 썼으면 정답으로 합니다.

12 가족과 함께 바닷가에서 놀던 꽁지는 거북알을 발견하였습니다.

13 아기 거북은 마지, 두리, 세찌, 꽁지와 미끄럼틀도 타고 공놀이도 하며 재미있게 놀았습니다.

14 까투리 가족은 뒤늦게 알에서 깨어난 아기 거북을 친절하게 대해 주고 재미있게 놀아 주었습니다. 그러므로 알맞게 말한 친구는 예진입니다.

15 ❶단계 시간을 나타내는 말은 '저녁'과 '깊은 밤'입니다.

> **채점 기준**
>
> 시간을 나타내는 말인 '저녁'과 '깊은 밤'을 모두 썼으면 정답으로 합니다.

❷단계 저녁이 되자 도둑은 궁궐로 숨어들었고, 깊은 밤 모두 잠든 사이 몰래 맷돌을 훔쳐 맷돌에서 소금이 나오게 하였습니다.

> **채점 기준**
>
> | 상 | 시간을 나타내는 말을 모두 찾아 쓰고, 일어난 일을 알맞게 썼습니다. |
> |---|---|
> | 중 | 시간을 나타내는 말과 일어난 일 중에서 한 가지만 썼습니다. |
> | 하 | 시간을 나타내는 말과 일어난 일을 모두 쓰지 못하였습니다. |

5. 생각을 키워요

개념 확인 (1) ○ (2) ✕

1 ②   **2** (1) 첫 자음자 (2) 받침 (3) 모음자   **3** 예 받침만 다르기 때문입니다.   **4** (1) ○   **5** ④   **6** 세종 대왕   **7** ㉤   **8** (1) ○   **9** ③   **10** (1) ㉤ (2) ㉰ (3) ㉮   **11** 발, 벌   **12** ㉮

개념 확인 (1) 낱말을 이루고 있는 모음자 하나만 달라져도 글자의 모양과 소리가 달라집니다.
(2) 낱말을 이루고 있는 받침 하나만 바꾸어도 뜻이 다른 새로운 낱말을 만들 수 있습니다.

1 '파'와 '나'는 첫 자음자만 다르고 모음자가 같아서 모양이 비슷합니다.

2 '금'과 '음'은 첫 자음자가 다르고, '란'과 '람'은 받침이 다르고, '주'와 '지'는 모음자가 다른 글자입니다.

3 두 글자는 서로 받침만 달라 모양이 비슷합니다.

> **채점 기준**
> 두 글자가 서로 첫 자음자와 모음자는 같고, 받침만 다른 것을 알고 알맞게 썼으면 정답으로 합니다.

4 읽고 싶은 책을 고를 때에는 책의 제목을 살펴봅니다.

5 옛날에 백성은 한자로 된 글을 읽고 쓸 줄 몰라 억울한 일을 당했다고 하였습니다.

6 세종 대왕이 1443년에 한글을 만들었습니다.

7 세종 대왕은 백성이 쉽게 배우고 쓸 수 있는 글자가 필요해서 한글을 만들었습니다.

8 한글이 만들어진 뒤에 백성은 글을 쉽게 읽고 쓸 수 있게 되었을 것입니다.

9 글자 '달'은 첫 자음자 'ㄷ', 모음자 'ㅏ', 받침 'ㄹ'로 이루어졌습니다.

10 글자 '달'에서 첫 자음자를 바꾸어 '발', '발'에서 모음자를 바꾸어 '별', '별'에서 받침을 바꾸어 '벽'이 되었습니다.

11 '볼'의 모음자를 바꾸어 만든 낱말은 '발'과 '벌'입니다.

12 한글은 낱말을 이루고 있는 첫 자음자, 모음자, 받침 가운데에서 하나만 달라져도 글자의 모양과 소리, 뜻이 달라집니다.

개념 확인 (1) ✕ (2) ○

1 책   **2** ③   **3** (3) ○   **4** 예준   **5** (1) ○   **6** 예 책을 읽는 것이 재미있었기   **7** ㉤   **8** 아진   **9** ②   **10** ③   **11** ㉮   **12** (3) ○

개념 확인 (1) 책에서 재미있는 부분을 찾을 때에는 기억에 남는 장면, 자신의 경험과 비슷한 장면, 감동적인 장면 등을 떠올립니다.
(2) 책에서 재미있는 부분을 찾아 자신의 생각이나 느낌을 친구들과 이야기하며 흥미를 느낄 수 있습니다.

1 몽키는 책을 들고 있습니다.

2 동키가 사진을 찍을 수 있냐고 물어본 적은 없습니다.

3 동키는 책으로 무엇을 할 수 있는지 궁금하여 몽키에게 질문하였을 것입니다.

4 책으로는 글을 읽으면서 재미있는 장면을 떠올릴 수 있습니다.

5 몽키는 책이라서 별명이 없어도 된다는 뜻으로 말했습니다.

6 동키는 책을 읽는 것에 흥미를 느꼈기 때문에 몽키에게 책을 돌려주지 않으려고 했습니다.

> **채점 기준**
> 동키가 책을 읽는 것이 재미있어서 몽키에게 책을 돌려주지 않으려고 했던 것을 떠올려 썼으면 정답으로 합니다.
> **이런 답도 가능해!**
> • 책에 흥미를 느꼈기 때문입니다.
> • 책을 더 읽고 싶었기 때문입니다.

7 동키는 처음에 책을 궁금해 했다가 점점 책에 흥미를 가지며 몽키의 책을 오랫동안 읽었습니다.

8 동키와 몽키가 서로 책을 바꿔 읽으며 이야기하는 장면은 이 글에서 찾을 수 없습니다.

9 이 글에서 설명하고 있는 곳은 우주입니다.

10 우주에서는 모든 것들이 둥둥 떠다닌다고 하였습니다.

11 우주에서는 물건이 둥둥 떠다니면 다치거나 위험해질 수 있기 때문에 물건을 묶거나 어딘가에 붙여 두어야 한다고 했습니다.

12 이 글은 우주에서 모든 것이 둥둥 떠다닌다는 내용이므로 (3)이 알맞은 생각이나 느낌입니다.

개념 확인 (1) ○ (2) ✕

1 (2) ○ **2** ⑤ **3** (3) ○ **4** 성찬 **5** ⑤ **6** 예 뿌듯한 **7** ㉰, ㉱, ㉮ **8** 지민 **9** 받침 **10** ㉯

11 (2) ○ **12** ④ **13** (1) ㉰ (2) ㉱ (3) ㉮ (4) ㉯

1 ① **2** 첫 자음자 **3** 한글 **4** 찬솔 **5** (1) ○

6 ④ **7** (2) ○ **8** (1) ○ **9** 은서 **10** ⑤ **11** 예 둥둥 떠다니는 느낌이 궁금해서 우주에 꼭 가 보고 싶어. **12** 있다고 **13** 노력 **14** (1) ㉯ (2) ㉮

15 ❶단계 ㅂ ❷단계 예 모음자, 예 복

개념 확인 (1) 글을 읽을 때에는 글쓴이의 마음을 짐작할 수 있는 부분을 찾아 마음을 짐작합니다.

(2) 글쓴이가 한 일이나, 글쓴이의 생각이나 느낌에 대한 자신의 생각이나 느낌을 떠올리며 글을 읽습니다.

1 '내'가 훌라후프를 돌리면 금방 뚝 떨어진다고 하였습니다.

2 '나'는 훌라후프로 운동하는 시간이 싫고 두려워서 "어휴."라고 말했을 것입니다.

3 '나'는 훌라후프를 떨어뜨리지 않고 잘 돌리는 친구들을 보면서 신기하고 부러운 마음이었을 것입니다.

4 혼자만 훌라후프를 잘 돌리지 못해서 속상한 '나'와 비슷한 경험을 말한 친구는 성찬이입니다.

5 '나'는 훌라후프를 잘 돌리고 싶어서 훌라후프가 있다고 생각하면서 허리를 이리저리 움직였습니다.

6 선생님께 칭찬을 받은 '나'는 기쁘고 뿌듯한 마음이 들었을 것입니다. 또한 더 잘하고 싶은 마음이 들었을 수도 있습니다.

> 채점 기준
> 선생님께 칭찬을 받은 '나'의 마음이 어떠할지 떠올려 썼으면 정답으로 합니다.

7 '나'에게 일어난 일을 차례대로 정리하면 ㉰ → ㉱ → ㉮ → ㉯입니다.

8 지민이는 '내'가 훌라후프가 있다고 생각하면서 허리를 돌린 일에 대한 생각이나 느낌을 알맞게 떠올렸습니다.

9 '동'과 '돌'은 받침이 서로 다른 글자입니다.

10 도토리와 밤은 겨울철 야생 동물의 먹이라고 하였고, 다람쥐에게 도토리를 돌려주라고 하였으므로 생각이나 느낌을 알맞게 떠올린 것은 ㉯입니다.

11 세종 대왕이 1443년에 읽을 때 소리가 나는 모양을 그대로 따라서 만든 글자는 '한글'입니다.

12 '물'에 쓰인 첫 자음자를 바꾸어 만든 낱말은 '불'입니다.

13 종이는 '장', 연필은 '자루', 수박은 '통', 자동차는 '대'로 셉니다.

1 그림에서 '란'과 모양이 비슷한 글자는 '간'입니다.

2 '란'과 '간'은 서로 첫 자음자만 다른 글자입니다.

> 더 알아보기
> **글자 '간'과 '란'이 모양이 비슷한 까닭**
> 글자 '간'과 '란'은 모음자 'ㅏ'와 받침 'ㄴ'이 같고, 첫 자음자만 'ㄱ'과 'ㄹ'로 서로 다르기 때문에 모양이 비슷한 글자입니다.

3 세종 대왕은 백성을 생각하는 마음으로 한글을 창제하였습니다.

4 세종 대왕은 백성이 글을 쉽게 배우고 매일 쓰며 삶이 편안해지기를 바라는 마음으로 한글을 만들었다고 하였으므로 한글이 만들어진 까닭을 알 수 있습니다.

> 왜 답이 아닐까?
> 하은: 한글은 세종 대왕이 만들었다고 하였습니다.
> 율이: 한글은 1443년에 만들어졌다고 하였습니다.

5 '벽'은 '별'에서 받침만 바꾼 글자입니다.

6 '병'은 '별'에서 모음자가 아니라 받침을 바꾼 글자입니다.

7 한글은 낱말을 이루고 있는 첫 자음자, 모음자, 받침 가운데에서 하나만 달라져도 글자의 모양과 소리, 뜻이 달라집니다.

8 동키가 가져간 것은 책이므로 충전할 필요가 없습니다.

9 동키가 책을 잘 몰라서 책으로 스크롤은 어떻게 하는지, 게임할 수 있는지를 물어보는 장면이 재미있게 느껴질 수 있습니다.

> 왜 답이 아닐까?
> 지호: 동키가 몽키의 책을 가져가서 시간 가는 줄 모르고 오랫동안 책을 읽었다고 하였으므로 끝까지 책에 흥미를 느끼지 못했던 것이 아닙니다.

10 우주에서는 물건이 둥둥 떠다녀서 다치거나 위험해질 수 있으므로 물건을 묶거나 어딘가에 붙여 두어야 합니다.

11 이 글에서 설명하고 있는 우주에 대한 생각이나 느낌을 떠올려 씁니다.

> **채점 기준**
> 글을 읽고 우주에서는 모든 것들이 둥둥 떠다닌다는 내용을 이해하고 생각이나 느낌을 알맞게 떠올려 썼으면 정답으로 합니다.
>
> **이런 답도 가능해!**
> • 모든 것들이 둥둥 떠다니는 우주가 신기해.
> • 우주에서 물건들이 떠다니는 모습이 궁금해.

12 '나'는 훌라후프가 있다고 생각하면서 허리를 이리저리 움직였습니다.

13 선생님께서는 훌라후프 돌리기를 포기하지 않고 노력하는 '나'의 모습이 기특하다며 칭찬해 주셨습니다.

14 '나'는 글 **가** 에서는 훌라후프를 잘 돌리는 친구들이 신기하고 부러운 마음, 글 **나** 에서는 선생님께 칭찬을 받아 뿌듯하고 기쁜 마음이었을 것입니다.

15 **1단계** ②의 글자와 ③의 '별'은 서로 모음자만 다르고, 첫 자음자와 받침이 같아야 하므로 빈칸에 들어갈 자음자는 'ㅂ'입니다.

> **채점 기준**
> | 상 | ②의 글자와 ③의 '별'이 서로 모음자만 다른 것을 알고 빈칸에 들어갈 자음자를 알맞게 썼습니다. |
> |---|---|
> | 하 | ②의 글자와 ③의 '별'이 서로 모음자만 다른 것을 이해하지 못하여 빈칸에 들어갈 자음자를 쓰지 못했습니다. |

2단계 '벽'의 첫 자음자, 모음자, 받침 가운데에서 하나만 바꾸어 다른 낱말을 만들어 씁니다.

> **채점 기준**
> | 상 | 첫 자음자 'ㅂ', 모음자 'ㅕ', 받침 'ㄱ' 중에 하나를 바꾸어 새로운 낱말을 알맞게 만들었습니다. |
> |---|---|
> | 중 | 첫 자음자 'ㅂ', 모음자 'ㅕ', 받침 'ㄱ' 중에 둘 이상을 바꾸어 새로운 낱말을 만들었거나, 받침 'ㄱ'을 바꾸어 다시 ③의 글자와 같은 '별'을 썼습니다. |
> | 하 | '벽'에서 아무것도 바꾸지 못하여 새로운 낱말을 만들지 못했습니다. |
>
> **이런 답도 가능해!**
> • '첫 자음자'를 바꾸면 '역'이 됩니다.
> • '모음자'를 바꾸면 '북'이 됩니다.
> • '받침'을 바꾸면 '병'이 됩니다.

6. 문장을 읽고 써요

1회 교과서 학습　　　100~103쪽

> **개념 확인** (1) ○ (2) ×
> **1** ② **2** ⑤ **3** ❷ **4** (1) 끝난 (2) 밖에 있는 쓰레기통 **5** ② **6** (1) 발명 (2) 발견 **7** 지유 **8** 예 종이를 뒤집어서 쓰면 좋겠어요. **9** (1) ㉮ (2) ㉯ **10** (2) ○ **11** 유나 **12** (2) ○ (3) ○

개념 확인 (1) 생각을 문장으로 나타낼 때에는 문제 상황을 살펴보고 어떻게 행동하면 좋을지, 그렇게 생각한 까닭은 무엇인지 생각해 봅니다.
(2) 문제 상황에 대한 생각과 까닭을 자세하게 써야 합니다.

1 영화관에서 영화를 보다가 잠이 든 것은 이 그림에 나타난 문제 상황으로 알맞지 않습니다.

2 영화관에서 영화에 나오는 장면을 휴대 전화로 찍는 친구에게 해 줄 말을 생각이 잘 드러나는 문장으로 표현한 것은 ⑤입니다.

3 ❷의 친구들은 영화관에서 영화를 보면서 큰 소리로 이야기하고 시끄럽게 떠들고 있습니다.

4 영화관에서 쓰레기를 아무 데나 버리는 친구에게 해 줄 말을 떠올려 문장을 완성합니다.

5 사람들은 낭비되고 있는 자원을 발견하고, 미래를 위해 그 자원을 아낄 수 있는 방법을 찾았습니다.

6 새로운 것을 발명하는 것만큼 낭비되고 있는 자원을 아끼는 방법을 발견하는 것도 중요하다는 내용을 전하고 있습니다.

7 광고에서 전하고자 하는 내용을 이해하고 자신의 생각을 자세하게 말한 친구는 지유입니다.

8
> **채점 기준**
> 종이를 아껴 쓸 수 있는 방법을 생각해 보고, 자신의 생각을 문장으로 쓰면 정답으로 합니다.

9 혼자 빛나는 것은 '별'이고, 여럿이 함께 빛나는 것은 '별자리'입니다.

10 혼자 반짝 빛날 수 있는 일과 여럿이 함께 반짝반짝 빛날 수 있는 일이 모두 중요하다고 말하고 있습니다.

11 자신의 생각이 잘 드러나게 문장으로 말한 친구는 유나입니다.

12 문제 상황과 그것을 해결하는 방법이 잘 드러나게 문장으로 말한 것은 (2)와 (3)입니다.

개념 확인 (1) ✕ (2) ○

1 (1) ㉮ (2) ㉰ (3) ㉯ **2** (3) ○ **3** ㉯, ㉰ **4** (1) 못 (2) 팥 **5** (1) 꽃 (2) 맡 **6** ④ **7** ⑤ **8** (2) ○ **9** 예 끊어 읽었기 때문입니다. **10** ①, ⑤ **11** 대피 **12** 멀리 **13** ㉮

개념 확인 (1) 낱말을 소리 나는 대로만 쓰면 소리는 같지만 뜻이 다른 낱말을 바르게 구별할 수 없습니다.
(2) 글을 자연스럽게 읽으려면 문장의 내용을 생각하며 뜻이 잘 통할 수 있게, 글을 쓴 사람이 말하려는 내용이 무엇인지 떠올리며 띄어 읽어야 합니다.

1 첫 번째 그림은 '해가 뜰 때부터 질 때까지의 동안.'을 뜻하는 '낮'을 나타내고, 두 번째 그림은 '농작물이나 풀을 베는 데 쓰는 농기구.'를 뜻하는 '낫'을 나타냅니다. 세 번째 그림은 '눈, 코, 입 등이 있는 얼굴의 바닥.'을 뜻하는 '낯'을 나타냅니다.

2 '낮', '낫', '낯'은 모두 [낟]으로 소리 납니다.

3 모든 낱말을 소리 나는 대로만 쓰면 소리는 같지만 뜻이 다른 낱말을 바르게 구별할 수 없고, 읽는 사람이 뜻을 알기 어렵습니다.

4 (1)은 '못', (2)는 '팥'을 나타내는 그림입니다.

5 '꽃'과 '맡'이 들어가야 합니다.

6 글 ❶의 앞부분에서 말하는 사람이 자신을 소방서에서 일하는 소방관이라고 하였습니다.

7 모두의 안전을 지키기 위한 방법을 알려 주는 글입니다.

8 정말 도움이 필요한 다른 사람들에게 소방관이 갈 수 없게 되기 때문에 소방서에 장난 전화를 하면 안 됩니다.

9 채점 기준
낱말마다 모두 끊어 읽었기 때문이라는 내용을 자연스러운 문장으로 썼으면 정답으로 합니다.

10 '소방 용수'라고 적힌 표지판이 있는 곳이나 도로에 빨간색으로 칠해진 곳은 소방차가 물을 끌어다 쓰는 곳이므로 주차하면 안 된다고 하였습니다.

11 불이 난 곳 근처에서 구경하지 말고 빠르게 대피하라고 부탁하였습니다.

12 건물에서 멀리 떨어진 곳으로 대피해야 한다고 하였습니다.

13 문장의 내용을 생각하며 뜻이 잘 통하게 읽은 것은 ㉮입니다.

개념 확인 (1) ○ (2) ✕

1 ⑤ **2** (3) ○ **3** 세(3) **4** 지후 **5** 머리카락 **6** (1) ㉯ (2) ㉰ (3) ㉮ **7** ①, ② **8** 예 아저씨, 머리 모양이 정말 멋져요! **9** ⑤ **10** 당황함 **11** 다미 **12** (1) 밝다, 어둡다 (2) 빠르다, 느리다

개념 확인 (1) 문장의 내용을 생각하며 읽어야 글을 바르게 띄어 읽을 수 있습니다.
(2) '누가(무엇이)'에 해당하는 말 뒤에서는 조금 쉬어 읽고, '누가(무엇이)'에 해당하는 말이 길면 한 번 더 쉬어 읽습니다.

1 아저씨는 아침이면 세수를 하고 머리 모양을 만들었습니다.

2 아저씨가 낮잠을 자는데 새들이 포르르 날아와 머리카락을 물고 가서 머리카락 한 올이 빠졌습니다.

3 아저씨는 아홉 개 남은 머리카락을 세 개씩 묶었습니다.

4 '누가'에 해당하는 말인 '아저씨는' 뒤에서 조금 쉬어 읽고, 쉼표 뒤에서도 조금 쉬어 읽습니다. 문장과 문장 사이에서는 낱말과 낱말 사이보다 조금 더 쉬어 읽습니다.

5 아저씨는 머리카락이 한 올씩 빠졌습니다.

6 아저씨는 머리카락이 여덟 개 남았을 때 가르마를 탔고, 일곱 개 남았을 때 머리카락을 꼬불꼬불 말았습니다. 머리카락이 여섯 개 남았을 때 아저씨는 머리카락을 땋았습니다.

7 아저씨는 머리카락이 빠져도 밝고 긍정적으로 생각하고, 머리 모양을 바꾸며 상황을 받아들입니다.

8 채점 기준
아저씨의 머리 모양에 대해 떠오르는 생각이나 아저씨에게 하고 싶은 말을 문장으로 썼으면 정답으로 합니다.

9 공작새는 꾀꼬리의 아름다운 목소리를 부러워해서 날마다 꾀꼬리처럼 예쁜 목소리를 달라고 빌었습니다.

10 공작새는 아름다운 깃털 대신 예쁜 목소리를 주겠다고 하자 깜짝 놀라고 당황했습니다.

11 공작새가 하고 싶은 말이 잘 드러나게 띄어 읽은 친구는 다미입니다.

12 '밝다'와 '어둡다', '빠르다'와 '느리다'는 서로 뜻이 반대인 낱말입니다. '더럽다'와 '깨끗하다'도 서로 뜻이 반대이지만 주어진 문장에는 어울리지 않습니다.

1 ㉯ **2** (1) ㉯ (2) ㉮ **3** 발명, 발견 **4** ③ **5** (1) ○ (2) ○ **6** 예 그림을 그리지 않은 부분을 찾아서 더 쓰면 좋겠어요. **7** (1) ㉮ (2) ㉯ **8** 주현 **9** (1) 낮 (2) 낫 **10** (2) ○ **11** ㉮ **12** ⑤ **13** 여덟(8) **14** 예 멋있는데? **15** 1단계 물 2단계 예 수도꼭지를 잠그면 좋겠습니다.

1 문제에 대한 생각이 잘 드러나게 문장으로 표현한 것은 ㉯입니다.

> 더 알아보기
>
> **생각을 문장으로 나타내는 방법**
> • 어떤 문제가 있는지 살펴봅니다.
> • 어떻게 행동하면 좋을지, 그렇게 생각한 까닭은 무엇인지 생각합니다.
> • 자신의 생각을 문장으로 씁니다.

2 장면 ❶에서는 자신만의 자가용을, 장면 ❷에서는 예쁜 재활용 가방을 발견했다고 하였습니다.

3 이 광고에서는 낭비되고 있는 자원을 아끼는 방법을 찾은 것을 '발견'이라는 말로 표현하였습니다.

4 여자아이는 아직 더 쓸 수 있는 종이를 버리려고 하고 있습니다.

> 왜 답이 아닐까?
>
> 여자아이가 아끼지 않고 함부로 사용하는 것은 물감이나 연필이 아닌 종이입니다.

5 종이의 빈 부분을 더 쓰거나 종이를 뒤집어서 다시 쓰는 방법으로 종이를 아껴 쓸 수 있습니다.

6 여자아이가 어떻게 행동하면 종이를 아껴 쓸 수 있을지 자신의 생각을 한 가지 떠올려 씁니다.

> 채점 기준
>
> 그림을 그리지 않은 부분을 찾아서 그림을 더 그린다는 등의 내용을 자연스러운 문장으로 썼으면 정답으로 합니다.

7 '혼자 빛날 수 있을 때'는 모두를 위해 혼자 실천하는 때이고, '여럿이 함께 빛날 수 있을 때'는 모두를 위해 힘을 모으는 때를 뜻합니다.

8 시에서 말하고자 하는 것을 완성된 문장의 형태로 알맞게 말한 친구는 주현입니다.

9 (1)은 '낮'을 나타내는 그림이고, (2)는 '낫'을 나타내는 그림입니다.

> 더 알아보기
>
> **소리는 같지만 뜻이 다른 낱말 예**
>
> | 받침이 'ㄱ'으로 소리 나는 낱말 | • 박 – 밖 • 묵다 – 묶다 |
> |---|---|
> | 받침이 'ㄷ'으로 소리 나는 낱말 | • 갔다 – 같다 • 붇다 – 붓다 |
> | 받침이 'ㅂ'으로 소리 나는 낱말 | • 업다 – 엎다 • 입 – 잎 |

10 소방관들이 위험에 처한 사람들을 도울 수 있게 소방서에 장난 전화를 하지 말아 달라고 부탁하고 있습니다.

11 문장에서 전하고자 하는 뜻이 잘 드러나도록 띄어 읽은 것은 ㉮입니다.

12 아저씨가 낮잠을 자는데 새들이 포르르 날아와 머리카락 한 올을 가지고 날아갔습니다.

13 아저씨 머리카락은 아홉 개에서 한 올이 빠져 여덟 개가 남았습니다.

14 자신이 아저씨가 되었다고 생각하고 머리카락이 한 개씩 빠지는 상황을 즐겁게 받아들이는 말을 떠올려 씁니다.

> 채점 기준
>
> 상황을 긍정적으로 받아들이는 마음이 드러나는 말을 썼으면 정답으로 합니다.
>
> 이런 답도 가능해!
> • 나쁘지 않은걸!
> • 이 머리도 훌륭하군.

15 1단계 남자아이는 수도꼭지를 잠그지 않고 물을 틀어 둔 채로 손을 씻고 있습니다.

> 채점 기준
>
> | 상 | 그림에 나타난 문제 상황을 파악하여 '물'을 정확하게 썼습니다. |
> |---|---|
> | 하 | 그림에 나타난 문제 상황을 파악하지 못하여 '물'을 쓰지 못했습니다. |

2단계 비누칠을 할 때에는 수도꼭지의 물을 잠근다는 내용을 자연스러운 문장으로 씁니다.

> 채점 기준
>
> | 상 | 1단계에서 파악한 문제 상황을 해결할 방법을 떠올린 뒤 자신의 생각을 문장으로 알맞게 썼습니다. |
> |---|---|
> | 중 | 문제 상황에 대한 자신의 생각을 썼으나 문장에 어색한 부분이 있습니다. |
> | 하 | 그림의 상황과 관련 없는 생각을 문장으로 썼습니다. |

개념북 6단원

7. 무엇이 중요할까요

개념 확인 (1) × (2) ○

1 (1) ○   **2** ⑤   **3** 수현   **4** **예** 집에 요리 만들기 재료가 배달되었는데, 엄마와 함께 거기에 있는 설명서를 따라 음식을 만든 적이 있습니다.   **5** 독도
6 (1) ㉮, ㉠, ㉣ (2) ㉯, ㉢   **7** 수민   **8** 기억
9 ②, ③, ④   **10** (1) ○ (2) ○   **11** ⑤

개념 확인 (1) 제목은 글의 전체 내용을 나타내므로 제목을 살펴보면 글에서 무엇을 설명하는지 알기 쉽습니다.
(2) 글에 여러 번 나온 낱말이나 그림 등을 살펴보면 글에서 설명하는 대상을 찾을 수 있습니다.

1 두 아이는 설명을 보고 들으며 색종이를 접고 있습니다.

2 민지가 만들기를 잘하려면 현수처럼 무엇을 어떻게 하라는 것인지에 대한 설명을 듣고 내용을 잘 이해해야 합니다.

3 수현이는 청소기를 조립하는 방법을 설명하는 글에 대한 경험을 말하였습니다.

4 **채점 기준**
어떤 것에 대해 알려 주는 글을 읽었던 자신의 경험을 문장으로 썼으면 정답으로 합니다.

5 이 글의 제목은 '독도'입니다.

6 글에서 설명하는 내용을 모두 찾아 기호를 알맞게 씁니다.

7 독도의 위치, 동도와 서도에 대해 소개하는 글입니다.

8 글 ❶에서 있었던 일을 오래 기억하려고 우리는 사진을 찍는다고 하였습니다.

9 이 글에서는 사진을 찍을 때 다른 사람의 모습을 함부로 찍거나 사진 촬영을 허락하지 않는 곳에서 사진을 찍어서는 안 되며, 다른 사람을 불편하게 해서는 안 된다고 하였습니다.

10 설명하는 대상이 무엇인지 찾기 위해서는 글의 제목을 살펴보고, 글에서 무엇을 알려 주려는지 생각해 보아야 합니다.

11 이 글의 제목과 내용을 살펴보면 사진을 예의 있게 찍는 방법을 설명하고 있다는 것을 알 수 있습니다.

개념 확인 (1) ○ (2) ×

1 (1) ㉯ (2) ㉮   **2** ⑤   **3** (2) ○   **4** 해인   **5** ②
6 ①   **7** ⑤   **8** (2) ○   **9** ④   **10** ④   **11** 당황스러움.   **12** **예** 준비물을 가져오지 못해서 당황했던 적이 있습니다.

개념 확인 (1) 겪은 일을 정리할 때에는 언제, 어디에서 있었던 일인지, 그때의 마음은 어떠했는지를 자세히 생각해 보아야 합니다.
(2) 겪은 일에 대한 마음을 표현할 때에는 최대한 자세하게 표현해야 합니다.

1 칫솔걸이는 문어의 빨판을, 낙하산은 민들레씨를 본떠 만든 물건이라고 하였습니다.

2 글 ❸에서 도꼬마리 열매에는 갈고리 모양의 가시가 많이 있어서 새나 짐승의 털에 잘 붙는다고 하였습니다.

3 이 글은 문어의 빨판, 민들레씨, 도꼬마리 열매의 가시를 본떠 만든 물건을 소개하고 있습니다.

4 해인이는 유리창에 인형을 붙일 때 사용하는 물건이 무엇을 본떠 만들었는지 알게 되었다고 하였습니다. 은성이는 글을 읽고 더 궁금한 점을 말하였습니다.

5 글 ❶에서 '나'는 책가방을 탈탈 털며 필통을 찾아 보았지만 필통을 잃어버려서 찾을 수 없었습니다.

6 '나'는 필통을 잃어버리지 않기 위해 이름표를 붙였습니다.

7 '나'는 새 필통에 이름표를 붙이며 다시는 필통을 잃어버리지 않겠다고 다짐하였습니다.

8 이야기를 읽고 겪은 일을 정리하기 위해서는 인물이 겪은 일과 비슷한 자신의 경험을 떠올리며 인물의 마음을 짐작해 봅니다.

9 쌍둥이 누나들이 "필통도 잘 다녀왔고?"라며 얄밉게 끼어들자 '나'는 눈을 흘기면서도 가방 속을 들여다보았습니다.

10 '나'는 필통은 지켰지만 알림장을 잃어버렸습니다.

11 '나'는 생각지 못하게 알림장을 잃어버려서 당황스러웠을 것입니다.

12 **채점 기준**
물건을 잃어버렸던 경험이나 당황스러웠던 경험을 문장으로 자세히 썼으면 정답으로 합니다.

개념 확인 (1) ○ (2) ✕

1 ②   **2** ③   **3** 버스, 꽃, 김밥, 술래잡기   **4** (2)
○   **5** ⑤   **6** ④   **7** (2) ○   **8** 예 신나서 노래가
절로 나왔습니다.   **9** ③   **10** 앞 글자   **11** (1) ㉯
(2) ㉮ (3) ㉭   **12** (3) ○

개념 확인 (1) 친구들에게 소개하고 싶은 겪은 일을 골라 관
련 있는 것들을 떠올려 정리한 후 글을 씁니다.
(2) 겪은 일과 그때의 마음이 잘 드러나게 글을 써야
합니다.

1 글쓴이는 수목원으로 현장 체험 학습을 갔다고 하였
습니다.

2 김밥 안에 있는 우엉이 달콤하고 짭조름했다고 하였
습니다.

3 글쓴이는 버스를 타고 수목원에 가서 나무와 꽃을 본
후, 친구들과 김밥을 나누어 먹고 술래잡기를 하였습
니다.

4 ⑴은 겪은 일을 표현한 말이므로 겪은 일에 대한 느
낌을 자세히 표현한 ⑵가 알맞습니다.

5 생각이나 느낌을 단순하게 나열하지 않고 자세하게
표현한 것은 ⑤입니다.

6 그림 속 친구는 숫자가 적힌 카드로 카드 놀이를 하
고 있습니다.

7 겪은 일을 자세하게 나타냈고, 그때의 생각이나 느낌
이 잘 드러나게 글로 썼습니다.

8 겪은 일에 어울리는 생각이나 느낌을 자세하게 써서
문장을 완성합니다.

> **채점 기준**
> 가족과 놀이공원에 가서 놀이 기구를 탔을 때의 즐거운
> 마음을 자세하게 문장으로 썼으면 정답으로 합니다.

9 경훈이는 영지에게 아나바다 행사에 같이 가자고 하
였습니다.

10 '아나바다'는 '아껴 쓰고, 나눠 쓰고, 바꿔 쓰고, 다시
쓰고'의 앞 글자만 따서 부르는 말이라고 하였습니다.

11 설명하는 내용의 뜻을 대화에서 찾아 알맞게 선으로
잇습니다.

12 겪은 일과 생각이나 느낌을 알맞게 표현한 것은 ⑶입
니다.

---

1 색종이   **2** (1) ㉯ (2) ㉮   **3** (2) ○   **4** ④   **5** 독도
6 도경   **7** (1) ○ (3) ○   **8** (초강력 끈적 대마왕)
이름표   **9** 예 알림장을 잃어버렸습니다.   **10** ⑤
11 윤호   **12** 현장 체험 학습   **13** (1) ○   **14** 나은
15 1단계 자연은 발명왕 2단계 예 자연을 본떠 만
든 물건

---

1 색종이로 한복을 접는 방법에 대해 설명하고 있습니다.

2 민지는 설명을 듣고 내용을 잘 이해하지 못하여 만들
기를 잘하지 못하였고, 현수는 설명을 듣고 내용을
잘 이해하여 만들기를 잘하였습니다.

3 설명하는 글은 어떤 대상에 대해 알려 주는 글입니다.

> **왜 답이 아닐까?**
> 편지글은 마음을 담은 글입니다.

4 글 나에서 동도에는 독도를 지키는 경비대가 있다고
하였습니다.

> **왜 답이 아닐까?**
> ① 등대는 동도에 있다고 하였습니다.
> ② 독도는 우리나라 동쪽 끝에 위치한다고 하였습니다.
> ③ 주민을 위한 숙소는 서도에 있다고 하였습니다.
> ⑤ 독도는 큰 섬 두 개와 작은 바위섬 89개로 이루어져
> 있다고 하였습니다.

5 이 글은 독도의 위치, 동도와 서도에 대해 소개하는
글입니다.

> **더 알아보기**
> 이 글은 제목에 설명하는 대상이 잘 드러나 있으며 글에
> 서 설명하는 대상이 반복적으로 나타납니다.

6 하은이는 이 글을 읽고 든 생각을 말하였습니다.

> **더 알아보기**
> 글을 읽고 알게 된 점을 말하기 위해서는 글에서 설명하
> 고자 하는 대상을 찾아야 합니다. 따라서 글의 제목을 살
> 펴보고, 글이 설명하고자 하는 대상의 어떤 내용을 소개
> 하고 있는지 소개하는 내용에 밑줄을 그으며 글을 읽습
> 니다.

7 글의 제목과 글에서 여러 번 나온 낱말을 살펴보면
글에서 무엇을 설명하는지 알 수 있습니다.

8 글 가에서 '나'는 새로 산 필통을 잃어버리지 않기 위
해 이름표를 붙였습니다.

개념북

7

단원

9 글 **나**의 마지막 문장을 통해 '내'가 알림장을 잃어버렸다는 것을 알 수 있습니다.

10 '나'는 알림장을 잃어버려서 당황스러울 것입니다.

> **더 알아보기**
>
> 인물과 비슷한 일을 겪었던 자신의 경험을 떠올리며 인물이 처한 상황과 그 상황에서 인물이 느꼈을 마음을 짐작해 봅니다.

11 소영이는 선생님께 칭찬을 받았으므로 선생님께 감사한 마음이 들었거나 기분이 좋았다고 하는 것이 알맞습니다.

> **더 알아보기**
>
> 겪은 일과 그때의 마음을 말할 때에는 언제, 어디에서 있었던 일인지, 그때의 마음은 어떠했는지 생각한 후 그때의 마음을 자세하게 표현하여 말합니다.

12 글쓴이는 수목원으로 현장 체험 학습을 다녀온 일을 글로 썼습니다.

13 글쓴이는 수목원에 가서 나무와 꽃을 보고, 할머니께서 싸 주신 김밥을 친구들과 나누어 먹고 술래잡기를 하였습니다.

14 겪은 일과 관련 있는 느낌은 자세하게 표현하는 것이 좋습니다.

> **왜 답이 아닐까?**
>
> 시우가 고쳐 말한 문장은 겪은 일과 관련 있는 느낌이 잘 드러나지 않습니다. 겪은 일과 관련 있는 느낌이 잘 드러날 수 있도록 최대한 자세하게 표현해야 합니다.

15 **1단계** 이 글의 제목은 '자연은 발명왕'입니다.

2단계 이 글은 자연을 본떠 만든 물건을 소개하고 있습니다.

8. 느끼고 표현해요

1회 교과서 학습   136~139쪽

개념 확인 (1) ○ (2) ×

1 ⑤   **2** (2) ○   **3** 예 학교에 가서 친구들을 만나고 싶기 때문입니다.   **4** (3) ○   **5** 브로콜리   **6** ⑤   **7** ④, ⑤   **8** ③   **9** ⑤   **10** 브로콜리수프   **11** 예 기분이 좋았을 것입니다.   **12** 온유

개념 확인 (1) 인물의 모습과 행동을 상상할 때에는 인물의 모습이나 행동을 나타내는 표현을 찾아보아야 합니다.
(2) 인물의 마음을 짐작하는 것은 인물의 모습과 행동을 상상하는 데에 도움이 됩니다.

1 감기에 든 '내'가 책상에 대고 재채기를 했기 때문에 책상이 감기에 들었다고 하였습니다.

2 '내'가 누워서 보았기 때문에 연필, 공책, 가방이 다 누운 것처럼 보였을 것입니다.

3

4 '나'는 감기에 걸렸으므로 힘없는 목소리가 어울리고, 학교에 가고 싶은 마음을 나타내고 있으므로 간절한 목소리가 어울립니다.

5 글 **1**의 마지막 부분에서 '내'가 브로콜리라는 것을 알 수 있습니다.

6 '나'는 아이들이 싫어하는 채소 1위에 자신이 뽑혔다는 소식을 듣고 밤새도록 펑펑 울었습니다.

7 '나'는 아이들에게 사랑받기 위해 소시지처럼 분홍색이 되어 보고, 라면처럼 파마도 해 보았습니다.

8 아이들에게 사랑받기 위해 한 행동이 하나도 효과가 없어서 '나'는 무척 속상했을 것입니다.

9 '나'는 브로콜리는 절대로 사랑받을 수 없다는 것을 깨닫고 떠나기로 결심했습니다.

10 '나'는 이별 선물로 브로콜리수프를 만들었습니다.

11

12 '나'는 사랑받는 친구들을 따라 해도 사랑받지 못했지만 브로콜리수프를 만들면서 자신이 잘하는 일을 하는 것이 좋다는 것을 깨달았습니다.

개념 확인 (1) ✕ (2) ✕

1 농부 **2** ① **3** ⑤ **4** ㉯ **5** ④ **6** ② **7** ①
8 ㉰ **9** ㉮, ㉰ **10** ④, ⑤ **11** 예 말도 한번 하고 나면 되돌리기 어렵다는 것입니다. **12** (2) ○

개념 확인 (1) 작품을 감상할 때에는 일이 일어난 차례대로 내용을 정리해야 합니다.
(2) 인물의 말이나 행동을 통해 인물의 생각을 짐작할 수 있습니다.

1 농부는 밭을 갈다가 요술 항아리를 발견했습니다.

> **왜 답이 아닐까?**
> • 대감: 농부에게서 요술 항아리를 빼앗으려는 인물입니다.
> • 원님: 농부와 대감이 판결을 내려 달라고 찾아간 인물입니다.

2 대감은 요술 항아리를 가지고 싶어서 농부에게 땅만 팔았지, 요술 항아리는 팔지 않았다고 말했습니다.

3 농부와 대감은 원님이 요술 항아리의 주인이 누구인지 올바른 판결을 내려 줄 것이라고 생각해서 원님을 찾아갔습니다.

4 대감은 농부에게서 요술 항아리를 빼앗으려고 하였습니다.

5 요술 항아리를 빼앗아 자신이 가진 것으로 보아 원님은 욕심이 많습니다.

6 요술 항아리를 가진 원님은 곧 부자가 될 것이라는 생각이 들었을 것입니다.

7 원님은 요술 항아리를 깨부수면 누가 진짜 어머니인지 알 수 있을 것이라고 생각해서 ㉡과 같이 말했습니다.

8 원님은 요술 항아리를 욕심냈다가 어머니가 여러 명이 되자 요술 항아리를 깨부숴야겠다고 생각했으므로 헛된 욕심을 가지지 말아야 한다는 것을 깨달았을 것입니다.

9 청년의 성격이 드러난 부분은 ㉮와 ㉰입니다.

10 청년은 자신의 행동이 부끄럽고 후회스러웠을 것입니다.

11 채점 기준
> 말도 한번 내뱉으면 다시는 주울 수가 없다는 내용을 쓰면 정답으로 합니다.

12 청년에게 해 줄 말로 다른 사람에 대해 함부로 이야기해서는 안 된다는 내용이 더 알맞습니다.

개념 확인 (1) ○ (2) ✕

1 이웃 **2** (1) ㉯ (2) ㉮ **3** (2) ○ **4** ⑤ **5** (1) ㉯, ㉱ (2) ㉮, ㉰ **6** 진솔 **7** ①, ② **8** ⑤ **9** ④
10 예 졸고 있는 동생의 코에 강아지풀을 가져다 대는 장면이 떠오릅니다.

개념 확인 (1) 자신이 이야기 속 인물이라면 어떻게 할지 생각하며 인물에게 해 주고 싶은 말을 정리합니다.
(2) 같은 이야기를 읽어도 생각이나 느낌은 서로 다를 수 있습니다.

1 늑대 아저씨네 옆집에 여우 가족이 이사를 왔으므로 이웃 사이입니다.

2 여우는 아침부터 엄마한테 혼이 나서, 늑대 아저씨는 고장 난 시계 때문에 늦잠을 자서 기분이 좋지 않았습니다.

3 여우와 늑대 아저씨는 마주쳤지만 서로 인사를 하지 않았습니다.

4 늑대 아저씨는 여우에게 인사를 하지 않아서 같이 가는 것이 불편했기 때문에 '어디 들렀다 갈까.' 하고 생각했습니다.

5 인사를 안 했을 때 여우와 늑대 아저씨는 불편하고 어색한 마음이었지만, 인사를 하고 나서는 반갑고 개운한 마음이 들었을 것입니다.

6 진솔이의 말은 여우에게 해 주고 싶은 말로 알맞지 않습니다.

7 이 시에 나오는 인물은 '나'와 '동생'입니다.

> **왜 답이 아닐까?**
> 시나 이야기 속에서 말이나 행동, 생각을 하는 이가 인물이므로, '콧구멍', '강아지풀', '간질간질'은 인물이라고 할 수 없습니다.

8 '나'는 강아지풀로 장난을 치고 싶어서 동생에게 다가갔습니다.

9 ㉠에는 동생의 반응이 생각했던 것과 달라서 당황한 '나'의 마음이 나타나 있으므로 당황하는 표정이 어울립니다.

10 이 시를 읽고, 졸고 있는 동생의 코를 강아지풀로 간지럽히는 모습을 떠올릴 수 있습니다.

채점 기준
> 예시 답 외에도 이 시를 읽고 떠올릴 수 있는 장면을 알맞게 썼다면 정답으로 합니다.

개념북

8
단원

1 ③ **2** ⑤ **3** ① **4** ⑵ ○ **5** ④ **6** ⑴ ○
7 아이, 브로콜리 **8** ⑴ ○ **9** ④ **10** ①
11 민준 **12** ⑴ ○ **13** ⑤ **14** 예 불편해 / 어색해 **15** 1단계 요술 2단계 예 누가 나의 어머니인지 알 수 있겠지

1 '내'가 창문에 재채기를 하자 창문도 감기가 들었습니다.

2 '내'가 감기 들어 누워 있으므로 다른 것들도 누운 것처럼 느껴지기 때문에 "연필, 공책, 가방도 다 누웠다"라고 했습니다.

> **더 알아보기**
> 연필, 공책, 가방이 다 누웠다고 말한 까닭을 '내'가 누워서 다른 물건들을 보아서, '내'가 가방을 세워 놓지 못해서 등으로 다양하게 생각할 수 있습니다.

3 '나'는 감기 때문에 학교에 가지 못하고 있으므로 ⊙에는 감기가 나아서 학교에 가고 싶은 '나'의 마음이 드러나 있습니다.

4 '나'는 아이들이 싫어하는 채소 1위에 자신이 뽑혔다는 것을 듣고 밤새도록 펑펑 울었습니다.

> **왜 답이 아닐까?**
> 아이들이 '나'를 빼고 놀았다는 내용은 이 글에서 찾을 수 없습니다.

5 '나'는 아이들에게 사랑받고 싶어서 아이들에게 사랑받는 소시지와 라면을 따라 했습니다.

6 '나'는 아이들이 자신을 싫어하고, 사랑받는 친구들을 따라 해도 소용이 없자 슬펐을 것입니다.

7 이 글에는 브로콜리와 아이가 인물로 등장하고 있습니다.

> **왜 답이 아닐까?**
> 수프는 이야기 속에서 말이나 행동, 생각을 하는 이에 해당하지 않습니다.

8 브로콜리는 절대 사랑받을 수 없다는 것을 깨닫고 떠나기로 했습니다.

> **왜 답이 아닐까?**
> 브로콜리가 떠나기로 결심한 것과 예뻐질 수 없다는 내용은 관계가 없습니다.

9 브로콜리는 이별 선물로 브로콜리수프를 밤새 열심히 만들었습니다.

10 브로콜리는 마침내 자신을 좋아해 주는 아이를 만나서 신났을 것입니다.

> **더 알아보기**
> 브로콜리의 마음은 '기분이 좋다.', '기쁘다.', '행복하다.' 등으로도 표현할 수 있습니다.

11 태리의 말은 브로콜리에게 해 주고 싶은 말로 알맞지 않습니다.

> **왜 답이 아닐까?**
> 사람들에게 사랑받으려고 다른 사람을 따라 하는 것보다 자신이 잘할 수 있는 일을 하는 것이 좋다는 내용의 이야기이므로 태리의 말은 알맞지 않습니다.

12 글 가에서 여우는 '옆집 아이'로, 늑대 아저씨는 '옆집 아저씨'로 불린 것으로 보아 서로 옆집에 사는 이웃이라는 것을 알 수 있습니다.

13 여우는 뒤늦게라도 인사를 할까 생각했지만, 자신이 먼저 인사하면 지는 것 같다는 생각이 들어서 인사하기를 망설였습니다.

> **왜 답이 아닐까?**
> 이제 와서 인사하면 이상하다고 생각한 것은 늑대 아저씨입니다.

14 인사를 하지 않은 여우와 늑대 아저씨는 마음이 불편했을 것입니다.

> **채점 기준**
> 예시 답 외에도 불편하거나 어색한 마음을 표현하는 말을 썼으면 정답으로 합니다.

15 1단계 원님의 어머니는 요술 항아리에 빠져 여러 명이 되었습니다.

> **채점 기준**
>
> | 상 | '요술'을 알맞게 썼습니다. |
> |---|---|
> | 하 | '요술'을 알맞게 쓰지 못했습니다. |

2단계 원님은 어머니가 요술 항아리에 빠져 여러 명이 되자, 항아리를 깨부숴야겠다고 말했습니다.

> **채점 기준**
>
> | 상 | 원님의 생각을 알맞게 파악하여 썼습니다. |
> |---|---|
> | 중 | 원님의 생각은 알맞게 파악하였으나, 원님의 말투로는 쓰지 못했습니다. |
> | 하 | 원님의 생각을 알맞게 파악하여 쓰지 못했습니다. |

1. 기분을 말해요

A단계 단원평가 2~3쪽

1 (1) ○ (2) ○ **2** ④ **3** (1) ○ **4** (1) ㉯ (2) ㉮ (3) ㉰ **5** 채아 **6** ② **7** 화나요 **8** ④ **9** 버럭쟁이 **10** ㉰

1 '야옹'은 '고양이가 우는 소리.'를 나타내는 말, '둥실둥실'은 '어떤 물체가 공중이나 물 위에 가볍게 떠서 움직이는 모양.'을 나타내는 말, '살랑살랑'은 '가벼운 물건이 바람에 자꾸 움직이는 모양.'을 나타내는 말입니다.

2 '씽씽'과 '쌩쌩'은 바람이 계속해서 세차게 스쳐 지나가는 소리나 모양을 나타내는 말로, 서로 바꾸어 쓸 수 있습니다.

3 팽이가 돌아가는 모양을 나타낼 때에는 '빙글빙글'과 같은 흉내 내는 말이 어울립니다.

4 ㉠에는 '꽁꽁'과 어울리는 '얼음'이, ㉡에는 '반짝반짝'과 어울리는 '보석'이, ㉢에는 '찌지직'과 어울리는 '번개'가 들어가는 것이 알맞습니다.

5 채아는 '어떤 것이 단단히 얼어 있는 모양.'을 나타내는 '꽁꽁'의 뜻이 잘 나타나도록 문장을 만들었습니다.

> **왜 답이 아닐까?**
> '폴짝'은 '작은 것이 가볍게 한 번 뛰어오르는 모양.'을 나타내는 말이고, '반짝반짝'은 '작은 빛이 잇따라 나타났다가 사라지는 모양.'을 나타내는 말입니다.

6 그림 ❶의 친구는 눈물을 흘리며 속상한 얼굴을 하고 있으므로 어울리는 기분을 나타내는 말은 '슬퍼요'입니다.

7 그림 ❷의 친구는 눈썹이 위로 올라가 있으며 눈살을 찌푸리고 있습니다. 그 모습에서 화가 났다는 것을 알 수 있습니다.

8 서우는 다리를 다쳐 친구들과 함께 현장 체험 학습에 가지 못해서 속상했을 것입니다.

9 도치는 화를 내며 말을 하는 버릇이 있어서 별명이 버럭쟁이였습니다.

10 머리 위에 생긴 구름 때문에 친구들과 놀 수 없어서 슬펐던 도치의 기분과 있었던 일을 '나'로 시작하는 말로 잘 드러나게 말한 것은 ㉰입니다.

B단계 단원평가 4~5쪽

1 ⑤ **2** (1) 깔깔 (2) 깡충깡충 **3** 예 울긋불긋 **4** (1) 깜짝 놀랐다 (2) 화가 났다 **5** (3) ○ **6** ⑤ **7** ㉯ **8** 뿌듯했어 **9** ② **10** 예 내 머리 위에 생겼던 구름이 사라져서 행복해.

1 '둥실둥실', '살랑살랑', '야옹', '씽씽'이 이 글에 쓰인 흉내 내는 말입니다.

2 친구들이 웃는 소리에는 '깔깔'이, 토끼가 뛰어가는 모양에는 '깡충깡충'이 어울립니다.

3 단풍이 물든 모양을 나타내는 흉내 내는 말인 '울긋불긋', '알록달록'과 같은 말을 떠올려 씁니다.

> **채점 기준**
> '울긋불긋', '알록달록'처럼 단풍이 든 모양을 나타내는 흉내 내는 말을 알맞게 썼으면 정답으로 합니다.

4 글 ㉮에서는 민호가 갑자기 달려들어 깜짝 놀랐고, 글 ㉯에서는 성을 무너뜨린 민호에게 화가 났습니다.

5 이 글은 여러 가지 흉내 내는 말을 사용해서 글을 읽을 때 내용이 더 실감 나게 느껴집니다.

6 민지가 치는 바람에 주영이가 블록으로 만들던 성이 무너졌습니다.

7 자신의 기분을 다른 사람에게 말할 때에는 '나'라는 말로 시작하고, 듣는 사람의 기분을 생각하며 있었던 일과 자신의 기분을 말합니다.

8 노래를 잘 부른다고 선생님께 칭찬을 받으면 뿌듯하고 행복한 기분이 들 것입니다.

9 도치가 화를 내며 말하지 않고 친구들에게 예쁘고 고운 말을 하자 머리 위의 구름이 사라졌습니다.

10 도치는 머리 위의 구름이 사라져 기쁘고 행복한 기분이 들었을 것입니다.

> **채점 기준**
>
> | 상 | 도치에게 있었던 일과 도치의 기분을 나타내는 말을 모두 포함하여 문장이 자연스럽게 이어지게 쓴 경우 |
> | --- | --- |
> | 중 | 도치에게 있었던 일과 도치의 기분을 나타내는 말을 모두 포함하여 문장을 이어지게 썼으나 어색한 부분이 있는 경우 |
> | 하 | 문장을 완성하여 썼으나, 도치에게 있었던 일과 도치의 기분을 나타내는 말 중 한 가지만 포함하여 쓴 경우 |

2. 낱말을 정확하게 읽어요

A단계 단원평가　6~7쪽

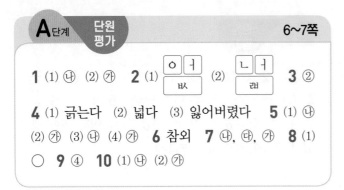

1 (1) ㉯ (2) ㉮　**2** (1) [어/ㅆ] (2) [니/ㄹ개]　**3** ②

4 (1) 긁는다　(2) 넓다　(3) 잃어버렸다　**5** (1) ㉯

(2) ㉮ (3) ㉯ (4) ㉮　**6** 참외　**7** ㉯, ㉰, ㉮　**8** (1)

○　**9** ④　**10** (1) ㉯ (2) ㉮

B단계 단원평가　8~9쪽

1 (1) 닳 다 (2) 약 값　**2** ①, ③　**3** 없다

4 ⑤　**5** 예 할머니께 무시무시한 이야기를 들었습
니다.　**6** 사용한 물건을 제자리에 두자　**7** ④

8 동후　**9** (1) ㉯ (2) ㉯ (3) ㉮　**10** (1) 예 말 (2)
예 행동

---

1 서로 다른 두 개의 자음자로 이루어진 받침은 '겹받
침'이라고 하고, 같은 자음자가 겹쳐서 된 받침은 '쌍
받침'이라고 합니다.

> **더** 알아보기
>
> **겹받침과 쌍받침이 쓰인 글자**
>
> | 겹받침 | 예 밝, 짧, 끓, 없 |
> |---|---|
> | 쌍받침 | 예 꺾, 낚, 었, 갔 |

2 '없'에는 'ㅄ' 받침이 들어가고, '넓'에는 자음자 'ㄴ'과
'ㄼ' 받침이 들어갑니다.

3 그림에 알맞은 낱말은 '붉다'와 '읽다'이고, 'ㄺ' 받침이
공통으로 들어갑니다.

4 각각 '철수가 머리를 긁는다.', '학교 운동장이 넓다.',
'연우는 학교에서 우산을 잃어버렸다.'가 알맞은 문장
입니다.

5 겹받침을 바르게 쓴 낱말을 고릅니다.

6 참외씨는 흙 속에 들어가서 달고 맛있는 참외가 되기
위해 흙을 찾아다녔습니다.

7 참외씨는 고양이 꼬리에 떨어졌다가, 고양이 앞 발등
에 떨어졌다가, 나비 날개에 매달리게 되었습니다.

8 '흙 속에'는 [흑쏘게]로 읽는 것이 알맞습니다.

9 산체스 부인은 하늘이 맑아서 페인트칠하기 좋은 날
이 멋진 날이라고 말했습니다.

> **더** 알아보기
>
> **인물들이 생각하는 멋진 날**
>
> | 산체스 부인 | 하늘이 맑아서 페인트칠하기 좋은 날 |
> |---|---|
> | 에마 누나 | 바람이 씽씽 불어서 연 날리기 좋은 날 |
> | 안전 요원 | 모두들 안전하게 귀가하는 날 |

10 '요원'의 뜻은 ㉯이고, '귀가'의 뜻은 ㉮입니다.

---

1 (1)에는 'ㄶ' 받침을 넣어 '닳다', (2)에는 'ㅄ' 받침을 넣
어 '약값'이라고 써야 알맞습니다.

2 바다와 하늘이 그림에 나타나 있으므로 ①과 ③이 그
림에 알맞은 문장입니다.

3 문장에 어울리는 낱말은 '없다'입니다.

> **왜** 답이 아닐까?
>
> '바구니에 사과가 밝다.'와 '바구니에 사과가 긁는다.'는
> 어색한 문장이므로 답이 될 수 없습니다.

4 참외씨는 철이에게 잡아먹힐 뻔해서 탈출을 했습
니다.

5 '간신히, 하마터면, 무시무시한(무시무시하다)' 중 하
나의 낱말을 골라 문장을 알맞게 만들어 씁니다.

> **채점 기준**
>
> 낱말의 뜻에 어울리는 문장을 완성하여 썼으면 정답으로
> 합니다.

6 이 글의 제목은 '사용한 물건을 제자리에 두자'입니다.

7 글쓴이는 물건을 쓰고 나서 제자리에 두어야 물건을
쉽고 빠르게 찾을 수 있다고 하였습니다.

8 글쓴이가 하고 싶은 말을 찾을 때에는 글의 제목이
무엇인지 살펴봐야 합니다.

> **더** 알아보기
>
> 글쓴이가 하고 싶은 말을 찾을 때에는 글쓴이가 글을 쓴
> 까닭을 찾거나, 글쓴이가 누구인지 알고 글쓴이가 하고
> 싶은 말을 찾아보는 방법도 있습니다.

9 인물들이 생각하는 멋진 날은 각각 언제인지 이 글에
서 찾아 기호를 씁니다.

10 인물의 생각을 알아보려면 이야기에 나오는 인물을 찾
아보고, 인물이 한 말이나 행동을 살펴보아야 합니다.

> **채점 기준**
>
> 순서와 상관없이 '말'과 '행동'을 모두 썼으면 정답으로 합
> 니다.

3. 그림일기를 써요

1 (1) ○ (2) ○ **2** (1) ㉮ (2) ㉯ **3** ㉮ **4** (1) ㉮ (2) ㉯ **5** (2) ○ **6** ①, ⑤ **7** 지혜 **8** (1) ○ **9** 사과를 딴 **10** ⑤

1 여자아이는 달리기했던 경험을 친구들 앞에서 발표하거나 그림일기를 써서 표현했습니다.

2 (1)의 친구는 말끝을 흐려 말하고 있고, (2)의 친구는 말끝을 흐리지 않고 끝까지 분명하게 말하고 있습니다.

3 바른 자세로 발표하면 말하는 사람은 뜻을 잘 전할 수 있습니다.

> **더** 알아보기
>
> **바른 자세로 발표하면 좋은 점**
> • 말하는 사람은 뜻을 잘 전할 수 있습니다.
> • 듣는 사람은 뜻을 잘 알아들을 수 있습니다.

4 미나는 궁금한 점을 생각하며 듣고 있고, 주희는 말하는 사람을 바라보며 바른 자세로 발표를 듣고 있습니다.

5 은호는 발표하는 친구가 아닌 다른 곳을 보고 있으므로 고쳐야 할 점으로 알맞은 것은 (2)입니다.

6 그림 ❶은 입학식을 했던 경험, 그림 ❷는 체육 대회에서 달리기 시합을 나갔던 경험을 떠올린 장면입니다.

7 주어진 그림은 입학식을 했던 일, 체육 대회를 했던 일에 대한 장면이므로 모두 우리 반이 함께한 일 가운데에서 기억에 남는 일을 떠올린 것입니다.

8 찬호가 쓴 그림일기의 날씨 부분을 보면 해가 쨍쨍한 날임을 알 수 있습니다.

9 찬호는 동생과 사과를 직접 딴 일을 그렸습니다.

10 찬호는 과수원을 하시는 할머니 댁에 갔습니다.

> **왜** 답이 아닐까?
>
> ① 동생과 사과를 땄던 일은 알 수 있으나, 동생과 사과를 먹은 일에 대해서는 알 수 없습니다.
> ② 찬호는 과수원을 하시는 할머니 댁에 갔으며, 식물원에는 가지 않았습니다.
> ③ 그림일기에서 과일 가게에서 사과를 산 일은 나타나 있지 않습니다.
> ④ 사과를 딴 사람은 찬호와 찬호의 동생입니다.

1 (1) ○ **2** 도현 **3** ㉲ 말하는 사람은 뜻을 잘 전할 수 있고, 듣는 사람은 뜻을 잘 알아들을 수 있습니다. **4** ③ **5** (2) ○ **6** (1) 말하는 사람 (2) 궁금한 **7** ⑤ **8** 사과 **9** (1) 날씨 (2) 느낌 **10** ㉯, ㉴

1 그림 ❶에서 남자아이는 여자아이의 목소리가 작고 말끝을 흐려서 알아듣기 힘들었을 것입니다.

2 그림 ❷의 여자아이는 허리를 펴고 바른 자세로 끝까지 분명하게 말하고 있습니다.

3 바른 자세로 발표하면 말하는 사람은 뜻을 잘 전할 수 있고, 듣는 사람은 뜻을 잘 알아들을 수 있습니다.

> **채점 기준**
>
> 바른 자세로 발표했을 때 말하는 사람이 좋은 점과 듣는 사람이 좋은 점 중 한 가지라도 알맞게 썼으면 정답으로 합니다.

4 현우는 자신 있는 표정으로 끝까지 분명하게 말했습니다.

5 현우는 바른 자세로 서서 알맞은 크기의 목소리로 말하여 친구들이 현우의 꿈이 무엇인지 잘 알아들었을 것입니다.

6 여럿이 함께 들을 때에는 말하는 사람을 바라보고, 궁금한 점을 생각하면서 듣습니다.

7 ㉮에서 '나'는 할머니 댁에 놀러 갔습니다.

8 ㉮에서 '나'는 동생과 빨갛게 익은 사과를 땄습니다.

9 ㉮와 비교하면 날씨를 쓰고, 자신의 생각이나 느낌이 드러나게 ㉯를 고치는 것이 알맞습니다.

> **더** 알아보기
>
> **㉯에서 잘못된 점**
> • 날씨가 없습니다.
> • 특별한 생각이나 느낌이 없습니다.
> • 기억에 남는 일이 무엇인지 알 수 없습니다.

10 그림일기를 쓸 때에는 경험한 일 가운데 중요한 내용을 그림으로 그리고, 경험한 일에 대한 생각이나 느낌을 문장으로 씁니다.

> **왜** 답이 아닐까?
>
> ㉮ 그림일기에는 경험한 일을 자세히 씁니다.
> ㉯ 그림일기에는 날짜와 요일, 날씨를 모두 씁니다.

개념북 **3** 단원

4. 감동을 나누어요

A단계 **단원평가** 14~15쪽

1 (1) '나' (2) 말 **2** (1) ㉲ (2) ㉮ **3** ㉯, ㉰ **4** ⑤
5 ② **6** (1) 저녁 (2) 깊은 밤 **7** 아이쿠, 비비, 카르
망 콩드 백작 **8** 꽃밭에서 딴 꽃 **9** ⑤ **10** (1) ○

1 ㉠은 서윤이가 '나'에게 한 말입니다.

2 미역무침을 먹을 용기가 나지 않았다는 것은 '내'가
한 생각이고, 고개를 절레절레 저었다는 것은 '내'가
한 행동입니다.

3 미역무침을 먹기 싫어했던 '나'에게 서윤이가 미역무
침을 먹어 보라고 이야기했고, 주위를 둘러보니 친구
들이 모두 맛있게 미역무침을 먹고 있었습니다.

4 임금님은 원하는 것을 말하면 그것이 그대로 나오는
신기한 맷돌을 가지고 있었습니다.

5 맷돌은 "나와라, 밥!" 하면 밥이 나오고, "그쳐라, 밥!"
하면 밥이 뚝 그친다고 하였으므로, 소금이 나오는 맷
돌을 멈추게 하는 말은 "그쳐라, 소금!"이 알맞습니다.

> **왜 답이 아닐까?**
> ①은 맷돌에서 소금이 나오게 하는 말입니다.

6 도둑은 저녁이 되자 궁궐로 숨어들었고, 깊은 밤 몰
래 맷돌을 훔쳐 도망가려고 배를 타고 바다를 건너다
가 맷돌과 함께 바닷속에 가라앉았습니다.

7 장면 ❶~❹에는 아이쿠, 비비, 카르망 콩드 백작이
등장합니다.

8 장면 ❷에서 아이쿠는 비비와 함께 꽃밭에서 꽃을 따
서 할머니께 선물해 드리기로 하였습니다.

> **왜 답이 아닐까?**
> 장면 ❷에서 아이쿠는 간식을 다 먹었다고 하였습니다.

9 장면 ❸에서 아이쿠와 비비는 할머니 댁에 도착하여
할머니로 변장한 카르망 콩드 백작에게 속아 할머니
께 드리려던 꽃을 주었습니다.

> **왜 답이 아닐까?**
> ①~④ 아이쿠와 비비는 할머니로 변장한 카르망 콩드
> 백작이 진짜 할머니라고 생각하였습니다.

10 아이쿠와 비비, 카르망 콩드 백작이 한 일을 살펴보며
만화 영화에서 일어난 일을 차례대로 정리해 봅니다.

B단계 **단원평가** 16~17쪽

1 선생님 **2** ㉤ **3** "주원이는 반찬을 골고루 잘 먹
는구나." **4** ⑤ **5** 맷돌 **6** ①, ④ **7** ⌜'⌟
⌞,⌟ **8** (2) ○ **9** ④ **10** ⓔ 엄마가 찾으러 올
때까지 가만히 기다리고 있었을 거야.

1 이 글에는 '나'와 '나'의 친구 서윤이, 선생님이 등장합
니다.

> **더 알아보기**
> 등장하는 인물을 알아본 후 이야기를 읽으며 인물이 한
> 일을 살펴봅니다. 그림 속 인물의 표정이나 행동을 보고
> 인물이 한 일을 알 수도 있습니다.

2 '나'는 용기 내어 눈을 질끈 감고 미역무침을 먹어 보
았습니다.

3 선생님께서는 미역무침을 먹은 주원이를 칭찬해 주
셨습니다.

> **채점 기준**
> 선생님께서 하신 말씀을 글에서 찾아 그대로 썼으면 정
> 답으로 합니다.

4 시간을 나타내는 말과 이야기의 흐름을 살펴보며 일
이 일어난 차례를 정리해 봅니다.

5 어느 날 아침, 사람들은 시장에 모여 임금님이 가진
신기한 맷돌에 대해 이야기를 하였습니다.

6 도둑은 궁궐로 숨어들어 맷돌을 훔쳤고, 배를 타고
가다가 맷돌에서 소금이 나오게 하였습니다.

7 사람들이 신기한 맷돌에 대해 이야기하는 것을 듣고
도둑이 마음속으로 한 말이므로 작은따옴표를 바르
게 씁니다.

8 아기 거북은 혼자 뒤늦게 알에서 깨어나 눈을 뜨자마
자 본 까투리 가족을 따라 까투리 가족의 집으로 갔
습니다.

9 까투리 가족과 아기 거북은 바다로 가는 길에 시냇물
에서 아기 거북의 가족을 만났습니다.

10 자신이 아기 거북처럼 가족과 떨어져 혼자 있었더라
면 어떤 기분이 들었을지, 어떤 행동을 했을지 생각
하여 씁니다.

> **채점 기준**
> 가족과 떨어져 혼자 있을 때 자신이라면 어떻게 했을지
> 알맞게 떠올려 썼으면 정답으로 합니다.

5. 생각을 키워요

A단계 **단원평가** 18~19쪽

1 (3) ○ **2** (1) ⓒ (2) ㉮ **3** 주현 **4** (1) ○ (2) ○
5 곰, 금 **6** ① **7** ②, ④, ⑤ **8** ⓒ **9** (2) ○
10 ⓒ

1 (1)~(4) 중 글자 '금'과 첫 자음자만 다른 글자는 '음'입니다.

> **왜 답이 아닐까?**
> (1), (2) '감'과 '김'은 글자 '금'과 모음자만 다른 글자이므로 알맞지 않습니다.
> (4) '을'은 글자 '금'과 첫 자음자와 받침이 다른 글자이므로 알맞지 않습니다.

2 '란'과 '람'은 받침이, '물'과 '술'은 첫 자음자가 다른 글자입니다.

3 한자를 쓰던 옛날에는 백성이 글을 읽고 쓸 줄 몰랐다고 하였으로 주현이의 말이 알맞습니다.

> **왜 답이 아닐까?**
> 승한: 옛날에 한자를 쓴 것은 맞지만 한자를 읽고 쓸 줄 모르는 백성들은 불편했을 것입니다.

4 ㉯를 통해 한글을 만든 사람과 한글을 만든 까닭을 알 수 있습니다.

> **더 알아보기**
> ㉯를 통해 한글을 만든 사람은 세종 대왕이고, 한글을 만든 까닭은 세종 대왕이 백성이 글을 쉽게 배우고 매일 쓰며 삶이 편안해지기를 바랐기 때문임을 알 수 있습니다.

5 '감'과 모음자만 다른 낱말은 '곰'과 '금'입니다.

6 동키가 '그건 뭐야?'라고 묻자 몽키가 '책이야.'라고 답한 것으로 보아 몽키가 말하고 있는 것은 '책'입니다.

7 동키는 몽키에게 스크롤은 어떻게 하는지, 비밀번호가 있어야 하는지, 별명이 있어야 하는지를 물어봤습니다.

8 동키는 책에 흥미를 느껴 더 읽고 싶었기 때문에 돌려주지 않으려고 했습니다.

9 '나'는 친구들처럼 훌라후프를 잘 돌리고 싶어서 훌라후프가 있다고 생각하면서 허리를 이리저리 움직였습니다.

10 '나'는 운동장에 나가 훌라후프를 잘 돌리려고 노력했습니다.

**B**단계 **단원평가** 20~21쪽

1 (2) ○ **2** ㉮ **3** 소리 **4** (1) ㉯ (2) ㉮ **5** ⓔ 달라집니다 **6** (1) 솜 (2) 산 **7** (2) ○ **8** 경우
9 ③ **10** (1) 두려운 (2) 뿌듯한

1 세종 대왕은 백성이 글을 쉽게 배우고 매일 쓰며 삶이 편안해지기를 바라는 마음으로 한글을 만들었습니다.

2 한글은 1443년에 창제되었습니다.

> **왜 답이 아닐까?**
> ㉯ 한글은 세종 대왕이 백성이 쉽게 읽고 쓸 수 있는 글자가 필요해서 만든 글자입니다.
> ㉰ 한자를 쓰던 옛날에 백성은 글을 읽고 쓸 줄 몰라 억울한 일을 당했습니다.

3 한글은 읽을 때 소리가 나는 모양을 그대로 따라서 만든 과학적인 글자입니다.

4 '발'에서 모음자가 바뀌어 '별', '별'에서 받침이 바뀌어 '벽'이 되었습니다.

5 한글은 낱말을 이루고 있는 첫 자음자, 모음자, 받침 가운데에서 하나만 달라져도 글자의 모양과 소리, 뜻이 달라집니다.

> **채점 기준**
> 첫 자음자, 모음자, 받침 가운데에서 하나만 달라져도 글자의 모양과 소리, 뜻이 달라진다는 것을 알고 알맞게 썼으면 정답으로 합니다.

6 '손'에서 받침을 바꾸어 만든 낱말로는 '솜', 모음자를 바꾸어 만든 낱말로는 '산'이 알맞습니다.

7 동키가 책을 오랫동안 읽었기 때문에 몽키가 이제 자기 책을 돌려달라고 말했습니다.

8 경우는 ㉮를 읽고 재미있는 부분을 알맞게 떠올려 말했습니다.

9 '내'가 친구의 훌라후프를 빌린 적은 없습니다.

> **왜 답이 아닐까?**
> ① '나'는 친구들과 함께 운동장에 나갔습니다.
> ②, ④ '나'는 훌라후프를 잘 돌리려고 노력했고, 이를 본 선생님께서 칭찬해 주셨습니다.
> ⑤ '나'는 친구들과 다르게 훌라후프를 돌리면 금방 뚝 떨어집니다.

10 '내'가 "어휴."라고 말했을 때에는 훌라후프로 운동하는 시간이 두려운 마음, 선생님께 칭찬을 받았을 때에는 기분이 좋아 뿌듯한 마음이었을 것입니다.

6. 문장을 읽고 써요

1 (1) ㉠ (2) ㉡ **2** ⑤ **3** (2) ○ **4** (1) ㉮ (2) ㉯
5 ⑤ **6** (3) ○ **7** ④ **8** 예나 **9** 시소 **10** (1) ○

1 '발명'은 '아직까지 없던 것을 새로 생각하여 만들어 냄.'이라는 뜻이고, '발견'은 '아직 찾아내지 못했거나 알려지지 않은 것을 찾아냄.'이라는 뜻입니다.

2 이 광고는 낭비하고 있는 자원을 찾아 아끼자는 생각을 전하고 있습니다.

> **왜 답이 아닐까?**
> ① 전기를 쓰지 말라는 것이 아니라 낭비하지 말자는 내용의 광고입니다.
> ③, ④ 광고에서 전하려는 것은 발명을 하는 것이 아니라 낭비하고 있는 자원을 '발견'하자는 것입니다.

3 광고 내용에 알맞은 생각을 말한 것은 (2)입니다.

4 '별'은 혼자서 반짝거리는 것이고, '별자리'는 여러 개의 별들이 모여서 빛을 내며 반짝거리는 것입니다.

5 조이는 자신의 생각을 완성된 문장으로 말하지 못하였습니다.

> **더 알아보기**
> **자신의 생각을 문장으로 표현하는 방법**
> • 문제 상황을 파악합니다.
> • 문제 상황에 대한 해결 방법과 까닭을 생각합니다.

6 소방관이 우리 모두의 안전을 지키기 위한 방법을 알려 주는 글입니다.

7 소방서에 장난 전화를 하지 말아 달라고 하였습니다.

8 문장을 자연스럽게 띄어 읽은 것은 예나입니다.

9 아저씨는 곰이랑 시소를 타고 오르락내리락하다가 머리카락이 한 올이 빠졌습니다.

10 글 가 에서 일곱 개 남았던 아저씨의 머리카락은 글 나 에서 한 올 더 빠져서 여섯 개가 남았습니다.

> **더 알아보기**
> **머리카락의 수를 세는 말**
> • 개: 낱으로 된 물건을 세는 단위.
> • 올: 실이나 줄의 가닥을 세는 단위.
> • 가닥: 한군데서 갈려 나온 낱낱의 줄이나 줄기 따위를 세는 단위.

1 (1) ㉯ (2) ㉮ (3) ㉰ **2** 예 될 수 있으면 일회용품을 사용하지 말아야겠다 **3** (2) ○ **4** ⑤ **5** ⑤
6 (1) 낮 (2) 값 **7** ④, ⑤ **8** ④ **9** 긍정적입니다
10 비 오는 날, ∨거미가 ∨ 아저씨 □ 머리에 매달려 ∨흔들흔들.

1 ㉠~㉰은 자원을 아낄 수 있는 방법에 대해 말하고 있습니다.

2 자원을 아끼는 방법과 관련 있는 자신의 생각이나 느낌을 떠올려 자연스러운 문장으로 씁니다.

> **채점 기준**
> 생활 속에서 자원을 낭비하는 상황을 발견했던 일과 그 일을 통해 느낀 점을 구체적으로 쓰면 정답으로 합니다.
> **이런 답도 가능해!**
> • 사용하지 않는 전등을 꺼야겠다
> • 가까운 거리는 걸어다녀야겠다

3 여자아이가 그림을 더 그릴 수 있는 종이를 쓰레기통에 버리려고 하자 남자아이가 놀란 표정을 지었습니다.

4 남자아이는 종이를 아껴 쓸 수 있는 방법을 말하였을 것입니다.

5 받침 'ㅅ, ㅊ, ㅌ'은 [ㄷ]으로 소리 납니다. 그러므로 '낮'은 읽을 때 [낟]으로 소리 납니다.

6 '낮', '값'이 들어가야 알맞은 문장이 됩니다.

7 글 가 에서는 도로에 있는 소화전 근처에는 차를 대면 안 된다고 하였고, 글 나 에서는 불이 난 곳 근처에서 구경하지 말고 빠르게 대피해야 한다고 하였습니다.

8 '불이 나면∨모두의 안전을 위해∨건물에서∨멀리 떨어진 곳으로∨대피해야 합니다.'와 같이 띄어 읽어야 자연스럽습니다.

9 머리카락이 빠져도 머리 모양을 만진 후 "오, 괜찮은데?"라고 하는 모습을 통해 아저씨의 긍정적인 성격을 알 수 있습니다.

10 문장의 내용을 생각하며 '누가'에 해당하는 말 뒤에 조금 쉬어 읽는 표시를 합니다.

> **더 알아보기**
> **문장 부호에 알맞게 띄어 읽기**
> • 쉼표 뒤에는 쐐기표(∨)를 하고 조금 쉬어 읽습니다.
> • 마침표, 물음표, 느낌표 뒤에는 겹쐐기표(∨)를 하고 쉼표보다 조금 더 쉬어 읽습니다.
> • 글이 끝나는 곳에서는 겹쐐기표(∨)를 하지 않습니다.

7. 무엇이 중요할까요

A단계 단원평가 26~27쪽

1 ③ **2** ⑤ **3** ② **4** 털 **5** (1)○ **6** ③ **7** (1)○ **8** ④ **9** ⑤ **10** (1)㉮ (2)㉯ (3)㉮ (4)㉯

1 두 아이는 색종이를 접고 있습니다.

2 현수는 색종이를 접는 방법에 대한 설명을 듣고 내용을 이해하여 만들기를 잘하였습니다.

> **더 알아보기**
>
> 내용을 잘 이해하기 위해서는 설명하는 글에 나타난 대상, 순서 등을 자세히 들어야 합니다. 또 설명하는 내용에서 무엇이 중요한지 살펴보며 듣습니다.

3 유리창에 인형을 붙일 때에 사용하는 물건은 문어의 빨판을 본떠 만들었다고 하였습니다.

> **왜 답이 아닐까?**
>
> ① 민들레씨를 본떠 만든 물건은 낙하산입니다.

4 민들레씨의 가는 실 끝에 털이 여러 개 달려 있어서 민들레씨는 둥둥 떠서 멀리까지 날아갈 수 있고, 천천히 땅에 떨어지게 된다고 하였습니다.

5 이 글은 자연을 본떠 만든 물건을 소개하고 있으므로 알맞은 제목은 (1)입니다.

6 '나'는 필통을 잃어버려서 새 필통을 샀습니다.

7 글 ㉯에서 '나'는 새로 산 필통을 잃어버리지 않기 위해 필통에 이름표를 붙였습니다.

8 '나'는 필통에 이름표를 붙이며 다시는 필통을 잃어버리지 않을 것이라고 다짐하였습니다.

9 미끄럼틀은 이 글에서의 겪은 일과 관련이 없습니다.

> **왜 답이 아닐까?**
>
> ①, ④ 글쓴이는 수목원에 가서 나무와 꽃과 보았습니다.
> ② 글쓴이는 친구들과 함께 버스를 타고 수목원에 갔습니다.
> ③ 글쓴이는 할머니께서 싸 주신 김밥을 친구들과 나누어 먹었습니다.

10 ㉠과 ㉢은 겪은 일이고, ㉡과 ㉣은 그때의 느낌입니다.

> **더 알아보기**
>
> 겪은 일은 글쓴이가 당하거나 경험한 일입니다. 겪은 일을 정리할 때에는 언제, 어디에서 있었던 일인지 자세하게 표현해야 합니다.

B단계 단원평가 28~29쪽

1 (1)○ (2)○ **2** (1)㉱ (2)㉮ (3)㉯ **3** 낙하산 **4** ③ **5** 자연 **6** 필통 **7** 예 당황스러웠을 것입니다. **8** 자세하게 **9** (1)○ **10** 영지

1 독도는 우리나라 동쪽 끝에 있으며, 동도에 있는 등대는 밤에도 불을 밝혀 독도 주변을 지키는 데 도움을 준다고 하였습니다.

> **왜 답이 아닐까?**
>
> (3) 동도에는 등대와 배가 섬에 닿을 수 있도록 만든 시설, 독도를 지키는 경비대가 있다고 하였습니다. 서도에는 땅에 스며든 물이 땅 밖으로 모이는 곳이 있다고 하였습니다.

2 글 ㉮는 독도의 위치를 소개하고 있으며, 글 ㉯와 ㉰에서는 각각 동도와 서도에 대해 자세하게 소개하고 있습니다.

3 낙하산은 민들레씨를 본떠 만들었다고 하였습니다.

4 도꼬마리 열매에 갈고리 모양의 가시가 있어서 새나 짐승의 털에 잘 붙는 것을 보고 쉽게 붙였다 떼었다 할 수 있는 물건을 만들었습니다.

5 이 글은 낙하산과 쉽게 붙었다 떼었다 할 수 있는 물건과 같이 자연을 본떠 만든 물건을 소개하고 있습니다.

6 '나'는 엄마와 필통을 다시 잃어버리지 않겠다는 약속을 했을 것입니다.

7 '나'는 알림장을 생각지 못하게 잃어버려서 당황스러웠을 것입니다.

> **채점 기준**
>
> 당황스러웠을 것이라는 내용을 썼으면 정답으로 합니다.

8 언제, 어디에서 있었던 일인지, 그때의 마음은 어떠했는지를 생각하여 자세하게 표현해야 합니다.

9 '다시 쓰기'는 쓸 수 있는 물건을 버리지 않고 다시 쓰려고 노력하는 것이고, '나눠 쓰기'는 나에게 필요 없는 물건을 나누어 주는 것입니다.

10 겪은 일에 대한 느낌을 자세하게 표현한 친구는 영지입니다.

> **왜 답이 아닐까?**
>
> 경훈이는 재미있었다는 느낌이 든 까닭을 자세하게 말하지 않았습니다.

평가북 7 단원

8. 느끼고 표현해요

1 ㉮   **2** ①   **3** ③   **4** ②   **5** (1) ○ (3) ○   **6** 요술 항아리   **7** ②   **8** ③   **9** 하지 않았습니다   **10** (2) ○

1 '나'는 감기에 걸려서 책상과 창문에 재채기를 한 것입니다.

2 '나'는 감기가 나아서 학교에 가서 친구들을 만나고 싶기 때문에 ㉠과 같이 말했습니다.

3 '인물'에 대한 설명입니다.

4 '나'는 아이들이 싫어하는 채소 1위에 자신이 뽑혔다는 이야기를 듣고 슬퍼서 펑펑 울었습니다. 이를 통해 '나'의 슬픈 마음을 짐작할 수 있습니다.

5 '나'는 아이들에게 사랑받는 소시지를 따라 분홍색이 되어 보기도 하고, 아이들에게 사랑받는 라면을 따라 파마를 해 보기도 했습니다.

6 장면 ❶에서 농부는 밭을 갈다가 요술 항아리를 발견했습니다.

7 대감은 요술 항아리를 가지고 싶어서 ㉠과 같이 말했습니다.

8 여우는 아침부터 엄마한테 혼이 나서 기분이 좋지 않았습니다.

> **왜 답이 아닐까?**
> ① 고장 난 시계 때문에 늦잠을 잔 것은 늑대 아저씨입니다.
> ② 학교에 가기 싫다는 내용은 이 글에 나타나 있지 않습니다.
> ④ 너무 일찍 일어났다는 내용은 이 글에 나타나 있지 않습니다.
> ⑤ 옆집 아저씨를 만난 것이 여우가 아침부터 기분이 좋지 않은 까닭은 아닙니다.

9 여우는 옆집 아저씨를 만났지만 오늘은 그럴 기분이 아니라고 하며 인사를 하지 않았습니다.

10 여우와 늑대 아저씨는 인사를 하지 않아 마음이 불편하고 어색했을 것입니다.

> **더 알아보기**
> 자신이 이야기 속 인물이라면 어떤 마음일지 생각하며 인물의 마음을 짐작해 봅니다.

1 ①   **2** (2) ○   **3** 예 감기가 낫길 바라는 마음일 것입니다.   **4** ②   **5** (2) ○   **6** 요술 항아리   **7** ㉰   **8** 예 헛된 욕심을 내면   **9** (3) ○   **10** ①

1 '나'는 감기에 걸려 누워 있습니다.

2 감기에 걸려 누워 있는 상황이므로 힘없고 간절한 목소리로 읽는 것이 알맞습니다.

3 '나'는 감기가 나았으면 좋겠고, 학교에 가서 친구들을 만나고 싶을 것입니다.

> **채점 기준**
> 감기에 걸려 누워 있는 '나'의 마음을 짐작하여 감기가 낫고 싶다는 내용이나 학교에 가서 친구들을 만나고 싶을 것이라는 내용 등을 썼으면 정답으로 합니다.

4 '내'가 만든 선물을 먹고 아이는 "맛있어!"라고 했습니다.

5 브로콜리는 다른 친구들을 따라 해도 사랑받지 못했지만, 잘할 수 있는 일을 하자 자신을 좋아해 주는 아이를 만났습니다.

6 원님의 어머니는 요술 항아리에 빠져 여러 명이 되었습니다.

7 원님은 어머니가 여러 명이 되자 자신의 어머니를 찾기 위해 요술 항아리를 깨부숴야겠다고 말했습니다.

8 요술 항아리를 빼앗은 원님에게 욕심을 내면 안 된다는 말을 해 줄 수 있습니다.

> **채점 기준**
> 욕심을 내면 안 된다는 내용과 관련 있는 말을 썼으면 정답으로 합니다.

9 여우와 늑대 아저씨는 옆집에 사는 사이인 것을 아는데 인사를 하지 않았기 때문에 서로 불편하다고 생각했습니다.

10 여우와 늑대 아저씨는 인사를 하고 나서 개운한 마음이 들었을 것입니다.

> **더 알아보기**
> • 개운하다: (기분이나 몸이) 상쾌하고 가볍다.
> • 답답하다: (근심·걱정으로) 애가 타다.
> • 서운하다: 마음에 모자라 아쉽거나 섭섭한 느낌이 있다.
> • 불편하다: 몸이나 마음이 편하지 아니하고 괴롭다.
> • 어색하다: 잘 모르거나 아니면 별로 만나고 싶지 않았던 사람과 마주 대하여 자연스럽지 못하다.

독해의 핵심은 비문학

지문 분석으로 독해를 깊이 있게!
비문학 독해 | 1~6단계

올바른 문학 독서법

문학 갈래별 작품 이해를 풍성하게!
문학 독해 | 1~6단계

결국은 어휘력

비문학 독해로 어휘 이해부터 어휘 확장까지!
어휘 X 독해 | 1~6단계

초등 문해력의 빠른시작 **빠작**

동아출판

백점 국어 1·2

믿고 보는 동아출판 초등 교재

기초학습서부터 교과서 개념 다지기, 과목별 전문서까지!
초등학교 입학 전부터, 예비 중등까지. **동아출판 초등 교재 라인업**
초등학생에게 꼭 필요한 영역을 빠짐없이!

BEST

초능력 맞춤법 + 받아쓰기
초등 1·2학년 공부 단학 초능력
2022 개정 교육과정
초등 국어 1·2

쉽고 빠른 맞춤법 학습 | 받아쓰기 단계별 연습 | 국어 교과서 어휘 학습

초등 영역별 기초학습서
초능력 국어 / 수학 / 과학 / 한국사 / 한자

초능력 비주얼씽킹 과학
초능력 비주얼씽킹 초등 한국사
초능력 수학 연산
초능력 국어 독해
초능력 급수 한자

초고필 비문학 독해 1
5~6학년 예비 중등

초고필 지금 유리수의 사칙연산 을 해야 할 때
초고필 지금 국어 문법 을 해야 할 때
초고필 지금 국어 어휘 를 해야 할 때
초고필 적중 반편성 배치고사 + 진단평가
초고필 지금 한국사 를 해야 할 때

예비 중등
초고필 국어 / 수학 / 한국사 배치고사
적중 반편성 배치고사 + 진단평가

동아출판

큐브 개념

초등 수학
1·1

과목별 전문서
빠작 | 큐브 | 하이탑 | 뜯어먹는 초등 필수 영단어 | 그래머 클리어 스타터

백점 수학 1·1

공부 효율

**동아 연세
초등 국어사전**

동아 연세
초등 영어사전

동아 연세
초등 한자사전

연세 초등 사전
국어사전 | 영어사전 | 한자사전

자습서&
평가문제집

교과서 개념 완벽 학습
백점 | 자습서&평가문제집

백점 국어 1·2

공부 효율 1등, 백점 1~2학년

백점 국어   백점 수학

동아출판

9 788900 478907
ISBN 978-89-00-47890-7

63710

⚠ 주의
책 모서리에
다칠 수 있으니
주의하시기
바랍니다.

정가 16,000원

KC마크는 이 제품이 공통안전기준에 적합하였음을 의미합니다.

초등학교   학년   반   번

이름

📞 Telephone 1644-0600
🏠 Homepage www.bookdonga.com
✉ Address 서울시 영등포구 은행로 30 (우 07242)

• 정답 및 풀이는 동아출판 홈페이지 내 학습자료실에서 내려받을 수 있습니다.

• 교재에서 발견된 오류는 동아출판 홈페이지 내 정오표에서 확인 가능하며, 잘못 만들어진 책은 구입처에서 교환해 드립니다.

• 학습 상담, 제안 사항, 오류 신고 등 어떠한 이야기라도 들려주세요.

2022 개정 교육과정

백점

수학 1·2

동아출판

하루
4쪽

공부 효율 1등

- 개념-문제-응용의 3단계 학습
- 문해력을 높이는 수학 어휘 수록
- 수준별 맞춤형 단원 평가 제공

D 동아출판

백점 수학 1·2

발행일	2024년 4월 20일
인쇄일	2024년 4월 10일
펴낸곳	동아출판㈜
펴낸이	이욱상
등록번호	제300-1951-4호(1951. 9. 19)
개발총괄	강희경
개발책임	정은림
개발	김수정 손보은
디자인책임	목진성
디자인	강민영
대표번호	1644-0600
주소	서울시 영등포구 은행로 30 (우 07242)

학습 진도표

학습 진도표

백점 수학 1·2

이용 방법 계획한 날짜를 쓰고 학습을 끝낸 후 색칠하세요.

1회 학습 완료 ❯

1회
8 월 1 일

1회
월 일

2회
월 일

5회
월 일

6회
월 일

4회
월 일

1 100까지의 수

1회
월 일

2회
월 일

3회
월 일

5회
월 일

6회
월 일

평가북
월 일

4회
월 일

3 모양과 시각

1회
월 일

2회
월 일

3회
월 일

5회
월 일

6회
월 일

평가북
월 일

4회
월 일

4 덧셈과 뺄셈(2)

백점

수학 1·2

개념북

백점 수학

구성과 특징

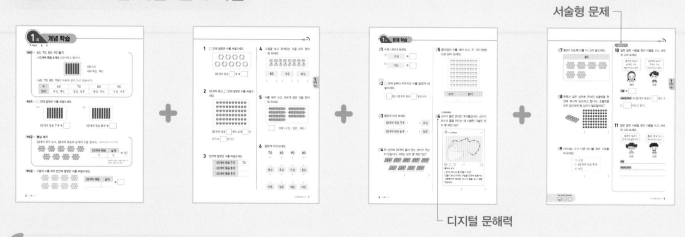

개념북 하루 4쪽 학습으로 자기주도학습 완성

N일차 4쪽: 개념 학습+문제 학습

서술형 문제

디지털 문해력

N일차 4쪽: 응용 학습

문제해결 TIP

단계별 해결 순서

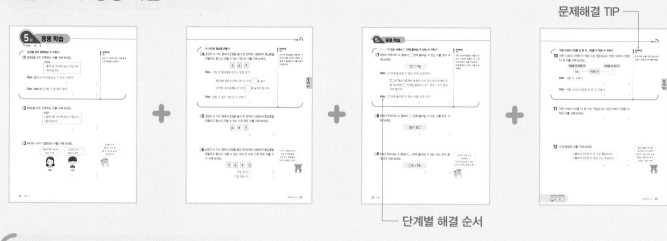

N일차 4쪽: 마무리 평가

수행 평가

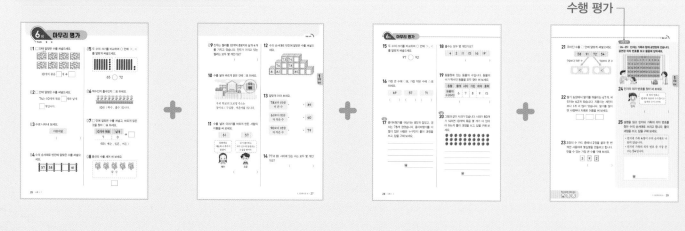

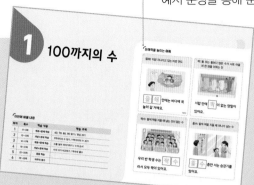

┌─ 문해력을 높이는 어휘
│ 교과서 어휘를 그림과 쓰이는
│ 예시 문장을 통해 문해력 향상

개념 학습

핵심 개념과 개념 확인 예제로 개념을 쉽게 이해할 수 있습니다.

문제 학습

핵심 유형 문제와 서술형 연습 문제로 실력을 쌓을 수 있습니다.
디지털 문해력: 디지털 매체 소재에 대한 문제

응용 학습

응용 유형의 문제를 단계별 해결 순서와 문제해결 TIP을 이용하여 응용력을 높일 수 있습니다.

마무리 평가

한 단원을 마무리하며 실력을 점검할 수 있습니다.
수행 평가: 학교 수행 평가에 대비할 수 있는 문제

평가북 · 맞춤형 평가 대비 수준별 단원 평가

단원 평가 A단계, B단계

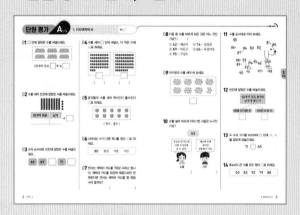

단원별 학습 성취도를 확인하고, 학교 단원 평가에 대비할 수 있도록 수준별로 A단계, B단계로 구성하였습니다.

2학기 총정리 개념

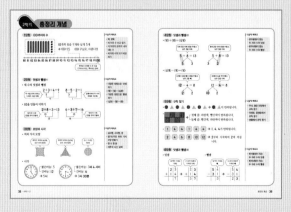

2학기를 마무리하며 개념을 총정리하고, 다음에 배울 내용을 확인할 수 있습니다.

백점 수학
차례

1 100까지의 수 —————————————• 4쪽

1~4회 개념 학습 / 문제 학습 6쪽

5회 응용 학습 22쪽

6회 마무리 평가 26쪽

2 덧셈과 뺄셈(1) —————————————• 30쪽

1~4회 개념 학습 / 문제 학습 32쪽

5회 응용 학습 48쪽

6회 마무리 평가 52쪽

3 모양과 시각 —————————————• 56쪽

1~4회 개념 학습 / 문제 학습 58쪽

5회 응용 학습 74쪽

6회 마무리 평가 78쪽

하루 4쪽 학습으로 자기주도학습 완성

4 덧셈과 뺄셈(2) ─────────● 82쪽

1~4회 개념 학습 / 문제 학습   84쪽

5회   응용 학습   100쪽

6회   마무리 평가   104쪽

5 규칙 찾기 ─────────● 108쪽

1~3회 개념 학습 / 문제 학습   110쪽

4회   응용 학습   122쪽

5회   마무리 평가   126쪽

6 덧셈과 뺄셈(3) ─────────● 130쪽

1~5회 개념 학습 / 문제 학습   132쪽

6회   응용 학습   152쪽

7회   마무리 평가   156쪽

1

100까지의 수

이번에 배울 내용

회차	쪽수	학습 내용	학습 주제
1	6~9쪽	개념+문제 학습	60, 70, 80, 90 알기 / 몇십 세기
2	10~13쪽	개념+문제 학습	99까지의 수 알기 / 99까지의 수 세기
3	14~17쪽	개념+문제 학습	수를 넣어 이야기하기 / 수의 순서
4	18~21쪽	개념+문제 학습	수의 크기 비교하기 / 짝수와 홀수
5	22~25쪽	응용 학습	
6	26~29쪽	마무리 평가	

문해력을 높이는 **어휘**

올해: 지금 지나가고 있는 이번 연도

올 해 안에는 바다에 꼭

놀러 갈 거예요.

(14쪽)

짝: 둘 또는 둘보다 많은 수가 서로 어울려 한 쌍을 이루는 것

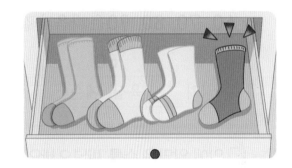

서랍 안에 짝 이 없는 양말이

있어요.

짝수: 둘씩 짝을 지을 때 남는 것이 없는 수

우리 반 학생 수는 짝 수

라서 모두 짝이 있어요.

홀수: 둘씩 짝을 지을 때 하나가 남는 수

홀 수 층만 서는 승강기를

탔어요.

개념 1 60, 70, 80, 90 알기

• 10개씩 묶음 6개를 60이라고 합니다.

쓰기 60
읽기 육십, 예순

• 60, 70, 80, 90은 다음과 같이 쓰고 읽습니다.

수	60	70	80	90
읽기	육십, 예순	칠십, 일흔	팔십, 여든	구십, 아흔

확인 1 □ 안에 알맞은 수를 써넣으세요.

(1)

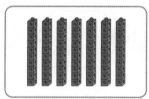

10개씩 묶음 7개 → [　]

(2)

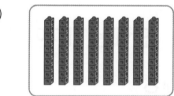

10개씩 묶음 8개 → [　]

개념 2 몇십 세기

10개씩 묶어 보고, 10개씩 묶음과 낱개의 수를 셉니다. ─ 몇십은 낱개의 수가 0이에요.

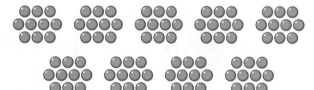

10개씩 묶음	낱개	
9	0	→ 90

10개씩 묶음의 수를 앞에 쓰고 낱개의 수를 뒤에 써요.

확인 2 구슬의 수를 세어 빈칸에 알맞은 수를 써넣으세요.

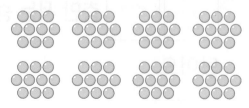

10개씩 묶음	낱개	
		→ [　]

1 □ 안에 알맞은 수를 써넣으세요.

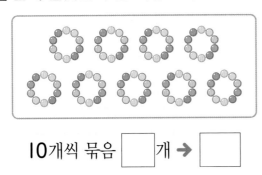

10개씩 묶음 □ 개 → □

2 10개씩 묶고, □ 안에 알맞은 수를 써넣으세요.

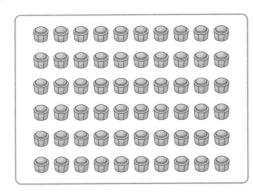

10개씩 묶음 □ 개와 낱개 □ 개

이므로 □ 입니다.

3 빈칸에 알맞은 수를 써넣으세요.

10개씩 묶음 7개	70
10개씩 묶음 8개	
10개씩 묶음 9개	

4 그림을 보고 관계있는 것을 모두 찾아 ○표 하세요.

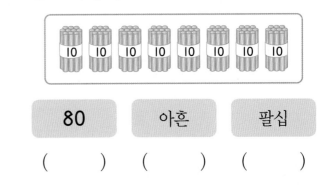

80	아흔	팔십
( )	( )	( )

5 수를 세어 쓰고, 바르게 읽은 것을 찾아 ○표 하세요.

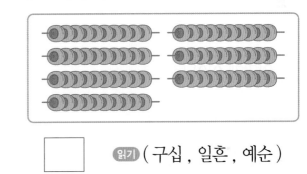

□ 읽기 (구십 , 일흔 , 예순)

6 알맞게 이어 보세요.

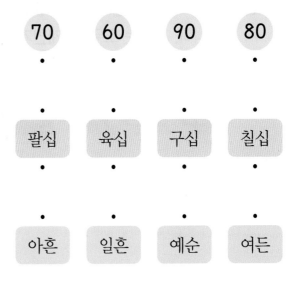

01 수로 나타내 보세요.

(1) 구십 → ☐

(2) 여든 → ☐

^{창의형}
02 ☐ 안에 6부터 9까지의 수를 알맞게 써 넣으세요.

☐0은 10개씩 묶음 ☐개입니다.

03 알맞게 이어 보세요.

10개씩 묶음 7개 •　　　　• 육십

10개씩 묶음 6개 •　　　　• 일흔

04 한 상자에 10개씩 들어 있는 과자가 9상자 있습니다. 과자는 모두 몇 개인가요?

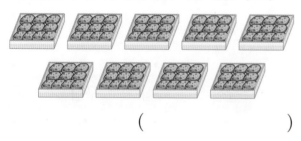

(　　　　　　)

05 종이컵의 수를 세어 쓰고, 두 가지 방법으로 읽어 보세요.

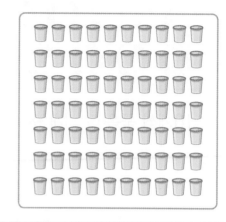

쓰기	읽기

06 소미가 올린 온라인 게시물입니다. 소미가 마스크 줄을 만드는 데 사용한 구슬은 모두 몇 개인가요?

hi_donga

좋아요 **4**개
나만의 마스크 줄 만들기 도전!
만들다 보니 아끼는 구슬을 10개씩 6봉지나 사용했지만 완성된 마스크 줄을 보니 정말 뿌듯하다.

(　　　　　　)

07 80이 되도록 ○를 더 그려 넣으세요.

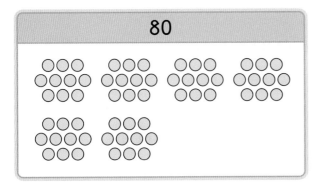

08 왼쪽과 같은 상자에 주어진 초콜릿을 한 칸에 하나씩 담으려고 합니다. 초콜릿을 모두 담으려면 몇 상자가 필요할까요?

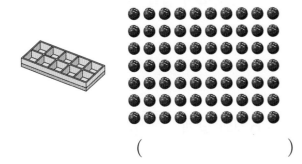

(   )

09 나타내는 수가 다른 하나를 찾아 기호를 써 보세요.

┌─────────────────────┐
│ ㉠ 구십   │
│ ㉡ 10개씩 묶음 9개   │
│ ㉢ 여든   │
└─────────────────────┘

(   )

10 잘못 말한 사람을 찾아 이름을 쓰고, 바르게 고쳐 보세요.

이름 ❶ [   ]

바르게 고치기 ❷ 10개씩 묶음이 [   ]개인 수는 [   ]이라고 읽어.

11 잘못 말한 사람을 찾아 이름을 쓰고, 바르게 고쳐 보세요.

이름 _____

바르게 고치기 _____

_____

학습 결과에 색칠하세요.

😄 😊 😣

개념 1 — **99까지의 수 알기**

· 10개씩 묶음 8개와 낱개 5개를 85라고 합니다.

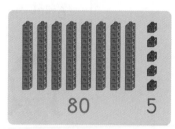

쓰기 85
읽기 팔십오, 여든다섯

· 10개씩 묶음과 낱개는 다음과 같이 쓰고 읽습니다.

10개씩 묶음	낱개
7	1

→ 71 ←

읽기 칠십일, 일흔하나

10개씩 묶음	낱개
9	8

→ 98 ←

읽기 구십팔, 아흔여덟

확인 1 — ☐ 안에 알맞은 수를 써넣으세요.

10개씩 묶음 6개와 낱개 ☐ 개 → ☐

개념 2 — **99까지의 수 세기**

10개씩 묶어 보고, 10개씩 묶음과 낱개의 수를 셉니다.

10개씩 묶음	낱개	
6	9	→ 69

확인 2 — 과자의 수를 세어 빈칸에 알맞은 수를 써넣으세요.

10개씩 묶음	낱개	
5		→ ☐

1 □ 안에 알맞은 수를 써넣으세요.

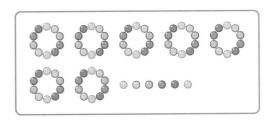

10개씩 묶음 **7**개와 낱개 □ 개

→ □

2 수를 두 가지 방법으로 읽으려고 합니다. □ 안에 알맞은 말을 써넣으세요.

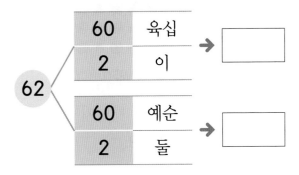

3 달걀의 수를 세어 알맞은 수에 ○표 하세요.

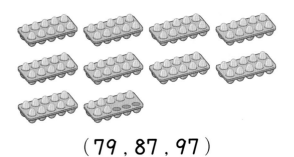

(79 , 87 , 97)

4 수를 바르게 읽은 것을 모두 찾아 ○표 하세요.

| 예순셋 | 육십삼 | 일흔여섯 |

(   )   (   )   (   )

5 빈칸에 알맞은 수를 써넣으세요.

10개씩 묶음	낱개	수
8	1	81
7	5	
9	4	

6 공의 수를 세어 쓰고, 알맞게 이어 보세요.

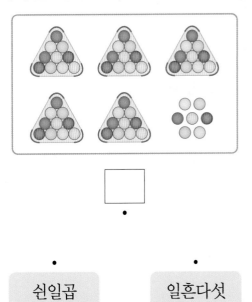

□

쉰일곱   일흔다섯

01 수로 나타내 보세요.

(1) 육십팔 → ☐

(2) 아흔여섯 → ☐

02 수가 **86**인 것에 ○표 하세요.

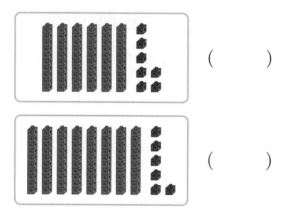

( )

( )

03 감자의 수를 세어 쓰고, 두 가지 방법으로 읽어 보세요.

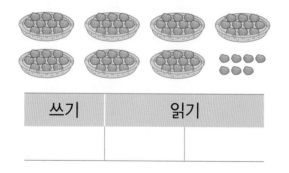

쓰기	읽기

04 수를 잘못 읽은 것은 어느 것인가요?

( )

① 54 — 오십사 — 쉰넷
② 65 — 육십오 — 예순다섯
③ 79 — 칠십구 — 일흔아홉
④ 81 — 팔십일 — 여든하나
⑤ 92 — 구십둘 — 아흔이

05 과자는 모두 몇 개인지 세어 보세요.

(1) 10개씩 묶어 보세요.

(2) 과자는 모두 몇 개인지 빈칸에 알맞은 수를 써넣으세요.

10개씩 묶음	낱개

→ ☐

06 수를 보고 바르게 설명한 것의 기호를 써 보세요.

84

ㄱ 10개씩 묶음 4개와 낱개 8개입니다.
ㄴ 10개씩 묶음 8개와 낱개 4개입니다.

( )

07 수 카드 2장을 골라 만들 수 있는 수를 써 보세요.

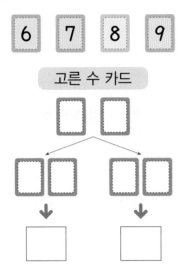

| 6 | 7 | 8 | 9 |

고른 수 카드

08 구슬의 수를 바르게 말한 사람은 누구인가요?

10개씩 묶음 6개와 낱개 7개이니까 구슬은 모두 67개야.
시우

구슬이 모두 일흔여섯 개 있어.
서진

구슬은 모두 예순일곱 개야.
소율

(   )

09 사과가 10개씩 6상자와 낱개 13개가 있습니다. 사과는 모두 몇 개인지 풀이 과정을 쓰고, 답을 구해 보세요.

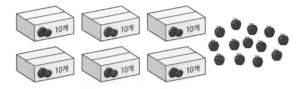

❶ 낱개 13개는 10개씩 1상자와 낱개 ☐ 개로 나타낼 수 있습니다.

❷ 따라서 사과는 10개씩 ☐ 상자와 낱개 3개이므로 모두 ☐ 개입니다.

답 _____

1
단원

2회

10 은서는 머리끈을 10개씩 8상자와 낱개 15개를 가지고 있습니다. 은서가 가지고 있는 머리끈은 모두 몇 개인지 풀이 과정을 쓰고, 답을 구해 보세요.

_____

_____

_____

_____

답 _____

학습 결과에 색칠하세요.
😄 🙂 😣

개념 1 **수를 넣어 이야기하기**

수를 상황에 따라 여러 방법으로 표현하여 이야기할 수 있습니다.

 새로 지은 건물은 **칠십사 층**까지 있습니다.

 74

 우리 할머니는 올해 **일흔네 살**이십니다.

확인 1 그림을 보고 수를 넣어 이야기한 것입니다. 바르게 읽은 것에 ○표 하세요.

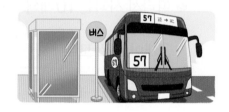

버스 정류장에 (오십칠 , 쉰일곱) 번 버스가 도착했습니다.

개념 2 **수의 순서**

• 수를 순서대로 썼을 때 1만큼 더 큰 수는 바로 뒤의 수이고, 1만큼 더 작은 수는 바로 앞의 수입니다.

| 1만큼 더 작은 수 | 87과 89 사이의 수 | 1만큼 더 큰 수 |

87 ——— 88 ——— 89

• 99보다 1만큼 더 큰 수를 100이라고 합니다.

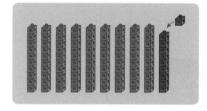

쓰기 100

읽기 백

확인 2 □ 안에 알맞은 수를 써넣으세요.

72 — 73 — 74 — 75 — 76 — 77 — 78 — 79

74보다 1만큼 더 큰 수는 74 바로 뒤의 수인 □ 입니다.

1 ☐ 안에 알맞은 수를 써넣으세요.

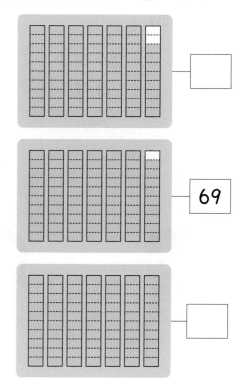

69보다 1만큼 더 작은 수는 ☐ 이고,

69보다 1만큼 더 큰 수는 ☐ 입니다.

2 ☐ 안에 알맞은 수를 써넣으세요.

99보다 1만큼 더 큰 수는 ☐ 이야.

3 수의 순서대로 빈 곳에 알맞은 수를 써넣으세요.

59 60 ○ 62 ○

4 수를 넣어 바르게 이야기한 것에 ○표 하세요.

75

일흔다섯 번 신발장에 신발을 넣었습니다.	우리 학교가 생긴지 칠십오 년이나 되었습니다.
( )	( )

5 수를 순서대로 쓰려고 합니다. 빈칸에 알맞은 수를 써넣으세요.

81	82		84	85
86		88	89	90
91	92		94	95
	97	98	99	

6 빈칸에 알맞은 수를 써넣으세요.

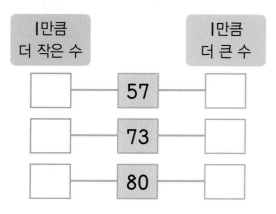

1만큼 더 작은 수 　　　 1만큼 더 큰 수

☐ — 57 — ☐

☐ — 73 — ☐

☐ — 80 — ☐

1
단원
3회

01 수의 순서에 맞게 빈칸에 알맞은 수를 써 넣으세요.

02 수를 순서대로 이어 보세요.

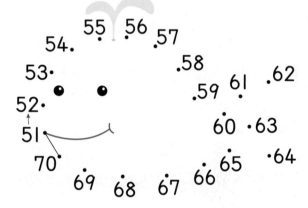

03 수의 순서를 거꾸로 하여 빈 곳에 알맞은 수를 써넣으세요.

04 92와 95 사이의 수를 모두 찾아 색칠해 보세요.

05 그림을 보고 바르게 이야기한 사람의 이름을 써 보세요.

접수 번호
97

안녕하세요!
접수 번호 순으로 처리하오니
잠시만 기다려 주십시오.
대단히 감사합니다.

접수 번호는
아흔일곱 번이야.

도현

접수 번호는
구십칠 번이야.

채아

(   )

디지털 문해력

06 지식 백과를 보고 밑줄 친 수보다 1만큼 더 큰 수를 수로 나타내 보세요.

지식 백과 ≡

[속담]

세 살 버릇 여든까지 간다

어릴 때의 버릇은 나이가 들어도 고치기 어렵다는 뜻입니다.
그러니 어릴 때부터 나쁜 버릇이 들지 않도록 조심해야겠지요?

뽕~ 뽕

(   )

07 시장 안내도에 가게들이 번호 순서대로 있습니다. 안내도에서 아래 가게들의 위치를 찾아 ☐ 안에 번호를 알맞게 써넣으세요.

| 71번 | 76번 | 80번 |

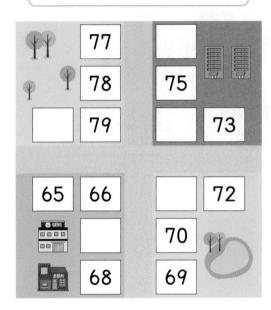

	77		
	78	75	
	79		73

65	66		72
		70	
68		69	

08 두 수 사이에 있는 수를 모두 써 보세요.

| 팔십팔 | 아흔하나 |

( )

창의형
09 51부터 99까지의 수 중에서 하나를 넣어 보기와 같이 이야기를 만들어 보세요.

→보기
붙임딱지를 쉰다섯 장 모았습니다.

_____

_____

서술형 문제

10 감자를 서은이는 58개 캤고, 동생은 서은이보다 1개 더 적게 캤습니다. 동생이 캔 감자는 몇 개인지 풀이 과정을 쓰고, 답을 구해 보세요.

❶ 동생이 캔 감자의 수는 58보다 ☐ 만큼 더 작은 수입니다.

❷ 58보다 ☐ 만큼 더 작은 수는 ☐ 이므로 동생이 캔 감자는 ☐ 개입니다.

답 _____

11 밤을 호진이는 87개 주웠고, 형은 호진이보다 1개 더 많이 주웠습니다. 형이 주운 밤은 몇 개인지 풀이 과정을 쓰고, 답을 구해 보세요.

_____

_____

_____

_____

답 _____

학습 결과에 색칠하세요.

개념 1 **수의 크기 비교하기**

① 10개씩 묶음의 수가 다르면 10개씩 묶음의 수가 클수록 더 큰 수입니다.

② 10개씩 묶음의 수가 같으면 낱개의 수가 클수록 더 큰 수입니다.

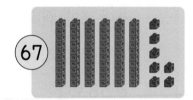 

┌ 67은 85보다 작습니다. → 67 < 85
└ 85는 67보다 큽니다. → 85 > 67

> >, <는 두 수의 크기를 비교할 때 사용하는 기호로, 더 큰 수 쪽으로 벌어지게 나타내.

확인 1 ○ 안에 >, <를 알맞게 써넣으세요.

77은 75보다 큽니다. → 77 ◯ 75

개념 2 **짝수와 홀수**

1	⚪
3	⚪⚪⚪
5	⚪⚪⚪⚪⚪
7	⚪⚪⚪⚪⚪⚪⚪
9	⚪⚪⚪⚪⚪⚪⚪⚪⚪
11	⚪⚪⚪⚪⚪⚪⚪⚪⚪⚪⚪

2	⚪⚪
4	⚪⚪⚪⚪
6	⚪⚪⚪⚪⚪⚪
8	⚪⚪⚪⚪⚪⚪⚪⚪
10	⚪⚪⚪⚪⚪⚪⚪⚪⚪⚪
12	⚪⚪⚪⚪⚪⚪⚪⚪⚪⚪⚪⚪

· 2, 4, 6, 8, 10, 12와 같이 둘씩 짝을 지을 때 **남는 것이 없는 수** → 짝수

· 1, 3, 5, 7, 9, 11과 같이 둘씩 짝을 지을 때 **하나가 남는 수** → 홀수

참고 짝수는 낱개의 수가 0, 2, 4, 6, 8이고, 홀수는 낱개의 수가 1, 3, 5, 7, 9입니다.

확인 2 알맞은 말에 ○표 하세요.

8은 둘씩 짝을 지을 때

(남는 것이 없는 수 , 하나가 남는 수)이므로

(짝수 , 홀수)입니다.

1 수를 세어 크기를 비교해 보세요.

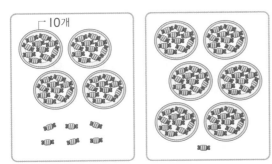

46은 ☐ 보다 (큽니다 , 작습니다).

☐ 은 46보다 (큽니다 , 작습니다).

2 알맞은 말에 ○표 하고, ○ 안에 >, <를 알맞게 써넣으세요.

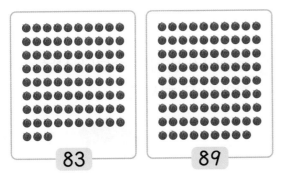

83은 89보다 (큽니다 , 작습니다).

→ 83 ◯ 89

3 둘씩 짝을 지어 보고, 짝수인지 홀수인지 ○표 하세요.

13은 (짝수 , 홀수)입니다.

4 ☐ 안에 알맞은 수를 써넣고, 더 큰 수에 ○표 하세요.

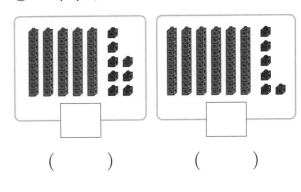

(   )   (   )

5 짝수는 빨간색으로, 홀수는 파란색으로 색칠해 보세요.

1	2	3	4	5
6	7	8	9	10
11	12	13	14	15
16	17	18	19	20

6 두 수의 크기를 비교하여 ○ 안에 >, <를 알맞게 써넣으세요.

⑴ 60 ◯ 70

⑵ 88 ◯ 81

01 더 큰 수에 ○표 하세요.

73	91

( ) ( )

02 짝수는 빨간색으로, 홀수는 파란색으로 이어 보세요.

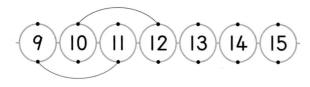

⑨ ⑩ ⑪ ⑫ ⑬ ⑭ ⑮

03 짝수는 보라색으로, 홀수는 노란색으로 색칠해 보세요.

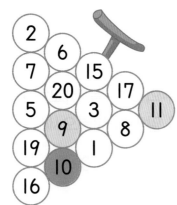

04 가장 큰 수에 ○표, 가장 작은 수에 △표 하세요.

98 76 83

05 홀수만 모여 있는 상자에 ○표 하세요.

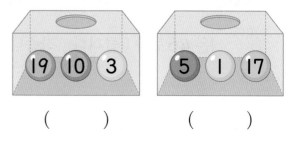

( ) ( )

06 유준이가 말하는 수보다 작은 수를 모두 찾아 ○표 하세요.

유준 76

67 89 75 90

07 짝수는 모두 몇 개인가요?

18 13 7 4 19

( )

1
단원
4회

08 다음 수 중에서 3개를 골라 색칠해 보고, 고른 세 수의 크기를 비교해 보세요.

가장 큰 수 (   )

가장 작은 수 (   )

09 의자의 수가 짝수인지 홀수인지 ○표 하세요.

(1) 의자의 수는 (짝수 , 홀수)입니다.

(2) 의자를 1개 더 놓으면 의자의 수는 (짝수 , 홀수)입니다.

10 수 카드를 작은 수부터 놓으려고 합니다. [79]를 놓아야 할 곳을 찾아 기호를 써 보세요.

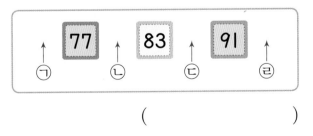

(   )

11 딱지를 더 많이 모은 사람은 누구인지 풀이 과정을 쓰고, 답을 구해 보세요.

나는 71장 모았어.   나는 69장 모았어.

서진   소율

❶ 71과 69의 10개씩 묶음의 수를 비교하면 7◯6이므로 71◯69입니다.

❷ 따라서 딱지를 더 많이 모은 사람은 ☐ 입니다.

답 _____

12 종이학을 더 많이 접은 사람은 누구인지 풀이 과정을 쓰고, 답을 구해 보세요.

나는 83개 접었어.   나는 86개 접었어.

다은   도현

_____

_____

_____

답 _____

○ 학습일: 월 일

조건을 모두 만족하는 수 구하기

01 조건 을 모두 만족하는 수를 구해 보세요.

> ┌─조건─
> • 8과 11 사이에 있는 수입니다.
> • 짝수입니다.

1단계 8과 11 사이에 있는 수 모두 구하기

( )

2단계 1단계 에서 구한 수 중 짝수 찾기

( )

문제해결 TIP

8과 11 사이에 있는 수에 8과 11은 포함되지 않아요.

02 조건 을 모두 만족하는 수를 구해 보세요.

> ┌─조건─
> • 12와 15 사이에 있는 수입니다.
> • 홀수입니다.

( )

03 예나와 시우가 설명하는 수를 구해 보세요.

73과 79 사이에 있는 수야.

예나

낱개의 수가 5보다 작아.

시우

낱개의 수가 5보다 작으면 0, 1, 2, 3, 4 중 하나겠지?

( )

수 카드로 몇십몇 만들기

04 3장의 수 카드 중에서 2장을 골라 한 번씩만 사용하여 몇십몇을 만들려고 합니다. 만들 수 있는 가장 큰 수를 구해 보세요.

 5 4 9

1단계 가장 큰 몇십몇을 만드는 방법 알기

10개씩 묶음의 수에 가장 큰 수인 ☐ 를 놓고,

낱개의 수에 둘째로 큰 수인 ☐ 를 놓아야 합니다.

2단계 만들 수 있는 가장 큰 수 구하기

(   )

05 3장의 수 카드 중에서 2장을 골라 한 번씩만 사용하여 몇십몇을 만들려고 합니다. 만들 수 있는 가장 작은 수를 구해 보세요.

 6 8 7

(   )

06 4장의 수 카드 중에서 2장을 골라 한 번씩만 사용하여 몇십몇을 만들려고 합니다. 만들 수 있는 가장 큰 수와 가장 작은 수를 각각 구해 보세요.

 9 6 8 5

가장 큰 수 (   )

가장 작은 수 (   )

수 카드가 4장이어도 가장 큰 몇십몇과 가장 작은 몇십몇을 만드는 방법은 같아!

>, <가 있는 식에서 □ 안에 들어갈 수 있는 수 구하기

07 0부터 9까지의 수 중에서 □ 안에 들어갈 수 있는 수를 모두 구해 보세요.

$$7\square > 76$$

1단계 □ 안에 들어갈 수 있는 수의 조건 알기

> 7□와 76의 10개씩 묶음의 수가 같으므로 낱개의 수를 비교하면 □ 안에는 6보다 (큰 , 작은) 수가 들어가야 합니다.

2단계 □ 안에 들어갈 수 있는 수를 모두 쓰기

(   )

문제해결 TIP

먼저 10개씩 묶음의 수를 비교하고, 10개씩 묶음의 수가 같으면 낱개의 수를 비교하여 □ 안에 들어갈 수 있는 수를 모두 구해요.

08 0부터 9까지의 수 중에서 □ 안에 들어갈 수 있는 수를 모두 구해 보세요.

$$55 < 5\square$$

(   )

09 1부터 9까지의 수 중에서 □ 안에 들어갈 수 있는 수는 모두 몇 개인지 구해 보세요.

$$\square 4 > 78$$

(   )

> 낱개의 수를 먼저 비교하여 □ 안에 들어갈 수 있는 수의 조건을 찾아야 해!

어떤 수보다 1만큼 더 큰 수, 1만큼 더 작은 수 구하기

10 어떤 수보다 1만큼 더 작은 수는 56입니다. 어떤 수보다 1만큼 더 큰 수를 구해 보세요.

문제해결
TIP
먼저 어떤 수를 구한 다음 어떤 수보다 1만큼 더 큰 수를 구해요.

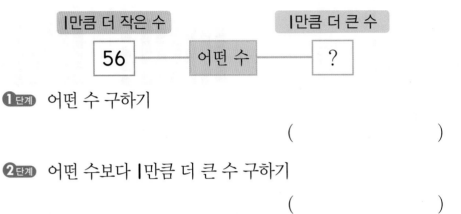

1단계 어떤 수 구하기

(   )

2단계 어떤 수보다 1만큼 더 큰 수 구하기

(   )

11 어떤 수보다 1만큼 더 큰 수는 72입니다. 어떤 수보다 1만큼 더 작은 수를 구해 보세요.

(   )

12 ★에 알맞은 수를 구해 보세요.

> • ■보다 1만큼 더 큰 수는 90입니다.
> • ■보다 1만큼 더 작은 수는 ★입니다.

(   )

■와 90의 관계를 생각하여 먼저 ■에 알맞은 수를 구한 다음 ■를 이용하여 ★에 알맞은 수를 구해!

01 □ 안에 알맞은 수를 써넣으세요.

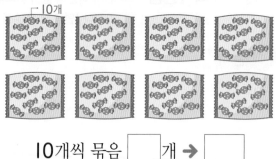

10개씩 묶음 □ 개 → □

02 □ 안에 알맞은 수를 써넣으세요.

74는 10개씩 묶음 □ 개와 낱개

□ 개입니다.

03 수로 나타내 보세요.

아흔여덟

( )

04 수의 순서대로 빈칸에 알맞은 수를 써넣으세요.

| 57 | 58 | | | 61 |

05 두 수의 크기를 비교하여 ○ 안에 >, < 를 알맞게 써넣으세요.

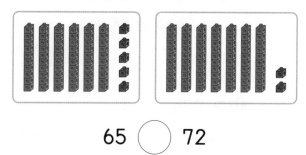

65 ◯ 72

06 짝수인지 홀수인지 ○표 하세요.

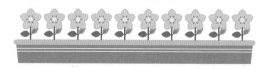

10은 (짝수 , 홀수)입니다.

07 □ 안에 알맞은 수를 써넣고, 바르게 읽은 것을 찾아 ○표 하세요.

10개씩 묶음	낱개
7	0

→ □

읽기 (예순 , 일흔 , 여든)

08 풍선의 수를 세어 써 보세요.

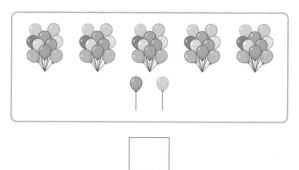

□

09 진우는 젤리를 10개씩 8봉지와 낱개 4개를 가지고 있습니다. 진우가 가지고 있는 젤리는 모두 몇 개인가요?

(   )

10 수를 넣어 바르게 읽은 것에 ○표 하세요.

우리 학교의 도로명 주소는
동아로 (구십팔 , 아흔여덟)입니다.

11 수를 넣어 이야기를 바르게 만든 사람의 이름을 써 보세요.

61	57

 동화책을 예순하나 쪽까지 읽었어.

 내가 좋아하는 야구 선수의 등번호는 오십칠 번이야.

채아   유준

(   )

12 수의 순서대로 빈칸에 알맞은 수를 써넣으세요.

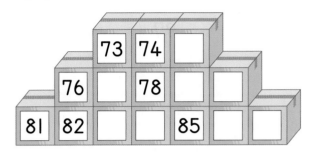

13 알맞게 이어 보세요.

78보다 1만큼 더 큰 수	•	•	89
61보다 1만큼 더 작은 수	•	•	60
90보다 1만큼 더 작은 수	•	•	79

14 77과 81 사이에 있는 수는 모두 몇 개인가요?

(   )

15 두 수의 크기를 비교하여 ○ 안에 >, < 를 알맞게 써넣으세요.

$$97 \bigcirc 92$$

16 가장 큰 수에 ○표, 가장 작은 수에 △표 하세요.

| 69 | 57 | 71 |

( ) ( ) ( )

(서술형)
17 종이비행기를 규상이는 85개 접었고, 경서는 78개 접었습니다. 종이비행기를 더 많이 접은 사람은 누구인지 풀이 과정을 쓰고, 답을 구해 보세요.

___

답

18 홀수는 모두 몇 개인가요?

| 4 | 2 | 11 | 15 | 16 | 19 |

( )

19 동물원에 있는 동물의 수입니다. 동물의 수가 짝수인 동물을 모두 찾아 써 보세요.

동물	물개	사자	기린	하마	홍학
동물의 수(마리)	6	7	8	9	15

( )

(서술형)
20 그림과 같이 사과가 있습니다. 사과가 80개가 되려면 10개씩 묶음 몇 개가 더 있어야 하는지 풀이 과정을 쓰고, 답을 구해 보세요.

___

답

21 주어진 수를 ◯ 안에 알맞게 써넣으세요.

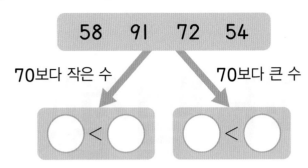

70보다 작은 수   70보다 큰 수

◯ < ◯   ◯ < ◯

22 딸기 농장에서 딸기를 하율이는 **67**개, 세진이는 **62**개 땄습니다. 지훈이는 세진이보다 **1**개 더 많이 땄습니다. 딸기를 많이 딴 사람부터 차례로 이름을 써 보세요.

☐ , ☐ , ☐

23 3장의 수 카드 중에서 2장을 골라 한 번씩만 사용하여 몇십몇을 만들려고 합니다. 만들 수 있는 가장 큰 수를 구해 보세요.

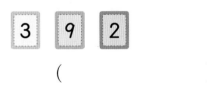

( )

| **24 ~ 25** | 민지는 가족과 함께 공연장에 갔습니다. 공연장 의자 번호를 보고 물음에 답하세요.

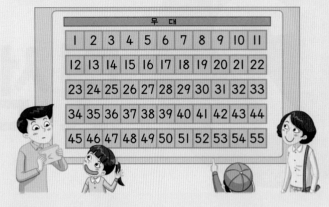

1
단원
6회

24 민지의 의자 번호를 찾아 써 보세요.

내 의자 번호는 10개씩 묶음의 수가 5이고 낱개의 수가 1이야.

민지

( )

25 설명을 읽고 민지네 가족의 의자 번호를 찾아 수의 순서대로 쓰려고 합니다. 풀이 과정을 쓰고, 답을 구해 보세요.

• 민지네 가족 **4**명이 수의 순서대로 나란히 앉습니다.
• 민지네 가족의 의자 번호 중 가장 큰 수는 **54**입니다.

답 _____

학습 결과에 색칠하세요.
😄 🙂 😣

2 덧셈과 뺄셈(1)

이번에 배울 내용

회차	쪽수	학습 내용	학습 주제
1	32~35쪽	개념+문제 학습	세 수의 덧셈 / 세 수의 뺄셈
2	36~39쪽	개념+문제 학습	10이 되는 더하기 / 두 수를 바꾸어 더하기
3	40~43쪽	개념+문제 학습	10에서 빼기 / 10에서 빼는 뺄셈식으로 나타내기
4	44~47쪽	개념+문제 학습	10을 만들어 더하기
5	48~51쪽	응용 학습	
6	52~55쪽	마무리 평가	

문해력을 높이는 **어휘**

덧셈: 몇 개의 수나 식을 합하여 계산하는 것

전체 사과는 모두 몇 개인지 구할

때는 을 해요.

뺄셈: 어떤 수나 식에서 다른 수나 식을 빼는 것

먹고 남은 바나나는 몇 개인지 구

할 때는 을 해요.

십 배열판: 10을 나타낼 수 있도록 10칸으로 나누어져 있는 판

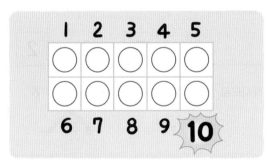

십 배 열 판 에

그린 ○는 모두 10개예요.

투호: 일정한 거리에 병을 놓고 그 속에 화살을 던져 넣는 놀이

박물관에서 동생과

놀이 체험을 했어요.

(43쪽)

학습일:　월　일

개념 1 ── **세 수의 덧셈**

앞의 두 수를 먼저 더하고, 더해서 나온 수에 나머지 수를 더합니다.

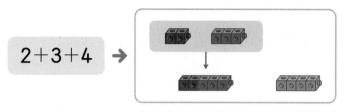

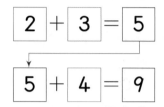

참고 세 수의 덧셈은 계산 순서를 바꾸어 더해도 그 결과가 같습니다.

$2+3+4=9$　$2+3+4=9$

확인 1 ── 그림을 보고 세 수의 덧셈을 해 보세요.

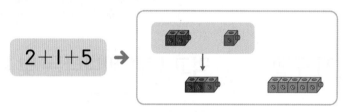

개념 2 ── **세 수의 뺄셈**

앞의 두 수의 뺄셈을 먼저 하고, 빼서 나온 수에서 나머지 수를 뺍니다.

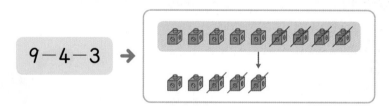

주의 세 수의 뺄셈은 계산 순서를 바꾸어 빼면 그 결과가 달라지므로 앞에서부터 차례로 계산해야 합니다.

$9-4-3=2$　$9-4-3=8$

확인 2 ── 그림을 보고 세 수의 뺄셈을 해 보세요.

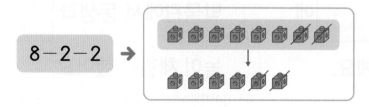

1 그림에 알맞은 덧셈식에 ○표 하세요.

$$4+3+1=8$$ $$4+1+2=7$$
( ) ( )

2 그림을 보고 세 수의 뺄셈을 해 보세요.

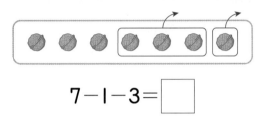

$$7-1-3=\boxed{}$$

3 □ 안에 알맞은 수를 써넣으세요.

(1) $$3+4+2=\boxed{}$$

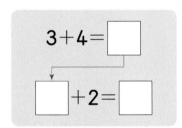

$$3+4=\boxed{}$$
$$\boxed{}+2=\boxed{}$$

(2) $$6-2-1=\boxed{}$$

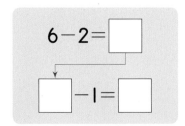

$$6-2=\boxed{}$$
$$\boxed{}-1=\boxed{}$$

4 보기 와 같이 /을 그리고, 뺄셈을 해 보세요.

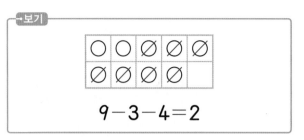

$$9-3-4=2$$

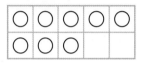

$$8-3-2=\boxed{}$$

5 덧셈과 뺄셈을 해 보세요.

(1) $$2+2+4=\boxed{}$$

(2) $$9-2-5=\boxed{}$$

6 알맞은 것을 찾아 이어 보세요.

3+1+4 3+2+2

7 8 9

2 단원 1회

01 그림을 보고 알맞은 뺄셈식을 만들어 보세요.

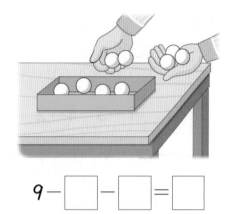

$$9-\boxed{}-\boxed{}=\boxed{}$$

02 덧셈을 해 보세요.

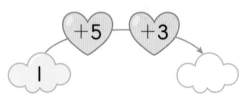

$2+5+2$ → (   )

03 빈 곳에 알맞은 수를 써넣으세요.

$+5$ $+3$

1

04 차를 구하여 이어 보세요.

$8-5-1$ $7-2-5$ $6-2-3$

•   •   •

•   •   •

0   1   2

05 계산이 틀린 것에 ×표 하세요.

$7-5-1=1$ $8-2-4=1$

(   )   (   )

창의형
06 세 가지 색으로 팔찌를 색칠하고, 덧셈식을 만들어 보세요.

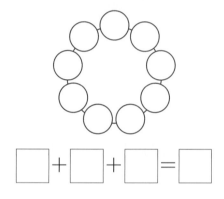

$$\boxed{}+\boxed{}+\boxed{}=\boxed{}$$

07 승재는 오늘 젤리를 아침에 **2**개, 점심에 **5**개, 저녁에 1개 먹었습니다. 승재가 오늘 먹은 젤리는 모두 몇 개인가요?

(   )

창의형

08 □ 안에 알맞은 수를 써넣고, 뺄셈식을 만들어 보세요.

내가 □개를 먹고 누나에게 □개를 줘야지. 그럼 붕어빵은 몇 개가 남을까?

9−□−□=□

09 상희는 음악 소리의 크기를 8칸에서 3칸만큼 줄이고, 다시 3칸만큼 더 줄였습니다. 지금 듣고 있는 음악 소리의 크기만큼 칸을 색칠해 보세요.

10 수 카드 2장을 골라 덧셈식을 완성해 보세요.

1　2　3　4

2+□+□=8

서술형 문제

11 합이 더 큰 것의 기호를 쓰려고 합니다. 풀이 과정을 쓰고, 답을 구해 보세요.

㉠ 3+1+1　　㉡ 2+3+1

❶ ㉠ 3+1+1=□+1=□이고,

㉡ 2+3+1=□+1=□입니다.

❷ 따라서 □>□이므로 합이 더 큰 것은 □입니다.

답 ____________

12 차가 더 작은 것의 기호를 쓰려고 합니다. 풀이 과정을 쓰고, 답을 구해 보세요.

㉠ 8−1−4　　㉡ 9−4−1

____

____

____

____

답 ____________

2 단원 1회

학습 결과에 색칠하세요.

2회 개념 학습

학습일: 월 일

개념 1 10이 되는 더하기

이어 세기로 3과 7을 더하면 10이 됩니다.

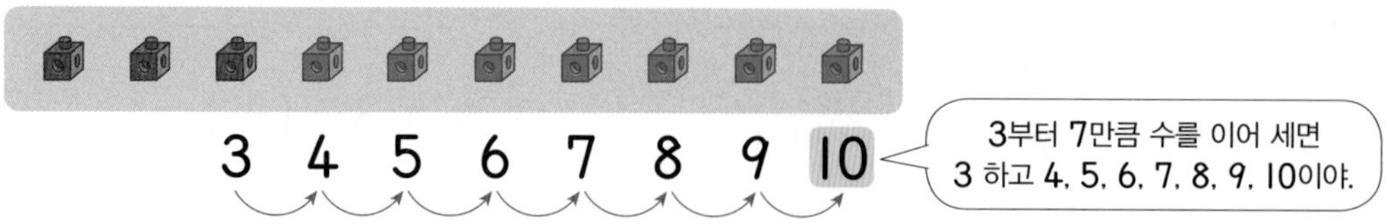
3 4 5 6 7 8 9 10
3부터 7만큼 수를 이어 세면
3 하고 4, 5, 6, 7, 8, 9, 10이야.

3+7=10

중요 10이 되는 여러 가지 덧셈식

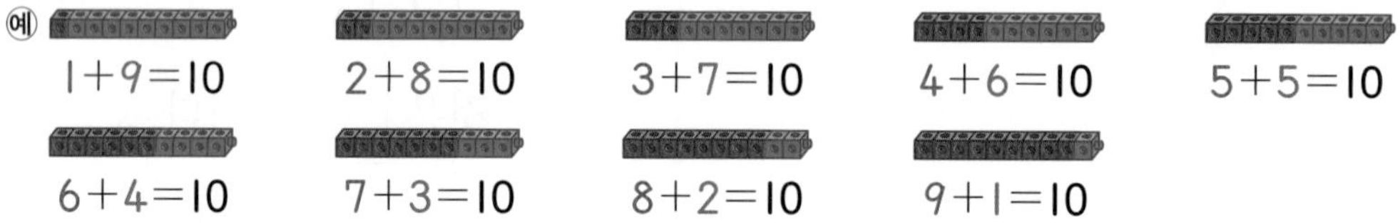
예
1+9=10
2+8=10
3+7=10
4+6=10
5+5=10
6+4=10
7+3=10
8+2=10
9+1=10

확인 1 □ 안에 알맞은 수를 써넣으세요.

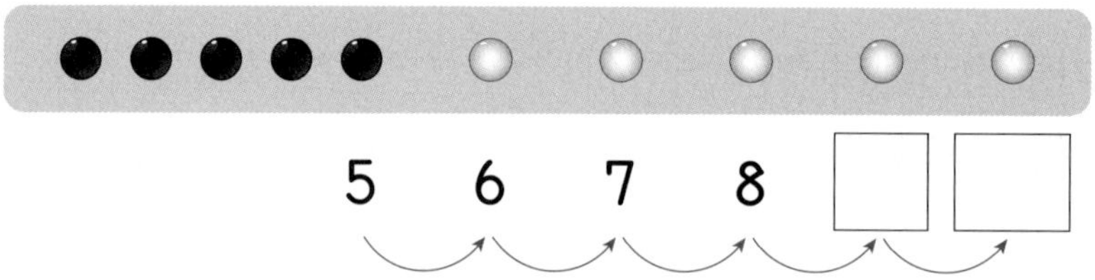
5 6 7 8

5+5=□

개념 2 두 수를 바꾸어 더하기

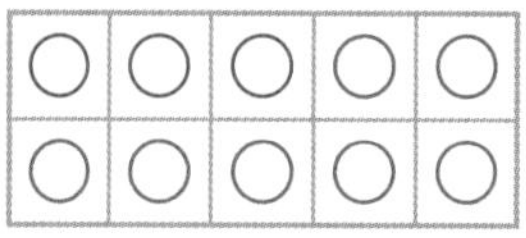

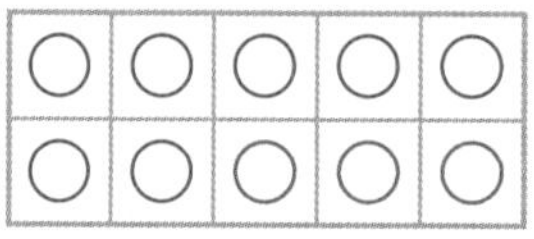

3+7=10　　7+3=10

3과 7이 서로 바뀌어도 합은 10으로 같아요.

→ 두 수를 바꾸어 더해도 합은 같습니다.

확인 2 그림을 보고 두 수를 바꾸어 더해 보세요.

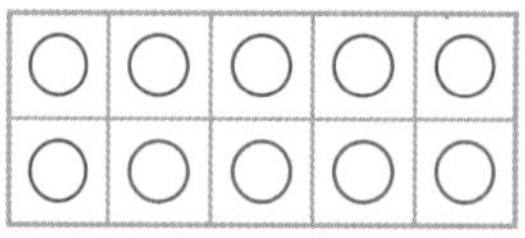

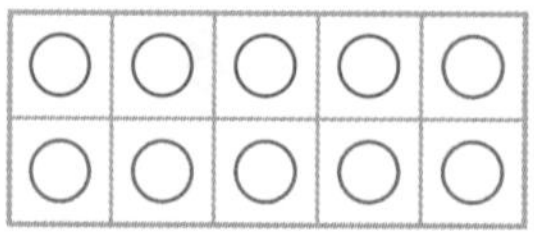

6+4=□　　4+6=□

1 그림을 보고 알맞은 덧셈식을 만들어 보세요.

$9+\boxed{}=\boxed{}$

2 그림을 보고 두 수를 바꾸어 더해 보세요.

$2+8=\boxed{}$ $8+2=\boxed{}$

3 그림을 보고 덧셈식으로 나타내 보세요.

(1) 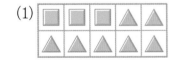 $3+\boxed{}=10$

(2) $1+\boxed{}=10$

4 빈칸에 알맞은 수를 쓰거나 그림을 그려 보세요.

(1)  $4+\boxed{}=10$

(2)  $\boxed{}+5=10$

(3)  $\boxed{}+\boxed{}=10$

5 □ 안에 알맞은 수를 써넣으세요.

(1) $1+9=\boxed{}$

(2) $\boxed{}+4=10$

6 두 가지 색으로 색칠하고, 덧셈식을 만들어 보세요.

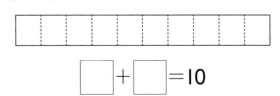

$\boxed{}+\boxed{}=10$

2
단원
2회

01 그림을 보고 □ 안에 알맞은 수를 써넣으세요.

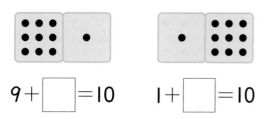

$9+$ □ $=10$ $1+$ □ $=10$

02 합이 10이 되는 식을 모두 찾아 ○표 하세요.

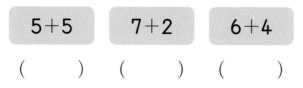

$5+5$	$7+2$	$6+4$
( )	( )	( )

03 연결 모형의 수가 10이 되도록 이어 보고, 덧셈식을 써 보세요.

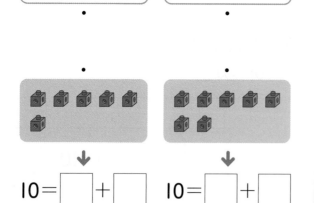

$10=$ □ $+$ □ $10=$ □ $+$ □

디지털 문해력

04 광고를 보고 버거 나라에서 햄버거 8개를 사면 햄버거를 모두 몇 개 받을 수 있는지 알맞은 덧셈식을 만들어 보세요.

$8+$ □ $=$ □

05 두 수를 더해서 10이 되도록 빈칸에 알맞은 수를 써넣으세요.

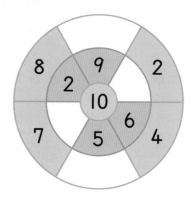

06 그림을 보고 알맞은 덧셈식을 만들어 보세요.

🤖 □ $+3=10$

🐭 □ $+$ □ $=10$

07 옆으로 또는 위아래로 더해서 10이 되는 두 수를 찾아 ☐로 묶고, 10이 되는 덧셈식을 써 보세요.

1	4	7	5
2	8	3	4
9	1	5	6

10=2+8   10=☐+☐

10=☐+☐   10=☐+☐

창의형

08 ● 모양과 ▲ 모양을 그려 덧셈식을 만들고, 설명해 보세요.

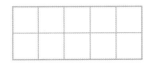

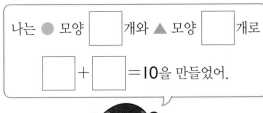

나는 ● 모양 ☐개와 ▲ 모양 ☐개로

☐ + ☐ =10을 만들었어.

서술형 문제

09 오렌지주스가 8병, 포도주스가 2병 있습니다. 주스는 모두 몇 병인지 풀이 과정을 쓰고, 답을 구해 보세요.

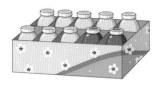

❶ 오렌지주스의 수와 포도주스의 수를 더하면 되므로 8+☐을/를 계산합니다.

❷ 8+☐=☐이므로 주스는 모두 ☐병입니다.

답 _____

2
단원
2회

10 소라는 딱지를 1장 모았고, 우재는 딱지를 9장 모았습니다. 소라와 우재가 모은 딱지는 모두 몇 장인지 풀이 과정을 쓰고, 답을 구해 보세요.

_____

_____

_____

_____

답 _____

3회 개념 학습

○ 학습일: 월 일

개념 1 ─ **10에서 빼기**

거꾸로 세기로 10에서 4를 빼면 6이 남습니다.

10부터 4만큼 수를 거꾸로 세면
10, 9, 8, 7, 6이야.

6 7 8 9 10

$$10-4=6$$

중요 10에서 빼는 여러 가지 뺄셈식

예

$10-1=9$ $10-2=8$ $10-3=7$ $10-4=6$ $10-5=5$

$10-6=4$ $10-7=3$ $10-8=2$ $10-9=1$

확인 1 ─ □ 안에 알맞은 수를 써넣으세요.

□ □ □ 8 9 10 $10-5=$ □

개념 2 ─ **10에서 빼는 뺄셈식으로 나타내기**

$$10-3=7 \qquad 10-7=3$$

모두 10에서 빼는 뺄셈식이에요.

→ 빼는 수가 3이면 뺄셈 결과가 7이고, 빼는 수가 7이면 뺄셈 결과가 3입니다.

확인 2 ─ 그림을 보고 10에서 빼는 뺄셈식으로 나타내 보세요.

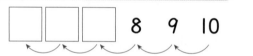

$10-$ □ $=$ □ $10-$ □ $=$ □

40 · 수학 1-2

● 정답 10쪽

1 그림을 보고 알맞은 뺄셈식을 만들어 보세요.

(1)

$$10-3=\boxed{}$$

(2)

$$10-\boxed{}=\boxed{}$$

2 10을 두 수로 가르기하고, □ 안에 알맞은 수를 써넣으세요.

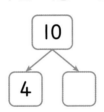

$$10-4=\boxed{}$$

3 식에 알맞게 /을 그리고, 뺄셈을 해 보세요.

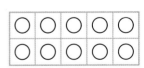

$$10-8=\boxed{}$$

4 그림을 보고 알맞은 뺄셈식을 만들어 보세요.

(1)

$$10-6=\boxed{}$$

(2)
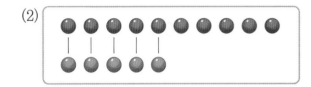

$$10-\boxed{}=\boxed{}$$

5 뺄셈을 해 보세요.

(1) $10-1=\boxed{}$

(2) $10-7=\boxed{}$

6 우산 10개 중 6개가 남도록 /을 그리고, □ 안에 알맞은 수를 써넣으세요.

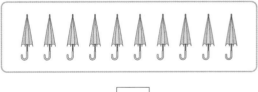

$$10-\boxed{}=6$$

01 그림을 보고 □ 안에 알맞은 수를 써넣으세요.

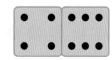

$$10-4=\boxed{}$$

$$10-\boxed{}=4$$

02 차를 구하여 이어 보세요.

10−8 ·   · 5

10−5 ·   · 2

03 두 수의 차를 빈칸에 써넣으세요.

7	10

04 차가 더 큰 것에 ○표 하세요.

10−6   10−3

(   )   (   )

05 □ 안에 공통으로 들어갈 수 있는 수를 구해 보세요.

$$10-1=\boxed{}$$ $$10-\boxed{}=1$$

(   )

06 두 수의 차를 구하고, 보기 에서 그 차의 글자를 찾아 써 보세요.

$$10-3=\boxed{} \rightarrow (\qquad)$$

$$10-4=\boxed{} \rightarrow (\qquad)$$

$$10-2=\boxed{} \rightarrow (\qquad)$$

창의형
07 /을 그려 뺄셈식을 만들고, 설명해 보세요.

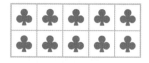

♣ 모양 10개에서 □개를 빼면

$$10-\boxed{}=\boxed{}$$입니다.

08 투호 놀이에서 화살을 소담이가 10개, 예지가 8개 넣었습니다. 소담이는 예지보다 화살을 몇 개 더 많이 넣었는지 구해 보세요.

(   )

09 그림에 알맞은 뺄셈식을 만들어 보세요.

 풍선 10개가 있었는데 4개가 날아가 버렸어.

남은 풍선은 몇 개일까?

$10 - \boxed{} = \boxed{}$

10 □ 안에 들어갈 수가 가장 작은 것을 찾아 기호를 써 보세요.

㉠ $10 - \square = 9$
㉡ $10 - 6 = \square$
㉢ $10 - \square = 5$

(   )

서술형 문제

11 민준이는 바둑돌 10개를 양손으로 나누어 가졌습니다. 민준이의 오른손에는 바둑돌이 몇 개 있는지 풀이 과정을 쓰고, 답을 구해 보세요.

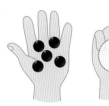

❶ 민준이의 왼손에 있는 바둑돌의 수를 세어 보면 $\boxed{}$ 개입니다.

❷ 따라서 민준이의 오른손에는 바둑돌이 $10 - \boxed{} = \boxed{}$ (개) 있습니다.

답 _____

12 세주는 동전 10개를 양손으로 나누어 가졌습니다. 세주의 왼손에는 동전이 몇 개 있는지 풀이 과정을 쓰고, 답을 구해 보세요.

_____

_____

_____

_____

답 _____

2. 덧셈과 뺄셈(1) • **43**

2 단원 3회

○ 학습일: 월   일

개념 1 **앞의 두 수로 10을 만들어 더하기**

앞의 두 수를 먼저 더하여 10을 만들고, 10과 나머지 수를 더합니다.

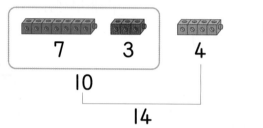

$$7+3+4=14$$

참고 세 수의 덧셈을 할 때 합이 10이 되는 두 수를 먼저 더한 다음, 10에 나머지 수를 더하면 계산이 편리합니다.

확인 1 10을 만들고 남은 수를 더하고 있습니다. □ 안에 알맞은 수를 써넣으세요.

8   2   3

$$10+\boxed{}=\boxed{}$$

개념 2 **뒤의 두 수로 10을 만들어 더하기**

뒤의 두 수를 먼저 더하여 10을 만들고, 나머지 수와 10을 더합니다.

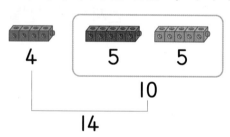

$$4+5+5=14$$

참고 앞에서부터 순서대로 더하는 방법과 10을 만들고 남은 수를 더하는 방법의 계산 결과는 같습니다.

9   10   11   12   13   14

$$4+5+5=14$$
앞의 두 수를 먼저 더해도 계산 결과는 14예요.

확인 2 10을 만들고 남은 수를 더하고 있습니다. □ 안에 알맞은 수를 써넣으세요.

2   7   3

$$\boxed{}+10=\boxed{}$$

1 □ 안에 알맞은 수를 써넣으세요.

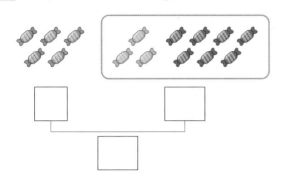

2 그림을 보고 덧셈식을 완성해 보세요.

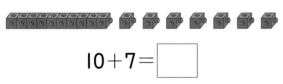

$$10+7=\boxed{}$$

3 컵의 수에 맞게 ○를 그리고, 덧셈식을 완성해 보세요.

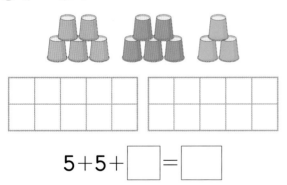

$$5+5+\boxed{}=\boxed{}$$

4 그림을 보고 □ 안에 알맞은 수를 써넣으세요.

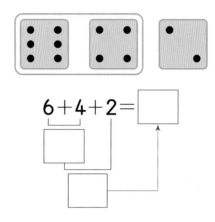

$$6+4+2=\boxed{}$$

5 □ 안에 알맞은 수를 써넣으세요.

(1) $2+8+6=\boxed{}$

(2) $8+4+6=\boxed{}$

6 합이 같은 것끼리 이어 보세요.

| 1+9+6 | 2+5+5 | 6+4+9 |
| · | · | · |

| · | · | · |
| 10+9 | 10+6 | 2+10 |

01 10을 만들어 더할 수 있는 식을 모두 찾아 ○표 하세요.

| 7+1+5 | 4+9+1 | 4+6+8 |

(   ) (   ) (   )

02 보기 와 같이 합이 10이 되는 두 수를 □로 묶고, 덧셈을 해 보세요.

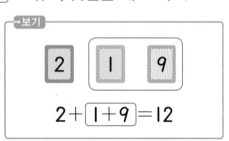

보기

2   1   9

2+ 1+9 =12

5   3   7

5+3+7= □

03 덧셈을 해 보세요.

(1) 5+5+7= □

(2) 9+6+4= □

04 합이 10이 되는 두 수를 □로 묶고, □ 안에 세 수의 합을 써넣으세요.

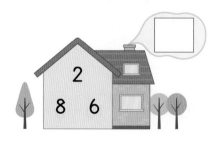

2
8 6

05 수아와 친구들이 고리 던지기 놀이를 하여 각각 다음과 같이 걸었습니다. 세 사람이 걸은 고리는 모두 몇 개인가요?

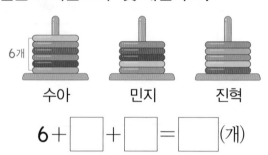

6개

수아   민지   진혁

6+ □ + □ = □ (개)

디지털 문해력

06 소미가 올린 온라인 게시물입니다. 소미가 지난달에 읽은 책은 모두 몇 권인지 구해 보세요.

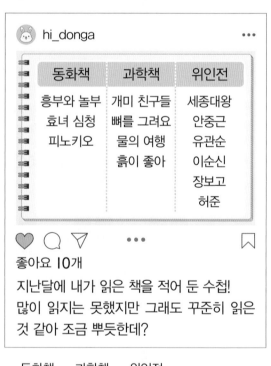

hi_donga   •••

동화책	과학책	위인전
흥부와 놀부	개미 친구들	세종대왕
효녀 심청	뼈를 그려요	안중근
피노키오	물의 여행	유관순
	흙이 좋아	이순신
		장보고
		허준

좋아요 10개
지난달에 내가 읽은 책을 적어 둔 수첩!
많이 읽지는 못했지만 그래도 꾸준히 읽은
것 같아 조금 뿌듯한데?

동화책   과학책   위인전

□ + □ + □ = □ (권)

07 화살표를 따라갔을 때의 도토리의 수를 구하려고 합니다. □ 안에 알맞은 수를 써넣어 덧셈식을 완성해 보세요.

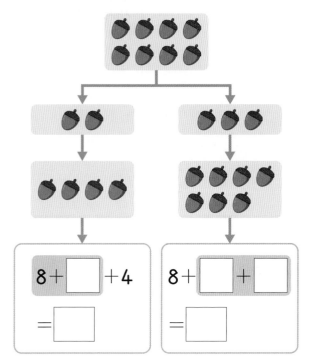

8 + □ + 4

= □

8 + □ + □

= □

08 밑줄 친 두 수의 합이 10이 되도록 ○ 안에 수를 써넣고, 덧셈을 해 보세요.

(1) ○ + <u>9</u> + <u>9</u> = □

(2) <u>5</u> + 7 + ○ = □

창의형
09 수 카드 2장을 골라 덧셈식을 완성해 보세요.

| 3 | 6 | 7 | 4 |

1 + □ + □ = 11

서술형 문제

10 세 수의 합이 더 큰 것의 기호를 쓰려고 합니다. 풀이 과정을 쓰고, 답을 구해 보세요.

가 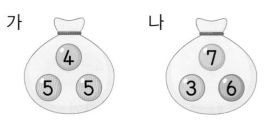 나

❶ 세 수의 합을 각각 구하면

가는 4 + 5 + □ = □ 이고,

나는 7 + 3 + □ = □ 입니다.

❷ □ > □ 이므로 세 수의 합이 더 큰 것은 (가 , 나)입니다.

답

11 수 카드의 세 수의 합이 더 작은 사람은 누구인지 풀이 과정을 쓰고, 답을 구해 보세요.

시원   규리

답 _____

2
단원
4회

학습일:　월　일

두 식의 계산 결과가 같을 때 모르는 수 구하기

01 두 식의 계산 결과는 같습니다. ㉠에 알맞은 수를 구해 보세요.

$$4+6 \qquad 7+㉠$$

1단계 4+6 계산하기

(　　　　　　　　)

2단계 ㉠에 알맞은 수 구하기

(　　　　　　　　)

02 두 식의 계산 결과는 같습니다. ㉠에 알맞은 수를 구해 보세요.

$$9+1+㉠ \qquad 6+8+2$$

(　　　　　　　　)

03 소희와 민규가 가진 그림 카드에 그려진 점의 수의 합이 서로 같습니다. 빈 곳에 알맞게 점을 그려 넣으세요.

소희가 가진
그림 카드에 그려진
점의 수의 합을 구하면
민규가 가진
그림 카드에 그려진
점의 수의 합을
알 수 있어.

합이 주어진 덧셈식 완성하기

04 식에 맞게 빈 접시에 과자의 수만큼 ○를 그리고, □ 안에 알맞은 수를 써넣으세요.

2
단원
5회

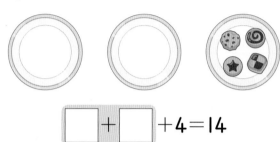

$$\boxed{}+\boxed{}+4=14$$

문제해결 TIP

먼저 빈 접시에 놓아야 할 과자 수의 합을 구해요. 구한 합이 되도록 빈 접시에 ○를 자유롭게 그린 다음, 그린 수만큼 덧셈식에 써넣어요.

❶단계 빈 접시에 놓아야 할 과자 수의 합 구하기

(   )

❷단계 빈 접시에 과자의 수만큼 ○를 그리기

❸단계 그린 ○의 수만큼 □ 안에 알맞은 수 써넣기

05 식에 맞게 빈 봉지에 사탕의 수만큼 ○를 그리고, □ 안에 알맞은 수를 써넣으세요.

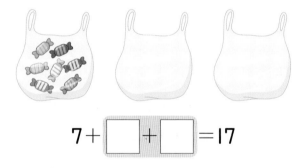

$$7+\boxed{}+\boxed{}=17$$

06 □ 안에 들어갈 수 있는 두 수를 짝 지은 것을 모두 찾아 기호를 써 보세요.

$$\boxed{}+\boxed{}+9=19$$

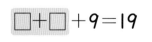

㉠ 3, 7   ㉡ 8, 1   ㉢ 5, 4   ㉣ 1, 9

(   )

먼저 □ 안에 들어갈 두 수의 합이 얼마가 되어야 하는지 생각해 봐!

모양에 알맞은 수 구하기

07 같은 모양은 같은 수를 나타냅니다. ▲에 알맞은 수를 구해 보세요.

$$10-5=■$$
$$■+3+1=▲$$

1단계 ■에 알맞은 수 구하기

(   )

2단계 ▲에 알맞은 수 구하기

(   )

문제해결 TIP

$10-5$를 계산하여 ■에 알맞은 수를 먼저 구한 다음 ▲에 알맞은 수를 구해요.

08 같은 모양은 같은 수를 나타냅니다. ★에 알맞은 수를 구해 보세요.

$$8-2-3=●$$
$$●+★=10$$

(   )

09 같은 모양은 같은 수를 나타냅니다. ◆에 알맞은 수를 구해 보세요.

$$5+▲=10$$
$$10-8=♣$$
$$▲+♣+2=◆$$

(   )

먼저 ▲와 ♣에 알맞은 수를 각각 구한 다음 ◆를 구해!

>, <가 있는 식에서 □ 안에 들어갈 수 있는 수 구하기

10 1부터 9까지의 수 중에서 □ 안에 들어갈 수 있는 수를 모두 구해 보세요.

$$2+2+3<\square$$

1단계 2+2+3 계산하기

( )

2단계 □ 안에 들어갈 수 있는 수를 모두 쓰기

( )

11 1부터 9까지의 수 중에서 □ 안에 들어갈 수 있는 수를 모두 구해 보세요.

$$9-1-4>\square$$

( )

12 1부터 9까지의 수 중에서 □ 안에 공통으로 들어갈 수 있는 수를 구해 보세요.

$$10-2>\square$$ $$1+3+2<\square$$

( )

먼저 두 식에서 □ 안에 들어갈 수 있는 수를 각각 구한 다음 공통으로 있는 수를 찾아봐!

01 그림을 보고 세 수의 덧셈을 해 보세요.

$2+2+2=$ ☐

02 ☐ 안에 알맞은 수를 써넣으세요.

$9-4-3=$ ☐

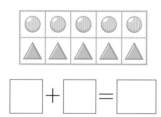

$9-4=$ ☐

☐ $-3=$ ☐

03 그림을 보고 알맞은 덧셈식을 만들어 보세요.

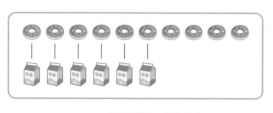

☐ $+$ ☐ $=$ ☐

04 그림을 보고 알맞은 뺄셈식을 만들어 보세요.

$10-$ ☐ $=$ ☐

05 10을 만들어 더할 수 있는 식을 찾아 ○표 하세요.

$4+2+3$ (   )

$6+4+7$ (   )

$5+3+6$ (   )

06 10을 만들어 덧셈을 해 보세요.

$8+$ 7$+3=$ ☐

07 세 수의 합을 구해 보세요.

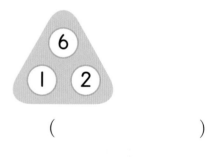

(   )

08 빈 곳에 알맞은 수를 써넣으세요.

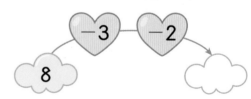

09 차를 구하여 이어 보세요.

9−3−3 •	• 1
5−2−1 •	• 2
6−3−2 •	• 3

10 그림을 보고 두 수를 바꾸어 더해 보세요.

4+6= ☐   6+4= ☐

11 구슬이 10개가 되도록 구슬을 더 그려 넣고, ☐ 안에 알맞은 수를 써넣으세요.

2+ ☐ =10

12 위아래의 두 수를 더해서 10이 되도록 빈 칸에 알맞은 수를 써넣으세요.

10	1			6
	9	7	5	

13 차가 2인 것을 찾아 기호를 써 보세요.

㉠ 10−2 ㉡ 10−5 ㉢ 10−8

(   )

서술형
14 유미는 사탕 10개를 사서 동생에게 3개를 주었습니다. 유미에게 남은 사탕은 몇 개인지 풀이 과정을 쓰고, 답을 구해 보세요.

_____

_____

_____

_____

답 _____

2
단원
6회

15 □ 안에 공통으로 들어갈 수 있는 수를 구해 보세요.

$$10-7=\square \qquad 10-\square=7$$

(   )

16 합이 같은 것끼리 이어 보세요.

$9+1+4$	·	·	$10+8$
$4+6+8$	·	·	$10+4$
$2+7+3$	·	·	$2+10$

17 합이 10이 되는 두 수를 □로 묶고, □ 안에 세 수의 합을 써넣으세요.

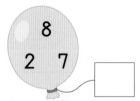

18 합이 홀수인 것에 ○표 하세요.

$$7+5+5 \qquad 1+9+8$$

(   )   (   )

19 밑줄 친 두 수의 합이 10이 되도록 ○ 안에 수를 써넣고, 덧셈을 해 보세요.

$$6+\underline{3}+\bigcirc=\square$$

$$\underline{2}+\bigcirc+4=\square$$

$$\bigcirc+\underline{4}+1=\square$$

20 수 카드 2장을 골라 뺄셈식을 완성해 보세요.

| 5 | 4 | 3 | 2 |

$$9-\square-\square=2$$

21 같은 모양은 같은 수를 나타냅니다. ◆에 알맞은 수를 구해 보세요.

$$7+3=♥$$
$$♥-1=◆$$

( )

22 1부터 9까지의 수 중에서 □ 안에 들어갈 수 있는 가장 작은 수를 구해 보세요.

$$10-4<□$$

( )

서술형
23 $3+□+□=13$에서 □ 안에 들어갈 수 있는 두 수를 보기 에서 찾아 쓰려고 합니다. 풀이 과정을 쓰고, 답을 구해 보세요.

┌─보기─────────────────┐
│ 1 4 9 5 3 │
└──────────────────────┘

_____

_____

_____

답 _____

수행 평가

|24~25| 현우와 친구들이 풍선 터트리기 놀이를 하고 있습니다. 그림을 보고 물음에 답하세요.

24 현우와 민지가 🎯를 각각 3번 던져 나온 점수입니다. 보기 와 같이 점수로 덧셈식을 만들어 점수의 합을 구해 보세요.

	1회	2회	3회	덧셈식
보기	1	2	3	$1+2+3=6$
현우	3	2	2	
민지	2	3	3	

25 혜주와 선호가 🎯를 각각 3번 던져 나온 점수입니다. 점수의 합이 더 높은 사람은 누구인지 풀이 과정을 쓰고, 답을 구해 보세요.

	1회	2회	3회
혜주	2	3	1
선호	1	3	3

답

3 모양과 시각

이번에 배울 내용

회차	쪽수	학습 내용	학습 주제
1	58~61쪽	개념+문제 학습	여러 가지 모양 찾기 / 같은 모양끼리 모으기
2	62~65쪽	개념+문제 학습	여러 가지 모양 알기 / 여러 가지 모양으로 꾸미기
3	66~69쪽	개념+문제 학습	몇 시 알기 / 몇 시 나타내기
4	70~73쪽	개념+문제 학습	몇 시 30분 알기 / 몇 시 30분 나타내기
5	74~77쪽	응용 학습	
6	78~81쪽	마무리 평가	

문해력을 높이는 **어휘**

곧다: 한쪽으로 휘거나 비뚤어지지 않고 똑바르다.

자동차들이 | 곧 | 게 | 뻗은

도로를 달리고 있어요.

본뜨다: 이미 있는 물건의 틀을 이루는 부분을 그대로 따라 만들다.

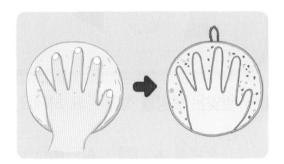

손바닥을 | 본 | 떠 | 작품을

만들었어요.

시각: 시간의 어느 한 지점

친구들과 약속한 | 시 | 각 | 에

맞추어 놀이터로 나갔어요.

시곗바늘: 시계에서 눈금을 가리키는 바늘

| 시 | 곗 | 바 | 늘 | 이

숫자 5와 12를 가리키고 있어요.

1회 개념 학습

○ 학습일:　　월　　일

개념 1 　여러 가지 모양 찾기

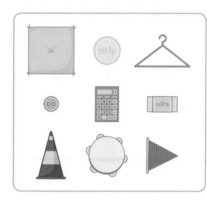

확인 1 ─ 알맞은 모양을 찾아 ○표 하세요.

(1)

(2)

개념 2 　같은 모양끼리 모으기

□ 모양　　　　　　　▲ 모양　　　　　　　● 모양

↓　　　　　　　　　↓　　　　　　　　　↓

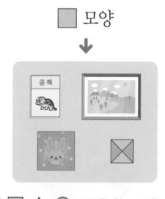　　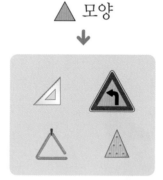　　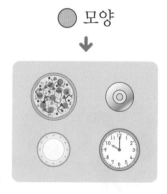

참고 □, ▲, ● 모양을 찾고 모을 때는 크기나 색깔에 관계없이 모양만 살펴봅니다.

확인 2 ─ 어느 모양끼리 모은 것인지 알맞은 모양을 찾아 ○표 하세요.

(1)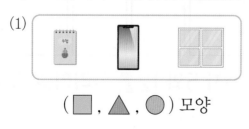

(□ , ▲ , ●) 모양

(2)

(□ , ▲ , ●) 모양

1 　■ 모양을 찾아 색연필로 따라 그려 보세요.

2 　▲ 모양을 모두 찾아 색칠해 보세요.

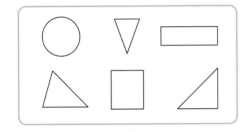

3 왼쪽과 같은 모양을 찾아 ○표 하세요.

(1)

(2)

(3)

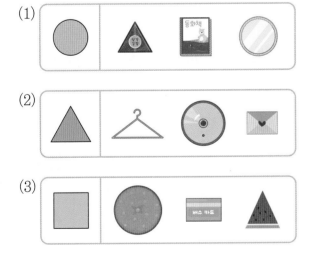

4 블록을 ■ 모양끼리 모으려고 합니다. 잘못 모은 것을 찾아 ×표 하세요.

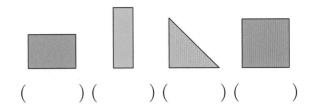

(　　) (　　) (　　) (　　)

5 　● 모양끼리 바르게 모은 것에 ○표 하세요.

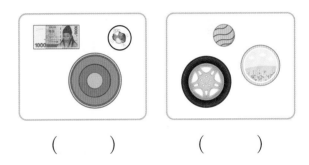

(　　)　　　(　　)

6 　보기 와 같은 모양의 물건을 찾아 ○표 하세요.

(　　)　(　　)　(　　)

01 모양이 아닌 것을 찾아 ×표 하세요.

(   )   (   )   (   )

02 ☐ 모양은 ☐표, ▲ 모양은 △표, ● 모양은 ○표 하세요.

(   )   (   )   (   )

03 모양이 같은 단추끼리 모으려고 합니다. 빈칸에 알맞은 기호를 써넣으세요.

ㄱ	ㄴ	ㄷ
ㄹ	ㅁ	ㅂ
ㅅ	ㅇ	ㅈ

☐ 모양	
▲ 모양	
● 모양	

04 같은 모양끼리 이어 보세요.

05 ☐ 모양은 모두 몇 개인가요?

(   )

06 같은 모양끼리 바르게 모은 사람은 누구인가요?

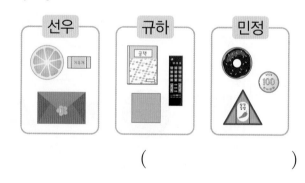

(   )

창의형

07 집에 있는 물건 중 ■, ▲, ● 모양을 한 가지만 찾아 예나와 같이 말해 보세요.

내 방의 방문은
■ 모양이야.

예나

---

08 그림을 보고 알맞게 이야기한 사람을 찾아 이름을 써 보세요.

- 지호: ● 모양이 1개 있어.
- 연우: ■ 모양이 없어.
- 소리: ▲ 모양이 있어.

( )

09 색종이를 그림과 같이 점선을 따라 모두 자르면 ■ 모양과 ▲ 모양이 각각 몇 개 생길까요?

■ 모양 ( )

▲ 모양 ( )

서술형 문제

10 모양이 다른 하나를 찾아 기호를 쓰려고 합니다. 풀이 과정을 쓰고, 답을 구해 보세요.

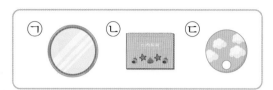

❶ ㉠은 (■ , ▲ , ●) 모양,

㉡은 (■ , ▲ , ●) 모양,

㉢은 (■ , ▲ , ●) 모양입니다.

❷ 따라서 모양이 다른 하나는 [ ]입니다.

답

11 모양이 다른 하나를 찾아 기호를 쓰려고 합니다. 풀이 과정을 쓰고, 답을 구해 보세요.

㉠ ㉡ ㉢

답

학습일:　월　일

개념 **1** **여러 가지 모양 알기**

┌ 물건을 본뜨거나 찰흙 위에 찍어 모양을 나타낼 수 있어요.

모양	여러 가지 방법으로 나타내기	특징
☐ 모양		• **곧은 선**이 있습니다. • **뾰족한 부분**이 **4**군데 있습니다.
△ 모양		• **곧은 선**이 있습니다. • **뾰족한 부분**이 **3**군데 있습니다.
○ 모양		• 곧은 선과 뾰족한 부분이 없습니다. • **둥근 부분**이 있습니다.

확인 **1** 냄비 뚜껑을 종이 위에 대고 본떴을 때 나오는 모양을 찾아 ○표 하세요.

☐ 모양　　△ 모양　　● 모양

(　　　)　(　　　)　(　　　)

개념 **2** **여러 가지 모양으로 꾸미기**

☐, △, ○ 모양을 이용하여
창문을 꾸몄어.

해 ┐
꽃 ┐

• 해는 △ 모양 **6**개와 ○ 모양 **1**개로 꾸몄습니다.
• 꽃은 ☐ 모양 **4**개와 △ 모양 **3**개로 꾸몄습니다.

확인 **2** △ 모양만 이용하여 꾸민 가방을 찾아 ○표 하세요.

(　　　)　　　(　　　)　　　(　　　)

1 본뜬 모양을 찾아 알맞게 이어 보세요.

 ·

 ·

 ·

·

·

·

2 필통을 찰흙 위에 찍었을 때 나올 수 있는 모양을 찾아 ○표 하세요.

　■ 모양　　　▲ 모양　　　● 모양

　(　　　)　　(　　　)　　(　　　)

3 도현이가 설명하는 모양을 찾아 ○표 하세요.

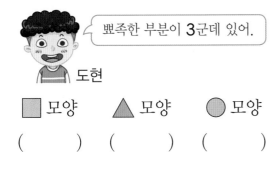

뾰족한 부분이 **3**군데 있어.

도현

　■ 모양　　　▲ 모양　　　● 모양

　(　　　)　　(　　　)　　(　　　)

4 컵을 ■, ▲, ● 모양으로 꾸몄습니다. ● 모양은 몇 개인지 써 보세요.

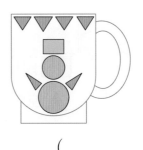

(　　　　　　　　　)

5 ■, ▲, ● 모양으로 우주선을 만들었습니다. ■, ▲, ● 모양은 각각 몇 개인지 써 보세요.

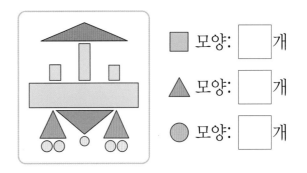

■ 모양: ☐ 개

▲ 모양: ☐ 개

● 모양: ☐ 개

6 ■, ▲, ● 모양을 이용하여 원숭이의 얼굴을 꾸며 보세요.

01 악어를 만드는 데 이용한 모양을 모두 찾아 ○표 하세요.

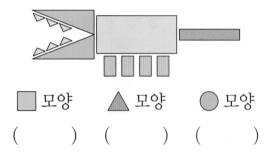

▢ 모양	▲ 모양	⬤ 모양
( )	( )	( )

02 오른쪽 과자 상자를 종이 위에 대고 본떴을 때 나올 수 없는 모양을 찾아 ×표 하세요.

▢ 모양	▲ 모양	⬤ 모양
( )	( )	( )

03 몸으로 어떤 모양을 만든 것인지 알맞게 이어 보세요.

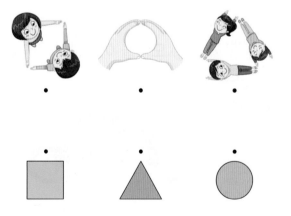

04 블로그 게시물에서 ▢, ▲, ⬤ 모양으로 만든 에펠 탑을 보고 ▢, ▲, ⬤ 모양은 각각 몇 개인지 써 보세요.

모양	▢	▲	⬤
수(개)			

05 바르게 말한 사람을 찾아 ○표 하세요.

( )   ( )   ( )

06 ■, ▲, ● 모양 중 뾰족한 부분이 없는 모양의 접시는 모두 몇 개인지 세어 써 보세요.

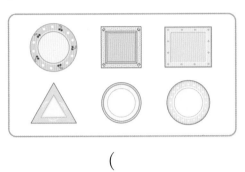

(   )

^{창의형}
07 ■, ▲, ● 모양을 이용하여 베개를 꾸며 보세요.

08 ■, ▲, ● 모양 중 가장 많이 이용한 모양을 찾아 ○표 하세요.

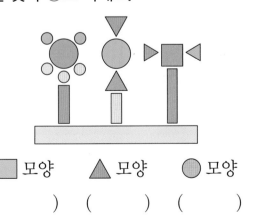

■ 모양   ▲ 모양   ● 모양

(   )   (   )   (   )

09 시우의 물음에 알맞게 답하세요.

■ 모양과 ▲ 모양은 곧은 선이 있어.

그럼 ■ 모양과 ▲ 모양은 어떤 점이 다르지?

예나   시우

답 ■ 모양은 뾰족한 부분이 [ ] 군데 있고, ▲ 모양은 뾰족한 부분이 [ ] 군데 있습니다.

10 소율이의 물음에 알맞게 답하세요.

▲ 모양은 뾰족한 부분이 있고, ● 모양은 뾰족한 부분이 없어.

▲ 모양과 ● 모양은 어떤 점이 또 다를까?

유준   소율

답 _____

_____

_____

개념 1 몇 시 알기

짧은바늘이 **7**, 긴바늘이 **12**를 가리킬 때 시계는 **7**시를 나타내고,
일곱 시라고 읽습니다.

짧은바늘은 '시'를
나타내고, 긴바늘은
'분'을 나타내.

'ː' 앞은 '시'를 나타내요.

'ː' 뒤는 '분'을 나타내요.

참고 짧은바늘이 ■, 긴바늘이 **12**를 가리키면 ■시를 나타냅니다.

확인 1 그림을 보고 ☐ 안에 알맞은 수를 써넣으세요.

짧은바늘이 ☐, 긴바늘이 ☐ 를 가리키므로

시계는 ☐ 시를 나타냅니다.

개념 2 몇 시 나타내기

5시를 시계에 나타낼 때는

① **짧은바늘이 5**를 가리키도록
그립니다.

② **긴바늘이 12**를 가리키도록
그립니다.

확인 2 ☐ 안에 알맞은 수를 써넣고, 시계에 **2**시를 나타내 보세요.

2시를 시계에 나타낼 때는 짧은바늘이 ☐ ,

긴바늘이 ☐ 를 가리키도록 그립니다.

1 시계를 보고 설명이 맞으면 ○표, 틀리면 ×표 하세요.

(1) | 1부터 12까지의 숫자가 쓰여 있습니다. | ☐

(2) | 짧은바늘과 긴바늘이 있습니다. | ☐

(3) | 짧은바늘은 12를 가리킵니다. | ☐

2 시계를 보고 몇 시인지 써 보세요.

(1)  ☐ 시

(2)  ☐ 시

3 시계를 보고 알맞게 이어 보세요.

4 시계에 몇 시를 나타내 보세요.

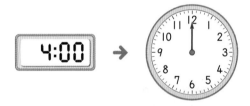

5 시계에 짧은바늘과 긴바늘이 주어진 숫자를 가리키도록 그려 넣고, 몇 시인지 써 보세요.

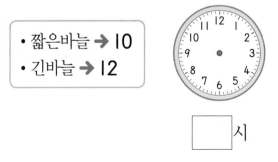

• 짧은바늘 ➔ 10
• 긴바늘 ➔ 12

☐ 시

01 시계가 몇 시를 나타내는지 찾아 기호를 써 보세요.

| ㉠ 4시 | ㉡ 8시 | ㉢ 12시 |

( )

02 9시를 나타내는 시계에 ○표 하세요.

( ) ( )

디지털 문해력

03 온라인 게시물을 보고 공연이 몇 시에 끝났는지 써 보세요.

( )

04 시계에 몇 시를 나타내 보세요.

한 시 →

05 그림을 보고 □ 안에 알맞은 수를 써넣으세요.

□ 시에 공원에서 체조를 했고,

□ 시에 점심을 먹었습니다.

창의형

06 그림을 보고 □ 안에 알맞은 수를 써넣어 이야기를 완성하고, 시계에 나타내 보세요.

□ 시에 수영을 시작했습니다.

07 소라는 시계의 짧은바늘이 6을 가리키고, 긴바늘이 12를 가리킬 때 책을 읽습니다. 소라는 몇 시에 책을 읽나요?

(   )

08 그림을 보고 시계의 짧은바늘을 그려 보세요.

나는 오늘 **2**시에 그림을 그리고, **4**시에 피아노를 칠 거야.

09 시계의 짧은바늘과 긴바늘이 같은 숫자를 가리킬 때는 몇 시인지 찾아 기호를 써 보세요.

⊙ **10**시   ⓒ **7**시   ⓒ **12**시

(   )

10 시계에 **11**시를 나타내고, 어제 **11**시에 한 일을 이야기해 보세요.

11시

이야기 ❷ 어제 **11**시에 [   ]에서 [   ]을/를 했습니다.

11 시계에 **5**시를 나타내고, 이번 주 토요일 **5**시에 하고 싶은 일을 이야기해 보세요.

5시

이야기

4회 개념 학습

개념 1 — 몇 시 30분 알기

짧은바늘이 **7**과 **8** 사이, 긴바늘이 **6**을 가리킬 때 시계는 **7시 30분**을 나타내고, 일곱 시 삼십 분이라고 읽습니다.

짧은바늘이
방금 지나온 숫자 7을
읽어야 해.
→ 7시 30분

참고 7시, 7시 30분 등을 시각이라고 합니다.

확인 1 — 그림을 보고 ☐ 안에 알맞은 수를 써넣으세요.

짧은바늘이 ☐와 **5** 사이, 긴바늘이 ☐을 가리키므로

시계는 ☐시 ☐분을 나타냅니다.

개념 2 — 몇 시 30분 나타내기

I2시 30분을 시계에 나타낼 때는

① **짧은바늘이 I2와 I 사이**를 가리키도록 그립니다.

② **긴바늘이 6을 가리키도록** 그립니다.

확인 2 — ☐ 안에 알맞은 수를 써넣고, 시계에 5시 30분을 나타내 보세요.

5시 30분을 시계에 나타낼 때는 짧은바늘이 ☐와 **6** 사이,

긴바늘이 ☐을 가리키도록 그립니다.

1 시계를 보고 몇 시 30분인지 써 보세요.

(1)  ☐시 ☐분

(2)  ☐시 ☐분

(3) 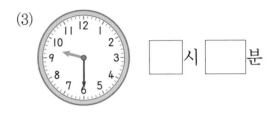 ☐시 ☐분

2 시계에 시각을 나타내 보세요.

(1)

(2)

3 시계를 보고 알맞게 이어 보세요.

4 시계에 시각을 나타내 보세요.

5 시계에 긴바늘이 6을 가리키도록 그려 넣고, 시각을 써 보세요.

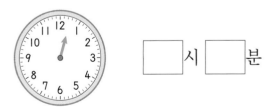 ☐시 ☐분

01 11시 30분을 나타내는 시계에 ◯표 하세요.

(   )   (   )

02 설명하는 시각을 써 보세요.

> • 짧은바늘이 1과 2 사이를 가리킵니다.
> • 긴바늘이 6을 가리킵니다.

(   )

03 시계를 보고 시각을 바르게 말한 사람의 이름을 써 보세요.

> • 은서: 5시
> • 지영: 6시 30분
> • 찬우: 5시 30분

(   )

04 이야기에 나오는 시각을 시계에 나타내 보세요.

8시 30분에 학교에 도착했습니다.

05 계획표를 보고 이어 보세요.

	시각
책 읽기	3시 30분
청소하기	4시 30분
TV 보기	6시

06 짧은바늘과 긴바늘이 바르게 그려진 시계를 모두 찾아 ◯표 하세요.

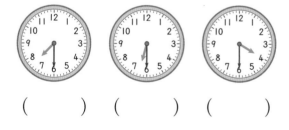

(   ) (   ) (   )

● 정답 19쪽

07 발레 공연의 시작 시각과 마침 시각을 시계에 나타내 보세요.

발레 공연	1:30 ~ 2:30

시작 시각 → 마침 시각

08 하린이는 10시 30분에 잠자리에 들었습니다. 하린이가 잠자리에 든 시각을 시계에 나타내 보세요.

창의형
09 시계가 나타내는 시각을 넣어 내일 그 시각에 할 일을 이야기해 보세요.

_____

_____

서술형 문제

10 다은이가 12시 30분을 설명한 것입니다. 잘못된 곳을 찾아 바르게 고쳐 보세요.

> 12시 30분은
> 짧은바늘이 11과 12 사이를
> 가리키고,
> 긴바늘이 6을 가리켜.

다은

바르게 고치기 12시 30분은 짧은바늘이

☐ 와/과 ☐ 사이를 가리키고,

긴바늘이 ☐ 을/를 가리켜.

11 서진이가 9시 30분을 설명한 것입니다. 잘못된 곳을 찾아 바르게 고쳐 보세요.

> 9시 30분은
> 짧은바늘이 9와 10 사이를
> 가리키고,
> 긴바늘이 12를 가리켜.

서진

바르게 고치기

_____

_____

_____

3. 모양과 시각 • 73

3
단원
4회

학습일: 월   일

각 모양의 개수 비교하기

01 ■, ▲, ● 모양 중에서 개수가 가장 많은 모양을 찾아보세요.

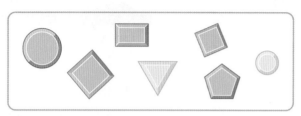

1단계 ■, ▲, ● 모양이 각각 몇 개인지 세기

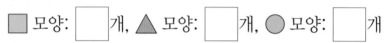

■ 모양: ☐ 개, ▲ 모양: ☐ 개, ● 모양: ☐ 개

2단계 ■, ▲, ● 모양 중에서 개수가 가장 많은 모양 찾기

(■ , ▲ , ●) 모양

02 ■, ▲, ● 모양 중에서 개수가 가장 적은 모양을 찾아 △표 하세요.

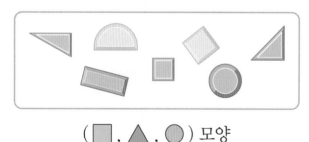

(■ , ▲ , ●) 모양

03 ■, ▲, ● 모양 중에서 개수가 많은 모양부터 차례로 그려 보세요.

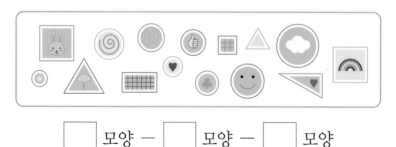

■, ▲, ● 모양이 각각 몇 개인지 센 다음 개수가 많은 것부터 차례로 모양을 그려 봐.

☐ 모양 ― ☐ 모양 ― ☐ 모양

시계가 나타내는 시각에 할 일 찾기

04 시계가 나타내는 시각에 할 일을 계획표에서 찾아 써 보세요.

문제해결
TIP
먼저 시계가 나타내는 시각을
알아본 다음 그 시각에 할 일을
계획표에서 찾아 써요.

	시각
자전거 타기	12시 30분
간식 먹기	2시
축구하기	3시

1단계 시계가 나타내는 시각 알아보기 ( )

2단계 시계가 나타내는 시각에 할 일 찾아 쓰기

( )

05 시계가 나타내는 시각에 할 일을 계획표에서 찾아 써 보세요.

	시각
저녁 식사	6시 30분
숙제하기	7시
일기 쓰기	8시 30분

( )

06 오늘은 학교 운동회 날입니다. 시계가 나타내는 시각에 운동회에서 하는 활동은 무엇인지 찾아 써 보세요.

먼저 시계가 나타내는 시각을 알아본 다음 그 시각이 포함되는 일정을 일정표에서 찾아봐!

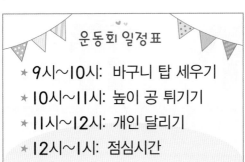

운동회 일정표

★ 9시~10시: 바구니 탑 세우기
★ 10시~11시: 높이 공 튀기기
★ 11시~12시: 개인 달리기
★ 12시~1시: 점심시간

( )

몇 개 더 많이(적게) 이용했는지 구하기

07 오른쪽은 ⬜, 🔺, ⚫ 모양으로 만든 케이크입니다. ⚫ 모양을 ⬜ 모양보다 몇 개 더 많이 이용했는지 구해 보세요.

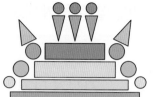

1단계 이용한 ⚫ 모양의 개수 세기

(   )

2단계 이용한 ⬜ 모양의 개수 세기

(   )

3단계 ⚫ 모양을 ⬜ 모양보다 몇 개 더 많이 이용했는지 구하기

(   )

문제해결
TIP

⚫ 모양과 ⬜ 모양을 각각 몇 개씩 이용했는지 알아본 다음 개수의 차를 구해요.

08 오른쪽은 ⬜, 🔺, ⚫ 모양으로 만든 강아지입니다. 🔺 모양을 ⬜ 모양보다 몇 개 더 적게 이용했는지 구해 보세요.

(   )

09 은수와 민지가 각각 ⬜, 🔺, ⚫ 모양으로 사람을 만들었습니다. 누가 🔺 모양을 몇 개 더 많이 이용했는지 구해 보세요.

은수   민지

(   ), (   )

두 사람이 🔺 모양을 각각 몇 개씩 이용했는지 구한 다음 개수의 차를 구해!

시각의 순서 알아보기

10 지효가 어제와 오늘 저녁을 먹은 시각입니다. 더 일찍 저녁을 먹은 날은 언제인지 써 보세요.

문제해결
TIP

어제 저녁을 먹은 시각과 오늘 저녁을 먹은 시각을 각각 알아본 다음 두 시각을 비교하여 더 빠른 시각을 찾아요.

어제

오늘

1단계 지효가 어제와 오늘 저녁을 먹은 시각을 각각 알아보기

어제 (   ), 오늘 (   )

2단계 어제와 오늘 중에서 더 일찍 저녁을 먹은 날 찾기

(   )

3
단원
5회

11 수호와 소민이가 아침에 일어난 시각입니다. 더 늦게 일어난 사람은 누구인지 써 보세요.

수호

소민

(   )

12 규리가 오늘 낮에 한 일과 그 시각을 보고 가장 먼저 한 일은 무엇인지 써 보세요.

심부름하기   수영하기   숙제하기

세 시계가 나타내는 시각을 각각 알아본 다음 가장 빠른 시각을 찾아!

(   )

학습 결과에 색칠하세요.

학습일: 월 일

01 ⬤ 모양을 모두 찾아 ◯표 하세요.

02 어느 모양끼리 모은 것인지 알맞은 모양을 찾아 ◯표 하세요.

(◼ , ▲ , ⬤) 모양

03 음료수 캔을 종이 위에 대고 본떴을 때 나오는 모양을 찾아 ◯표 하세요.

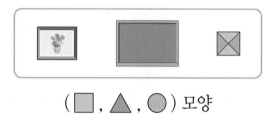

◼ 모양　　▲ 모양　　⬤ 모양
(　　)　　(　　)　　(　　)

04 마스크를 꾸미는 데 이용한 모양을 찾아 ◯표 하세요.

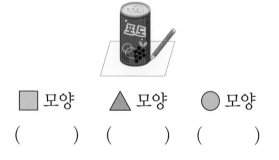

◼ 모양　　▲ 모양　　⬤ 모양
(　　)　　(　　)　　(　　)

05 시계를 보고 ☐ 안에 알맞은 수를 써넣으세요.

짧은바늘이 ☐ , 긴바늘이 ☐ 를

가리키므로 ☐ 시입니다.

06 시계를 보고 시각을 써 보세요.

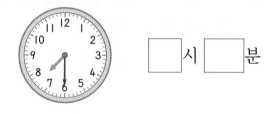

☐ 시 ☐ 분

07 같은 모양끼리 같은 색으로 색칠해 보세요.

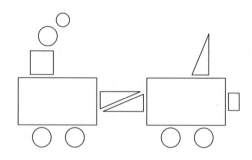

08 같은 모양끼리 바르게 모은 것에 ○표 하세요.

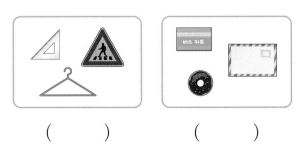

(   )   (   )

09 ⬜ 모양을 본뜰 수 있는 물건을 모두 찾아 ○표 하세요.

(   ) (   ) (   )

10 설명하는 모양을 찾아 ○표 하세요.

> • 곧은 선이 있습니다.
> • 뾰족한 부분이 **3**군데 있습니다.

⬜ 모양   ▲ 모양   ● 모양
(   )   (   )   (   )

11 곧은 선이 없는 모양은 모두 몇 개인가요?

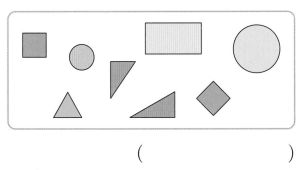

(   )

---

12 ⬜, ▲, ● 모양을 모두 이용하여 꾸민 집에 ○표 하세요.

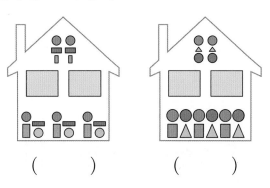

(   )   (   )

| **13~14** | ⬜, ▲, ● 모양을 이용하여 자동차를 만들었습니다. 그림을 보고 물음에 답하세요.

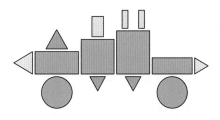

13 ⬜ 모양은 몇 개인지 써 보세요.

(   )

서술형

14 ▲ 모양과 ● 모양 중에서 더 많이 이용한 모양은 무엇인지 풀이 과정을 쓰고, 답을 구해 보세요.

_____

_____

_____

_____

답 _____

15 시계를 보고 알맞게 이어 보세요.

· · ·

· · ·

5:00 **6:00** **10:00**

16 시계에 짧은바늘과 긴바늘이 주어진 숫자를 가리키도록 그려 넣고, 몇 시인지 써 보세요.

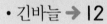 
· 짧은바늘 → 3
· 긴바늘 → 12

( )

17 로운이는 8시 30분에 저녁 운동을 시작했습니다. 로운이가 저녁 운동을 시작한 시각을 시계에 나타내 보세요.

18 시계의 짧은바늘이 12를 가리킬 때의 시각은 어느 것인가요? ( )

① 11시 ② 11시 30분
③ 12시 ④ 12시 30분
⑤ 1시

서술형
19 도경이가 3시 30분을 시계에 나타낸 것입니다. 잘못 나타낸 곳을 찾아 오른쪽 시계에 바르게 나타내고, 잘못된 이유를 써 보세요.

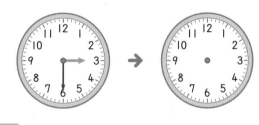

이유

20 종이를 그림과 같이 점선을 따라 모두 자르면 ▢ 모양과 ▲ 모양이 각각 몇 개 생길까요?

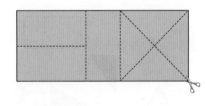

▢ 모양 ( )
▲ 모양 ( )

21 정우와 지나가 ■, ▲, ● 모양을 이용하여 모양을 만든 것입니다. 정우는 지나보다 ▲ 모양을 몇 개 더 적게 이용했나요?

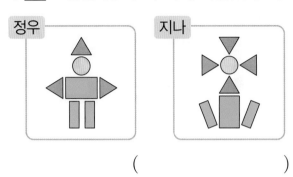

정우 지나

( )

| 24~25 | 수아는 부모님과 함께 동물원에 갔습니다. 물음에 답하세요.

24 그림을 보고 □ 안에 알맞은 수를 써넣으세요.

□시에 나무에 매달려 있는

나무늘보를 보았습니다.

3
단원

6회

22 오른쪽 시계가 나타내는 시각에 할 일을 계획표에서 찾아 써 보세요.

	시각
도서관 가기	10시 30분
농구하기	11시 30분
산책하기	1시 30분

( )

25 그림을 보고 시계가 나타내는 시각을 넣어 수아가 한 일을 이야기해 보세요.

이야기

23 1시와 4시 사이의 시각이 아닌 것을 찾아 기호를 써 보세요.

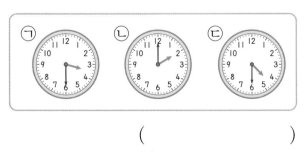

ㄱ ㄴ ㄷ

( )

4 덧셈과 뺄셈(2)

이번에 배울 내용

회차	쪽수	학습 내용	학습 주제
1	84~87쪽	개념+문제 학습	덧셈 알기 / 덧셈하기
2	88~91쪽	개념+문제 학습	여러 가지 덧셈하기(1), (2)
3	92~95쪽	개념+문제 학습	뺄셈 알기 / 뺄셈하기
4	96~99쪽	개념+문제 학습	여러 가지 뺄셈하기(1), (2)
5	100~103쪽	응용 학습	
6	104~107쪽	마무리 평가	

문해력을 높이는 **어휘**

더해지는 수: 덧셈에서 '＋'의 왼쪽에 있는 수

더 해 지 는 수는
'＋'의 왼쪽에 있는 3이에요.

더하는 수: 덧셈에서 '＋'의 오른쪽에 있는 수

더 하 는 수는 '＋'의
오른쪽에 있는 9예요.

빼지는 수: 뺄셈에서 '－'의 왼쪽에 있는 수

빼 지 는 수는 '－'의
왼쪽에 있는 15예요.

빼는 수: 뺄셈에서 '－'의 오른쪽에 있는 수

빼 는 수는 '－'의 오른쪽
에 있는 8이에요.

개념 1 ─ 덧셈 알기

• 이어 세기로 구하기

7에서 **4**만큼 이어 세면 **7** 하고 **8**, **9**, **10**, **11**입니다.

$$7+4=11$$

• △를 그려 구하기

○ **7**개에 △ **3**개를 그려 **10**을 만들고, △ **1**개를 더 그리면 **11**이 됩니다.

└ 한 개의 십 배열판이 모두 채워지면 **10**이에요.

$$7+4=11$$

확인 1 ─ 그림을 보고 □ 안에 알맞은 수를 써넣으세요.

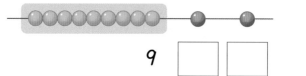

$$9 \boxed{} \boxed{}$$

$$9+2=\boxed{}$$

개념 2 ─ 덧셈하기 ─ (몇)+(몇)=(십몇)

6+8을 두 가지 방법으로 계산할 수 있습니다.

방법 1 **6**과 더하여 **10**을 만들어 구하기

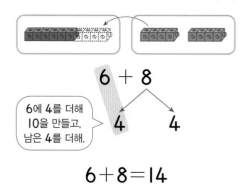

6에 4를 더해 10을 만들고, 남은 4를 더해.

$$6+8=14$$

방법 2 **8**과 더하여 **10**을 만들어 구하기

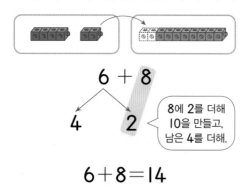

8에 2를 더해 10을 만들고, 남은 4를 더해.

$$6+8=14$$

확인 2 ─ 5와 5를 더하여 10을 만들어 구하려고 합니다. □ 안에 알맞은 수를 써넣으세요.

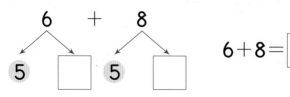

$$6+8=\boxed{}$$

1 구슬을 옮겨 7+6을 알아보려고 합니다. □ 안에 알맞은 수를 써넣으세요.

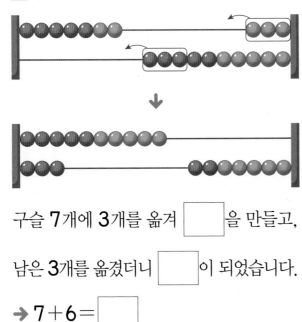

구슬 7개에 3개를 옮겨 □ 을 만들고,

남은 3개를 옮겼더니 □ 이 되었습니다.

➔ 7+6= □

2 더하는 수만큼 △를 그리고, □ 안에 알맞은 수를 써넣으세요.

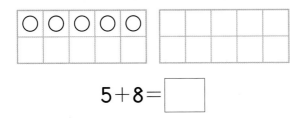

5+8= □

3 과자는 모두 몇 개인지 구해 보세요.

과자가 8개 있는데 4개를 더 놓았어.

과자는 모두 □ 개입니다.

4 6+9를 두 가지 방법으로 계산해 보세요.

(1) 6과 더하여 10을 만들어 구해 보세요.

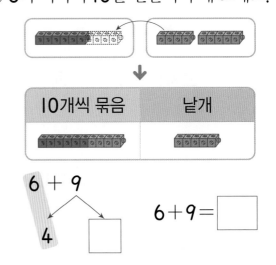

10개씩 묶음 | 낱개

6 + 9

4

6+9= □

(2) 9와 더하여 10을 만들어 구해 보세요.

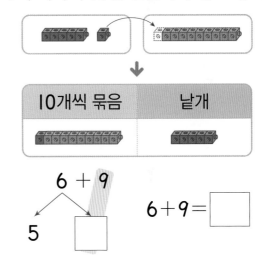

10개씩 묶음 | 낱개

6 + 9

5

6+9= □

5 □ 안에 알맞은 수를 써넣으세요.

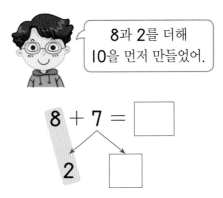

8과 2를 더해 10을 먼저 만들었어.

8 + 7 = □

2

4 단원 1회

01 모자는 모두 몇 개인지 구해 보세요.

모자는 모두 ☐ 개입니다.

02 ☐ 안에 알맞은 수를 써넣으세요.

(1) 6 + 6 = ☐

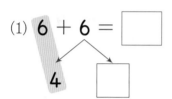

4

(2) 9 + 8 = ☐

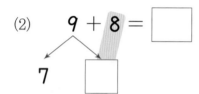

7

03 덧셈을 해 보세요.

(1) 8 + 8 = ☐

(2) 5 + 9 = ☐

04 합을 구하여 이어 보세요.

3+8 •   • 12

9+4 •   • 11

5+7 •   • 13

05 합이 14인 식을 찾아 ○표 하세요.

5+6   7+8   9+5

(   )   (   )   (   )

디지털 문해력

06 온라인 뉴스 기사를 보고 현재 우리나라가 획득한 메달은 모두 몇 개인지 덧셈식을 써 보세요.

○○신문

[올림픽] 대한민국, 오늘 메달 5개 획득
20XX-XX-XX

☆☆ 올림픽에서 우리나라 대표팀이 메달 추가 획득에 성공했다. 어제까지 전체 메달 개수가 8개였는데 오늘 메달 5개를 더 획득하여 종합 순위가 한 단계 올랐다.

8 + ☐ = ☐

07 상자에 유리구슬 7개, 쇠구슬 7개를 넣었습니다. 상자에 넣은 구슬은 모두 몇 개인지 식을 쓰고, 답을 구해 보세요.

식

답

08 같은 색 공에서 수를 골라 덧셈식을 완성해 보세요.

| 3 | + | 9 | = | 12 |

| | + | | = | |

| | + | | = | |

09 빨간색 도미노와 파란색 도미노의 점의 수의 합이 같도록 빈칸에 점을 그리고, ☐ 안에 알맞은 수를 써넣으세요.

   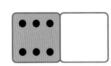

$4+7=$☐ $6+$☐$=$☐

10 수수깡 12개로 만들 수 있는 것을 고르고, 덧셈식을 완성해 보세요.

창문	기찻길	별

수수깡 **6**개	수수깡 **7**개	수수깡 **5**개

수수깡 12개로 (창문 , 기찻길 , 별)과
(창문 , 기찻길 , 별)을 만들 수 있어.

☐ + ☐ = ☐

11 가장 큰 수와 가장 작은 수의 합은 얼마인지 풀이 과정을 쓰고, 답을 구해 보세요.

❶ 가장 큰 수는 ☐, 가장 작은 수는 ☐ 입니다.

❷ 따라서 가장 큰 수와 가장 작은 수의 합은 9 + ☐ = ☐ 입니다.

답 _____

4
단원
1회

12 가장 큰 수와 가장 작은 수의 합은 얼마인지 풀이 과정을 쓰고, 답을 구해 보세요.

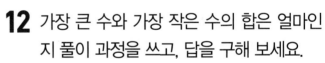

_____
_____
_____
_____

답 _____

학습 결과에 색칠하세요.

○ 학습일: 월 일

개념 1 **여러 가지 덧셈하기(1)** ─ 덧셈 규칙 알기

• 더하는 수가 1씩 커지는 규칙

$$6 + 5 = 11$$
$$6 + 6 = 12$$
$$6 + 7 = 13$$

➡ 같은 수에 1씩 커지는 수를 더하면 합도 1씩 커집니다.

• 더해지는 수가 1씩 커지는 규칙

$$4 + 7 = 11$$
$$5 + 7 = 12$$
$$6 + 7 = 13$$

➡ 1씩 커지는 수에 같은 수를 더하면 합도 1씩 커집니다.

참고 더하는 수 또는 더해지는 수가 ■씩 커지면 합도 ■씩 커지고, ■씩 작아지면 합도 ■씩 작아집니다.

확인 1 덧셈을 해 보세요.

(1) $8 + 3 = 11$
$8 + 4 = \boxed{}$
$8 + 5 = \boxed{}$

(2) $3 + 9 = 12$
$4 + 9 = \boxed{}$
$5 + 9 = \boxed{}$

개념 2 **여러 가지 덧셈하기(2)** ─ 합이 같은 덧셈식

7+4			
7+5	6+5		
7+6	6+6	5+6	
7+7	6+7	5+7	4+7

• 6+5=11입니다.
➡ 7+4, 5+6, 4+7과 합이 같습니다.
• 6+6=12입니다.
➡ 7+5, 5+7과 합이 같습니다.
• 7+6과 6+7은 합이 13으로 같습니다.
└ 두 수의 순서를 바꾸어 더해도 합은 같아요.

참고 더하는 두 수 중 한 수가 ■씩 커지고 다른 수가 ■씩 작아지면 합은 같습니다.

확인 2 덧셈을 해 보세요.

(1) $2 + 9 = 11$

$9 + 2 = \boxed{}$

(2) $6 + 8 = 14$

$\underset{+1}{} \quad \underset{-1}{}$

$7 + 7 = \boxed{}$

1 그림을 보고 덧셈을 해 보세요.

$8+6=14$

$8+7=\boxed{}$

$8+8=\boxed{}$

$8+9=\boxed{}$

2 덧셈을 해 보세요.

$5+6=11$

$6+6=\boxed{}$

$7+6=\boxed{}$

$8+6=\boxed{}$

3 □ 안에 알맞은 수를 써넣고, 알맞은 말에 ○표 하세요.

$9+5=\boxed{}$

$5+9=\boxed{}$

두 수의 순서를 바꾸어 더해도 합은 (같습니다 , 다릅니다).

| 4~5 | 덧셈표를 보고 물음에 답하세요.

$9+6$	$8+6$	$7+6$	$6+6$
$9+7$	$8+7$	$7+7$	$6+7$
$9+8$	$8+8$	$7+8$	$6+8$
$9+9$	$8+9$	$7+9$	$6+9$

4 ▨ 에 있는 식을 계산해 보고, 알게 된 점을 완성해 보세요.

$9+7=\boxed{}$

$8+8=\boxed{}$

$7+9=\boxed{}$

$\boxed{}$씩 작아지는 수에 $\boxed{}$씩 커지는 수를 더하면 합은 (같습니다 , 다릅니다).

5 소율이가 말한 덧셈식과 합이 같은 식을 위의 덧셈표에서 모두 찾아 써 보세요.

소율

$6+9$

(   )

01 빈칸에 알맞은 수를 써넣으세요.

6	7	8	9
13			

$+7$

02 합의 크기를 비교하여 ○ 안에 >, =, < 를 알맞게 써넣으세요.

(1) $8+9$ ◯ $9+8$

(2) $4+7$ ◯ $4+6$

03 □ 안에 알맞은 수를 써넣으세요.

$3+8=\boxed{}$

$8+\boxed{}=11$

창의형
04 □ 안에 알맞은 수를 써넣어 덧셈식을 완성해 보세요.

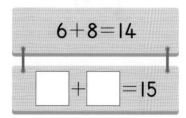

$6+8=14$

$\boxed{}+\boxed{}=15$

05 합이 16인 식을 모두 찾아 색칠해 보세요.

	$7+5$	
$8+6$	$7+6$	$6+6$
$8+7$	$7+7$	$6+7$
$8+8$	$7+8$	$6+8$
	$7+9$	

06 글을 읽고 바르게 말한 사람을 찾아 이름을 써 보세요.

 원숭이는 딸기를 아침에 8개, 저녁에 5개 먹었어요.

 너구리는 딸기를 아침에 5개, 저녁에 8개 먹었어요.

 원숭이가 딸기를 더 많이 먹었어.

 너구리가 딸기를 더 많이 먹었어.

원숭이와 너구리가 먹은 딸기의 수는 같아.

 예나　　 시우　　 도현

(　　　　　　　)

07 7+5와 합이 다른 식을 찾아 ○표 하세요.

6+6	5+7	9+2

(   ) (   ) (   )

08 □ 안에 알맞은 수를 써넣고, 합이 작은 식 부터 순서대로 이어 보세요.

시작

9+6=15

9+9=[ ]   • 9+8=[ ]

9+7=[ ]

09 합이 같은 식을 찾아 와 같이 ◯, △, ▢표 하세요.

보기

⬭8+6⬭ △4+7△ ▢3+9▢

△7+4△   6+8   9+5

4+8   9+2   6+6

6+5   5+9   9+3

10 색칠된 칸의 덧셈식과 합이 같은 식 2개를 주어진 표에서 찾아 쓰려고 합니다. 풀이 과정을 쓰고, 답을 구해 보세요.

9+4	8+4	7+4
9+5	8+5	7+5
9+6	8+6	7+6

❶ 더해지는 수가 1씩 작아지고 더하는 수가 1씩 커지면 합은 (같습니다 , 다릅니다).

❷ 따라서 색칠된 칸의 덧셈식과 합이 같은 식 2개를 표에서 찾으면 8+[ ]와/과 [ ]+[ ] 입니다.

답 _____

11 색칠된 칸의 덧셈식과 합이 같은 식 2개를 주어진 표에서 찾아 쓰려고 합니다. 풀이 과정을 쓰고, 답을 구해 보세요.

6+7	5+7	4+7
6+8	5+8	4+8
6+9	5+9	4+9

_____

_____

_____

_____

답 _____

4

단원

2회

개념 1 **뺄셈 알기**

• 거꾸로 세기로 구하기

12에서 4만큼 거꾸로 세면 12 하고
11, 10, 9, 8입니다.

●●●●●●●●●●●●
                  8 9 10 11 12

$$12-4=8$$

• 하나씩 짝 지어 구하기

바둑돌 12개와 4개를 하나씩 짝 지어
보면 검은색 바둑돌이 8개 더 많습니다.

8개

$$12-4=8$$

확인 1 ── 그림을 보고 □ 안에 알맞은 수를 써넣으세요.

●●●●●●●●●● ● ● ● ●

□ □ □ 12 13 $13-4=$ □

개념 2 **뺄셈하기** ─ (십몇)−(몇)=(십), (십몇)−(몇)=(몇)

15−8을 두 가지 방법으로 계산할 수 있습니다.

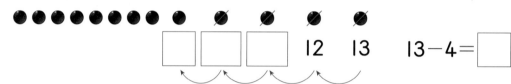

방법 1 낱개 5개를 먼저 빼고 10개씩
묶음에서 더 빼서 구하기

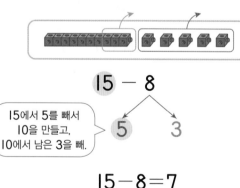

15 − 8

15에서 5를 빼서
10을 만들고,
10에서 남은 3을 빼.   5   3

$$15-8=7$$

방법 2 10개씩 묶음에서 한 번에 빼서
구하기

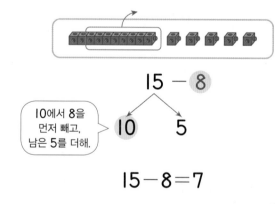

15 − 8

10에서 8을
먼저 빼고,
남은 5를 더해.   10   5

$$15-8=7$$

확인 2 ── 그림을 보고 □ 안에 알맞은 수를 써넣으세요.

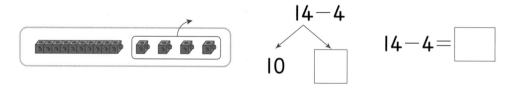

14−4

10   □ $14-4=$ □

1 구슬을 옮겨 12−6을 알아보려고 합니다. □ 안에 알맞은 수를 써넣으세요.

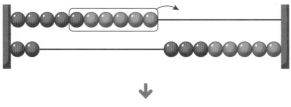

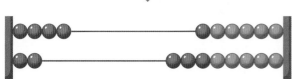

왼쪽의 구슬 12개 중 10개가 있는 줄에서 □개를 오른쪽으로 옮기면 왼쪽에 남는 구슬은 □개입니다.

→ 12−6= □

2 남는 달걀은 몇 개인지 구해 보세요.

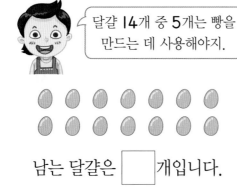

달걀 14개 중 5개는 빵을 만드는 데 사용해야지.

남는 달걀은 □개입니다.

3 뺄셈을 해 보세요.

(1) 13−3= □

(2) 17−7= □

4 11−9를 두 가지 방법으로 계산해 보세요.

(1) 낱개 1개를 먼저 빼서 구해 보세요.

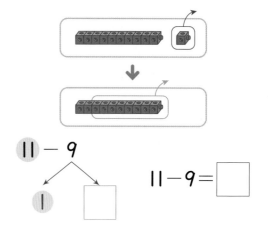

11 − 9

1   □

11−9= □

(2) 10개씩 묶음에서 한 번에 빼서 구해 보세요.

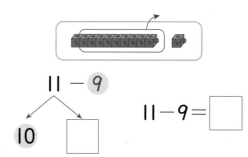

11 − 9

10   □

11−9= □

5 □ 안에 알맞은 수를 써넣으세요.

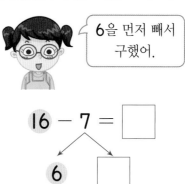

6을 먼저 빼서 구했어.

16 − 7 = □

6   □

01 어느 것이 몇 개 더 많은지 구해 보세요.

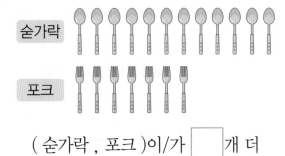

숟가락

포크

(숟가락 , 포크)이/가 $\boxed{}$ 개 더

많습니다.

02 ☐ 안에 알맞은 수를 써넣으세요.

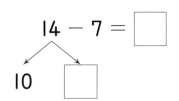

$$14 - 7 = \boxed{}$$

10    $\boxed{}$

03 뺄셈을 해 보세요.

(1) $15 - 9 = \boxed{}$

(2) $11 - 2 = \boxed{}$

04 차를 구하여 이어 보세요.

$19 - 9$	$13 - 4$	$16 - 8$

8	9	10

05 계산을 잘못한 것에 ×표 하세요.

$$14-6=14-4-2$$
$$=10-2$$
$$=8$$

(   )

$$12-5=12-2-5$$
$$=10-5$$
$$=5$$

(   )

06 당근이 호박보다 몇 개 더 많은지 식을 쓰고, 답을 구해 보세요.

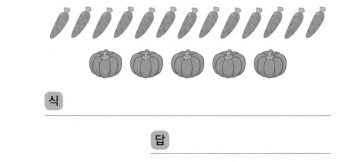

식 _____

답 _____

디지털 문해력

07 캠핑장 누리집에서 캠핑할 자리를 예약하려고 합니다. 누리집 화면을 보고 예약이 가능한 자리는 몇 자리인지 구해 보세요.

(   )

08 소담이가 음료수 7병을 더 샀더니 음료수가 모두 15병이 되었습니다. 처음에 가지고 있던 음료수는 몇 병이었는지 구해 보세요.

(   )

 09 같은 색 쟁반에서 수를 골라 뺄셈식을 완성해 보세요.

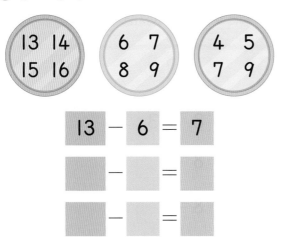

$$13 - 6 = 7$$

10 소율이가 사용한 색종이는 몇 장인지 구해 보세요.

> 색종이 17장 중 9장을 종이접기 하는 데 사용했어.

> 나는 11장을 가지고 있었는데 사용하고 남은 색종이의 수가 너와 같아.

유준   소율

(   )

11 카드에 적힌 두 수의 차가 큰 사람이 이기는 놀이를 하였습니다. 이긴 사람은 누구인지 풀이 과정을 쓰고, 답을 구해 보세요.

❶ 은호가 가진 카드에 적힌 두 수의 차는

$14 - \boxed{} = \boxed{}$ 이고,

주하가 가진 카드에 적힌 두 수의 차는

$11 - \boxed{} = \boxed{}$ 입니다.

❷ 차를 비교하면 $\boxed{} > \boxed{}$ 이므로 이긴 사람은 $\boxed{}$ 입니다.

답 _____

12 공에 적힌 두 수의 차가 작은 사람이 이기는 놀이를 하였습니다. 이긴 사람은 누구인지 풀이 과정을 쓰고, 답을 구해 보세요.

_____

_____

_____

답 _____

4 단원 3회

개념 **1** **여러 가지 뺄셈하기** (1) ― 뺄셈 규칙 알기

・빼는 수가 1씩 커지는 규칙

$$11 - 5 = 6$$
$$11 - 6 = 5$$
$$11 - 7 = 4$$

➜ 같은 수에서 1씩 커지는 수를 빼면 차는 1씩 작아집니다.

・빼지는 수가 1씩 커지는 규칙

$$14 - 8 = 6$$
$$15 - 8 = 7$$
$$16 - 8 = 8$$

➜ 1씩 커지는 수에서 같은 수를 빼면 차도 1씩 커집니다.

참고 같은 수에서 빼는 수가 ■씩 커지면 차는 ■씩 작아지고, 빼는 수가 ■씩 작아지면 차는 ■씩 커집니다.

확인 **1** 뺄셈을 해 보세요.

(1) $12 - 3 = 9$
$12 - 4 = \boxed{}$
$12 - 5 = \boxed{}$

(2) $11 - 8 = 3$
$12 - 8 = \boxed{}$
$13 - 8 = \boxed{}$

개념 **2** **여러 가지 뺄셈하기** (2) ― 차가 같은 뺄셈식

$11-4$	$11-5$	$11-6$	$11-7$
	$12-5$	$12-6$	$12-7$
		$13-6$	$13-7$
			$14-7$

・$11 - 6 = 5$
  (+1) (+1)
  $12 - 7 = 5$
  ┌ 빼는 수
➜ 왼쪽 수와 오른쪽 수가 1씩 커지면 차가 같습니다.
  └ 빼지는 수

・$13 - 6 = 7$입니다.
➜ $11-4$, $12-5$, $14-7$과 차가 같습니다.

확인 **2** 뺄셈을 해 보세요.

(1) $11 - 8 = 3$
  (+1) (+1)
  $12 - 9 = \boxed{}$

(2) $16 - 7 = 9$
  (+1) (+1)
  $17 - 8 = \boxed{}$

1 그림을 보고 뺄셈을 해 보세요.

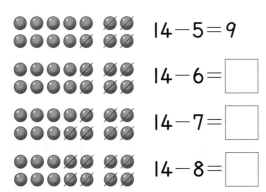

$14-5=9$

$14-6=\boxed{}$

$14-7=\boxed{}$

$14-8=\boxed{}$

2 뺄셈을 해 보세요.

$11-9=2$

$12-9=\boxed{}$

$13-9=\boxed{}$

$14-9=\boxed{}$

3 □ 안에 알맞은 수를 써넣고, 알맞은 말에 ○표 하세요.

$13-4=9$

$13-5=\boxed{}$

$13-6=\boxed{}$

같은 수에서 l씩 커지는 수를 빼면 차는 l씩 (커집니다 , 작아집니다).

|4~5| 뺄셈표를 보고 물음에 답하세요.

$12-6$	$12-7$	$12-8$	$12-9$
$13-6$	$13-7$	$13-8$	$13-9$
$14-6$	$14-7$	$14-8$	$14-9$

4 ▨ 에 있는 식을 계산해 보고, 알게 된 점을 완성해 보세요.

$12-6=\boxed{}$

$13-7=\boxed{}$

$14-8=\boxed{}$

왼쪽 수와 오른쪽 수가 □씩 커지면 차가 (같습니다 , 다릅니다).

5 시우가 말한 뺄셈식과 차가 같은 식을 위의 뺄셈표에서 모두 찾아 써 보세요.

 $12-7$

시우

(   )

6 □ 안에 알맞은 수를 써넣으세요.

$17-8=\boxed{}$

$18-9=\boxed{}$

4 단원 4회

01 뺄셈을 해 보세요.

15－6＝9	
14－6＝ ☐	15－7＝ ☐
13－6＝ ☐	15－8＝ ☐
12－6＝ ☐	15－9＝ ☐

02 ☐ 안에 뺄셈식의 차를 써넣으세요.

11－2	11－3	11－4	11－5
9	☐	☐	☐
	12－3	12－4	12－5
	9	8	7
		13－4	13－5
		9	☐
			14－5
			☐

03 차가 더 작은 식에 △표 하세요.

17－9   18－9

( )   ( )

04 차가 4인 식을 말한 사람을 모두 찾아 써 보세요.

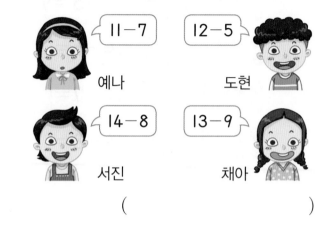

11－7 예나   12－5 도현

14－8 서진   13－9 채아

( )

창의형
05 주어진 뺄셈식과 차가 같은 식을 1개만 써 보세요.

(1) 12－6   (2) 16－8

↓   ↓

13－☐   ☐－☐

06 차가 9가 되도록 ☐ 안에 알맞은 수를 써 넣으세요.

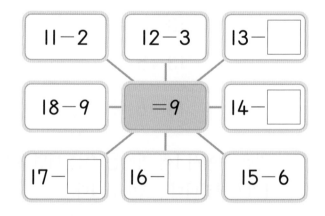

11－2   12－3   13－☐

18－9   ＝9   14－☐

17－☐   16－☐   15－6

07 수 카드 3장으로 서로 다른 뺄셈식을 만들어 보세요.

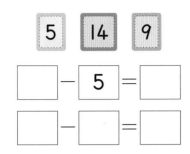

| | − | 5 | = | |

| | − | | = | |

08 □ 안에 알맞은 수를 써넣고, 차가 작은 식부터 순서대로 이어 보세요.

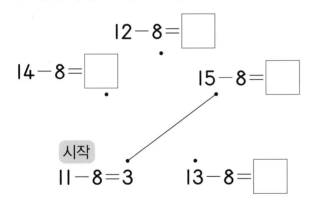

$12-8=$

$14-8=$

$15-8=$

시작

$11-8=3$ $13-8=$

09 차가 같은 식을 찾아 보기 와 같이 색칠해 보세요.

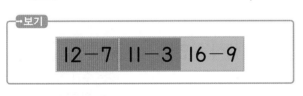

보기

| 12−7 | 11−3 | 16−9 |

11−4	12−4	11−6
16−8	14−9	15−7
14−7	13−6	17−9

서술형 문제

10 13−4와 차가 같은 식을 찾아 기호를 쓰려고 합니다. 풀이 과정을 쓰고, 답을 구해 보세요.

㉠ 14−6   ㉡ 15−6   ㉢ 11−5

❶ 왼쪽 수와 오른쪽 수가 똑같이 ■씩 커지거나 작아지면 차가
(같습니다 , 다릅니다).

❷ 따라서 13−4와 차가 같은 식은 왼쪽 수와 오른쪽 수가 똑같이 □씩 커진 □ 입니다.

답 _____

11 15−9와 차가 같은 식을 찾아 기호를 쓰려고 합니다. 풀이 과정을 쓰고, 답을 구해 보세요.

㉠ 12−3   ㉡ 14−9   ㉢ 13−7

_____

_____

_____

답 _____

4
단원
4회

학습 결과에 색칠하세요.

😄 🙂 😣

4. 덧셈과 뺄셈(2) • **99**

수 카드로 조건에 맞는 식 만들기

01 5장의 수 카드 중에서 2장을 골라 한 번씩만 사용하여 합이 가장 큰 덧셈식을 만들고, 합을 구해 보세요.

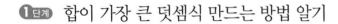

1단계 합이 가장 큰 덧셈식 만드는 방법 알기

> 합이 가장 크려면 가장 (큰 , 작은) 수와
> 둘째로 (큰 , 작은) 수를 더해야 합니다.

2단계 합이 가장 큰 덧셈식 만들고, 합 구하기

□ + □ = □

문제해결 TIP

두 수를 더하여 합을 구하는 것이므로 큰 수끼리 더할수록 합이 큰 덧셈식을 만들 수 있어요.

02 5장의 수 카드 중에서 2장을 골라 한 번씩만 사용하여 합이 가장 작은 덧셈식을 만들고, 합을 구해 보세요.

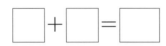

□ + □ = □

03 색이 다른 수 카드를 한 장씩 골라 차가 가장 큰 뺄셈식을 만들고, 차를 구해 보세요.

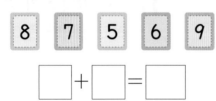

□ − □ = □

> 빼지는 수가 클수록, 빼는 수가 작을수록 두 수의 차가 커져!

□에 알맞은 수 구하기

04 □에 알맞은 수를 구해 보세요.

$$4+9=5+□$$

문제해결 TIP
4+9와 5+□는 합이 같으므로 두 수가 모두 주어진 4+9부터 계산하여 합을 구한 다음 □에 알맞은 수를 구해요.

1단계 4+9를 계산하기

(   )

2단계 □에 알맞은 수 구하기

(   )

05 □에 알맞은 수를 구해 보세요.

$$16-7=12-□$$

(   )

06 지원이와 유진이가 스케치북에 쓴 뺄셈식의 차는 같습니다. □에 알맞은 수를 구해 보세요.

12-7	14-□
지원	유진

두 수가 모두 주어진 지원이가 쓴 뺄셈식부터 계산하여 차를 구해!

(   )

꺼내야 하는 공 찾기

07 꺼낸 공에 적힌 두 수의 합이 더 큰 사람이 이기는 놀이를 하고 있습니다. 민주가 이기려면 어떤 수가 적힌 공을 꺼내야 할까요?

문제해결 TIP

먼저 현재가 꺼낸 공에 적힌 두 수의 합을 구한 다음 그 수보다 합이 더 크게 되도록 민주가 꺼내야 할 공을 찾아요.

1단계 현재가 꺼낸 공에 적힌 두 수의 합 구하기

( )

2단계 민주는 어떤 수가 적힌 공을 꺼내야 하는지 쓰기

( )

08 꺼낸 공에 적힌 두 수의 차가 더 작은 사람이 이기는 놀이를 하고 있습니다. 지훈이가 이기려면 어떤 수가 적힌 공을 꺼내야 할까요?

( )

09 꺼낸 공에 적힌 두 수의 합이 더 큰 사람이 이기는 놀이를 하고 있습니다. 소리가 이기려면 어떤 수가 적힌 **2개**의 공을 꺼내야 할까요?

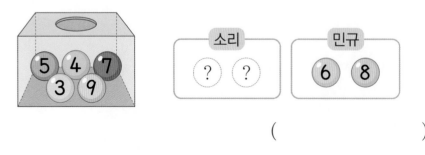

먼저 민규가 꺼낸 공에 적힌 두 수의 합을 구한 다음 그 수보다 합이 더 크게 되는 두 수를 통 안에서 찾아봐!

( )

두 번 계산하여 결과 구하기

10 주호의 나이는 몇 살인지 구해 보세요.

> • 현중이는 **8**살입니다.
> • 진수는 현중이보다 **5**살 더 많습니다.
> • 주호는 진수보다 **4**살 더 적습니다.

①단계 진수의 나이 구하기

(   )

②단계 주호의 나이 구하기

(   )

문제해결 TIP

현중이의 나이를 이용하여 진수의 나이를 구하고, 진수의 나이를 이용하여 주호의 나이를 구해요. 이때 '~보다 많은'이면 덧셈을, '~보다 적은'이면 뺄셈을 해요.

4 단원 5회

11 튤립은 몇 송이인지 구해 보세요.

> • 장미는 **9**송이입니다.
> • 백합은 장미보다 **3**송이 더 많습니다.
> • 튤립은 백합보다 **6**송이 더 적습니다.

(   )

12 대화를 읽고 소율이는 붙임딱지를 몇 장 받았는지 구해 보세요.

나는 붙임딱지를 **8**장 받았어.

다은

나는 붙임딱지를 다은이보다 **7**장 더 많이 받았어.

유준

나는 붙임딱지를 유준이보다 **6**장 더 적게 받았어.

소율

먼저 유준이가 받은 붙임딱지의 수를 구한 다음 소율이가 받은 붙임딱지의 수를 구해!

(   )

학습 결과에 색칠하세요.

01 사과는 모두 몇 개인지 구해 보세요.

사과는 모두 ☐ 개입니다.

02 ☐ 안에 알맞은 수를 써넣으세요.

$$5+8=☐$$

03 덧셈을 해 보세요.

$$9+7=16$$

$$8+7=☐$$

$$7+7=☐$$

$$6+7=☐$$

04 그림을 보고 ☐ 안에 알맞은 수를 써넣으세요.

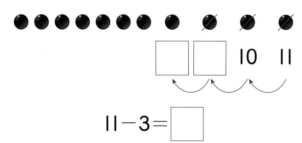

☐ ☐ 10 11

$$11-3=☐$$

05 ☐ 안에 알맞은 수를 써넣으세요.

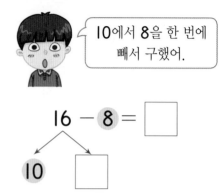

10에서 8을 한 번에 빼서 구했어.

$$16-8=☐$$

10 ☐

06 뺄셈을 해 보세요.

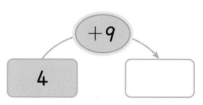

$$14-6=8$$

+1 +1

$$15-7=☐$$

07 빈칸에 알맞은 수를 써넣으세요.

+9

4 ☐

08 도현이와 예나가 모은 구슬은 모두 몇 개인지 구해 보세요.

나는 구슬 6개를 모았어. 너는?

나도 너와 같은 개수로 모았어.

도현   예나

(   )

| 09~10 | 그림을 보고 물음에 답하세요.

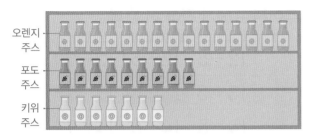

09 포도주스와 키위주스는 모두 몇 병인지 식으로 나타내 보세요.

□ + □ = □

10 오렌지주스는 포도주스보다 몇 병 더 많은지 식으로 나타내 보세요.

□ − □ = □

서술형

11 딱지가 5장 있었는데 7장을 더 만들었습니다. 딱지는 모두 몇 장인지 풀이 과정을 쓰고, 답을 구해 보세요.

_____

_____

_____

_____

답

12 빈칸에 알맞은 수를 써넣으세요.

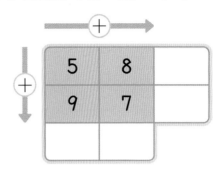

13 □ 안에 알맞은 수를 써넣어 덧셈식을 완성해 보세요.

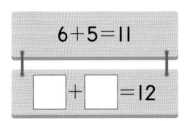

14 수 카드 3장으로 서로 다른 덧셈식을 만들어 보세요.

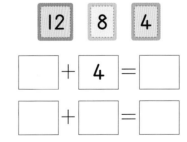

□ + 4 = □

□ + □ = □

15 차가 6인 식을 모두 찾아 ○표 하세요.

| 14−8 | 12−7 | 15−9 |

(   )   (   )   (   )

16 남는 우유갑은 몇 개일지 구해 보세요.

 우유갑이 모두 15개 있어.

 만들기 시간에 8개를 사용할 거야.

(   )

서술형

17 뺄셈을 해 보고, 알게 된 점을 써 보세요.

14−9=☐

15−9=☐

16−9=☐

17−9=☐

알게 된 점

_____

_____

_____

18 색칠된 칸의 뺄셈식과 차가 같은 식 2개를 주어진 표에서 찾아 써 보세요.

12−5	12−6	12−7
13−5	13−6	13−7
14−5	14−6	14−7

☐−☐ , ☐−☐

19 ☐ 안에 알맞은 수를 써넣고, 차가 큰 식부터 순서대로 이어 보세요.

시작

13−5=8 •——• 13−9=☐

13−6=☐ •   • 13−8=☐

•

13−7=☐

20 현우와 지아가 어제와 오늘 읽은 책의 쪽 수입니다. 어제와 오늘 책을 더 많이 읽은 사람은 누구인가요?

	어제	오늘
현우	9쪽	7쪽
지아	6쪽	8쪽

(   )

21 색이 다른 수 카드를 한 장씩 골라 차가 가장 작은 뺄셈식을 만들고, 차를 구해 보세요.

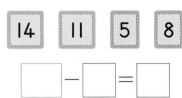

| 14 | 11 | 5 | 8 |

□ − □ = □

22 같은 모양은 같은 수를 나타냅니다. ★에 알맞은 수를 구해 보세요.

$$5+7=●$$
$$●-9=★$$

(   )

23 진서네 반에서 안경을 쓴 남학생은 8명이고, 안경을 쓴 여학생은 안경을 쓴 남학생보다 1명 더 많습니다. 진서네 반에서 안경을 쓴 학생은 모두 몇 명인지 구해 보세요.

(   )

| **24~25** | 지호네 학교 알뜰 시장에서 칭찬 붙임딱지로 가격을 정해 물건을 팔고 있습니다. 그림을 보고 물음에 답하세요.

인형: 8장   수첩: 5장
동화책: 12장   연필: 3장   로봇: 9장

24 동화책은 수첩보다 칭찬 붙임딱지 몇 장이 더 필요한지 식을 쓰고, 답을 구해 보세요.

식 _____

답 _____

4
단원
6회

25 지호는 칭찬 붙임딱지를 12장 가지고 있습니다. ㉠과 ㉡ 중 지호가 살 수 있는 물건은 어느 것인지 풀이 과정을 쓰고, 답을 구해 보세요.

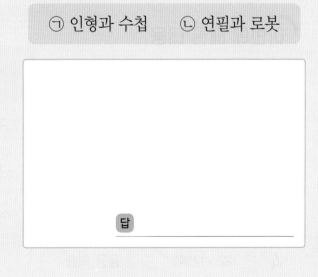

㉠ 인형과 수첩   ㉡ 연필과 로봇

답 _____

5 규칙 찾기

이번에 배울 내용

회차	쪽수	학습 내용	학습 주제
1	110~113쪽	개념+문제 학습	규칙 찾기 / 규칙 만들기(1)
2	114~117쪽	개념+문제 학습	규칙 만들기(2) / 수 배열에서 규칙 찾기
3	118~121쪽	개념+문제 학습	수 배열표에서 규칙 찾기 / 규칙을 여러 가지 방법으로 나타내기
4	122~125쪽	응용 학습	
5	126~129쪽	마무리 평가	

문해력을 높이는 **어휘**

일정하다: 크기, 모양, 시간 등이 하나로 정해져 있어 달라지지 않고 같다.

엄마가 만드신 과자는 모양이

일	정	해	요

.

규칙: 모양이나 수 또는 색깔 등이 일정하게 변하는 법칙

크리스마스트리의 불빛이

규	칙

적으로 깜박거려요.

반복: 같은 일을 되풀이함

'깡충깡충'처럼

반	복

되는

말을 읽으면 재미있어요.

수 배열: 수를 일정한 순서나 규칙에 따라 늘어놓음

신발장의

수	배	열

을

보고 신발 넣을 자리를 찾았어요.

개념**1** **규칙 찾기**

- 모양에서 규칙 찾기

반복되는 부분에 표시를 하면서 살펴보면 규칙을 찾기 쉬워요.

→ ▲, ●가 반복됩니다.

- 색깔에서 규칙 찾기

→ 초록색, 초록색, 보라색이 반복됩니다.

초록색, 초록색, 보라색이 반복되니까 □에 알맞은 것은 ★이야.

참고 모양이나 색깔 외에 크기, 방향 등에서도 규칙을 찾을 수 있습니다.

확인**1** 규칙에 따라 놓은 것입니다. 반복되는 부분을 모두 찾아 □로 표시해 보세요.

개념**2** **규칙 만들기**(1) → 물체로 규칙 만들기

두 가지 색의 연결 모형으로 다양한 규칙을 만들 수 있습니다.

- **2**개가 반복되는 규칙

🟩🟥/🟩🟥/🟩🟥 → 초록색, 빨간색이 반복됩니다.

🟥🟩/🟥🟩/🟥🟩 → 빨간색, 초록색이 반복됩니다.

- **3**개가 반복되는 규칙

🟩🟥🟥/🟩🟥🟥/🟩🟥 → 초록색, 빨간색, 빨간색이 반복됩니다.

🟥🟩🟥/🟥🟩🟥/🟥🟩 → 빨간색, 초록색, 빨간색이 반복됩니다.

확인**2** 시우가 물건을 놓아 규칙을 만든 것입니다. 알맞은 말에 ○표 하세요.

- 풀, 가위가 반복됩니다. (   )

- 가위, 풀이 반복됩니다. (   )

1 규칙에 따라 놓은 것입니다. 반복되는 부분에 ○표 하세요.

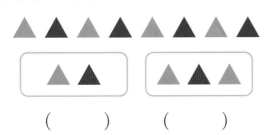

(   )   (   )

2 보기 와 같이 반복되는 부분을 모두 찾아 □로 표시해 보세요.

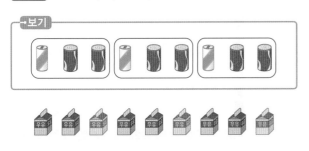

3 규칙을 찾아 빈칸에 알맞은 그림에 ○표 하세요.

(1)

(🌙 , 🌙)

(2) ↑ ↓ ↓ ↑ ↓ ↓ □

(↑ , ↓)

4 규칙을 찾아 알맞게 색칠해 보세요.

(1)

(2)

5 물건을 놓아 규칙을 만든 것입니다. 규칙을 찾아 □ 안에 알맞은 말을 써넣으세요.

(1)
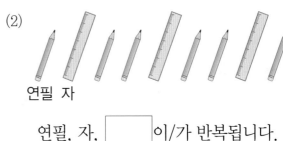

물통 컵

물통, □이 반복됩니다.

(2)

연필 자

연필, 자, □이/가 반복됩니다.

6 바둑돌(○, ●)로 규칙을 만들어 보세요.

01 규칙을 찾아 빈칸에 알맞은 그림을 그려 보세요.

(1)

(2)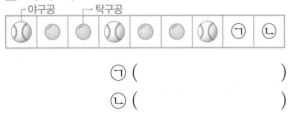

02 규칙을 찾아 ㉠과 ㉡에 들어갈 공의 이름을 각각 써 보세요.

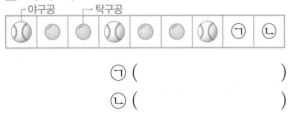

㉠ (   )

㉡ (   )

03 도현이가 말한 규칙에 따라 물건을 놓은 것에 ○표 하세요.

치약, 치약, 칫솔이 반복되는 규칙을 만들었어.

도현

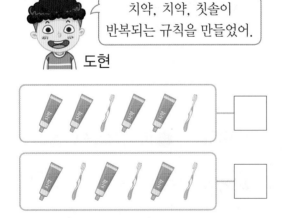

04 규칙을 만들어 튤립을 색칠해 보세요.

디지털 문해력 ┌─ 일정한 시설을 갖추고 물건을 파는 곳

05 온라인 상점에서 파티 장식을 사려고 합니다. 파티 장식의 반복되는 부분을 모두 찾아 ⬚로 표시해 보고, 규칙을 찾아 말해 보세요.

파티 장식은 _____ 이/가 반복됩니다.

06 규칙을 찾아 말해 보세요.

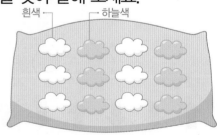

베개의 무늬는 _____ 이/가 반복됩니다.

서술형 문제

07 규칙을 바르게 말한 사람을 찾아 이름을 써 보세요.

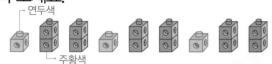

- 태은: 색이 주황색, 연두색으로 반복돼.
- 선우: 개수가 **2**개, **1**개, **2**개씩 반복돼.
- 다인: 개수가 **1**개, **2**개, **2**개씩 반복돼.

(   )

08 소율이와 다른 규칙으로 주사위에 점을 그려 넣으세요.

나는 주사위 점의 수가 **3**, **3**, **5**가 반복되도록 놓았어.

소율

다른 규칙

09 규칙을 찾아 빈칸에 알맞은 모양을 그리고, 그린 모양의 물건을 **1**개만 찾아 써 보세요.

(   )

10 규칙을 찾아 빈칸에 알맞은 모양의 기호를 쓰려고 합니다. 풀이 과정을 쓰고, 답을 구해 보세요.

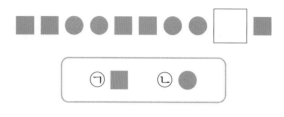

❶ ■, ■, ☐, ☐가 반복됩니다.

❷ 따라서 ●, ● 다음에 있는 빈칸에 알맞은 모양은 (■ , ●)이므로 ☐ 입니다.

답

11 규칙을 찾아 빈칸에 알맞은 모양의 기호를 쓰려고 합니다. 풀이 과정을 쓰고, 답을 구해 보세요.

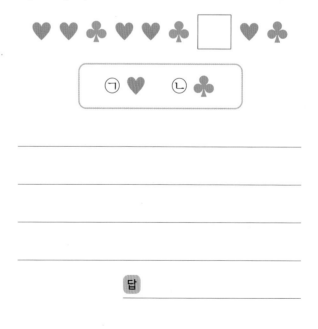

답

5 단원 **1**회

학습 결과에 색칠하세요.

학습일: 월 일

개념 1 **규칙 만들기**(2) — 규칙을 만들어 무늬 꾸미기

• 규칙에 따라 색칠하기

① ← 첫째 줄
② ← 둘째 줄

┌ 첫째 줄: 주황색, 보라색이 반복됩니다. ➔ ①을 주황색으로 색칠합니다.
└ 둘째 줄: 보라색, 주황색이 반복됩니다. ➔ ②를 보라색으로 색칠합니다.

• 규칙을 만들어 무늬 꾸미기

▲, ●가 반복되는 규칙으로 무늬를 꾸몄어.

확인 1 규칙에 따라 빈칸에 알맞은 색을 칠해 보세요.

개념 2 **수 배열에서 규칙 찾기**

• 수가 반복되는 규칙

2 - 5 - 2 - 5 - 2 - 5 ➔ 2, 5가 반복됩니다.

• 수가 커지는 규칙

10 - 11 - 12 - 13 - 14 - 15 ➔ 10부터 시작하여 1씩 커집니다.

• 수가 작아지는 규칙

35 - 30 - 25 - 20 - 15 - 10 ➔ 35부터 시작하여 5씩 작아집니다.

확인 2 규칙을 찾아 알맞은 수에 ○표 하세요.

2 - 4 - 6 - 8 - 10

2부터 시작하여 (1 , 2 , 3)씩 커집니다.

1 규칙을 찾아 ☐ 안에 알맞은 말을 써넣으세요.

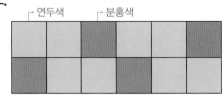

• 첫째 줄: 연두색, ☐, 분홍색이

　　반복됩니다.

• 둘째 줄: 분홍색, ☐, 연두색이

　　반복됩니다.

2 규칙에 따라 빈칸에 알맞은 색을 칠해 보세요.

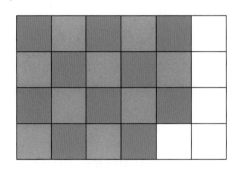

3 보기에서 두 가지 모양을 골라 규칙을 만들어 보세요.

4 규칙을 찾아 ☐ 안에 알맞은 수를 써넣으세요.

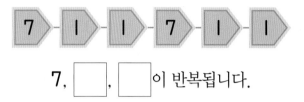

7, ☐, ☐이 반복됩니다.

5 규칙에 따라 빈칸에 알맞은 수를 써넣으세요.

38부터 시작하여 1씩 작아집니다.

38 - 37 - 36 - ☐ - 34 - ☐

6 규칙에 따라 빈 곳에 알맞은 수를 써넣으세요.

(1)

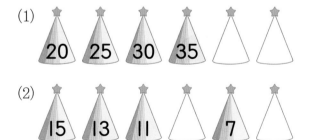

(2)

01 규칙을 찾아 빈칸에 알맞은 수를 써넣고, □ 안에 알맞은 수를 써넣으세요.

1 - 4 - ☐ - 10 - 13 - ☐

☐ 부터 시작하여 ☐ 씩 커집니다.

02 ☆, ◯ 모양으로 규칙을 만들어 구슬을 꾸며 보세요.

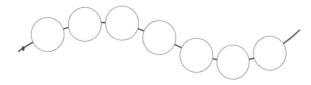

03 두 가지 색으로 규칙을 만들어 바르게 색칠한 사람은 누구인가요?

채아: 🟫, 🟫이 반복되는 규칙을 만들어 색칠했어.

시우: 🟫, 🟫, 🟫이 반복되는 규칙을 만들어 색칠했어.

( )

04 규칙을 바르게 설명한 것을 찾아 기호를 써 보세요.

5 - 10 - 15 - 5 - 10 - 15

㉠ 5, 10, 5가 반복됩니다.
㉡ 5, 10, 15가 반복됩니다.
㉢ 5부터 시작하여 5씩 커집니다.

( )

05 규칙을 만들어 무늬를 색칠해 보세요.

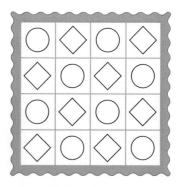

06 규칙을 만들어 빈칸에 알맞은 수를 써넣으세요.

(1)
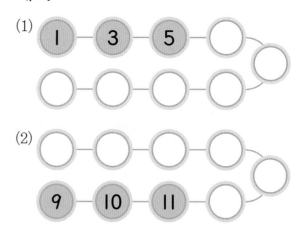

1 - 3 - 5 - ◯ - ◯ ◯ ◯ ◯ ◯

(2)
◯ ◯ ◯ ◯ 9 - 10 - 11 - ◯ ◯

5 단원
2회

창의형

07 여러 가지 모양으로 규칙을 만들고 무늬를 꾸며 보세요.

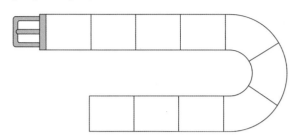

08 수 배열에서 규칙을 찾아 말해 보세요.

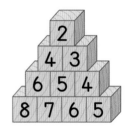

_____

09 서로 다른 규칙에 따라 수를 배열한 것입니다. □ 안에 알맞은 수가 더 작은 것의 기호를 써 보세요.

┌─────────────────────────┐
│ ㉠ 53－52－51－50－□   │
│ ㉡ 20－30－40－□－60   │
└─────────────────────────┘

(   )

서술형 문제

10 규칙에 따라 ㉠에 알맞은 수는 얼마인지 풀이 과정을 쓰고, 답을 구해 보세요.

❶ □ , □ 가 반복됩니다.

❷ 따라서 9, 5, 9, 5 다음에 올 수는

□ , □ 이므로 ㉠에 알맞은 수는

□ 입니다.

답 _____

11 규칙에 따라 ㉠에 알맞은 수는 얼마인지 풀이 과정을 쓰고, 답을 구해 보세요.

_____

_____

_____

_____

답 _____

개념 **1** — **수 배열표에서 규칙 찾기**

1	2	3	4	5	6	7	8	9	10
11	12	13	14	15	16	17	18	19	20
21	22	23	24	25	26	27	28	29	30
31	32	33	34	35	36	37	38	39	40

• ▨에 있는 수는 11부터 시작하여 → 방향으로 1씩 커집니다.

• ▨에 있는 수는 6부터 시작하여 ↓ 방향으로 10씩 커집니다.

• ↘ 방향으로 11씩 커집니다.

확인 **1** — 수 배열표를 보고 알맞은 수에 ○표 하세요.

51	52	53	54	55
56	57	58	59	60
61	62	63	64	65

(1) → 방향으로 (1 , 5 , 10)씩 커집니다.

(2) ↓ 방향으로 (1 , 5 , 10)씩 커집니다.

개념 **2** — **규칙을 여러 가지 방법으로 나타내기**

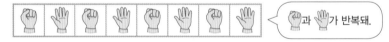

과 가 반복돼.

• 규칙을 모양으로 나타내기

✊을 ○로, ✋를 □로 나타냅니다.

✊	✋	✊	✋	✊	✋	✊	✋
○	□	○	□	○	□	○	□

• 규칙을 수로 나타내기

✊을 0으로, ✋를 5로 나타냅니다.

✊	✋	✊	✋	✊	✋	✊	✋
0	5	0	5	0	5	0	5

확인 **2** — 규칙에 따라 ▨ , ● 로 나타내려고 합니다. 알맞은 모양에 ○표 하세요.

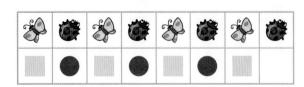

빈칸에 알맞은 모양은 (▨ , ●)입니다.

| 1~3 | 수 배열표를 보고 물음에 답하세요.

1	2	3	4	5	6	7	8	9	10
11	12	13	14	15	16	17	18	19	20
21	22	23	24	25	26	27	28	29	30
31	32	33	34	35	36	37	38	39	40
41	42	43	44	45	46	47	48	49	50
51	52	53	54	55	56	57	58	59	60
61	62	63	64	65	66	67	68	69	70
71	72	73	74	75	76	77	78	79	
81	82	83	84	85	86	87	88	89	
91	92	93	94	95	96	97	98	99	

1 ▨에 있는 수는 51부터 시작하여 →
방향으로 몇씩 커지나요?

( )

2 ▨에 있는 수는 5부터 시작하여 ↓ 방
향으로 몇씩 커지나요?

( )

3 규칙에 따라 ▨에 알맞은 수를 써넣으
세요.

4 14부터 시작하여 10씩 커지는 규칙에 따
라 색칠해 보세요.

11	12	13	14	15	16	17	18	19	20
21	22	23	24	25	26	27	28	29	30
31	32	33	34	35	36	37	38	39	40
41	42	43	44	45	46	47	48	49	50

| 5~6 | 규칙을 모양으로 나타내려고 합니다. 물
음에 답하세요.

5 규칙을 찾아 □ 안에 알맞은 말을 써넣으
세요.

탬버린, 탬버린, 트라이앵글, [ ]

이 반복됩니다.

6 규칙에 따라 ○, △로 나타내 보세요.

		△	△			△	△
○	○	△	△				

7 규칙에 따라 빈칸에 알맞은 수를 써넣으
세요.

2	4	4	2		

8 규칙에 따라 □, ○로 나타내 보세요.

□	○	□	□	○	□	□	○
□	○	□	□	○		□	

01 색칠한 수에는 어떤 규칙이 있는지 □ 안에 알맞은 수를 써넣으세요.

61	62	63	64	65	66	67	68	69	70
71	72	73	74	75	76	77	78	79	80
81	82	83	84	85	86	87	88	89	90
91	92	93	94	95	96	97	98	99	100

□ 부터 시작하여 □ 씩 커집니다.

02 규칙에 따라 ○, ×로 나타내 보세요.

🚦	🚦	🚦	🚦	🚦	🚦
○	○	×			

03 규칙에 따라 ㉠과 ㉡에 알맞은 수를 각각 구해 보세요.

🐤	🦔	🐤	🐤	🦔	🐤	🐤	🦔	🐤
2	4	㉠	2	㉡	2	2	4	2

㉠ (   )

㉡ (   )

04 규칙에 따라 다음에 해야 할 몸동작을 바르게 나타낸 사람은 누구인가요?

지유   시원   호수

(   )

05 규칙에 따라 여러 가지 방법으로 나타냈습니다. 바르게 나타낸 것의 기호를 써 보세요.

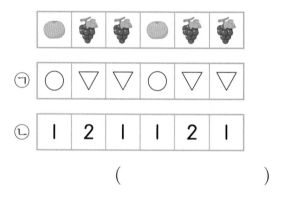

㉠	○	▽	▽	○	▽	▽

㉡	1	2	1	1	2	1

(   )

06 규칙을 찾아 빈칸에 알맞은 수를 써넣으세요.

31	35		43		
32		40		48	52
	37	41		49	53
34	38		46		54

07 규칙을 찾아 여러 가지 방법으로 나타내 보세요.

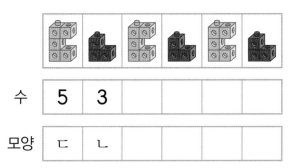

수	5	3			
모양	ㄷ	ㄴ			

08 규칙을 정해 색칠하고, 규칙을 말해 보세요.

80	79	78	77	76	75	74	73	72	71
70	69	68	67	66	65	64	63	62	61
60	59	58	57	56	55	54	53	52	51

09 색칠한 수와 같은 규칙으로 빈칸에 알맞은 수를 써넣으세요.

1	2	3	4	5	6	7	8	9	10
11	12	13	14	15	16	17	18	19	20
21	22	23	24	25	26	27	28	29	30

67 – 68 – ☐ – ☐ – ☐

서술형 문제

10 왼쪽 사물함과 오른쪽 사물함의 수 배열에서 규칙이 어떻게 다른지 설명해 보세요.

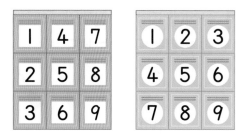

설명 왼쪽 사물함은 → 방향으로 ☐씩 (커지고 , 작아지고),

오른쪽 사물함은 → 방향으로 ☐씩 (커집니다 , 작아집니다).

11 왼쪽 서랍장과 오른쪽 서랍장의 수 배열에서 규칙이 어떻게 다른지 설명해 보세요.

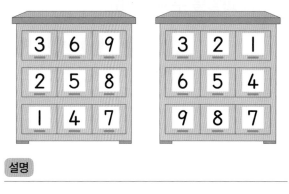

설명

5단원 3회

어떤 물건을 놓아야 할지 구하기

01 규칙에 따라 뒤집개와 국자를 놓고 있습니다. 11번째에 놓아야
할 물건을 구해 보세요.

┌ 뒤집개 ┌ 국자

|번째

문제해결
TIP

반복되는 부분을 찾아 규칙을
알아본 다음 10번째, 11번째에
놓아야 할 물건을 차례로 구해요.

1단계 규칙 찾기

뒤집개, ☐ , ☐ 가 반복됩니다.

2단계 10번째에 놓아야 할 물건 구하기

( )

3단계 11번째에 놓아야 할 물건 구하기

( )

02 규칙에 따라 포도와 사과를 놓고 있습니다. 11번째에 놓아야 할
과일을 구해 보세요.

|번째

( )

03 규칙에 따라 축구공과 농구공을 놓고 있습니다. 12번째까지 축
구공은 모두 몇 번 놓일까요?

|번째

( )

10번째, 11번째,
12번째에 놓아야 할
공을 차례로 알아본 다음
축구공이 모두 몇 번
놓이는지 세어 봐!

수 배열표에서 알맞은 수 구하기

04 규칙을 찾아 ♥와 ★에 알맞은 수를 각각 구해 보세요.

23	24		♥
28	29	30	
			★

문제해결
TIP

수 배열표에서 → 방향과 ↓ 방향의 규칙을 각각 알아보고, ♥와 ★에 알맞은 수를 차례로 구해요.

①단계 규칙 찾기

→ 방향으로 [   ]씩 커지고, ↓ 방향으로 [   ]씩 커집니다.

②단계 ♥에 알맞은 수 구하기

(   )

③단계 ★에 알맞은 수 구하기

(   )

05 규칙을 찾아 ♣와 ♠에 알맞은 수를 각각 구해 보세요.

		43	44	45	46		♣
51	52			55	56	57		60
							♠

♣ (   ), ♠ (   )

06 종이에 그린 수 배열표의 일부가 찢어져 있습니다. 규칙을 찾아 ◆에 알맞은 수를 구해 보세요.

70			74	75
78	79		82	
		◆		

→ 방향과 ↓ 방향의 규칙을 각각 알아본 다음 ◆에 알맞은 수를 구해!

(   )

빈칸에 들어갈 그림이 나타내는 수의 합 구하기

07 규칙에 따라 ㉠과 ㉡에 들어갈 펼친 손가락은 모두 몇 개인지 구해 보세요.

문제해결
TIP

반복되는 부분을 찾아 규칙을 알아본 다음 ㉠과 ㉡에 들어갈 펼친 손가락의 수를 각각 구해 더해요.

1단계 규칙 찾기

펼친 손가락이 ▢ 개, ▢ 개, ▢ 개가 반복됩니다.

2단계 ㉠, ㉡에 들어갈 펼친 손가락의 수를 각각 구하기

㉠: ▢ 개, ㉡: ▢ 개

3단계 ㉠과 ㉡에 들어갈 펼친 손가락은 모두 몇 개인지 구하기

( )

08 규칙에 따라 빈칸에 들어갈 주사위의 점의 수는 모두 몇 개인지 구해 보세요.

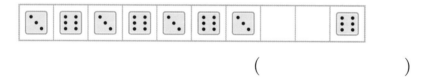

( )

09 규칙에 따라 수 카드를 늘어놓았습니다. 뒤집혀 있는 수 카드에 적힌 수들의 합을 구해 보세요.

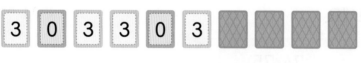

( )

반복되는 부분을 찾아 규칙을 알아보고 뒤집혀 있는 수 카드에 적힌 수를 차례로 구한 다음 모두 더하면 돼!

정답 34쪽

빈칸에 알맞은 모양 또는 색을 찾아 비교하기

10 규칙에 따라 모양을 그린 것입니다. ㉠, ㉡, ㉢, ㉣ 중 알맞은 모양이 다른 하나를 찾아 기호를 써 보세요.

문제해결
TIP

규칙을 찾아 ㉠, ㉡, ㉢, ㉣에 알맞은 모양을 각각 알아본 다음 모양이 다른 하나를 찾아요.

1단계 규칙 찾기

　□, □, □ 가 반복됩니다.

2단계 규칙에 따라 ㉠, ㉡, ㉢, ㉣에 알맞은 모양을 각각 찾기

㉠: ●, ㉡: □, ㉢: □, ㉣: □

3단계 ㉠, ㉡, ㉢, ㉣ 중 알맞은 모양이 다른 하나를 찾기

(　　　　　)

11 규칙에 따라 색을 칠한 것입니다. ㉠, ㉡, ㉢, ㉣ 중 알맞은 색이 다른 하나를 찾아 기호를 써 보세요.

(　　　　　)

12 규칙에 따라 모양을 그린 것입니다. 빈칸에 들어갈 ▲는 ✚보다 몇 개 더 많은지 구해 보세요.

먼저 규칙을 찾아 빈칸에 알맞은 모양을 알아본 다음 두 모양의 수를 세어 차를 구해!

(　　　　　)

01 규칙에 따라 놓은 것입니다. 반복되는 부분에 ○표 하세요.

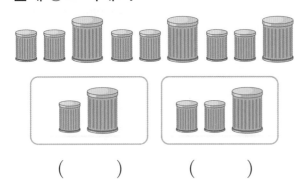

(   )   (   )

02 연결 모형을 놓아 규칙을 만든 것입니다. 규칙을 찾아 □ 안에 알맞은 말을 써넣으세요.

빨간색, [   ]이 반복됩니다.

03 규칙에 따라 빈칸에 알맞은 색을 칠해 보세요.

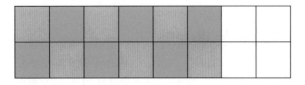

04 규칙에 따라 빈칸에 알맞은 수를 써넣으세요.

| 1 | 5 | 1 | 5 | | 5 |

05 ▬에 있는 수에는 어떤 규칙이 있는지 □ 안에 알맞은 수를 써넣으세요.

21	22	23	24	25	26	27	28	29	30
31	32	33	34	35	36	37	38	39	40
41	42	43	44	45	46	47	48	49	50

31부터 시작하여 → 방향으로 [   ]씩 커집니다.

06 규칙에 따라 ○, △로 나타내 보세요.

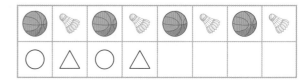

| ○ | △ | ○ | △ | | | | |

07 규칙에 따라 빈칸에 알맞은 모양을 그려 넣으세요.

| ↓ | ↑ | ↓ | ↑ | ↓ | | | |

08 벽지 무늬에서 반복되는 부분을 모두 찾아 ⬜로 표시해 보고, 규칙을 찾아 말해 보세요.

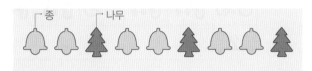

벽지 무늬는 _____이/가 반복됩니다.

09 규칙을 찾아 바르게 말한 사람은 누구인가요?

유준: 빈칸에 알맞은 물건은 컵이야.

예나: 빈칸에 알맞은 물건은 접시야.

( )

10 연필, 지우개, 자로 규칙을 만들어 2개의 필통에 똑같이 넣으려고 합니다. 바르게 넣은 것에 ○표 하세요.

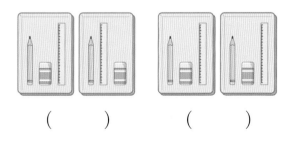

( ) ( )

11 두 가지 색으로 규칙을 만들어 색칠해 보세요.

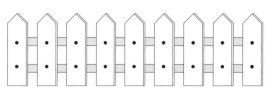

12 ◇, ▽ 모양으로 규칙을 만들어 타일을 꾸며 보세요.

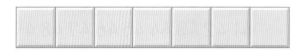

13 규칙을 만들어 무늬를 색칠해 보세요.

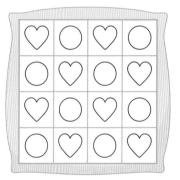

14 규칙에 따라 빈칸에 알맞은 수를 써넣으세요.

30 - 35 - 40 - ⬜ - 50 - ⬜

15 규칙에 따라 ㉠에 알맞은 수를 구해 보세요.

( )

서술형
16 규칙에 따라 색칠하려고 합니다. **49** 다음에 색칠해야 하는 수는 얼마인지 풀이 과정을 쓰고, 답을 구해 보세요.

31	32	33	34	35	36	37	38	39	40
41	42	43	44	45	46	47	48	49	50
51	52	53	54	55	56	57	58	59	60

_____

_____

_____

답 _____

17 수 배열표를 보고 바르게 말한 사람은 누구인가요?

71	72	73	74	75
76	77	78	79	80
81	82	83	84	85

• 주영: →에 있는 수는 I씩 커져.

• 시은: ↓에 있는 수는 **10**씩 커져.

( )

18 규칙에 따라 빈칸에 알맞은 수를 써넣으세요.

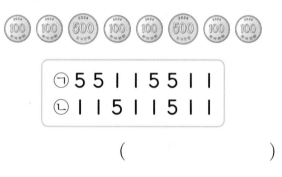

2	3				

19 규칙을 수로 바르게 나타낸 것의 기호를 써 보세요.

㉠ 5 5 I I 5 5 I I
㉡ I I 5 I I 5 I I

( )

20 규칙에 따라 숟가락과 포크를 놓고 있습니다. **II**번째에 놓아야 할 물건을 구해 보세요.

I번째

( )

21 ^{서술형} 규칙에 따라 ㉠과 ㉡에 들어갈 펼친 손가락은 모두 몇 개인지 풀이 과정을 쓰고, 답을 구해 보세요.

							㉠	㉡

_____

_____

_____

답 _____

22 서로 다른 규칙에 따라 수를 배열한 것입니다. □ 안에 알맞은 수가 더 큰 것의 기호를 써 보세요.

㉠ 69－67－65－63－□
㉡ 50－52－□－56－58

(   )

23 색칠한 수와 같은 규칙으로 빈칸에 알맞은 수를 써넣으세요.

61	62	63	64	65	66	67	68	69	70
71	72	73	74	75	76	77	78	79	80
81	82	83	84	85	86	87	88	89	90

24 － □ － □ － 54 － □

| 24 ~ 25 | 민혁이는 친구들과 함께 태권도를 배우고 있습니다. 그림을 보고 물음에 답하세요.

24 민혁이의 태권도 동작을 보고 규칙에 따라 ▽, ◇로 나타내 보세요.

▽	◇	▽			

25 머리 보호대가 규칙에 따라 놓여 있습니다. 빈칸에 알맞은 머리 보호대의 색깔은 무엇인지 풀이 과정을 쓰고, 답을 구해 보세요.

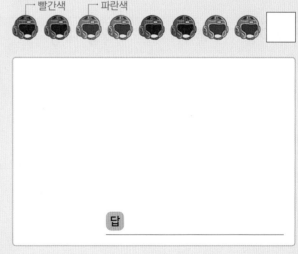

답 _____

6 덧셈과 뺄셈(3)

이번에 배울 내용

회차	쪽수	학습 내용	학습 주제
1	132~135쪽	개념+문제 학습	여러 가지 방법으로 덧셈하기 / (몇십몇)＋(몇)
2	136~139쪽	개념+문제 학습	(몇십)＋(몇십) / (몇십몇)＋(몇십몇)
3	140~143쪽	개념+문제 학습	여러 가지 방법으로 뺄셈하기 / (몇십몇)－(몇)
4	144~147쪽	개념+문제 학습	(몇십)－(몇십) / (몇십몇)－(몇십몇)
5	148~151쪽	개념+문제 학습	그림을 보고 덧셈식과 뺄셈식으로 나타내기 / 덧셈과 뺄셈
6	152~155쪽	응용 학습	
7	156~159쪽	마무리 평가	

문해력을 높이는 **어휘**

합: 더함. 또는 둘이나 둘이 넘는 수를 더하여 얻은 값

두 수 3과 5의 | 합 | 을 구하면

8이에요.

차: 어떤 수에서 다른 수만큼을 빼고 얻은 나머지 값

두 수 6과 4의 | 차 | 를 구하면

2예요.

-끼리: 같은 특징을 가진 어떤 대상만이 서로 함께

같은 모둠 | 끼 | 리 | 앉아서

도시락을 먹었어요.

결승전: 운동 경기에서 마지막으로 이기고 지는 것을 결정짓는 시합

| 결 | 승 | 전 | 에 올라간

두 팀이 우승을 놓고 겨뤄요.

(134쪽)

개념 1 여러 가지 방법으로 덧셈하기

• 이어 세기로 구하기

15에서 3만큼 이어 세면 18이에요.

15 16 17 18

$15+3=18$

• △를 그려 구하기

15개에 △ 3개를 더 그리면 모두 18개예요.

$15+3=18$

• 수 모형으로 구하기

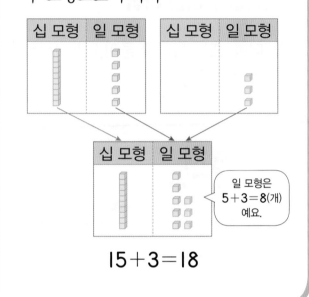

| 십 모형 | 일 모형 | | 십 모형 | 일 모형 |

| 십 모형 | 일 모형 |

일 모형은 $5+3=8$(개) 예요.

$15+3=18$

확인 1 $14+4$를 이어 세기로 구해 보세요.

14 15 ☐ ☐ ☐ $14+4=$ ☐

개념 2 (몇십몇)+(몇)

낱개의 수끼리 더하고, 10개씩 묶음의 수를 그대로 내려 씁니다.

$$\begin{array}{r} 2\ 3 \\ +\ \ 6 \\ \hline \end{array} \rightarrow \begin{array}{r} 2\ 3 \\ +\ \ 6 \\ \hline 9 \end{array} \rightarrow \begin{array}{r} 2\ 3 \\ +\ \ 6 \\ \hline 2\ 9 \end{array}$$

낱개의 수: $3+6=9$

10개씩 묶음의 수: 2 그대로

확인 2 ☐ 안에 알맞은 수를 써넣으세요.

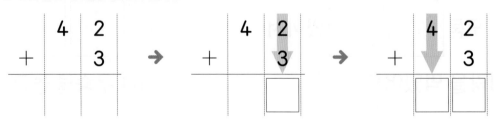

$$\begin{array}{r} 4\ 2 \\ +\ \ 3 \\ \hline \end{array} \rightarrow \begin{array}{r} 4\ 2 \\ +\ \ 3 \\ \hline \ \ \Box \end{array} \rightarrow \begin{array}{r} 4\ 2 \\ +\ \ 3 \\ \hline \Box\ \Box \end{array}$$

1 그림을 보고 □ 안에 알맞은 수를 써넣으세요.

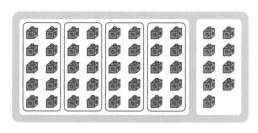

$40 + 9 =$ □

2 더하는 수만큼 △를 그리고, □ 안에 알맞은 수를 써넣으세요.

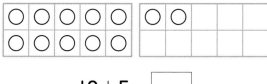

$12 + 5 =$ □

3 $54 + 3$을 수 모형으로 구해 보세요.

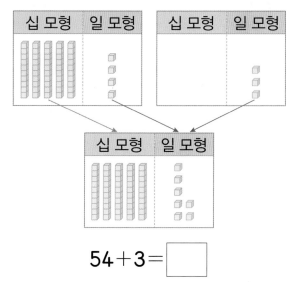

$54 + 3 =$ □

4 □ 안에 알맞은 수를 써넣으세요.

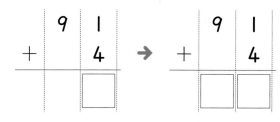

5 덧셈을 해 보세요.

(1) $60 + 3 =$ □

(2) $45 + 2 =$ □

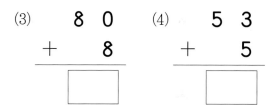

(3)
$$\begin{array}{r} 8\ 0 \\ +\quad 8 \\ \hline \end{array}$$

(4)
$$\begin{array}{r} 5\ 3 \\ +\quad 5 \\ \hline \end{array}$$

6 빈칸에 알맞은 수를 써넣으세요.

(1)
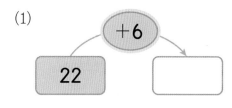

(2)
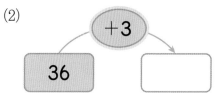

6
단원
1회

01 구슬이 모두 몇 개인지 구하려고 합니다. □ 안에 알맞은 수를 써넣으세요.

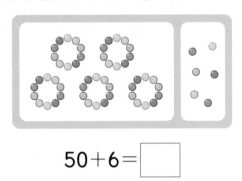

$$50+6=\boxed{}$$

02 그림을 보고 □ 안에 알맞은 수를 써넣으세요.

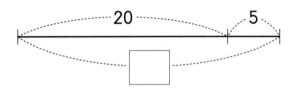

03 두 수의 합을 구해 보세요.

| 81 | 7 |

( )

04 빈칸에 알맞은 수를 써넣으세요.

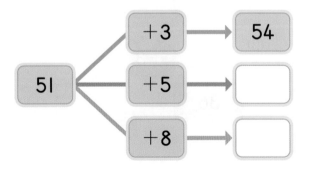

05 예나와 도현이의 대화를 읽고 예나네 학교 줄넘기 대회에서 결승전에 올라간 1학년 학생은 모두 몇 명인지 식을 쓰고, 답을 구해 보세요.

식 _____

답 _____

06 33+6을 바르게 계산한 사람은 누구인가요?

( )

07 □ 안에 들어갈 수 있는 수를 모두 찾아 ○표 하세요.

$$43+4<□$$

(41 , 58 , 47 , 63)

창의형

08 4장의 수 카드 중에서 2장을 골라 합이 76이 되도록 덧셈식을 만들어 보세요.

| 70 | 72 | 4 | 6 |

□ + □ = 76

09 이야기를 완성해 보세요.

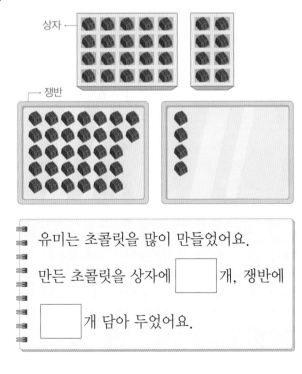

상자

쟁반

유미는 초콜릿을 많이 만들었어요.

만든 초콜릿을 상자에 □ 개, 쟁반에

□ 개 담아 두었어요.

10 합이 가장 큰 덧셈을 말한 사람은 누구인지 풀이 과정을 쓰고, 답을 구해 보세요.

20+6   30+6   20+9

채아   도현   소율

❶ 20+6= □ , 30+6= □ ,

20+9= □ 입니다.

❷ 합을 비교하면 □ > □ > □

이므로 합이 가장 큰 덧셈을 말한 사람

은 □ 입니다.

답 _____

11 합이 가장 작은 덧셈을 말한 사람은 누구인지 풀이 과정을 쓰고, 답을 구해 보세요.

52+6   64+4   72+1

유준   시우   예나

_____

_____

_____

_____

답 _____

6
단원

1회

학습 결과에 색칠하세요.

😄 🙂 😣

개념**1** **(몇십)+(몇십)**

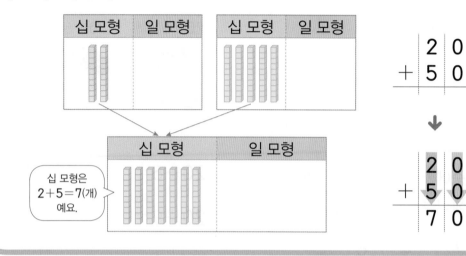

확인**1** 그림을 보고 □ 안에 알맞은 수를 써넣으세요.

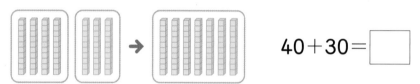

$40+30=$ □

개념**2** **(몇십몇)+(몇십몇)**

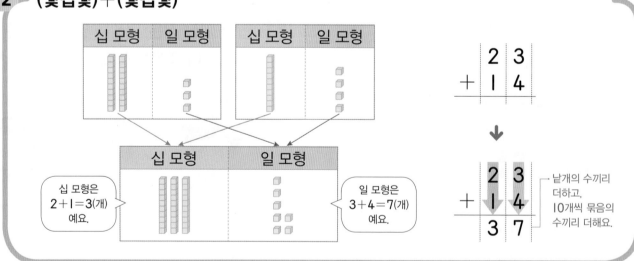

확인**2** □ 안에 알맞은 수를 써넣으세요.

1 그림을 보고 □ 안에 알맞은 수를 써넣으세요.

$10+30=$ □

2 $43+32$를 수 모형으로 구해 보세요.

십 모형	일 모형

$43+32=$ □

3 □ 안에 알맞은 수를 써넣으세요.

(1)
```
    6 0          6 0
  + 2 0   →    + 2 0
  ─────        ─────
     □          □ □
```

(2)
```
    6 5          6 5
  + 2 3   →    + 2 3
  ─────        ─────
     □          □ □
```

4 덧셈을 해 보세요.

(1) $50+20=$ □

(2) $47+22=$ □

(3)
```
    3 5
  + 4 0
  ─────
    □
```

(4)
```
    7 3
  + 2 4
  ─────
    □
```

5 합을 찾아 ○표 하세요.

$20+20$

(30 , 40 , 50)

6 빈칸에 알맞은 수를 써넣으세요.

50 $\xrightarrow{+40}$ □

7 합을 구하여 이어 보세요.

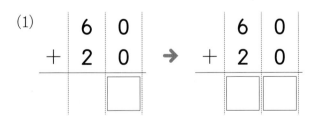

$23+44$ •   • 89

$51+38$ •   • 67

01 합이 **70**인 것에 ○표 하세요.

40 + 20	30 + 40
( )	( )

02 달걀은 모두 몇 개인지 구하려고 합니다. □ 안에 알맞은 수를 써넣으세요.

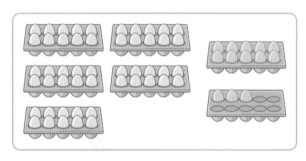

$$50 + \boxed{} = \boxed{}$$

03 다음이 나타내는 수를 구해 보세요.

70보다 20만큼 더 큰 수

( )

04 빈칸에 두 수의 합을 써넣으세요.

26	51

05 합의 크기를 비교하여 ○ 안에 >, =, < 를 알맞게 써넣으세요.

$$10 + 70 \bigcirc 54 + 25$$

06 민아는 종이학을 어제 **19**개 접었고, 오늘 **30**개 접었습니다. 민아가 어제와 오늘 접은 종이학은 모두 몇 개인지 식을 쓰고, 답을 구해 보세요.

식
$$\begin{array}{r} 1\ 9 \\ + \boxed{} \\ \hline \boxed{} \end{array}$$

답

창의형
07 두 가지 색의 공을 골라 더하려고 합니다. 두 가지 색의 공을 골라 ○표 하고, 고른 두 가지 색의 공은 모두 몇 개인지 식을 쓰고, 답을 구해 보세요.

초록색 공　노란색 공　보라색 공
21개　　　10개　　　33개

(초록색 공 , 노란색 공 , 보라색 공)

식

답

08 합이 가장 큰 것을 찾아 ○표, 가장 작은 것을 찾아 △표 하세요.

42+53	24+62	33+15
( )	( )	( )

09 같은 모양에 적힌 수의 합을 구해 보세요.

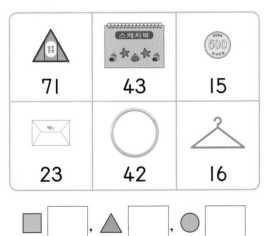

71	43	15
23	42	16

■ [   ] , ▲ [   ] , ● [   ]

10 수학 문제를 희수는 21문제 풀었고, 주호는 희수보다 5문제 더 많이 풀었습니다. 희수와 주호가 푼 수학 문제는 모두 몇 문제인가요?

(   )

11 가장 큰 수와 가장 작은 수의 합을 구하려고 합니다. 풀이 과정을 쓰고, 답을 구해 보세요.

❶ 주어진 수를 큰 수부터 차례로 써 보면

70, 45, [   ], [   ] 이므로 가장 큰

수는 [   ], 가장 작은 수는 [   ] 입니다.

❷ 따라서 가장 큰 수와 가장 작은 수의

합은 [   ] + [   ] = [   ] 입니다.

답 _____

12 가장 큰 수와 가장 작은 수의 합을 구하려고 합니다. 풀이 과정을 쓰고, 답을 구해 보세요.

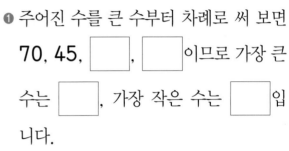

35 60 22 73

_____

_____

_____

_____

답 _____

학습 결과에 색칠하세요.
😄 🙂 😣

개념 1 여러 가지 방법으로 뺄셈하기

- 비교하기로 구하기

하나씩 짝 지어 보면 21개가 남아요.

$$24-3=21$$

- /을 그려 구하기

○ 24개 중 3개를 /으로 지우면 21개가 남아요.

$$24-3=21$$

- 수 모형으로 구하기

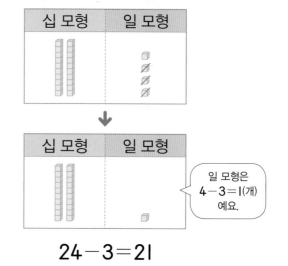

십 모형	일 모형

십 모형	일 모형

일 모형은 4-3=1(개) 예요.

$$24-3=21$$

확인 1 파란색 딱지가 빨간색 딱지보다 몇 장 더 많은지 비교하기로 구해 보세요.

$$26-2=\boxed{}$$

개념 2 (몇십몇)−(몇)

낱개의 수끼리 빼고, 10개씩 묶음의 수를 그대로 내려 씁니다.

낱개의 수: 9−8=1

10개씩 묶음의 수: 4 그대로

확인 2 □ 안에 알맞은 수를 써넣으세요.

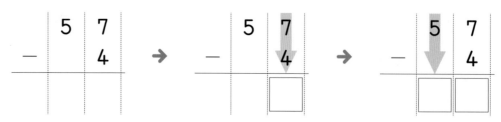

• 정답 39쪽

1 그림을 보고 □ 안에 알맞은 수를 써넣으세요.

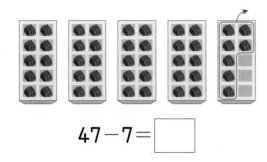

$$47 - 7 = \boxed{}$$

2 빼는 수만큼 /을 그리고, □ 안에 알맞은 수를 써넣으세요.

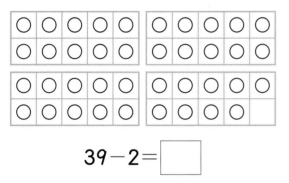

$$39 - 2 = \boxed{}$$

3 65 − 4를 수 모형으로 구해 보세요.

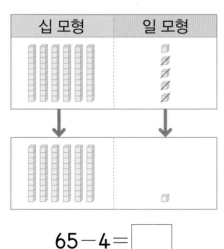

$$65 - 4 = \boxed{}$$

4 □ 안에 알맞은 수를 써넣으세요.

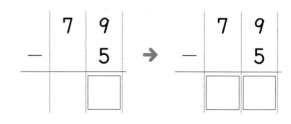

5 뺄셈을 해 보세요.

(1) $43 - 3 = \boxed{}$

(2) $57 - 5 = \boxed{}$

(3)
$$\begin{array}{cc} & 3\ \ 4 \\ - & \ \ \ 1 \\ \hline & \boxed{} \end{array}$$

(4)
$$\begin{array}{cc} & 9\ \ 8 \\ - & \ \ \ 6 \\ \hline & \boxed{} \end{array}$$

6 □ 안에 알맞은 수를 써넣으세요.

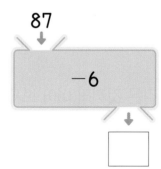

01 그림을 보고 □ 안에 알맞은 수를 써넣으세요.

$$29-6=\boxed{}$$

02 빈칸에 두 수의 차를 써넣으세요.

(1)

55 4

(2)

97 5

03 그림을 보고 □ 안에 알맞은 수를 써넣으세요.

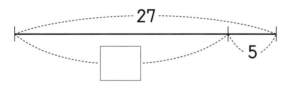

27

□ 5

04 차가 같은 것끼리 이어 보세요.

26-2   39-8   78-3

•   •   •

•   •   •

35-4   77-2   27-3

디지털 문해력

05 소미가 올린 온라인 게시물입니다. 소미가 사용하고 남은 색종이는 몇 장인가요?

hi_donga   ···

♡ ○ ▽   ⊓

좋아요 16개

문구점에서 사 온 꽃무늬 색종이 😍
25장 들어 있었는데 종이접기 하느라 벌써
4장이나 사용했다. 남은 건 아껴 써야지!

(   )

06 차가 가장 큰 것을 찾아 ○표 하세요.

46-2   38-1   49-7

(   )   (   )   (   )

07 책꽂이에 동화책이 76권, 과학책이 4권 꽂혀 있습니다. 동화책은 과학책보다 몇 권 더 많은지 식을 쓰고, 답을 구해 보세요.

식

답

창의형
08 민규네 가족의 나이입니다. 민규네 가족 중 한 명을 골라 민규와 나이를 비교해 보세요.

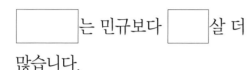

- 할머니: 66살
- 아빠: 39살
- 엄마: 37살
- 민규: 6살

[　　　]는 민규보다 [　]살 더 많습니다.

09 □ 안에 알맞은 수를 써넣으세요.

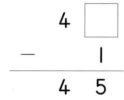

$$\begin{array}{r} 4\ \square \\ -\ 1 \\ \hline 4\ 5 \end{array}$$

10 이야기를 완성해 보세요.

배 36개 중에서 4개가 떨어져 남은 배는 [　　]개, 사과 29개 중에서 5개가 떨어져 남은 사과는 [　　]개가 되었어요.

11 86−4를 다음과 같이 계산하였습니다. 잘못 계산한 이유를 쓰고, 바르게 계산해 보세요.

$$\begin{array}{r} 8\ 6 \\ -\ 4 \\ \hline 4\ 6 \end{array}$$

이유 ➊ 4는 (10개씩 묶음 , 낱개)의 수이므로 86의 낱개의 수인 [　]에서 빼야 하는데 10개씩 묶음의 수인 [　]에서 뺐으므로 잘못 계산하였습니다.

바른 계산 ➋

6
단원
3회

12 59−3을 다음과 같이 계산하였습니다. 잘못 계산한 이유를 쓰고, 바르게 계산해 보세요.

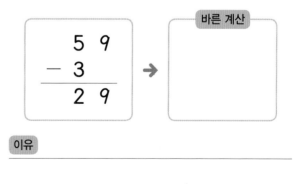

바른 계산

$$\begin{array}{r} 5\ 9 \\ -\ 3 \\ \hline 2\ 9 \end{array} \rightarrow$$

이유
_____

_____

학습 결과에 색칠하세요.
😄 🙂 😣

4회 개념 학습

학습일: 월   일

개념 1 ── **(몇십)─(몇십)**

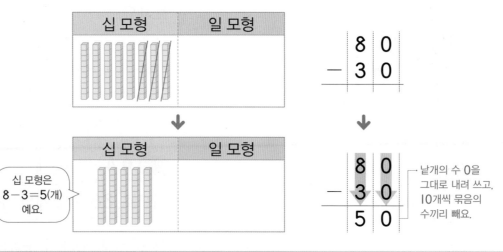

확인 1 ── 그림을 보고 ☐ 안에 알맞은 수를 써넣으세요.

$$50-20=\boxed{}$$

개념 2 ── **(몇십몇)─(몇십몇)**

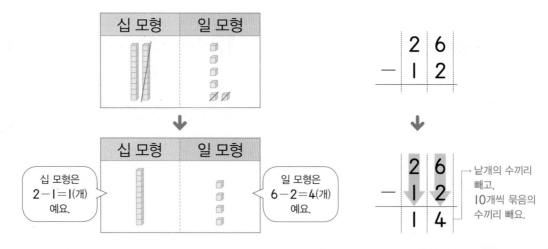

확인 2 ── ☐ 안에 알맞은 수를 써넣으세요.

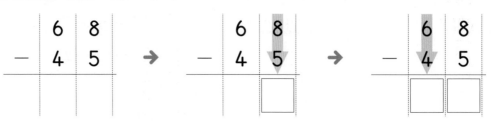

144 • 수학 1-2

1 그림을 보고 □ 안에 알맞은 수를 써넣으세요.

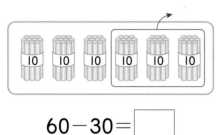

$$60-30=\boxed{}$$

2 74−22를 수 모형으로 구해 보세요.

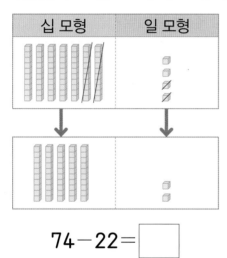

$$74-22=\boxed{}$$

3 □ 안에 알맞은 수를 써넣으세요.

(1)
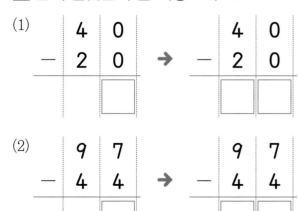

4 뺄셈을 해 보세요.

(1) $90-50=\boxed{}$

(2) $84-30=\boxed{}$

(3)
$$\begin{array}{r} 5\ 8 \\ -\ 3\ 2 \\ \hline \boxed{} \end{array}$$

(4)
$$\begin{array}{r} 6\ 9 \\ -\ 4\ 5 \\ \hline \boxed{} \end{array}$$

5 87−13의 차를 찾아 ○표 하세요.

| 64 | 74 | 56 |

(   )   (   )   (   )

6 빈칸에 알맞은 수를 써넣으세요.

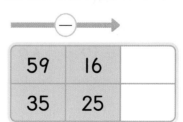

59	16	
35	25	

01 남은 달걀은 몇 개인지 구하려고 합니다. □ 안에 알맞은 수를 써넣으세요.

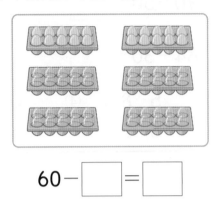

$$60 - \boxed{} = \boxed{}$$

02 두 수의 차가 50인 것에 ○표 하세요.

90, 30   20, 70

(   )   (   )

03 잘못 계산한 사람은 누구인가요?

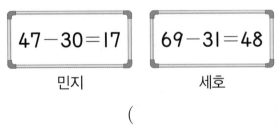

47−30=17   69−31=48

민지   세호

(   )

04 차가 같은 것을 모두 찾아 색칠해 보세요.

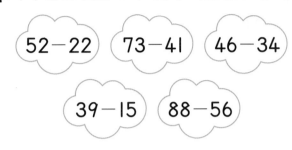

52−22   73−41   46−34

39−15   88−56

05 칭찬 붙임딱지를 윤호는 28장, 나은이는 14장 가지고 있습니다. 윤호는 나은이보다 칭찬 붙임딱지를 몇 장 더 많이 가지고 있는지 식을 쓰고, 답을 구해 보세요.

식

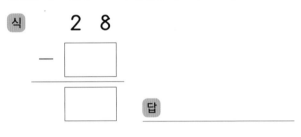

답 _____

창의형

06 4장의 수 카드 중에서 2장을 골라 두 수의 차를 구하는 뺄셈식을 만들어 보세요.

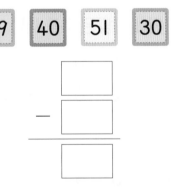

79   40   51   30

07 빈칸에 알맞은 수를 써넣으세요.

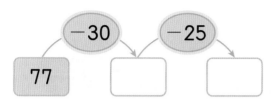

10 파란색 리본은 25개 있고, 빨간색 리본은 파란색 리본보다 11개 더 적게 있습니다. 파란색 리본과 빨간색 리본은 모두 몇 개인지 풀이 과정을 쓰고, 답을 구해 보세요.

❶ 빨간색 리본은 파란색 리본보다

　□　개 더 적게 있으므로

25 − □ = □ (개) 있습니다.

❷ 따라서 파란색 리본과 빨간색 리본은

모두 25 + □ = □ (개)입니다.

답 _____

08 짝 지은 두 수의 차를 아래의 빈칸에 써넣으세요.

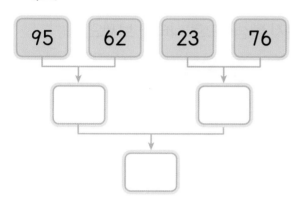

11 훌라후프를 연우는 24번 돌렸고, 지아는 연우보다 13번 더 적게 돌렸습니다. 연우와 지아는 훌라후프를 모두 몇 번 돌렸는지 풀이 과정을 쓰고, 답을 구해 보세요.

_____

_____

_____

_____

답 _____

09 규칙에 따라 빈칸을 채우고, ㉡－㉠을 구해 보세요.

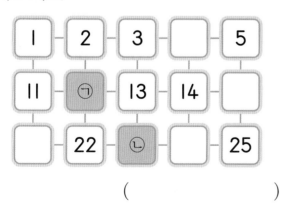

(　　　　　　)

개념 1 그림을 보고 덧셈식과 뺄셈식으로 나타내기

| 딸기우유 12개 | 흰 우유 25개 | 초코우유 23개 |

- 딸기우유와 흰 우유는 **모두** 몇 개인지 **덧셈식**으로 나타내기 → $12 + 25 = 37$
- 초코우유는 딸기우유보다 **몇 개 더 많은지 뺄셈식**으로 나타내기 → $23 - 12 = 11$

확인 1 그림을 보고 도넛은 과자보다 몇 개 더 많은지 뺄셈식으로 나타내 보세요.

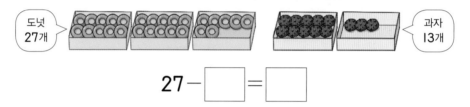

도넛 27개   과자 13개

$$27 - \boxed{} = \boxed{}$$

개념 2 덧셈과 뺄셈

$$25 + 10 = 35$$
$$\downarrow +10 \quad \downarrow +10$$
$$25 + 20 = 45$$
$$\downarrow +10 \quad \downarrow +10$$
$$25 + 30 = 55$$

10씩 커지는 수를 더하면 합도 10씩 커집니다.

$$37 + 21 = 58$$
$$21 + 37 = 58$$

두 수의 순서를 바꾸어 더해도 합은 같습니다.

$$67 - 10 = 57$$
$$\downarrow +10 \quad \downarrow -10$$
$$67 - 20 = 47$$
$$\downarrow +10 \quad \downarrow -10$$
$$67 - 30 = 37$$

10씩 커지는 수를 빼면 차는 10씩 작아집니다.

확인 2 덧셈을 해 보세요.

(1) $22 + 34 = 56$

$$34 + 22 = \boxed{}$$

(2) $12 + 56 = 68$

$$56 + 12 = \boxed{}$$

|1~4| 장난감 가게에 장난감이 진열되어 있습니다. 그림을 보고 물음에 답하세요.

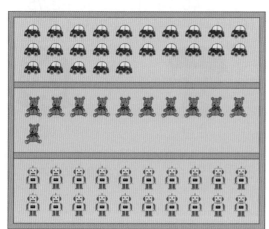

1 장난감 자동차와 곰 인형은 모두 몇 개인지 덧셈식으로 나타내 보세요.

$$25 + \boxed{} = \boxed{}$$

2 곰 인형과 로봇은 모두 몇 개인지 덧셈식으로 나타내 보세요.

$$11 + \boxed{} = \boxed{}$$

3 장난감 자동차는 로봇보다 몇 개 더 많은지 뺄셈식으로 나타내 보세요.

$$25 - \boxed{} = \boxed{}$$

4 장난감 자동차는 곰 인형보다 몇 개 더 많은지 뺄셈식으로 나타내 보세요.

$$25 - \boxed{} = \boxed{}$$

5 덧셈을 해 보세요.

$$17 + 10 = 27$$
$$17 + 20 = \boxed{}$$
$$17 + 30 = \boxed{}$$
$$17 + 40 = \boxed{}$$

6 □ 안에 알맞은 수를 써넣으세요.

$$38 + 10 = \boxed{}$$
$$48 + 10 = \boxed{}$$
$$58 + 10 = \boxed{}$$

10씩 커지는 수에 같은 수를 더하면 합도 $\boxed{}$ 씩 커집니다.

7 뺄셈을 해 보세요.

$$59 - 11 = \boxed{}$$
$$59 - 12 = \boxed{}$$
$$59 - 13 = \boxed{}$$
$$59 - 14 = \boxed{}$$

6
단원
5회

01 크레파스는 모두 몇 자루인지 덧셈식으로 나타내 보세요.

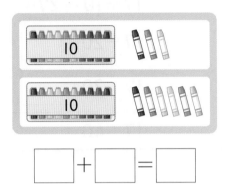

☐ + ☐ = ☐

02 그림을 보고 물음에 답하세요.

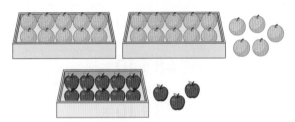

(1) 배는 사과보다 몇 개 더 많은지 뺄셈식으로 나타내 보세요.

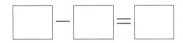

☐ - ☐ = ☐

(2) 배 4개를 먹는다면 남는 배는 몇 개인지 뺄셈식으로 나타내 보세요.

☐ - ☐ = ☐

03 빈칸에 알맞은 수를 써넣으세요.

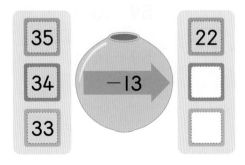

04 친구들이 말하는 수를 각각 구해 보세요.

내 수는 40보다 16만큼 더 큰 수야.

내 수는 75보다 24만큼 더 작은 수야.

도현   예나

도현이의 수: ☐ , 예나의 수: ☐

05 덧셈을 하고, 바로 다음에 올 덧셈식을 써 보세요.

32 + 1 = ☐

32 + 2 = ☐

32 + 3 = ☐

☐ + ☐ = ☐

창의형
06 두 주머니에서 수를 하나씩 골라 식을 써 보세요.

☐ + ☐ = ☐

☐ - ☐ = ☐

서술형 문제

07 그림을 보고 덧셈식과 뺄셈식으로 나타내 보세요.

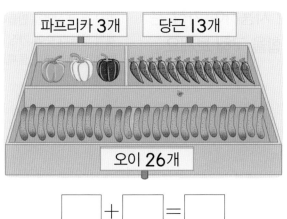

☐	+	☐	=	☐	
☐	−	☐	=	☐	

08 하로는 친구들과 공 던지기 놀이를 하고 있습니다. 바구니에 공을 하로는 **27**개 넣었고, 주호는 **21**개 넣었습니다. 물음에 답하세요.

(1) 하로와 주호가 넣은 공은 모두 몇 개인 가요?

(   )

(2) 하로는 주호보다 공을 몇 개 더 많이 넣었나요?

(   )

09 민호네 반 학생 중 남학생은 **16**명, 여학생 은 **13**명입니다. 반 학생 중 안경을 쓴 학 생이 **7**명이라면 안경을 쓰지 않은 학생은 몇 명인가요?

(   )

| **10~11** | 책상 위에 연결 모형이 놓여 있습니다. 그림을 보고 물음에 답하세요.

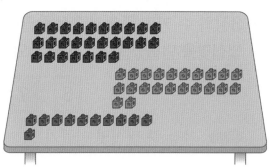

10 덧셈 이야기를 만들고, 덧셈식으로 나타내 보세요.

이야기 ❶ 책상 위에 있는 빨간색 연결 모 형과 (초록색 , 파란색) 연결 모형은 모 두 몇 개인가요?

덧셈식 ❷ $27 +$ ☐ $=$ ☐

11 뺄셈 이야기를 만들고, 뺄셈식으로 나타내 보세요.

이야기

_____

_____

뺄셈식

_____

수 카드로 몇십몇을 만들어 덧셈과 뺄셈하기

01 3장의 수 카드 중에서 2장을 골라 한 번씩만 사용하여 가장 큰 몇십몇을 만들었습니다. 만든 수와 남은 수의 합을 구해 보세요.

5	9	4

1단계 가장 큰 몇십몇 만들기

( )

2단계 만든 수와 남은 수의 합 구하기

( )

문제해결 TIP

가장 큰 몇십몇을 만들려면 10개씩 묶음의 수에 가장 큰 수를 놓고, 낱개의 수에 둘째로 큰 수를 놓아요.

02 3장의 수 카드 중에서 2장을 골라 한 번씩만 사용하여 가장 큰 몇십몇을 만들었습니다. 만든 수와 남은 수의 차를 구해 보세요.

2	8	6

( )

03 4장의 수 카드 중에서 2장을 골라 한 번씩만 사용하여 몇십몇을 만들려고 합니다. 만들 수 있는 가장 큰 수와 가장 작은 수의 합을 구해 보세요.

1	5	2	4

( )

가장 작은 몇십몇을 만들 때는 10개씩 묶음의 수에 가장 작은 수를 놓고, 낱개의 수에 둘째로 작은 수를 놓으면 돼!

정답 42쪽

각 모양(그림)에 알맞은 수 구하기

04 ■와 ▲에 알맞은 수를 각각 구해 보세요.

$$
\begin{array}{r}
■\ 2 \\
+\ 5\ ▲ \\
\hline
8\ 7
\end{array}
$$

문제해결 TIP

낱개의 수끼리 더하면 7, 10개씩 묶음의 수끼리 더하면 8임을 이용하여 각 모양에 알맞은 수를 구해요.

①단계 ▲에 알맞은 수 구하기

(   )

②단계 ■에 알맞은 수 구하기

(   )

6
단원
6회

05 ★과 ●에 알맞은 수를 각각 구해 보세요.

$$
\begin{array}{r}
4\ ★ \\
-\ ●\ 5 \\
\hline
3\ 4
\end{array}
$$

★ (   ), ● (   )

06 같은 그림은 같은 수를 나타냅니다. 🍓와 🍅에 알맞은 수를 각각 구해 보세요.

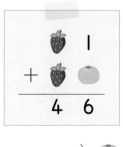

낱개의 수끼리 더하고, 10개씩 묶음의 수끼리 더해야 하는 것에 주의해야 해!

🍓 (   ), 🍅 (   )

6. 덧셈과 뺄셈(3) • **153**

합 또는 차가 주어진 두 수 찾기

07 차가 32가 되는 두 수를 찾아 써 보세요.

1단계 주어진 수 중에서 낱개의 수의 차가 2인 두 수 모두 찾기

23과 ☐, 77과 ☐

2단계 **1단계**에서 찾은 두 수의 차 각각 구하기

☐ − 23 = ☐, 77 − ☐ = ☐

3단계 차가 32가 되는 두 수 쓰기

(   )

문제해결
TIP

낱개의 수의 차가 2인 두 수를 먼저 찾은 다음 찾은 두 수의 차가 32가 되는지 확인해요.

08 차가 13이 되는 두 수를 찾아 써 보세요.

(   )

09 화살 두 개를 던져 맞힌 두 수의 합이 46입니다. 맞힌 두 수에 ◯표 하고, 식을 완성해 보세요.

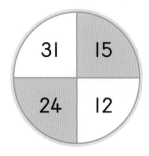

☐ + ☐ = 46

낱개의 수의 합이 6인 두 수를 먼저 찾은 다음 두 수의 합이 46이 되는지 확인해 봐!

>, <가 있는 식에서 □ 안에 들어갈 수 있는 수 구하기

10 0부터 9까지의 수 중에서 □ 안에 들어갈 수 있는 수를 모두 구해 보세요.

$$21+35<5\square$$

문제해결 TIP

먼저 21+35를 계산한 다음 □ 안에 들어갈 수 있는 수의 조건을 찾아 답을 구해요.

①단계 21+35 계산하기

( )

②단계 □ 안에 들어갈 수 있는 수의 조건 알기

□ 안에는 ☐ 보다 큰 수가 들어가야 합니다.

③단계 □ 안에 들어갈 수 있는 수를 모두 쓰기

( )

6 단원

6 회

11 0부터 9까지의 수 중에서 □ 안에 들어갈 수 있는 수를 모두 구해 보세요.

$$98-54>4\square$$

( )

12 종이에 물감을 떨어뜨려 수가 보이지 않습니다. 0부터 9까지의 수 중에서 물감을 떨어뜨린 부분에 들어갈 수 있는 수는 모두 몇 개인지 구해 보세요.

$$40+33>7\blacksquare$$

( )

먼저 40+33을 계산한 다음 계산한 값보다 작은 7□를 모두 찾아봐!

학습 결과에 색칠하세요.

01 그림을 보고 □ 안에 알맞은 수를 써넣으세요.

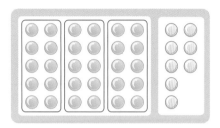

$30+8=$ □

02 덧셈을 해 보세요.

$20+60=$ □

03 □ 안에 알맞은 수를 써넣으세요.

$52 \rightarrow$ ┃+27┃ $\rightarrow$ □

04 그림을 보고 □ 안에 알맞은 수를 써넣으세요.

십 모형	일 모형

$25-2=$ □

05 뺄셈을 해 보세요.

$$\begin{array}{r} 7\ 8 \\ -\ 2\ 2 \\ \hline \square \end{array}$$

06 □ 안에 알맞은 수를 써넣으세요.

$33+1=$ □

$33+2=$ □

$33+3=$ □

$33+4=$ □

같은 수에 1씩 커지는 수를 더하면 합도 □ 씩 커집니다.

07 51+4를 계산한 것입니다. 바르게 계산한 것에 ○표 하세요.

$$\begin{array}{r} 5\ 1 \\ +\ \ \ 4 \\ \hline 5\ 5 \end{array}$$

$$\begin{array}{r} 5\ 1 \\ +\ \ \ 4 \\ \hline 9\ 1 \end{array}$$

(　　　)　　　　(　　　)

08 사탕을 진수는 **20**개 가지고 있고, 호영이는 진수보다 **40**개 더 많이 가지고 있습니다. 호영이가 가지고 있는 사탕은 모두 몇 개인지 식을 쓰고, 답을 구해 보세요.

식

답

09 빈칸에 알맞은 수를 써넣으세요.

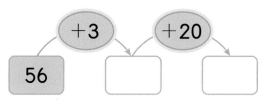

10 두 수의 합이 **78**인 것을 찾아 ○표 하세요.

(   )   (   )   (   )

11 연필꽂이에 연필이 **32**자루씩 꽂혀 있습니다. 연필꽂이 **2**개에 꽂혀 있는 연필은 모두 몇 자루인가요?

(   )

12 두 수의 차를 구해 보세요.

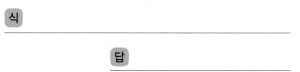

(   )

13 계산 결과가 같은 것끼리 이어 보세요.

62+4 ·   · 74−11

31+16 ·   · 89−23

40+23 ·   · 49−2

6
단원
7회

서술형
14 아영이네 반에서 우유 급식을 신청한 사람은 **26**명입니다. 우유 통에 우유가 **11**개 남아 있다면 우유를 가져간 사람은 몇 명인지 풀이 과정을 쓰고, 답을 구해 보세요.

답

15 차가 가장 작은 것을 찾아 △표 하세요.

| 80−20 | 70−30 | 90−40 |
| ( ) | ( ) | ( ) |

16 같은 모양에 적힌 수의 차를 구해 보세요.

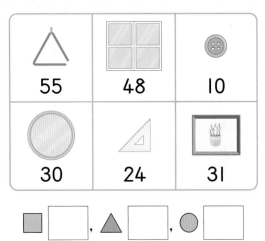

■ [　] , ▲ [　] , ● [　]

17 뺄셈을 하고, 바로 다음에 올 뺄셈식을 써 보세요.

67−11= [　]

67−12= [　]

67−13= [　]

[　] − [　] = [　]

| **18~19** | 책꽂이에 책이 꽂혀 있습니다. 그림을 보고 물음에 답하세요.

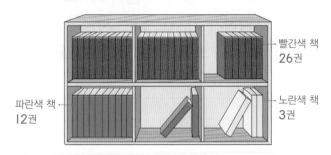

18 빨간색 책과 노란색 책은 모두 몇 권인지 덧셈식으로 나타내 보세요.

[　] + [　] = [　]

19 빨간색 책은 파란색 책과 노란색 책을 합한 것보다 몇 권 더 많은지 뺄셈식으로 나타내 보세요.

[　] − [　] = [　]

20 그림을 보고 덧셈식과 뺄셈식으로 나타내 보세요.

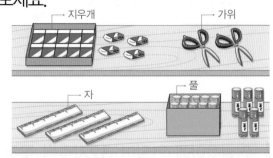

지우개	가위	자	풀
14개	2개	3개	15개

[　] + [　] = [　]

[　] − [　] = [　]

21 더 큰 수의 기호를 써 보세요.

> ㉠ 24보다 13만큼 더 큰 수
> ㉡ 49보다 16만큼 더 작은 수

(   )

22 □ 안에 알맞은 수를 써넣으세요.

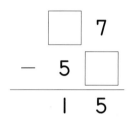

```
    □ 7
−   5 □
───────
    1 5
```

23 4장의 수 카드 중에서 2장을 골라 한 번씩만 사용하여 몇십몇을 만들려고 합니다. 만들 수 있는 가장 큰 수와 가장 작은 수의 차는 얼마인지 풀이 과정을 쓰고, 답을 구해 보세요.

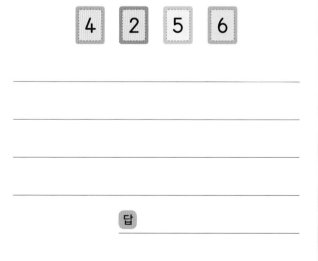

```
4   2   5   6
```

＿＿＿＿＿＿＿＿＿＿＿＿＿＿＿＿＿＿＿

＿＿＿＿＿＿＿＿＿＿＿＿＿＿＿＿＿＿＿

＿＿＿＿＿＿＿＿＿＿＿＿＿＿＿＿＿＿＿

＿＿＿＿＿＿＿＿＿＿＿＿＿＿＿＿＿＿＿

답 ＿＿＿＿＿＿＿＿＿

| 24~25 | 수족관에 열대어와 금붕어가 다음과 같이 있습니다. 물음에 답하세요.

| 열대어 14마리 | 금붕어 35마리 |

24 열대어와 금붕어 중에서 어느 물고기가 몇 마리 더 많은지 식을 쓰고, 답을 구해 보세요.

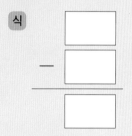

식

```
□
− □
───
□
```

답 (열대어 , 금붕어)가 □ 마리 더 많습니다.

25 열대어가 있는 어항에 열대어 13마리를 더 넣었습니다. 열대어는 모두 몇 마리인지 풀이 과정을 쓰고, 답을 구해 보세요.

답 ＿＿＿＿＿＿＿＿＿

6
단원
7회

초등 1, 2학년을 위한
추천 라인업

1~2학년 1, 2학기(전 4권)

어휘력을 높이는
초능력 맞춤법 + 받아쓰기

- 쉽고 빠르게 배우는 **맞춤법 학습**
- 단계별 낱말과 문장 **바르게 쓰기 연습**
- 학년, 학기별 국어 **교과서 어휘 학습**

➕ 선생님이 불러 주는 듣기 자료, 맞춤법 원리 학습 동영상 강의

1~2학년 대상

빠르고 재밌게 배우는
초능력 구구단

- 3회 누적 학습으로 **구구단 완벽 암기**
- 기초부터 활용까지 **3단계 학습**
- 개념을 시각화하여 **직관적 구구단 원리 이해**
- 다양한 유형으로 구구단 **유창성과 적용력 향상**

➕ 구구단송

1~2학년 대상

원리부터 응용까지
초능력 시계·달력

- 초등 1~3학년에 걸쳐 있는 시계 학습을 **한 권으로 완성**
- 기초부터 활용까지 **3단계 학습**
- 개념을 시각화하여 **시계달력 원리를 쉽게 이해**
- 다양한 유형의 **연습 문제와 실생활 문제로 흥미 유발**

➕ 시계·달력 개념 동영상 강의

2022 개정 교육과정

백점

수학 1·2

평가북

- 학교 시험 대비 수준별 **단원 평가**
- 핵심만 모은 **총정리 개념**

동아출판

평가북 구성과 특징

1 수준별 단원 평가가 있습니다.
A단계, B단계 두 가지 난이도로 **단원 평가**를 제공

2 총정리 개념이 있습니다.
학습한 내용을 점검하며 마무리할 수 있도록 각 단원의 핵심 개념을 제공

백점
수학 1·2
평가북

● 차례

❶ 100까지의 수 ──────── 2쪽

❷ 덧셈과 뺄셈⑴ ──────── 8쪽

❸ 모양과 시각 ──────── 14쪽

❹ 덧셈과 뺄셈⑵ ──────── 20쪽

❺ 규칙 찾기 ──────── 26쪽

❻ 덧셈과 뺄셈⑶ ──────── 32쪽

2학기 총정리 개념 ──────── 38쪽

01 □ 안에 알맞은 수를 써넣으세요.

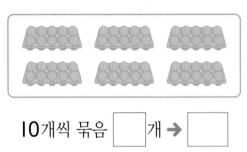

10개씩 묶음 □ 개 → □

02 수를 세어 빈칸에 알맞은 수를 써넣으세요.

10개씩 묶음	낱개	→ □

03 수의 순서대로 빈칸에 알맞은 수를 써넣으세요.

68 – 69 – □ – 71 – □

04 수를 세어 □ 안에 써넣고, 더 작은 수에 △표 하세요.

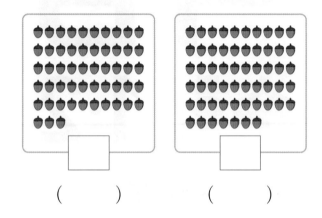

□   □

(   )   (   )

05 공깃돌의 수를 세어 짝수인지 홀수인지 ○표 하세요.

(짝수 , 홀수)

06 나타내는 수가 다른 하나를 찾아 ○표 하세요.

80	팔십	아흔	여든

07 연서는 캐릭터 카드를 70장 사려고 합니다. 캐릭터 카드를 10장씩 묶음으로만 판매한다면 연서는 캐릭터 카드를 몇 묶음 사야 할까요?

(   )

08 다음 중 수를 바르게 읽은 것은 어느 것인가요? (   )

① 62 – 예순이   ② 74 – 칠십넷
③ 89 – 여든구   ④ 66 – 육십여섯
⑤ 95 – 구십오

09 야구공의 수를 세어 써 보세요.

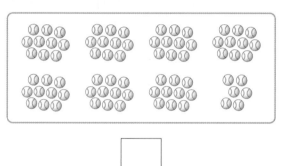

10 수를 넣어 바르게 이야기한 사람은 누구인가요?

63

육십삼 번 버스를 타면 우리집에 갈 수 있어.

예순셋 층에 내리면 전망대가 나와.

소율   시우

(   )

11 수를 순서대로 이어 보세요.

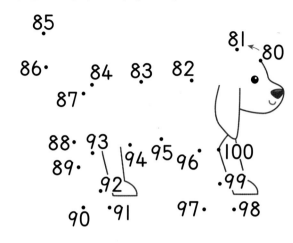

1 단원

12 빈칸에 알맞은 수를 써넣으세요.

10개씩 묶음 8개와
낱개 9개인 수

1만큼 더 작은 수   1만큼 더 큰 수

13 두 수의 크기를 비교하여 ○ 안에 >, <를 알맞게 써넣으세요.

71 ◯ 65

14 84보다 큰 수를 모두 찾아 ○표 하세요.

50   83   92   79   88

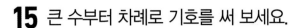

15 큰 수부터 차례로 기호를 써 보세요.

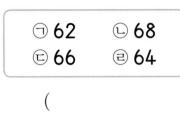

㉠ 62   ㉡ 68
㉢ 66   ㉣ 64

(   )

16 짝수는 빨간색으로, 홀수는 파란색으로 이어 보세요.

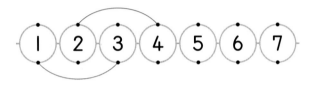

18 딱지를 다율이는 82장, 경서는 87장, 예준이는 79장 모았습니다. 딱지를 가장 많이 모은 사람은 누구인가요?

(   )

19 3장의 수 카드 중에서 2장을 골라 한 번씩만 사용하여 몇십몇을 만들려고 합니다. 만들 수 있는 가장 작은 수를 구해 보세요.

| 5 | 8 | 6 |

(   )

서술형
17 짝수를 모두 찾아 쓰려고 합니다. 풀이 과정을 쓰고, 답을 구해 보세요.

9   12   20   13   8

답 _____

서술형
20 11과 18 사이에 있는 수 중에서 홀수는 모두 몇 개인지 풀이 과정을 쓰고, 답을 구해 보세요.

답 _____

단원 평가 B단계

1. 100까지의 수

점수 /

01 수로 나타내어 보세요.

아흔

( )

02 수를 세어 □ 안에 알맞은 수를 써넣으세요.

10개씩 묶음 □ 개와 낱개 □ 개

→ □

03 빈칸에 알맞은 수를 써넣으세요.

1만큼 더 작은 수 ⬛⬛⬛ 1만큼 더 큰 수

□ — 99 — □

04 둘씩 짝을 지어 보고, 짝수인지 홀수인지 ○표 하세요.

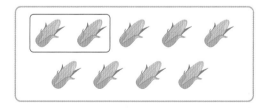

9는 (짝수 , 홀수)입니다.

05 알맞게 이어 보세요.

60 ·   · 여든

80 ·   · 예순

70 ·   · 일흔

06 양파가 한 봉지에 10개씩 들어 있습니다. 8봉지에 들어 있는 양파는 모두 몇 개인지 구해 보세요.

( )

07 빨간색 공을 왼쪽과 같은 상자에 담으려고 합니다. 빨간색 공을 모두 담으려면 몇 상자가 필요할까요?

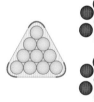
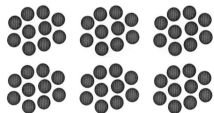

( )

1
단원

08 빈칸에 알맞은 수를 써넣으세요.

10개씩 묶음	낱개	수
6	2	
7		73
		94

09 구슬의 수와 관계있는 것을 모두 찾아 ○표 하세요.

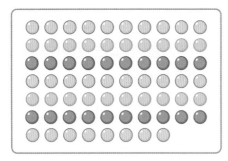

(육십팔 , 쉰여덟 , 예순다섯 , 68)

10 수의 순서를 거꾸로 하여 빈칸에 알맞은 수를 써넣으세요.

11 나는 어떤 수인지 수로 써 보세요.

> 나는 여든둘보다 1만큼 더 작은 수예요.

( )

서술형
12 54와 58 사이에 있는 수는 모두 몇 개인지 풀이 과정을 쓰고, 답을 구해 보세요.

_____

_____

_____

답 _____

13 더 큰 수를 빈 곳에 써넣으세요.

14 왼쪽 수보다 큰 수를 찾아 ○표 하세요.

93	88 75 95

15 유준이와 예나 중에서 훌라후프를 더 많이 돌린 사람은 누구인가요?

나는 **72**번 돌렸어.

나는 일흔여덟 번 돌렸어.

유준

예나

( )

16 책상 위의 학용품 중 **1**가지를 골라 보기 와 같이 학용품의 수가 짝수인지, 홀수인지 써 보세요.

→보기

필통이 **1**개 있습니다. **1**은 홀수입니다.

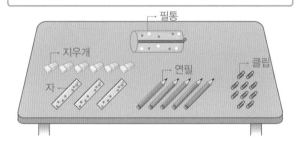

_____

17 짝수는 모두 몇 개인지 구해 보세요.

14	7	11	20
15	16	12	8

( )

18 가장 작은 수를 찾아 기호를 써 보세요.

ㄱ 육십구
ㄴ 일흔둘
ㄷ **10**개씩 묶음이 **7**개인 수

( )

서술형
19 사탕이 **10**개씩 **7**봉지와 낱개 **13**개가 있습니다. 사탕은 모두 몇 개인지 풀이 과정을 쓰고, 답을 구해 보세요.

_____

_____

_____

_____

답 _____

20 **1**부터 **9**까지의 수 중에서 □ 안에 들어갈 수 있는 수는 모두 몇 개인지 구해 보세요.

63 > □5

( )

01 그림을 보고 세 수의 덧셈을 해 보세요.

$$3+2+4=\boxed{}$$

02 뺄셈을 해 보세요.

$$8-3-4=\boxed{}$$

03 그림을 보고 ☐ 안에 알맞은 수를 써넣으세요.

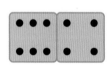

$$6+\boxed{}=10$$

04 식에 알맞게 /을 그리고, 뺄셈을 해 보세요.

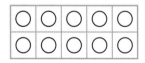

$$10-5=\boxed{}$$

05 그림을 보고 ☐ 안에 알맞은 수를 써넣으세요.

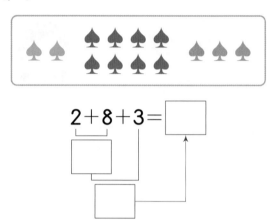

$$2+8+3=\boxed{}$$

06 빈칸에 알맞은 수를 써넣으세요.

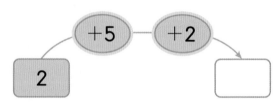

07 다음 중 계산을 바르게 한 것은 어느 것인가요? (   )

① $2+4+3=8$ ② $3+2+1=7$

③ $4+1+3=9$ ④ $5+1+3=9$

⑤ $6+2+1=7$

정답 47쪽

08 크기를 비교하여 ○ 안에 >, =, <를 알맞게 써넣으세요.

$$9-2-4 \bigcirc 5$$

09 초콜릿 7개 중에서 지나가 2개를 먹고, 동생이 3개를 먹었습니다. 남아 있는 초콜릿은 몇 개인지 식을 쓰고, 답을 구해 보세요.

식

답

10 더해서 10이 되는 수끼리 이어 보세요.

2 ·   · 5

7 ·   · 3

5 ·   · 8

11 합이 다른 하나를 찾아 ○표 하세요.

1+9	9+1	4+5
( )	( )	( )

12 합이 10이 되는 칸을 모두 찾아 색칠해 보세요.

3+7	0+9	1+7
4+5	8+2	4+6

13 나비가 10마리, 잠자리가 7마리 있습니다. 나비는 잠자리보다 몇 마리 더 많은지 구해 보세요.

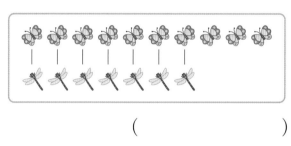

(   )

14 차가 큰 것부터 차례로 기호를 써 보세요.

㉠ 10-4	㉡ 10-9
㉢ 10-6	㉣ 10-8

(   )

15 세 수의 합을 구해 보세요.

(   )

서술형
16 꽃병에 장미 5송이, 국화 4송이, 카네이션 6송이가 꽂혀 있습니다. 꽃병에 꽂혀 있는 꽃은 모두 몇 송이인지 풀이 과정을 쓰고, 답을 구해 보세요.

_____

_____

_____

답 _____

17 수 카드 1장을 골라 덧셈식을 완성해 보세요.

2   1   5

$9 + \boxed{} + 3 = 13$

18 합이 짝수인 것을 모두 찾아 ○표 하세요.

(   )   (   )   (   )

19 1부터 9까지의 수 중에서 ☐ 안에 들어갈 수 있는 수를 모두 구해 보세요.

$$9 - 2 - 3 > \square$$

(   )

서술형
20 ■에 알맞은 수와 ▲에 알맞은 수의 차를 구하려고 합니다. 풀이 과정을 쓰고, 답을 구해 보세요.

$$3 + 7 = ■$$
$$2 + 2 = ▲$$

_____

_____

_____

_____

답 _____

단원 평가 B단계   2. 덧셈과 뺄셈(1)   점수 /

01 □ 안에 알맞은 수를 써넣으세요.

$$2+1+4=\boxed{}$$

$$2+1=\boxed{}$$

$$\boxed{}+4=\boxed{}$$

02 그림을 보고 두 수를 바꾸어 더해 보세요.

$$7+3=\boxed{} \qquad 3+7=\boxed{}$$

03 그림을 보고 알맞은 뺄셈식을 만들어 보세요.

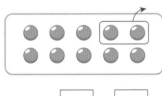

$$10-\boxed{}=\boxed{}$$

04 합이 10이 되는 두 수를 □로 묶고, 덧셈을 해 보세요.

$$6+9+1=\boxed{}$$

05 합을 구하여 이어 보세요.

5+2+1 ·   · 7

1+7+1 ·   · 8

3+2+2 ·   · 9

06 민재가 화살을 세 번 쏘아 맞힌 결과입니다. 민재의 점수의 합은 몇 점인가요?

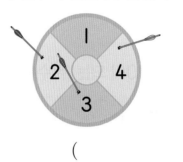

(   )

07 차가 더 큰 것의 기호를 써 보세요.

㉠ 7-3-2   ㉡ 6-1-2

(   )

08 □ 안에 알맞은 수를 써넣고, 뺄셈식을 만들어 보세요.

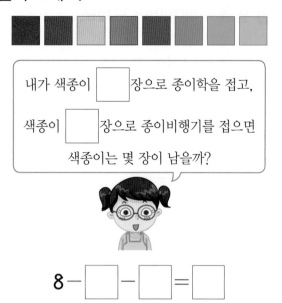

내가 색종이 □ 장으로 종이학을 접고,

색종이 □ 장으로 종이비행기를 접으면

색종이는 몇 장이 남을까?

8 − □ − □ = □

09 더해서 10이 되는 두 수를 찾아 써 보세요.

| 1 | 6 | 7 | 8 | 3 |

( )

10 바구니에 사과가 8개, 배가 2개 들어 있습니다. 바구니에 들어 있는 과일은 모두 몇 개인가요?

( )

서술형
11 지민, 해준, 희수가 수가 적힌 공을 2개씩 뽑았습니다. 공에 적힌 두 수의 합이 10이 아닌 사람은 누구인지 풀이 과정을 쓰고, 답을 구해 보세요.

지민 해준 희수

_____

_____

_____

_____

답 _____

12 빈칸에 알맞은 수를 써넣으세요.

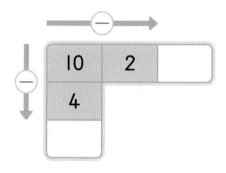

13 □ 안에 공통으로 들어갈 수 있는 수를 구해 보세요.

10 − 7 = □   10 − □ = 7

( )

14 달걀 10개를 사 와서 9개를 사용했습니다. 남은 달걀은 몇 개인지 식을 쓰고, 답을 구해 보세요.

식

답

15 합이 더 작은 것에 △표 하세요.

$8+2+1$ $4+9+1$

(   )   (   )

16 ☐ 안에 알맞은 수를 써넣으세요.

$\boxed{}+7+3=16$

17 수 카드 2장을 골라 덧셈식을 완성해 보세요.

| 4 | 1 | 6 | 8 |

$\boxed{}+\boxed{}+7=17$

서술형
18 가장 큰 수에서 나머지 두 수를 뺀 값을 구하려고 합니다. 풀이 과정을 쓰고, 답을 구해 보세요.

3   8   2

답

19 같은 모양은 같은 수를 나타냅니다. ♣에 알맞은 수를 구해 보세요.

$2+1+4=♦$
$♦+3+5=♣$

(   )

20 민규는 8살이고, 누나는 민규보다 2살 더 많습니다. 동생은 누나보다 4살 더 적다면 동생은 몇 살인지 구해 보세요.

(   )

|01~02| 그림을 보고 물음에 답하세요.

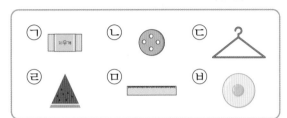

01 ▨ 모양의 물건을 모두 찾아 기호를 써 보세요.

( )

02 ▲ 모양의 물건을 모두 찾아 기호를 써 보세요.

( )

03 본뜬 모양을 찾아 ○표 하세요.

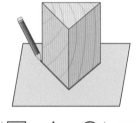

(▨ , ▲ , ●) 모양

04 시계를 보고 시각을 써 보세요.

 시

05 시각을 바르게 읽은 것에 ○표 하세요.

5시 30분 — □

6시 30분 — □

06 같은 모양끼리 이어 보세요.

  ·   ·   ·

·   ·   ·

07 집에서 찾을 수 있는 ● 모양의 물건을 2개 써 보세요.

(,)

서술형

08 ▨, ▲, ● 모양 중에서 개수가 3개인 모양은 무엇인지 풀이 과정을 쓰고, 답을 구해 보세요.

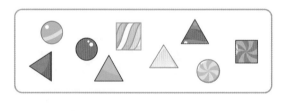

_____

_____

답 _____

09 뾰족한 부분이 있는 모양의 물건을 모두 찾아 기호를 써 보세요.

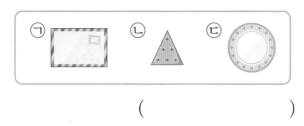

( )

10 오른쪽 물건의 모양을 손으로 바르게 나타낸 사람은 누구인가요?

은서　　　연우　　　준희

( )

11 가방을 ■, ▲, ● 모양으로 꾸몄습니다. ■ 모양은 초록색으로, ▲ 모양은 파란색으로, ● 모양은 빨간색으로 칠해 보세요.

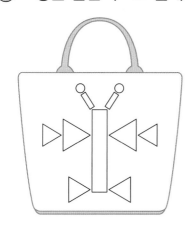

| 12 ~ 13 | ■, ▲, ● 모양을 이용하여 만든 것입니다. 그림을 보고 물음에 답하세요.

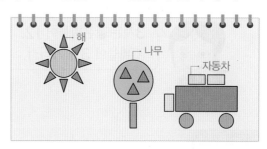

12 그림에 맞게 이야기한 사람을 찾아 ○표 하세요.

해는 ▲ 모양만 이용하여 만들었어.

나무는 ■, ▲, ● 모양을 모두 이용하여 만들었어.

자동차는 ■ 모양과 ▲ 모양을 이용하여 만들었어.

( )　　　( )　　　( )

13 해, 나무, 자동차를 만드는 데 이용한 ■ 모양은 모두 몇 개인가요?

( )

14 시계에 몇 시를 나타내 보세요.

|시　→　

3
단원

15 소율이가 3시를 설명한 것입니다. 잘못된 곳을 찾아 바르게 고쳐 보세요.

3시는 짧은바늘이 12,
긴바늘이 3을 가리켜.

소율

바르게 고치기

16 그림을 보고 □ 안에 알맞은 수를 써넣으세요.

□시 □분에 저녁 식사를 했습니다.

17 발표회의 시작 시각과 마침 시각을 시계에 나타내 보세요.

발표회	10:30~11:30

시작 시각 → 마침 시각

18 ▲ 모양은 ● 모양보다 몇 개 더 많은지 구해 보세요.

(   )

19 ■, ▲, ● 모양 중에서 가장 적게 이용한 모양은 몇 개인지 구해 보세요.

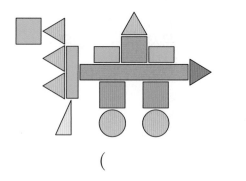

(   )

20 지호와 민주가 오늘 저녁에 도서관에 도착한 시각을 나타낸 것입니다. 도서관에 더 늦게 도착한 사람은 누구인지 써 보세요.

지호   민주

(   )

단원 평가 **B**단계   3. 모양과 시각   점수 /

01 어떤 모양끼리 모은 것인지 알맞은 모양을 찾아 ○표 하세요.

(■ , ▲ , ●) 모양

02 □ 안에 알맞은 수를 써넣으세요.

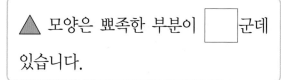

▲ 모양은 뾰족한 부분이 □ 군데 있습니다.

03 10시를 나타낸 시계에 ○표 하세요.

(   )   (   )

04 시계를 보고 시각을 써 보세요.

 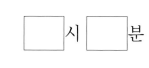

□ 시 □ 분

05 ▲ 모양의 물건을 바르게 말한 사람은 누구인가요?

△은 ▲ 모양이야.

◎이 ▲ 모양이지.

예나   도현

(   )

서술형
06 ■ 모양이 아닌 물건은 어느 것인지 풀이 과정을 쓰고, 답을 구해 보세요.

공책   필통   액자   과녁

_____

_____

_____

_____

답 _____

07 같은 모양끼리 바르게 모은 것에 ○표 하세요.

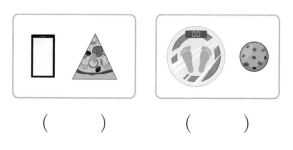

(   )   (   )

08 어떤 모양을 설명한 것인지 알맞게 이어 보세요.

뾰족한 부분이 **3**군데 있습니다. ·

뾰족한 부분이 **4**군데 있습니다. ·

·

·

· ⬤

09 유준이가 이야기하는 모양을 찾아 ○표 하세요.

곧은 선이 없고 훌라후프나 바퀴에서 찾을 수 있어.

유준

(⬛ , ▲ , ⬤) 모양

10 나무 블록을 찰흙 위에 찍었을 때 나올 수 있는 모양을 모두 찾아 ○표 하세요.

(⬛ , ▲ , ⬤) 모양

| **11~12** | ⬛, ▲, ⬤ 모양을 이용하여 로봇을 만들었습니다. 그림을 보고 물음에 답하세요.

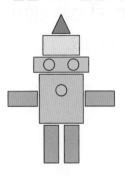

11 ⬤ 모양은 모두 몇 개인가요?

( )

12 ⬛, ▲, ⬤ 모양 중 가장 많이 이용한 모양은 무엇인가요?

( )

13 ⬛, ▲, ⬤ 모양 중 애벌레를 만드는 데 이용한 개수가 같은 두 모양을 찾아 ○표 하세요.

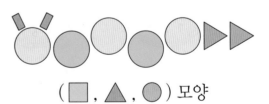

(⬛ , ▲ , ⬤) 모양

14 재민이는 6시에 줄넘기를 시작했습니다. 재민이가 줄넘기를 시작한 시각을 시계에 나타내 보세요.

15 짧은바늘과 긴바늘이 바르게 그려진 시계를 모두 찾아 ○표 하세요.

( ) ( ) ( )

16 시계를 보고 알맞게 이어 보세요.

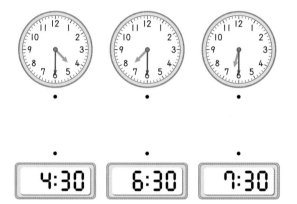

17 시계에 2시 30분을 나타내고, 어제 낮 2시 30분에 한 일을 이야기해 보세요.

이야기

18 뾰족한 부분이 4군데 있는 모양의 물건은 모두 몇 개인지 구해 보세요.

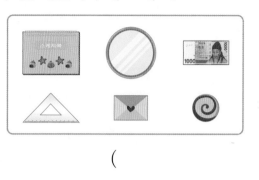

( )

19 ▢, △, ◯ 모양 중 가장 많이 이용한 모양과 가장 적게 이용한 모양의 개수의 차는 몇 개인지 구해 보세요.

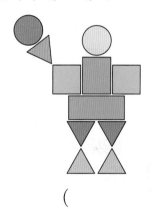

( )

20 2시와 3시 사이의 시각을 나타내는 시계를 찾아 기호를 써 보세요.

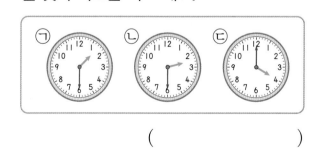

( )

01 그림을 보고 □ 안에 알맞은 수를 써넣으세요.

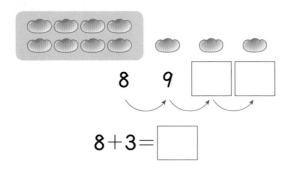

8   9   □   □

$8+3=$ □

02 □ 안에 알맞은 수를 써넣으세요.

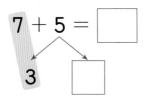

$7+5=$ □

3   □

03 □ 안에 알맞은 수를 써넣고, 알맞은 말에 ○표 하세요.

$9+2=$ □

$2+9=$ □

두 수의 순서를 바꾸어 더해도 합은 (같습니다 , 다릅니다).

04 뺄셈을 해 보세요.

$18-8=$ □

05 □ 안에 알맞은 수를 써넣으세요.

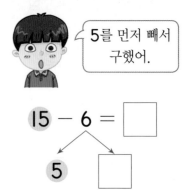

5를 먼저 빼서 구했어.

$15-6=$ □

5   □

06 고양이는 모두 몇 마리인지 구해 보세요.

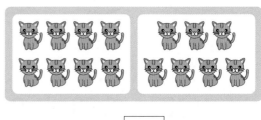

고양이는 모두 □ 마리입니다.

07 □ 안에 알맞은 수를 써넣으세요.

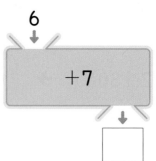

6

+7

□

08 합의 크기를 비교하여 ○ 안에 >, =, < 를 알맞게 써넣으세요.

$3+9$ ○ $5+8$

서술형

09 운동장에 남학생이 6명, 여학생이 9명 있습니다. 운동장에 있는 학생은 모두 몇 명인지 풀이 과정을 쓰고, 답을 구해 보세요.

_____

_____

_____

_____

답

10 □ 안에 알맞은 수를 써넣으세요.

$$4+7=11$$
$$4+\square=12$$
$$4+\square=13$$

11 색칠된 칸의 덧셈식과 합이 같은 식 2개를 주어진 표에서 찾아 써 보세요.

9+7	8+7	7+7
9+8	8+8	7+8
9+9	8+9	7+9

□+□ , □+□

12 차가 6인 식을 찾아 ○표 하세요.

12−8	11−5	13−5

( ) ( ) ( )

13 민지는 과자 11개 중에서 2개를 먹었습니다. 남은 과자는 몇 개인지 식을 쓰고, 답을 구해 보세요.

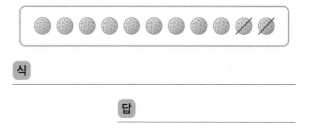

식 _____

답 _____

14 같은 색 주머니에서 수를 골라 뺄셈식을 완성해 보세요.

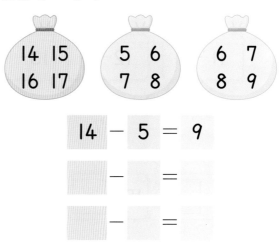

$$14 - 5 = 9$$
$$\square - \square = \square$$
$$\square - \square = \square$$

4
단원

15 차가 작은 것부터 차례로 기호를 써 보세요.

┌─────────────────────┐
│ ㉠ 12−3   ㉡ 11−8 │
│ ㉢ 14−6   ㉣ 13−7 │
└─────────────────────┘

(   )

16 뺄셈을 해 보세요.

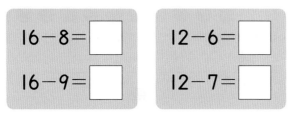

16−8=☐   12−6=☐
16−9=☐   12−7=☐

17 차가 **7**이 되도록 ☐ 안에 알맞은 수를 써 넣으세요.

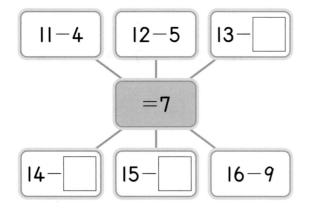

11−4   12−5   13−☐
=7
14−☐   15−☐   16−9

18 5장의 수 카드 중에서 2장을 골라 한 번 씩만 사용하여 합이 가장 큰 덧셈식을 만들고, 합을 구해 보세요.

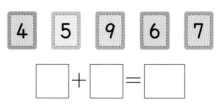

4   5   9   6   7

☐+☐=☐

서술형
19 가장 큰 수와 가장 작은 수의 차는 얼마인지 풀이 과정을 쓰고, 답을 구해 보세요.

┌─────────────────────────┐
│ 5   11   6   9   14 │
└─────────────────────────┘

_____

_____

_____

_____

답 _____

20 서진이와 채아 중에서 수수깡을 누가 몇 개 더 많이 가지고 있는지 구해 보세요.

나는 수수깡 15개 중에서 9개를 사용했어.

나는 빨간색 수수깡 3개와 파란색 수수깡 9개를 가지고 있어.

서진   채아

(   ), (   )

단원 평가 B단계

4. 덧셈과 뺄셈(2)

점수 /

01 더하는 수만큼 △를 그리고, □ 안에 알맞은 수를 써넣으세요.

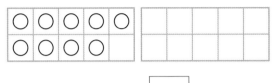

$$9 + 5 = \boxed{}$$

02 덧셈을 해 보세요.

$$3 + 8 = \boxed{}$$

03 빵이 몇 개 더 많은지 구해 보세요.

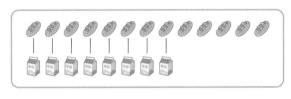

빵이 $\boxed{}$ 개 더 많습니다.

04 12−4를 10개씩 묶음에서 한 번에 빼서 구해 보세요.

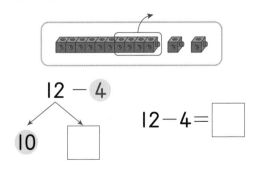

$$12 - 4$$

$$10 \qquad \boxed{}$$

$$12 - 4 = \boxed{}$$

05 □ 안에 알맞은 수를 써넣으세요.

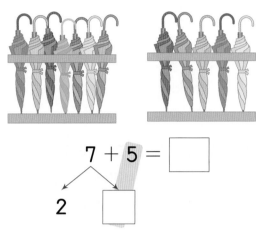

$$7 + 5 = \boxed{}$$

$$2 \qquad \boxed{}$$

06 빈칸에 알맞은 수를 써넣으세요.

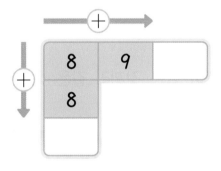

07 준서는 연필을 6자루 가지고 있었는데 형에게 6자루를 더 받았습니다. 지금 준서가 가지고 있는 연필은 모두 몇 자루인지 식을 쓰고, 답을 구해 보세요.

식 _____

답 _____

08 합이 가장 큰 식을 찾아 ○표, 가장 작은 식을 찾아 △표 하세요.

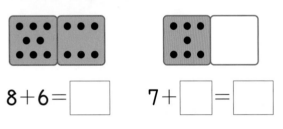

| 9+3 | 6+9 | 4+7 |

(   )   (   )   (   )

09 빨간색 도미노와 파란색 도미노의 점의 수의 합이 같도록 빈칸에 점을 그리고, □ 안에 알맞은 수를 써넣으세요.

8+6= □   7+ □ = □

10 합이 같은 것끼리 같은 색으로 칠해 보세요.

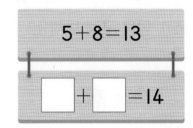

5+6   9+8   8+9   6+5

11 □ 안에 알맞은 수를 써넣어 덧셈식을 완성해 보세요.

5+8=13

□ + □ =14

12 빈칸에 두 수의 차를 써넣으세요.

17	8

서술형
13 차가 3인 식을 찾아 기호를 쓰려고 합니다. 풀이 과정을 쓰고, 답을 구해 보세요.

| ㉠ 14−8   ㉡ 15−9   ㉢ 11−8 |

_____

_____

_____

답 _____

14 줄넘기를 지효는 16번, 은석이는 9번 넘었습니다. 지효는 은석이보다 줄넘기를 몇 번 더 많이 넘었는지 구해 보세요.

(   )

15 빈 곳에 알맞은 수를 써넣으세요.

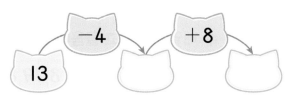

16 주어진 뺄셈식과 차가 같은 식을 1개만 써 보세요.

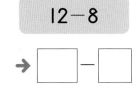

12−8

→ ☐−☐

17 차가 같은 식을 찾아 보기 와 같이 ◯, △, ☐표 하세요.

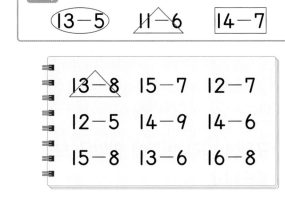

보기

⟨13−5⟩ 11△6 [14−7]

13△8 15−7 12−7
12−5 14−9 14−6
15−8 13−6 16−8

18 윤아와 재희가 고른 수 카드입니다. 카드에 적힌 두 수의 합이 더 큰 사람은 누구인지 풀이 과정을 쓰고, 답을 구해 보세요.

윤아   재희
6 7   8 4

_____

_____

_____

답 _____

19 같은 모양은 같은 수를 나타냅니다. ♥에 알맞은 수를 구해 보세요.

2+9=◆
◆−3=♥

(   )

20 꺼낸 공에 적힌 두 수의 차가 더 큰 사람이 이기는 놀이를 하고 있습니다. 세호가 이기려면 어떤 수가 적힌 공을 꺼내야 할까요?

윤주 11 4

세호 13 ?

(   )

| 01~02 | 규칙에 따라 신발장에 운동화와 구두가 놓여 있습니다. 물음에 답하세요.

┌ 운동화 ┌ 구두

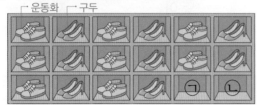

01 반복되는 부분에 ○표 하세요.

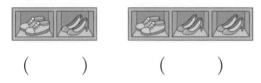

(   )   (   )

02 ㉠과 ㉡에 놓아야 할 신발의 종류를 각각 써 보세요.

㉠ (   )

㉡ (   )

03 규칙에 따라 빈칸에 알맞은 수를 써넣으세요.

> 1, 1, 9가 반복됩니다.

| 04~05 | 수 배열표를 보고 물음에 답하세요.

71	72	73	74	75	76	77	78	79	80
81	82	83	84	85	86	87	88	89	90
91	92	93	94	95					

04   에 있는 수의 규칙을 찾아 □ 안에 알맞은 수를 써넣으세요.

□ 부터 시작하여 ↓ 방향으로

□ 씩 커집니다.

05 규칙에 따라   에 알맞은 수를 써넣으세요.

06 규칙에 따라 ○, △로 나타내 보세요.

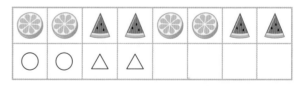

07 규칙에 따라 빈칸에 알맞은 모양을 그려 넣으세요.

08 규칙을 바르게 말한 사람에 ◯표 하세요.

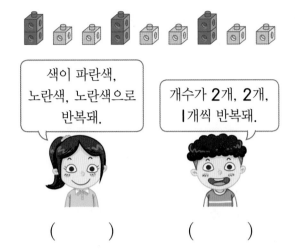

색이 파란색, 노란색, 노란색으로 반복돼.

개수가 2개, 2개, 1개씩 반복돼.

(   )   (   )

09 보기 와 다른 규칙으로 주사위에 점을 그려 넣으세요.

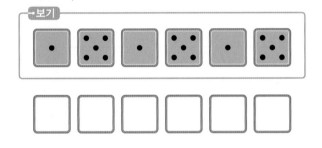

10 ♡, ◇ 모양으로 규칙을 만들어 깃발을 꾸며 보세요.

11 규칙을 만들어 무늬를 색칠해 보세요.

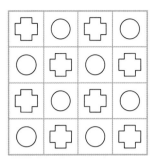

12 규칙에 따라 빈 곳에 알맞은 수를 찾아 ◯표 하세요.

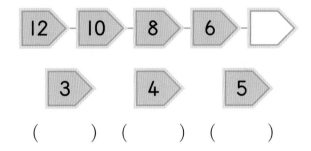

(   )   (   )   (   )

13 규칙을 만들어 빈칸에 알맞은 수를 써넣고, 규칙을 말해 보세요.

14 규칙에 따라 색칠해 보세요.

51	52	53	54	55	56	57	58	59	60
61	62	63	64	65	66	67	68	69	70

15 서로 다른 규칙이 나타나게 빈칸에 알맞은 수를 써넣으세요.

1		
4	5	6
7		

1	4	7
2		8
		9

16 규칙에 따라 빈칸에 주사위를 그리고, 알맞은 수를 써넣으세요.

·	∴	·	∴			:
2	3	2		2	3	2

17 규칙에 따라 2, 4를 사용하여 나타내려고 합니다. ㉠에 알맞은 수는 무엇인지 풀이 과정을 쓰고, 답을 구해 보세요.

2	2	4			㉠

_____

_____

_____

답

18 규칙에 따라 빈칸에 들어갈 펼친 손가락은 모두 몇 개인지 구해 보세요.

(   )

|19~20| 수 배열표를 보고 물음에 답하세요.

46	47	48	49	50
51	52	53	54	55
56	57			★

서술형
19 규칙에 따라 ★에 알맞은 수는 얼마인지 풀이 과정을 쓰고, 답을 구해 보세요.

_____

_____

_____

답

20 색칠한 수와 같은 규칙으로 빈칸에 알맞은 수를 써넣으세요.

단원 평가 B단계   5. 규칙 찾기   점수 /

01 참외와 토마토를 놓아 규칙을 만든 것입니다. 규칙을 찾아 □ 안에 알맞은 말을 써넣으세요.

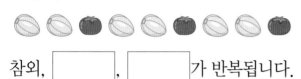

참외, [   ] , [   ] 가 반복됩니다.

02 규칙에 따라 빈칸에 알맞은 색을 칠해 보세요.

03 규칙에 따라 빈 곳에 알맞은 수를 써넣으세요.

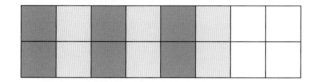

04 색칠한 수에는 어떤 규칙이 있는지 □ 안에 알맞은 수를 써넣으세요.

21	22	23	24	25	26	27	28	29	30
31	32	33	34	35	36	37	38	39	40
41	42	43	44	45	46	47	48	49	50
51	52	53	54	55	56	57	58	59	60

[   ] 부터 시작하여 [   ] 씩 커집니다.

05 규칙을 □, ◇로 나타낸 것입니다. 알맞은 모양에 ○표 하세요.

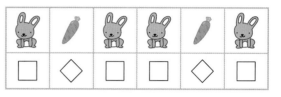

토끼를 (□ , ◇)로, 당근을 (□ , ◇)로 나타낸 것입니다.

06 다은이가 말한 규칙에 따라 물건을 놓은 것에 ○표 하세요.

사탕, 과자, 과자가 반복되는 규칙을 만들었어.

다은

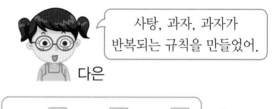   (   )

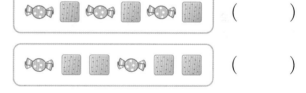   (   )

07 규칙에 따라 빈칸에 알맞은 모양을 그리고, 색칠해 보세요.

08 보기 에서 두 가지 모양을 골라 규칙을 만들어 보세요.

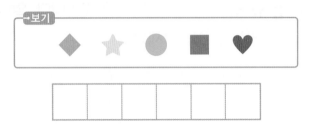

09 수 배열에서 규칙을 찾아 말해 보세요.

3 - 8 - 3 - 8 - 3 - 8

_____

서술형

10 규칙에 따라 ㉠과 ㉡에 알맞은 수를 구하려고 합니다. 풀이 과정을 쓰고, 답을 구해 보세요.

㉠ - 12 - 14 - 16 - ㉡ - 20

_____

_____

_____

_____

답 ㉠:   , ㉡:

11 규칙에 따라 빈칸에 알맞은 수를 써넣으세요.

55 - 54 - 53 - ⬚ - ⬚ - 50

12 6부터 시작하여 10씩 커지는 규칙에 따라 색칠해 보세요.

1	2	3	4	5	6	7	8	9	10
11	12	13	14	15	16	17	18	19	20
21	22	23	24	25	26	27	28	29	30

13 규칙을 찾아 빈칸에 알맞은 수를 써넣으세요.

100	99	98		96
95		93		91
90	89		87	86
85	84	83		

14 규칙에 따라 ㉠에 알맞은 수를 구해 보세요.

🐕	🦆	🐕	🦆	🐕	🦆
4	2	4	2		㉠

(   )

15 규칙에 따라 빈칸에 들어갈 몸동작을 찾아 ○표 하세요.

(,   ,   )

16 규칙을 찾아 여러 가지 방법으로 나타내 보세요.

수	3	4			
모양	ㅣ	ㅏ			

17 규칙에 따라 ◇와 ◎로 나타낸 것입니다. ㉠, ㉡, ㉢ 중에서 ◇가 들어갈 곳을 찾아 기호를 써 보세요.

◇	◎	◎	◇	◎	㉠	㉡	㉢

(   )

18 규칙에 따라 지우개와 가위를 놓고 있습니다. 11번째에 놓아야 할 물건을 써 보세요.

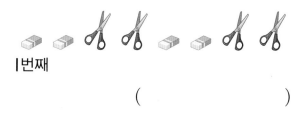

1번째

(   )

19 서로 다른 규칙에 따라 수를 배열한 것입니다. □ 안에 알맞은 수가 더 작은 것의 기호를 써 보세요.

㉠ 25－35－25－35－25－□
㉡ 40－38－36－34－32－□

(   )

서술형
20 수 배열표를 보고 ♠와 ★에 알맞은 수를 각각 구하려고 합니다. 풀이 과정을 쓰고, 답을 구해 보세요.

71	72	73	74				♠
		83	84	85			90
						★	

답 ♠:   , ★:

5
단원

01 그림을 보고 □ 안에 알맞은 수를 써넣으세요.

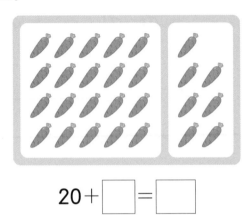

$$20 + \boxed{} = \boxed{}$$

02 30+40을 계산한 값은 얼마인가요?

( )

① 40   ② 50   ③ 60

④ 70   ⑤ 80

03 뺄셈을 해 보세요.

$$\begin{array}{r} 8\ 7 \\ -\quad 5 \\ \hline \boxed{} \end{array}$$

04 □ 안에 알맞은 수를 써넣으세요.

$$50 \rightarrow \boxed{-30} \rightarrow \boxed{}$$

05 빈칸에 알맞은 수를 써넣으세요.

06 두 수의 합을 구해 보세요.

( )

07 잘못 계산한 것에 ×표 하세요.

$42 + 5 = 47$ $51 + 4 = 91$

( )   ( )

08 합이 같은 것을 찾아 색칠해 보세요.

20+60   50+40

10+50   40+30   20+40

● 정답 55쪽

09 빨간색 풍선이 22개, 파란색 풍선이 24개 있습니다. 풍선은 모두 몇 개인지 식을 쓰고, 답을 구해 보세요.

식

```
   2 2
+ □□
─────
  □□
```

답

10 합이 가장 작은 덧셈을 말한 사람은 누구인가요?

42+15	36+22	14+40
서진	채아	유준

(   )

11 빈칸에 알맞은 수를 써넣으세요.

−	2	4	6
86	84		

12 주원이는 크레파스를 39자루 가지고 있었습니다. 그중에서 동생에게 2자루를 주었다면 주원이에게 남은 크레파스는 몇 자루인지 구해 보세요.

(   )

13 차를 구하여 이어 보세요.

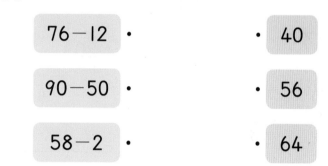

76−12 ·	· 40
90−50 ·	· 56
58−2 ·	· 64

서술형
14 가장 큰 수와 가장 작은 수의 차를 구하려고 합니다. 풀이 과정을 쓰고, 답을 구해 보세요.

| 80 | 30 | 70 | 20 |

_____

_____

_____

_____

답 _____

6
단원

15 계산 결과가 가장 큰 것을 찾아 ○표, 가장 작은 것을 찾아 △표 하세요.

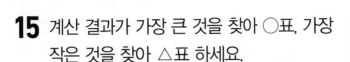

| 43+5 | 53-3 | 42+2 |
| ( ) | ( ) | ( ) |

서술형

16 ㉠에 알맞은 수는 얼마인지 풀이 과정을 쓰고, 답을 구해 보세요.

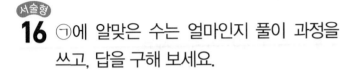

| +13 | -20 |
| 22 | □ | ㉠ |

_____

_____

_____

답 _____

17 두 주머니에서 수를 하나씩 골라 식을 써 보세요.

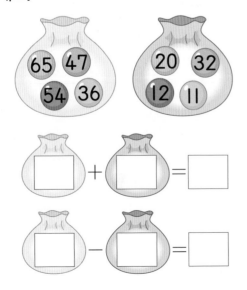

65 47 54 36   20 32 12 11

□ + □ = □

□ - □ = □

18 □ 안에 알맞은 수를 써넣으세요.

```
    □  3
 +  2  □
 ─────────
    5  7
```

19 방과 후 수업을 신청한 학생 수를 나타낸 것입니다. 배드민턴과 바둑 중에서 어느 수업을 신청한 학생이 몇 명 더 많은지 구해 보세요.

배드민턴

| 남학생 | 22명 |
| 여학생 | 4명 |

바둑

| 남학생 | 11명 |
| 여학생 | 12명 |

( ), ( )

20 0부터 9까지의 수 중에서 □ 안에 들어갈 수 있는 수를 모두 구해 보세요.

$$57-44>1\square$$

( )

단원 평가 **B**단계   6. 덧셈과 뺄셈(3)   점수 /

6
단원

01 갈색 달걀이 22개, 흰색 달걀이 4개 있습니다. 달걀은 모두 몇 개인지 이어 세기로 구해 보세요.

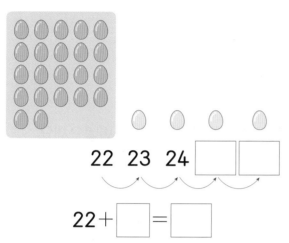

22   23   24   ☐   ☐

22 + ☐ = ☐

02 ☐ 안에 알맞은 수를 써넣으세요.

$$\begin{array}{r} 3\ 1 \\ +\ 2\ 5 \\ \hline \end{array} \rightarrow \begin{array}{r} 3\ 1 \\ +\ 2\ 5 \\ \hline \end{array}$$

03 뺄셈을 해 보세요.

56 − 4 = ☐

04 차가 적힌 색연필과 같은 색으로 칠해 보세요.

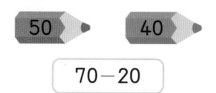

70 − 20

05 ☐ 안에 알맞은 수를 써넣으세요.

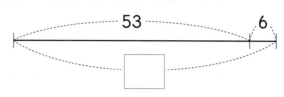

53   6

☐

서술형

06 31 + 4를 다음과 같이 계산하였습니다. 잘못 계산한 이유를 쓰고, 바르게 계산해 보세요.

바른 계산

$$\begin{array}{r} 3\ 1 \\ +\ \ \ 4 \\ \hline 7\ 1 \end{array} \rightarrow$$

이유 _____

_____

_____

07 합이 같은 것끼리 이어 보세요.

10 + 50 •　　　• 40 + 40

20 + 60 •　　　• 50 + 20

40 + 30 •　　　• 30 + 30

08 지민이의 일기를 읽고 영화관에 있던 사람은 모두 몇 명인지 구해 보세요.

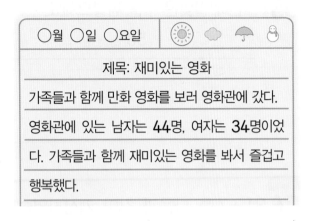

( )

09 두 수의 합과 차를 각각 구해 보세요.

75	3

합 ( )

차 ( )

10 빈 곳에 두 수의 차를 써넣으세요.

11 연서는 종이학을 56개 접으려고 합니다. 지금까지 종이학을 22개 접었다면 앞으로 몇 개 더 접어야 하는지 식을 쓰고, 답을 구해 보세요.

식

답

12 빈칸에 알맞은 수를 써넣으세요.

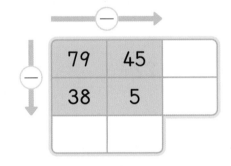

13 계산 결과를 비교하여 ○ 안에 >, =, < 를 알맞게 써넣으세요.

$15+22$ ○ $59-26$

14 친구들이 말하는 수를 각각 구해 보세요.

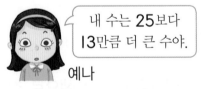

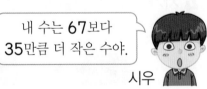

예나의 수: ☐ , 시우의 수: ☐

15 덧셈을 하고, 바로 다음에 올 덧셈식을 써 보세요.

$$27+10=\boxed{}$$
$$27+20=\boxed{}$$
$$27+30=\boxed{}$$

$$\boxed{}+\boxed{}=\boxed{}$$

| 16~17 | 진열대에 놓인 인형을 보고 물음에 답하세요.

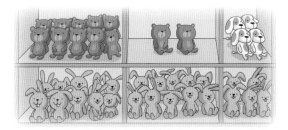

16 곰 인형과 강아지 인형은 모두 몇 개인지 덧셈식으로 나타내 보세요.

$$\boxed{}+\boxed{}=\boxed{}$$

17 토끼 인형은 곰 인형보다 몇 개 더 많은지 뺄셈식으로 나타내 보세요.

$$\boxed{}-\boxed{}=\boxed{}$$

18 3장의 수 카드 중에서 2장을 골라 한 번씩만 사용하여 가장 큰 몇십몇을 만들었습니다. 만든 수와 남은 수의 차를 구해 보세요.

(   )

서술형

19 같은 모양은 같은 수를 나타냅니다. ★에 알맞은 수는 얼마인지 풀이 과정을 쓰고, 답을 구해 보세요.

$$29-8=\blacksquare$$
$$\blacksquare+\blacksquare=★$$

_____

_____

_____

답 _____

20 계산 결과가 홀수인 사람은 누구인지 써 보세요.

- 지훈: $13+3$
- 연아: $33-21$
- 효주: $27-10$

(   )

1단원 100까지의 수

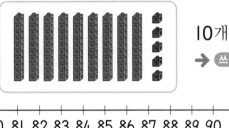

10개씩 묶음 **9**개와 낱개 **5**개

→ 쓰기 95 읽기 구십오, 아흔다섯

80 81 82 83 84 85 86 87 88 89 90 91 92 93 94 95 96 97 98 99 100

> 99보다 1만큼 더 큰 수를 100이라 하고, 백이라고 읽어.

다음에 배워요

- 백, 몇백
- 세 자리 수 쓰고 읽기
- 각 자리의 숫자가 나타 내는 수
- 세 자리 수의 크기 비교 하기

2단원 덧셈과 뺄셈(1)

• 세 수의 덧셈과 뺄셈

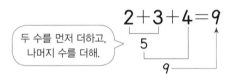

> 두 수를 먼저 더하고, 나머지 수를 더해.

$2+3+4=9$

$8-5-2=1$

> 앞에서부터 두 수씩 차례로 계산해.

• 10을 만들어 더하기

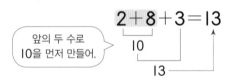

> 앞의 두 수로 10을 먼저 만들어.

$2+8+3=13$

$6+3+7=16$

> 뒤의 두 수로 10을 먼저 만들어.

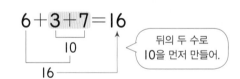

다음에 배워요

- 다양한 방법으로 덧셈 하기
- (몇)+(몇)=(십몇)
- 다양한 방법으로 뺄셈 하기
- (십몇)−(몇)=(몇)

3단원 모양과 시각

• 여러 가지 모양

> 뾰족한 부분이 4군데, 곧은 선이 있어!

> 뾰족한 부분이 3군데, 곧은 선이 있어!

> 둥근 부분만 있어!

• 시각

┌ 짧은바늘: 5
└ 긴바늘: 12

→ 5시

┌ 짧은바늘: 3과 4 사이
└ 긴바늘: 6

→ 3시 30분

다음에 배워요

- 삼각형, 사각형, 원
- 쌓기나무로 여러 가지 모양 만들기
- 몇 시 몇 분
- 하루의 시간, 달력

• (몇)＋(몇)＝(십몇)

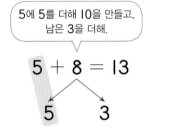

5에 5를 더해 10을 만들고, 남은 3을 더해.

$$5 + 8 = 13$$

5　3

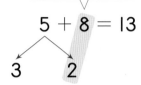

8에 2를 더해 10을 만들고, 남은 3을 더해.

$$5 + 8 = 13$$

3　2

• (십몇)－(몇)＝(몇)

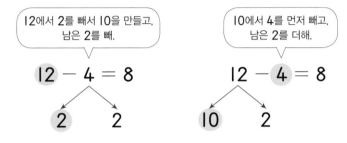

12에서 2를 빼서 10을 만들고, 남은 2를 빼.

$$12 - 4 = 8$$

2　2

10에서 4를 먼저 빼고, 남은 2를 더해.

$$12 - 4 = 8$$

10　2

다음에 배워요

• 받아올림이 없는 두 자리 수의 덧셈
• 받아내림이 없는 두 자리 수의 뺄셈

5단원 규칙 찾기

• ● ▲ ● ▲ ● ▲ ● ▲ → ●, ▲이 반복됩니다.

•

첫째 줄: 파란색, 빨간색이 반복됩니다.
둘째 줄: 빨간색, 파란색이 반복됩니다.

• 1 — 4 — 4 — 1 — 4 — 4 → 1, 4, 4가 반복됩니다.

2 — 4 — 6 — 8 — 10 — 12 → 2부터 시작하여 2씩 커집니다.

다음에 배워요

• 무늬, 쌓은 모양에서 규칙 찾기
• 덧셈표, 곱셈표에서 규칙 찾기
• 생활에서 규칙 찾기

6단원 덧셈과 뺄셈(3)

• 덧셈

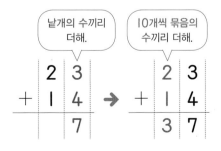

낱개의 수끼리 더해.

10개씩 묶음의 수끼리 더해.

• 뺄셈

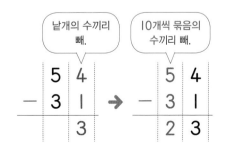

낱개의 수끼리 빼.

10개씩 묶음의 수끼리 빼.

다음에 배워요

• 받아올림이 있는 두 자리 수의 덧셈
• 받아내림이 있는 두 자리 수의 뺄셈

실수를 줄이는 한 끗 차이!

빈틈없는 연산서

- 교과서 전단원 연산 구성
- 하루 4쪽, 4단계 학습
- 실수 방지 팁 제공

수학의 기본

실력이 완성되는 강력한 차이!

새로워진
유형서

- 기본부터 응용까지 모든 유형 구성
- 대표 예제로 유형 해결 방법 학습
- 서술형 강화책 제공

개념 이해가 실력의 차이!

대체불가
개념서

- 교과서 개념 시각화 구성
- 수학익힘 교과서 완벽 학습
- 기본 강화책 제공

평가북

백점 **수학** 1·2

백점

수학 1·2

해설북

- 한눈에 보이는 **정확한 답**
- 한번에 이해되는 **자세한 풀이**

모바일
빠른 정답

동아출판

차례

개념북 ·· 1쪽

평가북 ·· 45쪽

백점 수학 빠른 정답

QR코드를 찍으면 **정답과 풀이**를
쉽고 빠르게 확인할 수 있습니다.

1. 100까지의 수

1회 개념 학습   6~7쪽

확인1 (1) 70 (2) 80   확인2 8, 0 / 80

1 9, 90

2 예

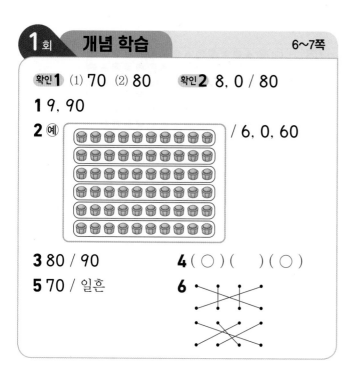

/ 6, 0, 60

3 80 / 90

4 (○) (   ) (○)

5 70 / 일흔

6

---

1 10개씩 묶음이 9개이므로 90입니다.

2 10개씩 묶어 보면 10개씩 묶음 6개와 낱개 0개
이므로 60입니다.

3 • 10개씩 묶음 7개를 70이라고 합니다.
• 10개씩 묶음 8개를 80이라고 합니다.
• 10개씩 묶음 9개를 90이라고 합니다.
참고 10개씩 묶음 ■개는 ■0입니다.

4 10개씩 묶음 8개를 80이라 하고, 팔십 또는 여
든이라고 읽습니다.
참고 아흔은 90으로, 10개씩 묶음 9개입니다.

5 10개씩 묶음 7개와 낱개 0개이므로 70입니다.
70은 칠십 또는 일흔이라고 읽습니다.

6 • 70은 칠십 또는 일흔이라고 읽습니다.
• 60은 육십 또는 예순이라고 읽습니다.
• 90은 구십 또는 아흔이라고 읽습니다.
• 80은 팔십 또는 여든이라고 읽습니다.

1회 문제 학습   8~9쪽

01 (1) 90 (2) 80   02 예 8, 8

03

04 90개

05 70 / 칠십, 일흔   06 60개

07 예

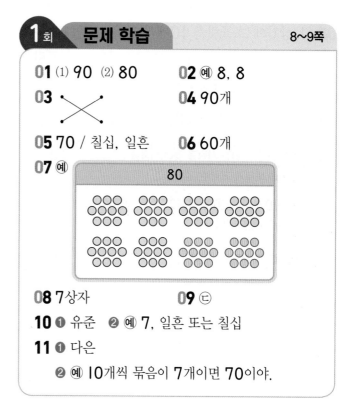

08 7상자   09 ㉢

10 ❶ 유준 ❷ 예 7, 일흔 또는 칠십

11 ❶ 다은

❷ 예 10개씩 묶음이 7개이면 70이야.

---

01 (1) 구십을 수로 나타내면 90입니다.
(2) 여든을 수로 나타내면 80입니다.

02 ■0은 10개씩 묶음 ■개입니다.
따라서 2개의 □ 안에 같은 수를 써넣습니다.
참고 □ 안에 '6, 6', '7, 7', '8, 8', '9, 9' 중 한 가지를
선택하여 써넣습니다.

03 • 10개씩 묶음이 7개이면 70이고, 칠십 또는
일흔 이라고 읽습니다.
• 10개씩 묶음이 6개이면 60이고, 육십 또는
예순이라고 읽습니다.

04 10개씩 묶음 9개는 90이므로 과자는 모두 90
개입니다.

05 10개씩 묶어 보면 10개씩 묶음 7개와 낱개 0개
이므로 70입니다.
70은 칠십 또는 일흔이라고 읽습니다.

06 10개씩 묶음 6개는 60이므로 소미가 마스크 줄
을 만드는 데 사용한 구슬은 모두 60개입니다.

07 80은 10개씩 묶음 8개이고, 10개씩 묶음 6개가 그려져 있으므로 10개씩 묶음 2개를 더 그립니다.

08 한 상자에 초콜릿을 10개씩 담을 수 있고, 주어진 초콜릿은 10개씩 묶음 7개이므로 초콜릿을 모두 담으려면 7상자가 필요합니다.

09 ㉠ 90 ㉡ 90 ㉢ **80**

10

채점 기준	❶ 잘못 말한 사람을 찾아 이름을 쓴 경우	3점	5점
	❷ 바르게 고쳐 쓴 경우	2점	

참고 '10개씩 묶음이 9개인 수는 아흔이라고 읽어.'라고 고칠 수도 있습니다.

11

채점 기준	❶ 잘못 말한 사람을 찾아 이름을 쓴 경우	3점	5점
	❷ 바르게 고쳐 쓴 경우	2점	

참고 '10개씩 묶음이 6개이면 60이야.'라고 고칠 수도 있습니다.

2회 개념 학습 **10~11쪽**

확인1 4, 64	확인2 8 / 58
1 6 / 76	**2** 육십이 / 예순둘
3 97	**4** (○) (○) ( )
5 75 / 94	**6** 57

1 10개씩 묶음 7개와 낱개 6개를 76이라고 합니다.

2 주의 10개씩 묶음의 수와 낱개의 수를 두 가지 방법 중 같은 방법으로 읽어야 합니다.
'육십둘', '예순이'로 읽지 않도록 합니다.

3 10개씩 묶음 9개와 낱개 7개이므로 97입니다.

4 63은 육십삼 또는 예순셋이라고 읽습니다.

5 10개씩 묶음 ■개와 낱개 ▲개는 ■▲입니다.

6 10개씩 묶음 5개와 낱개 7개이므로 57입니다.
57은 오십칠 또는 쉰일곱이라고 읽습니다.

2회 문제 학습 **12~13쪽**

01 (1) 68 (2) 96   **02** ( )
                              (○)

03 77 / 칠십칠, 일흔일곱

04 ⑤

05 (1) 예

(2) 8, 9 / 89

06 ㉡

07 (위에서부터) 예 7, 8 / 7, 8 / 8, 7 / 78, 87

08 서진

09 ❶ 3 ❷ 7, 73   답 73개

10 ❶ 낱개 15개는 10개씩 1상자와 낱개 5개로 나타낼 수 있습니다.
❷ 따라서 은서가 가지고 있는 머리끈은 10개씩 9상자와 낱개 5개이므로 모두 95개입니다.
답 95개

---

01 (1) 육십팔 ➔ 68
(2) 아흔여섯 ➔ 96

02 86은 10개씩 묶음 8개와 낱개 6개입니다.
참고 위: 10개씩 묶음 6개와 낱개 7개이므로 67입니다.

03 감자의 수는 10개씩 묶음 7개와 낱개 7개이므로 77입니다.
77은 칠십칠 또는 일흔일곱이라고 읽습니다.

04 ⑤ 92는 구십이 또는 아흔둘이라고 읽습니다.

05 (2) 10개씩 묶어 보면 10개씩 묶음 8개와 낱개 9개이므로 89입니다.

06 ■▲ ➔ 10개씩 묶음 ■개와 낱개 ▲개
참고 ㉠ 10개씩 묶음 4개와 낱개 8개는 48입니다.

07 두 수 ■와 ▲를 골라 만들 수 있는 수는 ■▲와 ▲■입니다.

08 10개씩 묶음 **7**개와 낱개 **6**개이므로 **76**입니다.
76은 칠십육 또는 일흔여섯이라고 읽습니다.

09	채점 기준	❶ 낱개 13개를 10개씩 묶음과 낱개의 수로 나타낸 경우	2점	5점
		❷ 사과는 모두 몇 개인지 구한 경우	3점	

10	채점 기준	❶ 낱개 15개를 10개씩 묶음과 낱개의 수로 나타낸 경우	2점	5점
		❷ 은서가 가지고 있는 머리끈은 모두 몇 개인지 구한 경우	3점	

확인1 오십칠 **확인2** 75

1 68, 70 / 68, 70 **2** 100

3 61, 63 **4** ( ) (○)

5 (위에서부터) 83 / 87 / 93 / 96, 100

6 (위에서부터) 56, 58 / 72, 74 / 79, 81

1 ・69보다 1만큼 더 작은 수는 69 바로 앞의 수인 68입니다.

・69보다 1만큼 더 큰 수는 69 바로 뒤의 수인 70입니다.

2 99보다 1만큼 더 큰 수를 100이라고 합니다.

3 59부터 수를 순서대로 써 보면
59－60－**61**－62－**63**입니다.

4 일흔다섯 번 신발장 ➡ 칠십오 번 신발장

5 81부터 100까지의 수를 순서대로 씁니다.

6 ・어떤 수보다 1만큼 더 작은 수는 어떤 수 바로 앞의 수입니다.

・어떤 수보다 1만큼 더 큰 수는 어떤 수 바로 뒤의 수입니다.

---

01 65

02

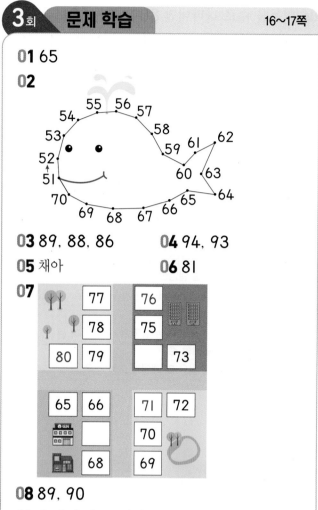

03 89, 88, 86 **04** 94, 93

05 채아 **06** 81

07

	77	76	
	78	75	
	80	79		73

65	66		71	72
			70	
	68		69	

08 89, 90

09 예 우리 학교 1학년 학생은 모두 아흔여섯 명입니다.

10 ❶ 1 ❷ 1, 57, 57 **답** 57개

11 ❶ 형이 주운 밤의 수는 87보다 1만큼 더 큰 수입니다.

❷ 87보다 1만큼 더 큰 수는 88이므로 형이 주운 밤은 88개입니다. **답** 88개

01 64와 66 사이의 수는 65입니다.

02 51부터 70까지의 수를 순서대로 잇습니다.

03 90부터 순서를 거꾸로 하여 수를 써 보면
90－**89**－**88**－87－**86**입니다.

04 92부터 95까지의 수를 순서대로 써 보면
92－**93**－**94**－95이므로 92와 95 사이의 수는 93, 94입니다.

개념북 **1** 단원

06 여든을 수로 나타내면 **80**입니다. **80**보다 **1**만큼 더 큰 수는 **80** 바로 뒤의 수인 **81**입니다.

07 · 69 — 70 — 71 — 72
· 73 — 74 — 75 — 76
· 77 — 78 — 79 — 80

08 팔십팔 ➔ **88**, 아흔하나 ➔ **91**
88과 **91** 사이에 있는 수는 **89**, **90**입니다.

09 수를 바르게 읽도록 주의하며 이야기를 만듭니다.

| **10** | 채점 기준 | ❶ 동생이 캔 감자의 수는 58보다 1만큼 더 작은 수임을 설명한 경우 | 2점 | 5점 |
| | | ❷ 동생이 캔 감자는 몇 개인지 구한 경우 | 3점 | |

| **11** | 채점 기준 | ❶ 형이 주운 밤의 수는 87보다 1만큼 더 큰 수임을 설명한 경우 | 2점 | 5점 |
| | | ❷ 형이 주운 밤은 몇 개인지 구한 경우 | 3점 | |

4회 개념 학습 18~19쪽

확인**1** >

확인**2** 남는 것이 없는 수 / 짝수

1 61, 작습니다 / 61, 큽니다

2 작습니다 / <

3 예

/ 홀수

4 (위에서부터) 58, 66 / ( ) (◯)

5

1	2	3	4	5
6	7	8	9	10
11	12	13	14	15
16	17	18	19	20

6 (1) < (2) >

1 46과 61의 10개씩 묶음의 수를 비교하면 46은 61보다 작고, 61은 46보다 큽니다.

---

2 10개씩 묶음의 수가 같으므로 낱개의 수를 비교하면 **83**은 **89**보다 작습니다. ➔ **83<89**

3 둘씩 짝을 지을 때 하나가 남으므로 홀수입니다.

4 **58**과 **66**의 10개씩 묶음의 수를 비교하면 **5<6**이므로 더 큰 수는 **66**입니다.

5 둘씩 짝을 지을 때 남는 것이 없는 수는 빨간색, 하나가 남는 수는 파란색으로 색칠합니다.

6 (1) 10개씩 묶음의 수를 비교하면 **6<7**이므로 **60<70**입니다.
(2) 10개씩 묶음의 수가 같고 낱개의 수를 비교하면 **8>1**이므로 **88>81**입니다.

4회 문제 학습 20~21쪽

01 ( ) (◯)

02

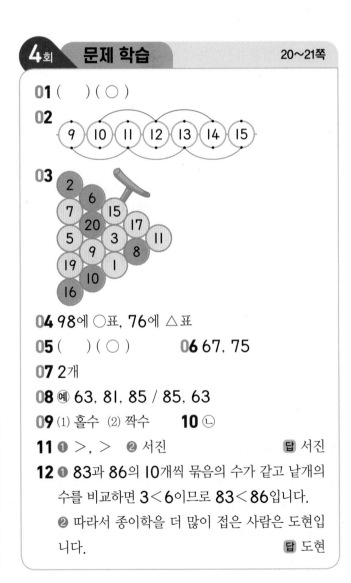

9 10 11 12 13 14 15

03

04 98에 ◯표, 76에 △표

05 ( ) (◯) **06** 67, 75

07 2개

08 예 63, 81, 85 / 85, 63

09 (1) 홀수 (2) 짝수 **10** ㉡

11 ❶ >, > ❷ 서진 답 서진

12 ❶ 83과 86의 10개씩 묶음의 수가 같고 낱개의 수를 비교하면 3<6이므로 83<86입니다.
❷ 따라서 종이학을 더 많이 접은 사람은 도현입니다. 답 도현

01 10개씩 묶음의 수를 비교하면 7<9이므로 더 큰 수는 91입니다.

02 • 짝수는 낱개의 수가 0, 2, 4, 6, 8이므로 10, 12, 14입니다.
• 홀수는 낱개의 수가 1, 3, 5, 7, 9이므로 9, 11, 13, 15입니다.

03 낱개의 수가 0, 2, 4, 6, 8이면 짝수이므로 보라색으로 색칠하고, 낱개의 수가 1, 3, 5, 7, 9이면 홀수이므로 노란색으로 색칠합니다.

04 10개씩 묶음의 수를 비교하면 9>8>7이므로 가장 큰 수는 98이고, 가장 작은 수는 76입니다.

05 • 왼쪽 상자: 19와 3은 홀수, 10은 짝수입니다.
• 오른쪽 상자: 5, 1, 17은 모두 홀수입니다.

06 • 10개씩 묶음의 수가 7보다 작은 수인 67은 76보다 작습니다.
• 10개씩 묶음의 수가 7로 같고 낱개의 수가 6보다 작은 75는 76보다 작습니다.

07 낱개의 수가 0, 2, 4, 6, 8이면 짝수입니다. 따라서 짝수는 18, 4로 모두 2개입니다.

08 세 수를 골라 크기를 비교합니다.
10개씩 묶음의 수가 다르면 10개씩 묶음의 수가 클수록 더 크고, 10개씩 묶음의 수가 같으면 낱개의 수가 클수록 더 큽니다.

09 (1) 의자를 둘씩 짝을 지을 때 하나가 남으므로 의자의 수는 홀수입니다.
(2) 의자를 1개 더 놓고 둘씩 짝을 지을 때 남는 것이 없으므로 의자의 수는 짝수입니다.

10 79와 놓여져 있는 수의 크기를 각각 비교합니다. 79는 77보다 크고 83보다 작으므로 77과 83 사이인 ㉡에 놓아야 합니다.

11
채점 기준	❶ 71과 69의 크기를 비교한 경우	4점	5점
	❷ 딱지를 더 많이 모은 사람을 찾아 쓴 경우	1점	

12
채점 기준	❶ 83과 86의 크기를 비교한 경우	4점	5점
	❷ 종이학을 더 많이 접은 사람을 찾아 쓴 경우	1점	

5회 **응용 학습** 22~25쪽

01 ❶단계 9, 10 ❷단계 10
02 13 **03** 74
04 ❶단계 9, 5 ❷단계 95
05 67 **06** 98, 56
07 ❶단계 큰 ❷단계 7, 8, 9
08 6, 7, 8, 9 **09** 2개
10 ❶단계 57 ❷단계 58
11 70 **12** 88

01 ❶단계 8과 11 사이에 있는 수에 8과 11은 포함되지 않으므로 8과 11 사이에 있는 수는 9, 10입니다.
❷단계 9와 10 중에서 짝수는 10입니다.
참고 짝수는 낱개의 수가 0, 2, 4, 6, 8이고, 홀수는 낱개의 수가 1, 3, 5, 7, 9입니다.

02 12와 15 사이에 있는 수는 13, 14입니다. 이 중에서 홀수는 13입니다.
주의 12와 15 사이에 있는 수에 12와 15는 포함되지 않습니다.

03 73과 79 사이에 있는 수는 74, 75, 76, 77, 78이고 이 중에서 낱개의 수가 5보다 작은 수는 74입니다.

04 ❶단계 9>5>4이므로 가장 큰 수는 9, 둘째로 큰 수는 5입니다.
❷단계 가장 큰 수인 9를 10개씩 묶음의 수에 놓고, 둘째로 큰 수인 5를 낱개의 수에 놓으면 만들 수 있는 가장 큰 몇십몇은 95입니다.

05 세 수의 크기를 비교하면 6<7<8이므로 10 개씩 묶음의 수에 가장 작은 수인 6을 놓고, 낱 개의 수에 둘째로 작은 수인 7을 놓아야 합니다. 따라서 만들 수 있는 가장 작은 몇십몇은 67입 니다.

06 네 수의 크기를 비교하면 9>8>6>5입니다.
- 만들 수 있는 가장 큰 몇십몇은 10개씩 묶음 의 수에 가장 큰 수인 9를 놓고, 낱개의 수에 둘째로 큰 수인 8을 놓은 98입니다.
- 만들 수 있는 가장 작은 몇십몇은 10개씩 묶 음의 수에 가장 작은 수인 5를 놓고, 낱개의 수에 둘째로 작은 수인 6을 놓은 56입니다.

07 **2단계** 0부터 9까지의 수 중에서 6보다 큰 수는 7, 8, 9이므로 □ 안에 들어갈 수 있는 수는 7, 8, 9입니다.

08 55와 5□의 10개씩 묶음의 수가 같으므로 낱 개의 수를 비교하면 □ 안에는 5보다 큰 수가 들 어가야 합니다.
따라서 0부터 9까지의 수 중에서 □ 안에 들어 갈 수 있는 수는 6, 7, 8, 9입니다.

09 □4와 78의 낱개의 수를 비교하면 4<8인데 □4가 78보다 크므로 □ 안에는 7보다 큰 수가 들어가야 합니다.
따라서 1부터 9까지의 수 중에서 □ 안에 들어 갈 수 있는 수는 8, 9로 모두 2개입니다.

10 **1단계** 어떤 수보다 1만큼 더 작은 수가 56이므 로 어떤 수는 56보다 1만큼 더 큰 수인 57입 니다.
2단계 57보다 1만큼 더 큰 수는 58입니다.

11 어떤 수보다 1만큼 더 큰 수가 72이므로 어떤 수는 72보다 1만큼 더 작은 수인 71입니다.
따라서 어떤 수보다 1만큼 더 작은 수는 71보다 1만큼 더 작은 수인 70입니다.

12 ■보다 1만큼 더 큰 수가 90이므로 ■에 알맞 은 수는 90보다 1만큼 더 작은 수인 89입니다.
따라서 89보다 1만큼 더 작은 수는 88이므로 ★에 알맞은 수는 88입니다.

6회 마무리 평가 26~29쪽

01 8, 80   **02** 7, 4

03 98   **04** 59, 60

05 <   **06** 짝수

07 70 / 일흔   **08** 52

09 84개   **10** 구십팔

11 유준

12 (위에서부터) 75 / 77, 79, 80 / 83, 84, 86, 87

13   **14** 3개

15 >   **16** (   ) (△) (○)

17 ❶ 85와 78의 10개씩 묶음의 수를 비교하면 8>7이므로 85>78입니다.
❷ 따라서 종이비행기를 더 많이 접은 사람은 규 상입니다.   **답** 규상

18 3개   **19** 물개, 기린

20 ❶ 사과는 10개씩 묶음 3개가 있습니다.
❷ 사과가 80개가 되려면 10개씩 묶음 8개가 있어야 하므로 10개씩 묶음 8-3=5(개)가 더 있어야 합니다.   **답** 5개

21 54, 58 / 72, 91   **22** 하율, 지훈, 세진

23 93   **24** 51

25 ❶ 54부터 수의 순서를 거꾸로 하여 수를 4개 쓰면 54, 53, 52, 51입니다.
❷ 따라서 민지네 가족의 의자 번호를 수의 순서 대로 쓰면 51, 52, 53, 54입니다.
    답 51, 52, 53, 54

01 10개씩 묶음 8개는 **80**입니다.

02 74는 10개씩 묶음 **7**개와 낱개 **4**개입니다.

03 아흔여덟을 수로 나타내면 **98**입니다.

04 57부터 수를 순서대로 써 보면
57-58-**59**-**60**-61입니다.

05 10개씩 묶음의 수를 비교하면 **6<7**이므로
65<72입니다.

06 둘씩 짝을 지을 때 남는 것이 없으므로 10은 **짝수**
입니다.

07 10개씩 묶음 **7**개와 낱개 **0**개는 **70**이고, 칠십
또는 일흔이라고 읽습니다.

08 10개씩 묶음 5개와 낱개 2개이므로 **52**입니다.

09 10개씩 묶음 8개와 낱개 4개는 **84**입니다.
따라서 진우가 가지고 있는 젤리는 모두 **84**개
입니다.

10 상황에 맞게 수를 표현하여 이야기를 완성합니다.

11 채아: 예순하나 쪽을 육십일 쪽으로 읽어야 합니다.

12 73부터 87까지의 수를 순서대로 써넣습니다.

13 •78보다 1만큼 더 큰 수는 78 바로 뒤의 수인
79입니다.
•61보다 1만큼 더 작은 수는 61 바로 앞의 수
인 **60**입니다.
•90보다 1만큼 더 작은 수는 90 바로 앞의 수
인 **89**입니다.

14 77부터 81까지의 수를 순서대로 써 보면
77, **78**, **79**, **80**, 81입니다.
따라서 77과 81 사이에 있는 수는
78, **79**, **80**으로 모두 **3**개입니다.

15 97과 92의 10개씩 묶음의 수는 같고 낱개의
수를 비교하면 **7>2**이므로 **97>92**입니다.

16 세 수의 10개씩 묶음의 수를 비교하면 **7>6>5**
이므로 가장 큰 수는 **71**이고, 가장 작은 수는 **57**
입니다.

17

채점기준	❶ 85와 78의 크기를 비교한 경우	3점	
	❷ 종이비행기를 더 많이 접은 사람을 찾아 쓴 경우	1점	4점

18 낱개의 수가 1, 3, 5, 7, 9이면 홀수입니다.
따라서 홀수는 11, 15, 19로 모두 **3**개입니다.

19 낱개의 수가 0, 2, 4, 6, 8인 수는 6과 8이므로
동물의 수가 짝수인 동물은 물개, 기린입니다.

20

채점기준	❶ 사과는 10개씩 묶음 몇 개 있는지 구한 경우	2점	
	❷ 80개가 되려면 10개씩 묶음 몇 개가 더 있어야 하는지 구한 경우	2점	4점

21 주어진 수 중에서 70보다 작은 수는 58, 54이
고 70보다 큰 수는 91, 72입니다.
•54는 58보다 작습니다. → **54<58**
•72는 91보다 작습니다. → **72<91**

22 62보다 1만큼 더 큰 수는 63이므로 지훈이가
딴 딸기는 63개입니다.
67, 62, 63의 10개씩 묶음의 수는 같고 낱개
의 수를 비교하면 **7>3>2**이므로
67>63>62입니다.
따라서 딸기를 많이 딴 사람부터 차례로 이름을
쓰면 하율, 지훈, 세진입니다.

23 세 수의 크기를 비교하면 **9>3>2**이므로 10
개씩 묶음의 수에 가장 큰 수인 9를 놓고, 낱개
의 수에 둘째로 큰 수인 3을 놓아야 합니다.
따라서 만들 수 있는 가장 큰 몇십몇은 **93**입니다.

24 10개씩 묶음의 수가 5이고 낱개의 수가 1인 수
는 51이므로 민지의 의자 번호는 **51**입니다.

25

채점기준	❶ 54부터 수의 순서를 거꾸로 하여 수를 4개 쓴 경우	3점	
	❷ 민지네 가족의 의자 번호를 수의 순서대로 쓴 경우	1점	4점

2. 덧셈과 뺄셈(1)

확인1 (위에서부터) 3 / 3, 8

확인2 (위에서부터) 6 / 6, 4

1 ( ) (○)   2 3

3 (1) (위에서부터) 9 / 7 / 7, 9

  (2) (위에서부터) 3 / 4 / 4, 3

4 예 ○○○○⊘⊘ / 3
    ⊘⊘⊘

5 (1) 8 (2) 2   6

1 4와 1을 더하면 5가 되고, 그 수에 2를 더하면 7이 됩니다. ➔ $4+1+2=7$

2 7에서 1을 빼면 6이 되고, 그 수에서 3을 빼면 3이 됩니다. ➔ $7-1-3=3$

3 (1) 3과 4를 더하면 7이 되고, 그 수에 2를 더하면 9가 됩니다. ➔ $3+4+2=9$

  (2) 6에서 2를 빼면 4가 되고, 그 수에서 1을 빼면 3이 됩니다. ➔ $6-2-1=3$

4 ○ 8개 중 3개에 /을 그리고, 2개에 /을 더 그려 지우면 ○ 3개가 남습니다.
   ➔ $8-3-2=3$

5 (1) $2+2=4$이고, $4+4=8$이므로
    $2+2+4=8$입니다.

  (2) $9-2=7$이고, $7-5=2$이므로
    $9-2-5=2$입니다.

6 보라색 종이컵 3개, 노란색 종이컵 1개, 초록색 종이컵 4개를 모두 더하는 덧셈식은 $3+1+4$입니다. 3과 1을 더하면 4가 되고, 그 수에 4를 더하면 8이 됩니다. ➔ $3+1+4=8$

01 2, 3, 4 또는 3, 2, 4

02 9   03 9

04   05 ( ) (×)

06 예 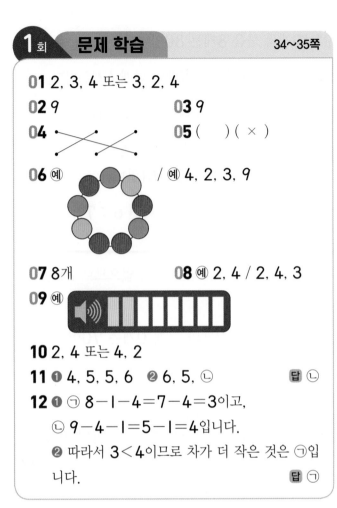 / 예 4, 2, 3, 9

07 8개   08 예 2, 4 / 2, 4, 3

09 예

10 2, 4 또는 4, 2

11 ❶ 4, 5, 5, 6 ❷ 6, 5, ㉡   답 ㉡

12 ❶ ㉠ $8-1-4=7-4=3$이고,
   ㉡ $9-4-1=5-1=4$입니다.
  ❷ 따라서 3<4이므로 차가 더 작은 것은 ㉠입니다.   답 ㉠

01 9개에서 2개와 3개를 덜어 내면
   $9-2-3=4$ 또는 $9-3-2=4$로 뺄셈식을 만들 수 있습니다.

02 2와 5를 더하면 7이 되고, 그 수에 2를 더하면 9가 됩니다.

03 $1+5=6$이고, $6+3=9$이므로
   $1+5+3=9$입니다.

04 · $8-5-1=3-1=2$
   · $7-2-5=5-5=0$
   · $6-2-3=4-3=1$

05 · $7-5-1=2-1=1(○)$
   · $8-2-4=6-4=2(×)$

06 세 가지 색으로 팔찌를 색칠하고, 색깔별로 세어서 덧셈식으로 나타냅니다.

07 (승재가 오늘 먹은 젤리의 수)

＝(아침에 먹은 젤리의 수)

＋(점심에 먹은 젤리의 수)

＋(저녁에 먹은 젤리의 수)

＝2＋5＋1＝7＋1＝8(개)

08 붕어빵 9개 중에서 내가 먹는 개수와 누나에게 주는 개수를 차례로 뺍니다.

09 8－3－3＝5－3＝2 ➜ 2칸만큼 색칠합니다.

10 2와 더하여 8이 되는 수는 6이고, 주어진 수 중 합하여 6이 되는 두 수는 2와 4입니다.

➜ 2＋2＋4＝8 또는 2＋4＋2＝8

11

채점 기준	❶ ㉠과 ㉡을 각각 계산한 경우	3점	5점
	❷ 합이 더 큰 것의 기호를 쓴 경우	2점	

12

채점 기준	❶ ㉠과 ㉡을 각각 계산한 경우	3점	5점
	❷ 차가 더 작은 것의 기호를 쓴 경우	2점	

2회 개념 학습
36～37쪽

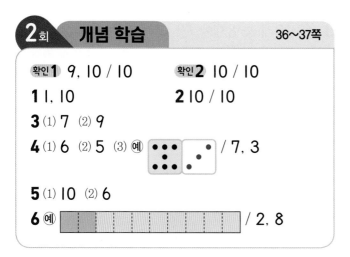

확인**1** 9, 10 / 10   확인**2** 10 / 10

1 1, 10   **2** 10 / 10

3 ⑴ 7 ⑵ 9

4 ⑴ 6 ⑵ 5 ⑶ 예 / 7, 3

5 ⑴ 10 ⑵ 6

6 예 / 2, 8

1 물고기 9마리가 있는 어항에 1마리를 더 넣으면 물고기는 모두 10마리가 됩니다. ➜ 9＋1＝10

2 2와 8이 서로 바뀌어도 합은 10으로 같습니다.

3 ⑴ ■ 3개와 ▲ 7개를 더하면 모두 10개가 됩니다. ➜ 3＋7＝10

⑵ ■ 1개와 ▲ 9개를 더하면 모두 10개가 됩니다. ➜ 1＋9＝10

4 ⑴ 왼쪽의 점 4개와 오른쪽의 점 6개를 합하면 모두 10개가 됩니다.

➜ 4＋6＝10

⑵ 왼쪽의 점 5개와 오른쪽의 점 5개를 합하면 모두 10개가 됩니다.

➜ 5＋5＝10

⑶ 왼쪽의 점은 7개이고 3개가 더 있으면 10개가 되므로 오른쪽에 점 3개를 그립니다.

➜ 7＋3＝10

5 ⑵ 4와 더해서 10이 되는 수는 6입니다.

6 1과 9, 2와 8, 3과 7, 4와 6, 5와 5, 6과 4, 7과 3, 8과 2, 9와 1을 더하면 10이 됩니다.

2회 문제 학습
38～39쪽

01 1 / 9   **02** (○) (   ) (○)

03 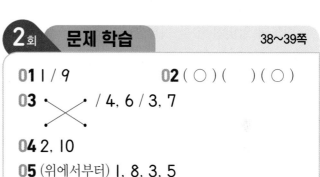 / 4, 6 / 3, 7

04 2, 10

05 (위에서부터) 1, 8, 3, 5

06 7 / 2, 8 또는 8, 2

07

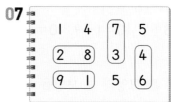

/ 예 7, 3 / 예 9, 1 / 예 4, 6

08 예 ●●●●● / 5, 5, 5, 5
▲▲▲▲▲

09 ❶ 2 ❷ 2, 10, 10   답 10병

10 ❶ 소라가 모은 딱지의 수와 우재가 모은 딱지의 수를 더하면 되므로 1＋9를 계산합니다.

❷ 1＋9＝10이므로 소라와 우재가 모은 딱지는 모두 10장입니다.   답 10장

01 $9+1=10$, $1+9=10$

→ 9와 1이 서로 바뀌어도 합은 10으로 같습니다.

02 $5+5=10$, $7+2=9$, $6+4=10$

→ 합이 10이 되는 식은 $5+5$, $6+4$입니다.

03 • 3과 더해서 10이 되는 수는 7이므로 연결 모형 3개와 7개를 잇습니다.

→ $10=3+7$

• 4와 더해서 10이 되는 수는 6이므로 연결 모형 4개와 6개를 잇습니다.

→ $10=4+6$

04 햄버거 8개를 사면 2개를 더 받을 수 있으므로 모두 10개를 받을 수 있습니다.

→ $8+2=10$

05 파란색 부분과 분홍색 부분의 수를 더하여 10이 되도록 알맞은 수를 써넣습니다.

→ $1+9=10$, $2+8=10$,

$5+5=10$, $7+3=10$

06 • 로봇 7개와 3개를 더하면 모두 10개가 됩니다.

• 인형 2개와 8개를 더하면 모두 10개가 됩니다.

07 10이 되는 두 수를 찾아 묶고, 이를 이용하여 $10=\square+\square$의 덧셈식을 씁니다.

참고 덧셈식을 $10=3+7$, $10=1+9$, $10=6+4$로 쓸 수도 있습니다.

08 더해서 10이 되도록 ● 모양과 ▲ 모양을 그리고, 만든 덧셈식을 설명합니다.

[평가 기준] ● 모양과 ▲ 모양을 그리고, 그린 각 모양의 수를 세어 쓴 다음 10이 되는 덧셈식을 만들었으면 정답으로 인정합니다.

09
채점 기준	❶ 문제에 알맞은 덧셈식을 쓴 경우	2점	5점
	❷ 주스는 모두 몇 병인지 구한 경우	3점	

10
채점 기준	❶ 문제에 알맞은 덧셈식을 쓴 경우	2점	5점
	❷ 소라와 우재가 모은 딱지는 모두 몇 장인지 구한 경우	3점	

3회 개념 학습

확인**1** 5, 6, 7 / 5   확인**2** 1, 9 / 9, 1

1 (1) 7 (2) 2, 8   **2** 6 / 6

3 예 ○○⊘⊘⊘ / 2
　　　⊘⊘⊘⊘⊘

4 (1) 4 (2) 5, 5   **5** (1) 9 (2) 3

6 예 ☂☂☂☂☂☂☒☒☒☒ / 4

1 (1) 주스 10잔 중에서 3잔을 마셨으므로 남아 있는 주스는 7잔입니다.

→ $10-3=7$

(2) 비둘기 10마리 중에서 2마리가 날아갔으므로 남아 있는 비둘기는 8마리입니다.

→ $10-2=8$

2 10은 4와 6으로 가르기할 수 있으므로 $10-4=6$입니다.

3 ○ 10개 중 8개에 /을 그려 지우면 ○ 2개가 남습니다.

→ $10-8=2$

4 (1) 구슬 10개에서 6개를 빼면 4개가 남습니다.

→ $10-6=4$

(2) 빨간색 구슬 10개와 파란색 구슬 5개를 하나씩 짝 지어 보면 빨간색 구슬 5개가 남습니다.

→ $10-5=5$

5 (1) 10에서 1을 빼면 9입니다.

(2) 10에서 7을 빼면 3입니다.

참고 10에서 1, 2, 3, …, 9를 빼면 뺄셈 결과는 9, 8, 7, …, 1이 됩니다.

6 우산 10개 중 4개에 /을 그려 지우면 우산 6개가 남습니다.

→ $10-4=6$

01 6 / 6

02 ✕

03 3

04 ( ) (○)

05 9

06 (위에서부터) 7, 행 / 6, 복 / 8, 해

07 ⑩ ♣ ♣ ♣ ♣ ♣ / 7, 7, 3
♣ ♣ ♣ ♣ ♣

08 2개

09 4, 6

10 ㉠

11 ❶ 5 ❷ 5, 5 답 5개

12 ❶ 세주의 오른손에 있는 동전의 수를 세어 보면 2개입니다.
❷ 따라서 세주의 왼손에는 동전이 10−2=8(개) 있습니다. 답 8개

---

01 10에서 빼는 수가 4이면 뺄셈 결과가 6이고, 10에서 빼는 수가 6이면 뺄셈 결과가 4입니다.
따라서 □ 안에 알맞은 수는 6입니다.

02 10−8=2, 10−5=5

03 큰 수에서 작은 수를 뺍니다.
➜ 10−7=3

04 10−6=4, 10−3=7
➜ 4<7이므로 차가 더 큰 것은 10−3입니다.

05 10에서 빼는 수가 1이면 뺄셈 결과가 9이고, 10에서 빼는 수가 9이면 뺄셈 결과가 1입니다.
따라서 □ 안에 공통으로 들어갈 수 있는 수는 9입니다.

06 ·10−3=7 ➜ 행
·10−4=6 ➜ 복
·10−2=8 ➜ 해

07 10에서 빼는 수만큼 /을 그리고, 만든 뺄셈식을 설명해 봅니다.

08 10−8=2이므로 소담이는 예지보다 화살을 2개 더 많이 넣었습니다.

09 풍선 10개 중 4개가 날아가 버렸으므로 남은 풍선은 10−4=6(개)입니다.

10 ㉠ 10−1=9이므로 □=1입니다.
㉡ 10−6=4이므로 □=4입니다.
㉢ 10−5=5이므로 □=5입니다.
➜ 1<4<5이므로 □ 안에 들어갈 수가 가장 작은 것은 ㉠입니다.

11

채점 기준	❶ 민준이의 왼손에 있는 바둑돌의 수를 센 경우	2점	5점
	❷ 민준이의 오른손에는 바둑돌이 몇 개 있는지 구한 경우	3점	

12

채점 기준	❶ 세주의 오른손에 있는 동전의 수를 센 경우	2점	5점
	❷ 세주의 왼손에는 동전이 몇 개 있는지 구한 경우	3점	

확인**1** 3, 13

확인**2** 2, 12

1 (위에서부터) 5, 10 / 15

2 17

3 ⑩ ○○○○○ ○○○ / 3, 13
○○○○○

4 (계산 순서대로) 10, 12, 12

5 (계산 순서대로) ⑴ 10, 16, 16 ⑵ 10, 18, 18

6 ✕ (연결선)

---

1 사탕 3개와 7개를 더하면 10개가 되고, 5개를 더 더하면 모두 15개가 됩니다.

2 연결 모형 10개에 7개를 더하면 모두 17개가 되므로 10+7=17입니다.

3 ○ 5개와 5개를 그리면 ○는 10개가 되고, 나머지 3개를 더 그리면 ○는 모두 13개가 됩니다.
→ 5+5+3=13

4 6과 4를 먼저 더하여 10을 만든 다음 10과 2를 더합니다.
→ 6+4+2=10+2=12

5 합이 10이 되는 두 수를 먼저 더하여 10을 만든 다음 10과 나머지 수를 더합니다.

6 · 1+9+6=10+6=16
· 2+5+5=2+10=12
· 6+4+9=10+9=19

4회 문제 학습 46~47쪽

01 ( ) (○) (○)

02 5 [3] [7] / 5+⟨3+7⟩=15

03 ⑴ 17 ⑵ 19

04

16 / 2 8 6

05 5, 5, 16　　**06** 3, 4, 6, 13

07 (왼쪽 식부터) 2, 14 / 3, 7, 18

08 ⑴ 1, 19 ⑵ 3, 15　**09** 예 6, 4

10 ❶ 5, 14, 6, 16 ❷ 16, 14, 나　　　답 나

11 ❶ 수 카드의 세 수의 합을 각각 구하면 시원이는 8+1+9=18, 규리는 4+6+2=12입니다.

❷ 12<18이므로 수 카드의 세 수의 합이 더 작은 사람은 규리입니다.　　　　　답 규리

---

01 · 4+9+1=4+10=14
· 4+6+8=10+8=18

---

02 3과 7을 먼저 더하여 10을 만든 다음 5와 10을 더합니다.
→ 5+3+7=5+10=15

03 ⑴ 5+5+7=10+7=17
⑵ 9+6+4=9+10=19

04 2와 8을 먼저 더하여 10을 만든 다음 10과 6을 더합니다. → 2+8+6=10+6=16

05 세 사람이 걸은 고리는 각각 6개, 5개, 5개입니다.
→ 6+5+5=6+10=16(개)

06 동화책의 수: 3, 과학책의 수: 4, 위인전의 수: 6
→ (지난달에 읽은 책의 수)
＝(동화책의 수)＋(과학책의 수)＋(위인전의 수)
＝3+4+6=3+10=13(권)

07 위에서부터 화살표를 따라가면서 도토리의 수를 더합니다.
· 왼쪽: 8+2+4=10+4=14
· 오른쪽: 8+3+7=8+10=18

08 먼저 밑줄 친 두 수의 합이 10이 되도록 ○ 안에 알맞은 수를 써넣은 다음 10과 나머지 한 수를 더합니다.
⑴ 9와 더하여 10이 되는 수는 1입니다.
→ 1+9+9=10+9=19
⑵ 7과 더하여 10이 되는 수는 3입니다.
→ 5+7+3=5+10=15

09 합이 10이 되는 두 수를 골라야 하므로 수 카드 3과 7 또는 6과 4를 골라 덧셈식을 완성합니다.
→ 1+3+7=11, 1+7+3=11,
1+6+4=11, 1+4+6=11

10	채점 기준	❶ 가와 나의 세 수의 합을 각각 구한 경우	3점	5점
		❷ 세 수의 합이 더 큰 것의 기호를 쓴 경우	2점	

11	채점 기준	❶ 수 카드의 세 수의 합을 각각 구한 경우	3점	5점
		❷ 수 카드의 세 수의 합이 더 작은 사람을 쓴 경우	2점	

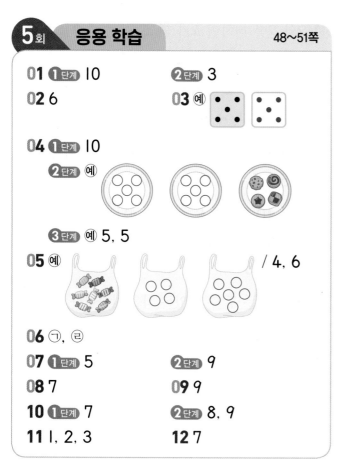

01 **1단계** 10 **2단계** 3
02 6 **03** 예
04 **1단계** 10
2단계 예
3단계 예 5, 5
05 예 / 4, 6
06 ㉠, ㉣
07 **1단계** 5 **2단계** 9
08 7 **09** 9
10 **1단계** 7 **2단계** 8, 9
11 1, 2, 3 **12** 7

01 **1단계** 4+6=10
2단계 7+㉠=10이고, 7과 더하여 10이 되는
수는 3이므로 ㉠에 알맞은 수는 3입니다.

02 6+8+2=6+10=16
9+1+㉠=10+㉠=16이므로 ㉠에 알맞은
수는 6입니다.

03 소희가 가진 그림 카드에 그려진 점의 수의 합은
2+8=10입니다.
민규가 가진 그림 카드 1장의 점의 수가 5이고,
5와 더하여 10이 되는 수는 5이므로 민규의
나머지 그림 카드에 점 5개를 그립니다.

04 **1단계** □+□+4=14에서 10+4=14이므로
□+□=10입니다.
2단계 합이 10개가 되도록 빈 접시에 ○를 그립
니다.
3단계 각각의 접시에 그린 ○의 수를 □ 안에 써
넣습니다.

05 7+□+□=17에서 7+10=17이므로
□+□=10입니다.
합이 10개가 되도록 빈 봉지에 ○를 그리고, 각
각의 봉지에 그린 ○의 수를 □ 안에 써넣습니다.

06 □+□+9=19에서 10+9=19이므로
□+□=10입니다.
따라서 합이 10이 되는 두 수를 짝 지은 것을 모
두 찾으면 ㉠, ㉣입니다.

07 **1단계** 10−5=5이므로 ■=5입니다.
2단계 ■+3+1=▲에서
5+3+1=8+1=9이므로 ▲=9입니다.

08 ・8−2−3=6−3=3이므로 ●=3입니다.
・●+★=10에서 3+★=10입니다. 3과 더
해서 10이 되는 수는 7이므로 ★=7입니다.

09 ・5+▲=10에서 5와 더해서 10이 되는 수는
5이므로 ▲=5입니다.
・10−8=2이므로 ♣=2입니다.
・▲+♣+2=◆에서 5+2+2=7+2=9
이므로 ◆=9입니다.

10 **1단계** 2+2+3=4+3=7
2단계 □ 안에는 7보다 큰 수가 들어가야 하므
로 □ 안에 들어갈 수 있는 수는 8, 9입니다.

11 9−1−4=8−4=4이므로 4>□입니다.
□ 안에는 4보다 작은 수가 들어가야 하므로 □
안에 들어갈 수 있는 수는 1, 2, 3입니다.

12 ・10−2=8이므로 8>□입니다.
➡ □ 안에 들어갈 수 있는 수는 1, 2, 3, 4,
5, 6, 7입니다.
・1+3+2=6이므로 6<□입니다.
➡ □ 안에 들어갈 수 있는 수는 7, 8, 9입
니다.
따라서 □ 안에 공통으로 들어갈 수 있는 수는
7입니다.

6회 마무리 평가
52~55쪽

01 6

02 (위에서부터) 2 / 5 / 5, 2

03 5, 5, 10   **04** 6, 4

05 ( )   **06** 18
 (○)   **07** 9
 ( )   **08** 3

09   **10** 10 / 10

11 ──◐◐●●●●●●──── / 8

12 (위에서부터) 3, 5 / 4

13 ㉢

14 ❶ 유미가 산 사탕의 수에서 동생에게 준 사탕의
수를 빼면 되므로 10−3을 계산합니다.
❷ 10−3=7이므로 유미에게 남은 사탕은 7개
입니다.   답 7개

15 3   **16**

17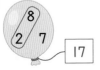
[8] [2] [7] [17]

18 (○)( )

19 7, 16 / 8, 14 / 6, 11

20 예 4, 3   **21** 9

22 7

23 ❶ 3+□+□=13에서 3+10=13이므로
□+□=10입니다.
❷ 따라서 합이 10이 되는 두 수를 보기 에서
찾으면 1과 9입니다.   답 1, 9

24 3+2+2=7 / 2+3+3=8

25 ❶ 혜주의 점수의 합은 2+3+1=6(점)이고,
선호의 점수의 합은 1+3+3=7(점)입니다.
❷ 따라서 7>6이므로 점수의 합이 더 높은 사
람은 선호입니다.   답 선호

01 2와 2를 더하면 4가 되고, 그 수에 2를 더하면
6이 됩니다. → 2+2+2=6

02 9에서 4를 빼면 5가 되고, 그 수에서 3을 빼면
2가 됩니다. → 9−4−3=2

03 ● 5개와 ▲ 5개를 더하면 모두 10개가 됩니다.
→ 5+5=10

04 도넛 10개와 우유 6개를 하나씩 짝 지어 보면
도넛이 4개 남습니다.
→ 10−6=4

05 10이 되는 두 수가 있는 식을 찾습니다.
6+4+7=10+7=17

06 7과 3을 먼저 더하여 10을 만든 다음 8과 10
을 더합니다.
→ 8+7+3=8+10=18

07 6+1+2=7+2=9

08 8−3−2=5−2=3

09 ·9−3−3=6−3=3
·5−2−1=3−1=2
·6−3−2=3−2=1

10 4와 6이 서로 바뀌어도 합은 10으로 같습니다.

11 2와 더해서 10이 되는 수는 8입니다.

12 1+9=10, 3+7=10,
5+5=10, 6+4=10

13 ㉠ 10−2=8
㉡ 10−5=5
㉢ 10−8=2
→ 차가 2인 것은 ㉢입니다.

14
채점 기준		
❶ 문제에 알맞은 뺄셈식을 쓴 경우	2점	4점
❷ 유미에게 남은 사탕은 몇 개인지 구한 경우	2점	

15 10에서 빼는 수가 **7**이면 뺄셈 결과가 **3**이고, 10에서 빼는 수가 **3**이면 뺄셈 결과가 **7**입니다. 따라서 □ 안에 공통으로 들어갈 수 있는 수는 **3**입니다.

16 · $\underline{9+1}+4=10+4=14$
· $\underline{4+6}+8=10+8=18$
· $2+\underline{7+3}=2+10=12$

17 8과 2를 먼저 더하여 10을 만든 다음 10과 7을 더합니다.
→ $\underline{8+2}+7=10+7=17$

18 · $7+\underline{5+5}=7+10=17$ → 홀수
· $\underline{1+9}+8=10+8=18$ → 짝수

19 먼저 밑줄 친 두 수의 합이 10이 되도록 ○ 안에 알맞은 수를 써넣은 다음 10과 나머지 수를 더합니다.

20 9에서 순서대로 뺐을 때 2가 나와야 하므로 5와 2 또는 4와 3을 골라 뺄셈식을 완성합니다.
→ $9-5-2=2$, $9-2-5=2$,
   $9-4-3=2$, $9-3-4=2$

21 · $7+3=10$이므로 ♥=10입니다.
· ♥-1=◆에서 $10-1=9$이므로 ◆=9입니다.

22 $10-4=6$이므로 $6<$□입니다.
□ 안에는 6보다 큰 수가 들어가야 하므로 7, 8, 9가 들어갈 수 있고 이 중 가장 작은 수는 7입니다.

23

채점 기준	❶ □+□=10임을 아는 경우	2점	4점
	❷ □ 안에 들어갈 수 있는 두 수를 찾아 쓴 경우	2점	

24 · 현우: $3+2+2=5+2=7$
· 민지: $2+3+3=5+3=8$

25

채점 기준	❶ 혜주와 선호의 점수의 합을 각각 구한 경우	2점	4점
	❷ 점수의 합이 더 높은 사람을 쓴 경우	2점	

3. 모양과 시각

1회 개념 학습 58~59쪽

확인1 (1) △ (2) □   **확인2** (1) □ (2) ●

1
2
3 (1) (2) (3)
4 ( ) ( ) (×) ( )
5 ( ) (○)   **6** ( ) (○) ( )

1 액자에서 □ 모양을 찾을 수 있습니다. 고깔모자는 △ 모양, 도넛은 ● 모양입니다.

2 △ 모양은 모두 **3**개입니다.

3 (1) ● 모양인 것은 거울입니다.
삼각김밥은 △ 모양, 동화책은 □ 모양입니다.
(2) △ 모양인 것은 옷걸이입니다.
냄비 뚜껑은 ● 모양, 편지 봉투는 □ 모양입니다.
(3) □ 모양인 것은 버스 카드입니다.
방석은 ● 모양, 수박 조각은 △ 모양입니다.

4 왼쪽부터 셋째 모양은 △ 모양입니다.

5 · 왼쪽: 지폐는 □ 모양, 김밥과 과녁은 ● 모양입니다.
· 오른쪽: 과자, 바퀴, 액자가 모두 ● 모양입니다.
→ ● 모양끼리 바르게 모은 것은 오른쪽입니다.

6 초콜릿은 □ 모양입니다.
□ 모양인 것은 필통입니다.

참고 동전은 ● 모양이고, 단추는 △ 모양입니다.

1회 문제 학습

60~61쪽

01 ( ) ( ) (×) **02** (○) (△) (□)

03 ㉠, ㉣, ㉦, ㉧ / ㉡, ㉨ / ㉢, ㉥, ㉮

04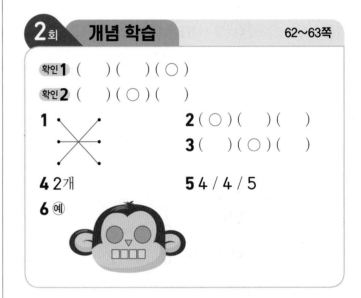

05 3개

06 규하

07 (예) 내 방에 있는 시계는 ● 모양입니다.

08 소리   **09** 2개, 4개

10 ❶ ● / ■ / ● ❷ ㉡   답 ㉡

11 ❶ ㉠은 ▲ 모양, ㉡은 ▲ 모양, ㉢은 ● 모양
입니다.
❷ 따라서 모양이 다른 하나는 ㉢입니다.   답 ㉢

01 신문지는 ■ 모양입니다.

02 훌라후프는 ● 모양, 삼각자는 ▲ 모양, 계산기는
■ 모양입니다.

03 크기나 색깔이 달라도 모양이 같은 것을 찾습니다.

04 • 표지판, 바퀴: ● 모양
• 조각 피자, 시계: ▲ 모양
• 액자, 모니터: ■ 모양

05 ■, ■, ■ ➡ 3개

06 • 선우: 오렌지는 ● 모양이고, 지우개와 편지 봉
투는 ■ 모양입니다.
• 규하: 공책, 리모컨, 색종이가 모두 ■ 모양입
니다.
• 민정: 도넛과 100원짜리 동전은 ● 모양이고,
삼각김밥은 ▲ 모양입니다.

07 집에 있는 물건 중에서 ■, ▲, ● 모양을 찾아
말로 표현해 봅니다.

08 • ● 모양: 시계, 액자 ➡ 2개
• ■ 모양: 거울 ➡ 1개
• ▲ 모양: 샌드위치 ➡ 1개
따라서 알맞게 이야기한 사람은 소리입니다.

09 색종이를 점선을 따라 모두 자르면 오
른쪽과 같이 ■ 모양 2개와 ▲ 모양
4개가 생깁니다.

10

채점 기준		
❶ ㉠, ㉡, ㉢의 모양을 각각 아는 경우	4점	5점
❷ 모양이 다른 하나를 찾아 기호를 쓴 경우	1점	

11

채점 기준		
❶ ㉠, ㉡, ㉢의 모양을 각각 아는 경우	4점	5점
❷ 모양이 다른 하나를 찾아 기호를 쓴 경우	1점	

2회 개념 학습

62~63쪽

확인1 ( ) ( ) (○)

확인2 ( ) (○) ( )

1   **2** (○) ( ) ( )

3 ( ) (○) ( )

4 2개   **5** 4 / 4 / 5

6 (예)

1 주어진 물건을 본뜨면 컵은 ● 모양, 연필꽂이는
▲ 모양, 쌓기나무는 ■ 모양이 나옵니다.

2 필통은 보이는 모든 부분이 ■ 모양이므로 필통
을 찰흙 위에 찍으면 ■ 모양이 나옵니다.

3 ■ 모양은 뾰족한 부분이 4군데 있고, ● 모양
은 뾰족한 부분이 없습니다.

4 ■ 모양 1개, ▲ 모양 6개, ● 모양 2개를 이용
하여 꾸몄습니다.

5 ■ 모양 4개, ▲ 모양 4개, ● 모양 5개를 이용
하여 만들었습니다.

6 (예) 원숭이의 눈은 ● 모양 2개, 코는 ▲ 모양
1개, 입은 ■ 모양 4개를 이용하여 꾸몄습니다.

01 (○) (○) (   )   **02** (   ) (   ) (×)

03

04 2, 7, 1

05 (   ) (   ) (○)   **06** 3개

07 예

08 (   ) (   ) (○)

09 4, 3

10 예 ▲ 모양은 곧은 선이 있고, ● 모양은 곧은 선이 없습니다.

01 ▣ 모양 **6**개와 ▲ 모양 **8**개를 이용하여 만들었습니다.

02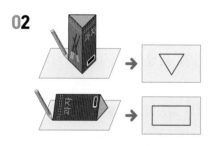

03 ・2명이 양팔을 이용하여 ▣ 모양을 만들었습니다.

  ・1명이 손가락을 이용하여 ● 모양을 만들었습니다.

  ・3명이 몸 전체를 이용하여 ▲ 모양을 만들었습니다.

04 ▣ 모양 **2**개, ▲ 모양 **7**개, ● 모양 **1**개를 이용하여 에펠 탑을 만들었습니다.

05 ・▣ 모양은 둥근 부분이 없습니다.

  ・● 모양은 뾰족한 부분이 없습니다.

  ・▲ 모양은 뾰족한 부분이 **3**군데 있습니다.

06 뾰족한 부분이 없는 모양은 ● 모양입니다.

  ● 모양의 접시는 모두 **3**개입니다.

07 ▣, ▲, ● 모양을 이용하여 베개를 자유롭게 꾸며 봅니다.

08 ▣ 모양 **5**개, ▲ 모양 **4**개, ● 모양 **7**개를 이용했습니다.

  → **7** > **5** > **4**이므로 가장 많이 이용한 모양은 ● 모양입니다.

09

채점 기준	▣ 모양과 ▲ 모양의 다른 점을 알맞게 답한 경우	5점

10

채점 기준	▲ 모양과 ● 모양의 또 다른 점을 알맞게 답한 경우	5점

[평가 기준] '▲ 모양은 곧은 선이 있고, ● 모양은 곧은 선이 없다.' 또는 '▲ 모양은 둥근 부분이 없고, ● 모양은 둥근 부분이 있다.'라는 표현이 있으면 정답으로 인정합니다.

확인1 6, 12, 6

확인2 2, 12 /

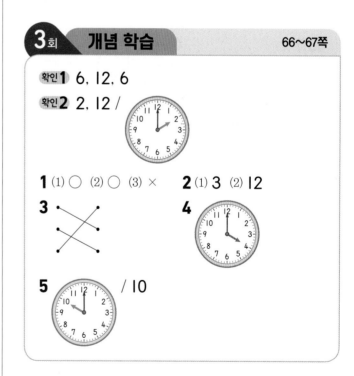

1 (1) ○ (2) ○ (3) ×   **2** (1) 3 (2) 12

3

4

5   / 10

1 (3) 짧은바늘은 **8**, 긴바늘은 **12**를 가리킵니다.

2 (1) 짧은바늘이 **3**, 긴바늘이 **12**를 가리키므로 **3**시입니다.

  (2) 짧은바늘이 **12**, 긴바늘이 **12**를 가리키므로 **12**시입니다.

3 • 짧은바늘이 **11**, 긴바늘이 **12**를 가리키므로 **11**시
입니다.

• 짧은바늘이 **9**, 긴바늘이 **12**를 가리키므로 **9**시
입니다.

• 짧은바늘이 **1**, 긴바늘이 **12**를 가리키므로 **1**시
입니다.

4 디지털시계가 나타내는 시각은 **4**시입니다.
따라서 짧은바늘이 **4**를 가리키도록 그립니다.

5 짧은바늘이 **10**, 긴바늘이 **12**를 가리키므로 **10**시
입니다.

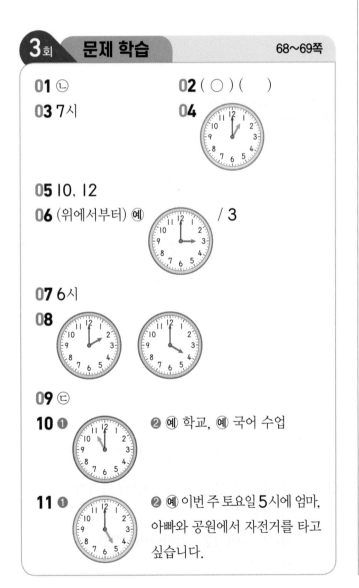

3회 **문제 학습** 68~69쪽

01 ㉡

02 (○) ( )

03 7시

04

05 10, 12

06 (위에서부터) 예 / 3

07 6시

08

09 ㉢

10 ❶ ❷ 예 학교, 예 국어 수업

11 ❶ ❷ 예 이번 주 토요일 **5**시에 엄마, 아빠와 공원에서 자전거를 타고 싶습니다.

01 짧은바늘이 **8**, 긴바늘이 **12**를 가리키므로 **8**시
입니다.

02 짧은바늘이 **9**, 긴바늘이 **12**를 가리키는 시계에
○표 합니다.

참고 오른쪽 시계는 짧은바늘이 **10**, 긴바늘이 **12**를 가리
키므로 **10**시입니다.

03 공연이 끝나자마자 찍은 사진에서 벽에 걸린 시
계의 짧은바늘이 **7**, 긴바늘이 **12**를 가리키므로
공연이 **7**시에 끝났음을 알 수 있습니다.

04 한 시는 **1**시입니다.
1시는 짧은바늘이 **1**, 긴바늘이 **12**를 가리키도록
그립니다.

05 • 짧은바늘이 **10**, 긴바늘이 **12**를 가리키므로
10시입니다. ➡ **10**시에 체조를 했습니다.

• 짧은바늘이 **12**, 긴바늘이 **12**를 가리키므로
12시입니다. ➡ **12**시에 점심을 먹었습니다.

06 짧은바늘이 □ 안에 써넣은 숫자를 가리키도록
그립니다.

참고 ■시에는 시계의 짧은바늘이 ■를 가리킵니다.

07 시계의 짧은바늘이 **6**, 긴바늘이 **12**를 가리키므로
6시입니다.
따라서 소라는 **6**시에 책을 읽습니다.

08 • 그림 그리기: **2**시이므로 짧은바늘이 **2**를 가리
키도록 그립니다.

• 피아노 치기: **4**시이므로 짧은바늘이 **4**를 가리
키도록 그립니다.

09 ㉠ 짧은바늘이 **10**, 긴바늘이 **12**를 가리킵니다.

㉡ 짧은바늘이 **7**, 긴바늘이 **12**를 가리킵니다.

㉢ 짧은바늘과 긴바늘이 모두 **12**를 가리킵니다.

➡ 시계의 짧은바늘과 긴바늘이 같은 숫자를 가
리킬 때는 **12**시이므로 ㉢입니다.

10 | 채점기준 | ❶ 시계에 **11**시를 바르게 나타낸 경우 | 3점 | 5점 |
| --- | --- | --- | --- |
| | ❷ 어제 **11**시에 한 일을 이야기한 경우 | 2점 | |

| 11 | 채점 기준 | ❶ 시계에 5시를 바르게 나타낸 경우 | 3점 | 5점 |
| | | ❷ 이번 주 토요일 5시에 하고 싶은 일을 이야기한 경우 | 2점 | |

[평가 기준] 토요일 5시에 하는 것이 가능한 일을 이야기했으면 정답으로 인정합니다.

4회 개념 학습 70~71쪽

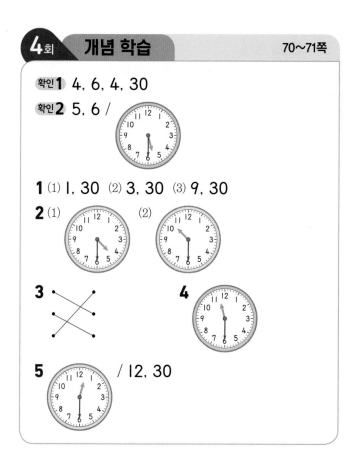

확인1 4, 6, 4, 30
확인2 5, 6 /

1 (1) 1, 30 (2) 3, 30 (3) 9, 30
2 (1) (2)
3
4
5 / 12, 30

1 (1) 짧은바늘이 1과 2 사이, 긴바늘이 6을 가리키므로 1시 30분입니다.
(2) 짧은바늘이 3과 4 사이, 긴바늘이 6을 가리키므로 3시 30분입니다.
(3) 짧은바늘이 9와 10 사이, 긴바늘이 6을 가리키므로 9시 30분입니다.

2 ■시 30분을 시계에 나타낼 때는 긴바늘이 6을 가리키도록 그립니다.
참고 ■시 30분일 때 짧은바늘은 ■와 ■+1 사이를 가리킵니다.

3 • 짧은바늘이 6과 7 사이, 긴바늘이 6을 가리키므로 6시 30분입니다.
• 짧은바늘이 2와 3 사이, 긴바늘이 6을 가리키므로 2시 30분입니다.
• 짧은바늘이 8과 9 사이, 긴바늘이 6을 가리키므로 8시 30분입니다.

4 디지털시계가 나타내는 시각은 11시 30분입니다. 따라서 긴바늘이 6을 가리키도록 그립니다.

5 짧은바늘이 12와 1 사이, 긴바늘이 6을 가리키므로 12시 30분입니다.

4회 문제 학습 72~73쪽

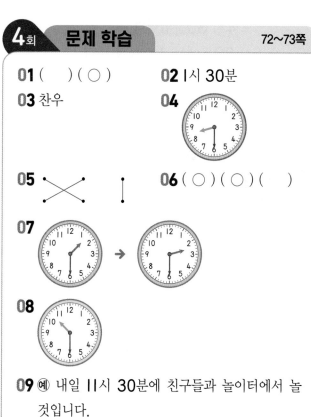

01 ( ) (○)
02 1시 30분
03 찬우
04
05
06 (○) (○) ( )
07
08
09 예 내일 11시 30분에 친구들과 놀이터에서 놀 것입니다.
10 12, 1, 6
11 예 9시 30분은 짧은바늘이 9와 10 사이를 가리키고, 긴바늘이 6을 가리켜.

01 짧은바늘이 11과 12 사이, 긴바늘이 6을 가리키는 시계에 ○표 합니다.

02 짧은바늘이 1과 2 사이, 긴바늘이 6을 가리키므로 1시 30분입니다.

03 짧은바늘이 5와 6 사이, 긴바늘이 6을 가리키므로 5시 30분입니다.

따라서 시각을 바르게 말한 사람은 찬우입니다.

04 8시 30분은 긴바늘이 6을 가리키도록 그립니다.

05 • 짧은바늘이 6, 긴바늘이 12를 가리키므로 6시입니다.

→ 6시에는 TV를 봅니다.

• 짧은바늘이 3과 4 사이, 긴바늘이 6을 가리키므로 3시 30분입니다.

→ 3시 30분에는 책을 읽습니다.

• 짧은바늘이 4와 5 사이, 긴바늘이 6을 가리키므로 4시 30분입니다.

→ 4시 30분에는 청소를 합니다.

06 시계의 긴바늘이 6을 가리킬 때 짧은바늘은 숫자와 숫자 사이를 가리켜야 하므로 가장 오른쪽 시계는 짧은바늘과 긴바늘이 잘못 그려졌습니다.

07 • 시작 시각은 1시 30분이므로 짧은바늘이 1과 2 사이를 가리키도록 그립니다.

• 마침 시각은 2시 30분이므로 짧은바늘이 2와 3 사이를 가리키도록 그립니다.

08 10시 30분은 짧은바늘이 10과 11 사이, 긴바늘이 6을 가리키도록 그립니다.

09 시계가 나타내는 시각은 11시 30분입니다.

내일 11시 30분에 할 일을 자유롭게 이야기해 봅니다.

[**평가 기준**] 내일 11시 30분에 하는 것이 가능한 일을 이야기했으면 정답으로 인정합니다.

10 채점 기준	잘못된 곳을 찾아 바르게 고친 경우	5점

11 채점 기준	잘못된 곳을 찾아 바르게 고친 경우	5점

5회 응용 학습 74~77쪽

01 1단계 3, 1, 2   **2단계** ■

02 ●   **03** ●, ■, ▲

04 1단계 2시   **2단계** 간식 먹기

05 일기 쓰기   **06** 개인 달리기

07 1단계 9개   **2단계** 4개

3단계 5개

08 1개   **09** 민지, 4개

10 1단계 6시 30분, 7시

2단계 어제

11 수호   **12** 수영하기

01 1단계 • ■ 모양: ◇, ▭, ▱ → 3개

• ▲ 모양: ▽ → 1개

• ● 모양: ◉, ◌ → 2개

주의 ⬠은 뾰족한 부분이 5군데 있으므로 ■ 모양도 아니고, ▲ 모양도 아닙니다.

2단계 3 > 2 > 1이므로 개수가 가장 많은 모양은 3개인 ■ 모양입니다.

02 ■ 모양: 3개, ▲ 모양: 2개, ● 모양: 1개

→ 1 < 2 < 3이므로 개수가 가장 적은 모양은 1개인 ● 모양입니다.

03 ■ 모양: 4개, ▲ 모양: 3개, ● 모양: 8개

→ 8 > 4 > 3이므로 개수가 많은 모양부터 차례로 그리면 ● 모양, ■ 모양, ▲ 모양입니다.

04 1단계 짧은바늘이 2, 긴바늘이 12를 가리키므로 2시입니다.

2단계 2시에 할 일을 계획표에서 찾아보면 간식 먹기입니다.

05 짧은바늘이 8과 9 사이, 긴바늘이 6을 가리키므로 8시 30분입니다.

→ 8시 30분에 할 일을 계획표에서 찾아보면 일기 쓰기입니다.

06 짧은바늘이 11과 12 사이, 긴바늘이 6을 가리키므로 11시 30분입니다.

→ 11시 30분은 11시와 12시 사이의 시각이므로 시계가 나타내는 시각에 운동회에서 하는 활동은 개인 달리기입니다.

07 **3단계** ⬤ 모양을 ⬛ 모양보다 9−4=5(개) 더 많이 이용했습니다.

08 △ 모양: 5개, ⬛ 모양: 6개

→ △ 모양을 ⬛ 모양보다 6−5=1(개) 더 적게 이용했습니다.

09

은수: → 1개, 민지: → 5개

→ 1<5이므로 민지가 △ 모양을 5−1=4(개) 더 많이 이용했습니다.

10 **1단계** • 어제: 짧은바늘이 6과 7 사이, 긴바늘이 6을 가리키므로 6시 30분입니다.

• 오늘: 짧은바늘이 7, 긴바늘이 12를 가리키므로 7시입니다.

2단계 6시 30분과 7시 중에서 더 빠른 시각은 6시 30분이므로 더 일찍 저녁을 먹은 날은 어제입니다.

11 • 수호가 일어난 시각: 9시 30분

• 소민이가 일어난 시각: 8시

→ 9시 30분과 8시 중에서 더 늦은 시각은 9시 30분이므로 더 늦게 일어난 사람은 수호입니다.

12 심부름하기: 3시 30분, 수영하기: 1시, 숙제하기: 5시 30분

→ 3시 30분, 1시, 5시 30분 중에서 가장 빠른 시각은 1시이므로 가장 먼저 한 일은 수영하기입니다.

6회 **마무리 평가** 78~81쪽

01

02 ⬛

03 ( ) ( ) (○) **04** ( ) (○) ( )

05 4, 12, 4   **06** 7, 30

07

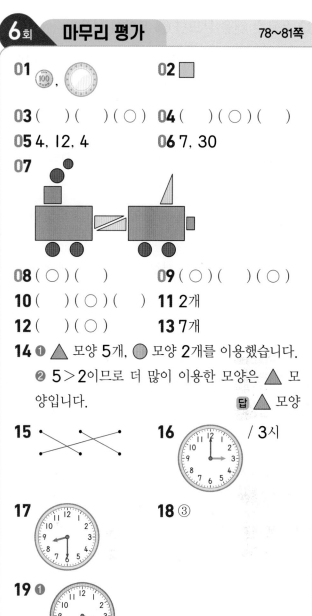

08 (○) ( )   **09** (○) ( ) (○)

10 ( ) (○) ( )   **11** 2개

12 ( ) (○)   **13** 7개

14 ❶ △ 모양 5개, ⬤ 모양 2개를 이용했습니다.

❷ 5>2이므로 더 많이 이용한 모양은 △ 모양입니다. **답** △ 모양

15

16 / 3시

17

18 ③

19 ❶

❷ **예** 3시 30분일 때 짧은바늘은 3과 4 사이를 가리켜야 하는데 3을 가리키게 그렸으므로 잘못되었습니다.

20 3개, 4개   **21** 1개

22 도서관 가기   **23** ㉢

24 1

25 **예** 수아는 2시 30분에 물에서 놀고 있는 물개를 보았습니다.

---

01 손수건은 ⬛ 모양이고, 과자는 △ 모양입니다.

02 액자, 칠판, 딱지는 모두 ⬛ 모양입니다.

03 음료수 캔을 본뜨면 ⬤ 모양이 나옵니다.

04 ▲ 모양 **8**개를 이용하여 마스크를 꾸몄습니다.

05 짧은바늘이 ■, 긴바늘이 **12**를 가리키면 ■시입니다.

06 짧은바늘이 **7**과 **8** 사이, 긴바늘이 **6**을 가리키므로 **7**시 **30**분입니다.

07 ■ 모양이 **4**개, ▲ 모양이 **3**개, ⬤ 모양이 **6**개 있습니다.

　■, ▲, ⬤ 모양을 서로 다른 색으로 색칠합니다.

08 • 왼쪽: 삼각자, 표지판, 옷걸이가 모두 ▲ 모양입니다.

　• 오른쪽: 버스 카드와 편지 봉투는 ■ 모양, 도넛은 ⬤ 모양입니다.

　➜ 같은 모양끼리 바르게 모은 것은 왼쪽입니다.

09 큐브와 지우개는 보이는 모든 부분이 ■ 모양이므로 ■ 모양을 본뜰 수 있고, 풀은 ⬤ 모양을 본뜰 수 있습니다.

10 곧은 선이 있는 모양은 ■ 모양과 ▲ 모양입니다. 이 중에서 뾰족한 부분이 **3**군데 있는 모양은 ▲ 모양입니다.

11 곧은 선이 없는 모양은 ⬤ 모양입니다.

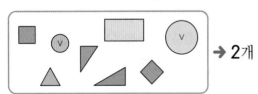 ➜ **2**개

12 왼쪽의 집은 ■ 모양과 ⬤ 모양만 이용하여 꾸민 집입니다.

13
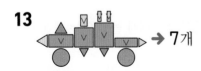 ➜ **7**개

14

채점 기준	❶ ▲ 모양과 ⬤ 모양을 각각 몇 개씩 이용했는지 센 경우	2점	4점
	❷ 더 많이 이용한 모양을 찾은 경우	2점	

15 • 짧은바늘이 **6**, 긴바늘이 **12**를 가리키므로 **6**시입니다.

　• 짧은바늘이 **10**, 긴바늘이 **12**를 가리키므로 **10**시입니다.

　• 짧은바늘이 **5**, 긴바늘이 **12**를 가리키므로 **5**시입니다.

16 짧은바늘이 **3**, 긴바늘이 **12**를 가리키면 **3**시입니다.

17 **8**시 **30**분은 짧은바늘이 **8**과 **9** 사이를 가리키도록 그립니다.

18 시계의 짧은바늘이 가리키는 곳은 다음과 같습니다.
　① **11**　② **11**과 **12** 사이
　③ **12**　④ **12**와 **1** 사이
　⑤ **1**

19

채점 기준	❶ 오른쪽 시계에 시각을 바르게 나타낸 경우	2점	4점
	❷ 잘못된 이유를 쓴 경우	2점	

20  ➜ **3**개, ⊠ ➜ **4**개

21 ▲ 모양을 정우는 **3**개, 지나는 **4**개 이용했습니다. 따라서 정우는 지나보다 ▲ 모양을 **4**−**3**=**1**(개) 더 적게 이용했습니다.

22 짧은바늘이 **10**과 **11** 사이, 긴바늘이 **6**을 가리키므로 **10**시 **30**분입니다. ➜ 도서관 가기

23 ㉠ **3**시 **30**분　㉡ **2**시　㉢ **4**시 **30**분
　➜ ㉢ **4**시 **30**분은 **4**시보다 늦은 시각이므로 **1**시와 **4**시 사이의 시각이 아닙니다.

24 짧은바늘이 **1**, 긴바늘이 **12**를 가리키므로 **1**시입니다.

25

채점 기준	시계가 나타내는 시각을 넣어 수아가 한 일을 이야기한 경우	4점

[평가 기준] '**2**시 **30**분'을 넣어 수아가 동물원에서 한 일을 그림에 알맞게 이야기했으면 정답으로 인정합니다.

4. 덧셈과 뺄셈(2)

확인1 10, 11 / 11

확인2 (왼쪽에서부터) 1, 3 / 14

1 10, 13 / 13

2 예

| ○ | ○ | ○ | ○ | ○ | △ | △ | △ | | | / 13 |
| △ | △ | △ | △ | △ | | | | | | |

3 12

4 (왼쪽에서부터) ⑴ 5 / 15   ⑵ 1 / 15

5 (위에서부터) 15, 5

---

2 △ 5개를 그려 10을 만들고, △ 3개를 더 그리면 13이 됩니다. → 5+8=13

> **참고** 10을 만들어 계산하면 편리하므로 한 개의 십 배열판을 모두 채운 후 나머지 십 배열판을 채웁니다.

3 접시 위에 놓은 과자는 8개입니다. 8에서 4만큼 이어 세면 8 하고 9, 10, 11, 12이므로 과자는 모두 12개입니다.

4 ⑴ 9를 4와 5로 가르기하여 6과 4를 더해 10을 만들고, 남은 5를 더하면 15가 됩니다.

⑵ 6을 5와 1로 가르기하여 9와 1을 더해 10을 만들고, 남은 5를 더하면 15가 됩니다.

5 7을 2와 5로 가르기하여 8과 2를 더해 10을 만들고, 남은 5를 더하면 15가 됩니다.

01 14

02 (위에서부터) ⑴ 12, 2   ⑵ 17, 2

03 ⑴ 16   ⑵ 14   **04**

---

05 ( ) ( ) (○)   **06** 5, 13

07 7+7=14 / 14개

08 예 5, 9, 14 / 예 8, 7, 15

09 예 [도미노] / 11 / 5, 11

10 예 기찻길, 별 / 7, 5, 12

11 ❶ 9, 2   ❷ 2, 11   답 11

12 ❶ 가장 큰 수는 8, 가장 작은 수는 3입니다.

❷ 따라서 가장 큰 수와 가장 작은 수의 합은 8+3=11입니다.   답 11

---

01 초록색 모자는 8개, 빨간색 모자는 6개입니다. 8에서 6만큼 이어 세면 8 하고 9, 10, 11, 12, 13, 14이므로 모자는 모두 14개입니다.

02 ⑴ 6을 4와 2로 가르기하여 6과 4를 더해 10을 만들고, 남은 2를 더하면 12가 됩니다.

⑵ 9를 7과 2로 가르기하여 8과 2를 더해 10을 만들고, 남은 7을 더하면 17이 됩니다.

03 ⑴ 8+8=16   ⑵ 5+9=14
      2 6   4 1

04 3+8=11, 9+4=13, 5+7=12

05 5+6=11, 7+8=15, 9+5=14

06 8개에 5개 더 획득했으므로 8 하고 9, 10, 11, 12, 13입니다. → 8+5=13

07 (상자에 넣은 전체 구슬의 수)
　 =(상자에 넣은 유리구슬의 수)
　　 +(상자에 넣은 쇠구슬의 수)
　 =7+7=14(개)

08 2+9=11, 5+6=11, 5+7=12, 8+4=12, 8+6=14를 만들 수도 있습니다.

09 4+7=11
6과 더해 11이 되려면 점을 5개 그려야 합니다.
→ 6+5=11

10 수수깡 12개로 만들 수 있는 경우는 다음과 같습니다.
- 기찻길과 별: 7+5=12
- 창문과 창문: 6+6=12

11 채점 기준	❶ 가장 큰 수와 가장 작은 수를 각각 찾아 쓴 경우	2점	5점
	❷ 가장 큰 수와 가장 작은 수의 합을 구한 경우	3점	

12 채점 기준	❶ 가장 큰 수와 가장 작은 수를 각각 찾아 쓴 경우	2점	5점
	❷ 가장 큰 수와 가장 작은 수의 합을 구한 경우	3점	

2회 개념 학습
88~89쪽

확인**1** (1) 12, 13 (2) 13, 14
확인**2** (1) 11 (2) 14

1 15, 16, 17   **2** 12, 13, 14
3 14, 14 / 같습니다
4 16, 16, 16 / 1, 1, 같습니다
5 7+8, 8+7, 9+6

1 같은 수에 1씩 커지는 수를 더하면 합도 1씩 커집니다.

2 1씩 커지는 수에 같은 수를 더하면 합도 1씩 커집니다.

3 9+5=14, 5+9=14이므로 두 수의 순서를 바꾸어 더해도 합은 같습니다.

4 9+7=16, 8+8=16, 7+9=16으로 합이 같습니다.

5 ■씩 커지는 수에 ■씩 작아지는 수를 더하면 합은 같으므로 6+9와 합이 같은 식은 7+8, 8+7, 9+6입니다.
참고 6+9=15, 7+8=15, 8+7=15, 9+6=15

2회 문제 학습
90~91쪽

01 14, 15, 16   **02** (1) = (2) >
03 11, 3   **04** 예 6, 9
05 8+8, 7+9   **06** 도현
07 (   ) (   ) (○)
08

시작
9+6=15

9+9= 18 · —— · 9+8= 17

9+7= 16

09

7+4 6+8 9+5
4+8 9+2 6+6
6+5 5+9 9+3

10 ❶ 같습니다 ❷ 5, 7, 6 답 8+5, 7+6
11 ❶ 더해지는 수가 1씩 커지고 더하는 수가 1씩 작아지면 합은 같습니다.
❷ 따라서 색칠된 칸의 덧셈식과 합이 같은 식 2개를 표에서 찾으면 5+8, 6+7입니다.
답 5+8, 6+7

01 1씩 커지는 수에 같은 수를 더하면 합도 1씩 커집니다. ➡ 7+7=14, 8+7=15, 9+7=16

02 (1) 두 수의 순서를 바꾸어 더해도 합은 같습니다.
(2) 4+7은 4+6보다 더하는 수가 1만큼 더 크므로 합도 1만큼 더 큽니다.

03 3+8=11입니다. 두 수의 순서를 바꾸어 더해도 합은 같으므로 8+3=11입니다.

04 6+8=14에서 합이 1만큼 커졌으므로 더하는 수를 1만큼 크게 하여 6+9=15로 쓰거나, 더해지는 수를 1만큼 크게 하여 7+8=15로 쓸 수 있습니다.

05 ↘ 방향으로 합이 같습니다.
8+8=16, 7+9=16

06 (원숭이가 먹은 딸기의 수)=8+5=13(개)
(너구리가 먹은 딸기의 수)=5+8=13(개)
→ 원숭이와 너구리가 먹은 딸기는 13개로 같으므로 바르게 말한 사람은 도현입니다.

07 • 더해지는 수가 1씩 작아지고 더하는 수가 1씩 커지면 합은 같으므로 7+5와 6+6의 합은 같습니다.
• 두 수의 순서를 바꾸어 더해도 합은 같으므로 7+5와 5+7의 합은 같습니다.

08 9+6=15, 9+7=16, 9+8=17, 9+9=18이므로 합이 15인 식부터 순서대로 잇습니다.

09 • 8+6=14이므로 6+8, 9+5, 5+9와 합이 같습니다.
• 4+7=11이므로 7+4, 9+2, 6+5와 합이 같습니다.
• 3+9=12이므로 4+8, 6+6, 9+3과 합이 같습니다.

10
채점기준	❶ 합이 같은 식을 찾는 방법을 아는 경우	2점	
	❷ 합이 같은 식 2개를 주어진 표에서 찾아 쓴 경우	3점	5점

11
채점기준	❶ 합이 같은 식을 찾는 방법을 아는 경우	2점	
	❷ 합이 같은 식 2개를 주어진 표에서 찾아 쓴 경우	3점	5점

3회 **개념 학습** 92~93쪽

확인**1** 9, 10, 11 / 9
확인**2** (왼쪽에서부터) 4, 10
1 6, 6 / 6   **2** 9
3 (1) 10 (2) 10
4 (왼쪽에서부터) (1) 8 / 2 (2) 1 / 2
5 (위에서부터) 9, 1

2 14에서 5만큼 거꾸로 세면 14 하고 13, 12, 11, 10, 9이므로 남는 달걀은 9개입니다.

3 10개씩 묶음 1개와 낱개 ■개에서 낱개 ■개를 빼면 10개씩 묶음 1개가 남습니다.

4 (1) 11에서 1을 빼서 10을 만들고, 10에서 남은 8을 빼면 2가 됩니다.
(2) 11을 10과 1로 가르기하여 10에서 9를 먼저 빼고, 남은 1을 더하면 2가 됩니다.

5 16에서 6을 빼서 10을 만들고, 10에서 남은 1을 빼면 9가 됩니다.

3회 **문제 학습** 94~95쪽

01 숟가락, 5
02 (위에서부터) 7, 4
03 (1) 6 (2) 9
04
05 (◯)
(×)
06 13-5=8 / 8개
07 4자리
08 8병
09 예 14, 7, 7 / 예 15, 8, 7
10 3장
11 ❶ 8, 6, 6, 5   ❷ 6, 5, 은호   답 은호
12 ❶ 지안이가 가진 공에 적힌 두 수의 차는 14-9=5이고, 영서가 가진 공에 적힌 두 수의 차는 11-5=6입니다.
❷ 차를 비교하면 5<6이므로 이긴 사람은 지안입니다.   답 지안

01 숟가락 12개와 포크 7개를 하나씩 짝 지어 보면 숟가락이 5개 더 많습니다.

02 14를 10과 4로 가르기하여 10에서 7을 먼저 빼고, 남은 4를 더하면 7이 됩니다.

03 (1) 15-9=6   (2) 11-2=9
          5 4   10 1

04 19−9=10, 13−4=9, 16−8=8

05 12−5는 12에서 2를 빼고 남은 3을 더 빼야 하는데 12에서 2를 빼고 다시 5를 빼서 잘못 계산하였습니다.

06 당근은 13개, 호박은 5개 있습니다.
→ 13−5=8이므로 당근이 호박보다 8개 더 많습니다.

07 전체 11자리 중에서 7자리가 예약 마감되었습니다.
→ 11−7=4이므로 예약이 가능한 자리는 4자리입니다.

08 (처음에 가지고 있던 음료수의 수)
=(현재 음료수의 수)−(더 산 음료수의 수)
=15−7=8(병)

09 13−8=5, 13−9=4, 14−9=5, 15−6=9, 16−7=9, 16−9=7을 만들 수도 있습니다.

10 유준이가 사용하고 남은 색종이는 17−9=8(장)입니다.
→ (소율이가 사용한 색종이의 수)
=(처음 있던 색종이의 수)−(남은 색종이의 수)
=11−8=3(장)

11
채점 기준	❶ 카드에 적힌 두 수의 차를 각각 구한 경우	4점	5점
	❷ 이긴 사람을 찾아 쓴 경우	1점	

12
채점 기준	❶ 공에 적힌 두 수의 차를 각각 구한 경우	4점	5점
	❷ 이긴 사람을 찾아 쓴 경우	1점	

4회 **개념 학습** 96~97쪽

확인**1** (1) 8, 7 (2) 4, 5   확인**2** (1) 3 (2) 9

1 8, 7, 6

2 3, 4, 5

3 8, 7 / 작아집니다

4 6, 6, 6 / 1, 같습니다

5 13−8, 14−9

6 9, 9

---

1 같은 수에서 1씩 커지는 수를 빼면 차는 1씩 작아집니다.

2 1씩 커지는 수에서 같은 수를 빼면 차도 1씩 커집니다.

3 13에서 빼는 수가 4, 5, 6으로 1씩 커지면 차는 9, 8, 7로 1씩 작아집니다.

5 왼쪽 수와 오른쪽 수가 1씩 커지면 차가 같으므로 12−7과 차가 같은 식은 13−8, 14−9입니다.

6 17−8=9입니다. 왼쪽 수와 오른쪽 수가 1씩 커지면 차가 같으므로 18−9=9입니다.

4회 **문제 학습** 98~99쪽

01 (위에서부터) 8, 8 / 7, 7 / 6, 6

02 (위에서부터) 8, 7, 6 / 8 / 9

03 (△) (   )   **04** 예나, 채아

05 (1) 7 (2) 예 17, 9

06 (위에서부터) 4 / 5 / 8, 7

07 14, 9 / 14, 9, 5

08

12−8= 4
14−8= 6   15−8= 7
시작
11−8=3   13−8= 5

09

11−4	12−4	11−6
16−8	14−9	15−7
14−7	13−6	17−9

10 ❶ 같습니다 ❷ 2, ㉡   답 ㉡

11 ❶ 왼쪽 수와 오른쪽 수가 똑같이 ■씩 커지거나 작아지면 차가 같습니다.
❷ 따라서 15−9와 차가 같은 식은 왼쪽 수와 오른쪽 수가 똑같이 2씩 작아진 ㉢입니다.
답 ㉢

01 • 1씩 작아지는 수에서 같은 수를 빼면 차도 1씩 작아집니다.

• 같은 수에서 1씩 커지는 수를 빼면 차는 1씩 작아집니다.

02 • 같은 수에서 1씩 커지는 수를 빼면 차는 1씩 작아집니다.

➡ 11−2=9, 11−3=8, 11−4=7, 11−5=6

• 1씩 커지는 수에서 같은 수를 빼면 차도 1씩 커집니다.

➡ 11−5=6, 12−5=7, 13−5=8, 14−5=9

03 18−9는 17−9보다 빼지는 수가 1만큼 더 크므로 차도 1만큼 더 큽니다.

04 11−7=4이고, 13−9는 11−7에서 왼쪽 수와 오른쪽 수가 2씩 커졌으므로 차가 같습니다.

05 • 12−6=6이므로 왼쪽 수와 오른쪽 수가 1씩 커진 13−7과 차가 같습니다.

• 16−8=8이므로 11−3, 12−4, 13−5, 14−6, 15−7, 17−9 등과 차가 같습니다.

06 왼쪽 수와 오른쪽 수가 1씩 커지면 차가 같습니다.

07 5, 14, 9 중 가장 큰 수 14를 빼지는 수로 하여 뺄셈식 2개를 만들 수 있습니다.

➡ 14−5=9, 14−9=5

08 11−8=3, 12−8=4, 13−8=5, 14−8=6, 15−8=7이므로 차가 3인 식부터 순서대로 잇습니다.

09 • 12−7=5이므로 11−6, 14−9와 차가 같습니다.

• 11−3=8이므로 12−4, 16−8, 15−7, 17−9와 차가 같습니다.

• 16−9=7이므로 11−4, 14−7, 13−6과 차가 같습니다.

10 채점 기준	❶ 차가 같은 식을 찾는 방법을 아는 경우	2점	
	❷ 13−4와 차가 같은 식을 찾아 기호를 쓴 경우	3점	5점

11 채점 기준	❶ 차가 같은 식을 찾는 방법을 아는 경우	2점	
	❷ 15−9와 차가 같은 식을 찾아 기호를 쓴 경우	3점	5점

5회 응용 학습 100~103쪽

01 **1단계** 큰, 큰
　　2단계 9, 8, 17 또는 8, 9, 17
02 5, 6, 11 또는 6, 5, 11
03 15, 6, 9
04 **1단계** 13　　**2단계** 8
05 3　　　　　　**06** 9
07 **1단계** 12　　**2단계** 9
08 8　　　　　　**09** 7, 9
10 **1단계** 13살　　**2단계** 9살
11 6송이　　　　**12** 9장

01 **2단계** 수 카드의 수 중에서 가장 큰 수는 9, 둘째로 큰 수는 8입니다. ➡ 9+8=17

02 합이 가장 작으려면 가장 작은 수와 둘째로 작은 수를 더해야 합니다.

수 카드의 수 중에서 가장 작은 수는 5, 둘째로 작은 수는 6입니다. ➡ 5+6=11

03 차가 가장 크려면 초록색 카드 중 더 큰 15에서 주황색 카드 중 더 작은 6을 빼야 합니다.

➡ 15−6=9

04 **2단계** 5+□=13입니다.

5+□=13　5에 5를 더해 10을 만들고,

3을 더하면 13이 되므로

□ 안에 알맞은 수는 8입니다.

05 16−7=9이므로 12−□=9입니다.

12−□=9   12에서 2를 빼서 10을 만들고,
2 1   10에서 1을 빼면 9가 되므로
□에 알맞은 수는 3입니다.

06 지원이의 뺄셈식을 계산하면 12−7=5이므로
14−□=5입니다.

14−□=5   14에서 4를 빼서 10을 만들고,
4 5   10에서 5를 빼면 5가 되므로
□에 알맞은 수는 9입니다.

07 **2단계** 민주가 이기려면 두 수의 합이 12보다 커야 합니다.

4+8=12이고 4+9=13이므로 민주는 9가 적힌 공을 꺼내야 합니다.

08 연서가 꺼낸 공에 적힌 두 수의 차는
14−9=5이므로 지훈이가 이기려면 두 수의 차가 5보다 작아야 합니다.

12−7=5이고 12−8=4이므로 지훈이는 8이 적힌 공을 꺼내야 합니다.

09 민규가 꺼낸 공에 적힌 두 수의 합은
6+8=14입니다.

소리가 이기려면 두 수의 합이 14보다 커야 하므로 통에 담긴 공 중에서 합이 14보다 크게 되는 두 수를 찾습니다.

→ 7+9=16이므로 소리는 7과 9가 적힌 2개의 공을 꺼내야 합니다.

10 **1단계** 진수는 현중이보다 5살 더 많으므로
8+5=13(살)입니다.

2단계 주호는 진수보다 4살 더 적으므로
13−4=9(살)입니다.

11 백합은 장미보다 3송이 더 많으므로
9+3=12(송이)입니다.

→ 튤립은 백합보다 6송이 더 적으므로
12−6=6(송이)입니다.

12 유준이는 붙임딱지를 다은이보다 7장 더 많이 받았으므로 8+7=15(장) 받았습니다.

→ 소율이는 붙임딱지를 유준이보다 6장 더 적게 받았으므로 15−6=9(장) 받았습니다.

6회 마무리 평가

01 13   **02** 13

03 15, 14, 13   **04** 8, 9 / 8

05 (위에서부터) 8, 6   **06** 8

07 13   **08** 12개

09 9, 7, 16   **10** 15, 9, 6

11 ❶ 처음에 가지고 있던 딱지의 수에 더 만든 딱지의 수를 더하면 되므로 5+7을 계산합니다.
❷ 5+7=12이므로 딱지는 모두 12장입니다.
답 12장

12 (위에서부터) 13, 16, 14, 15

13 예 7, 5   **14** 8, 12 / 4, 8, 12

15 (○)(   )(○)   **16** 7개

17 ❶ 5, 6, 7, 8   ❷ 예 1씩 커지는 수에서 같은 수를 빼면 차도 1씩 커집니다.

18 12, 5 / 14, 7

19

시작
13−5=8   13−9= 4
13−6= 7   13−8= 5
13−7= 6

20 현우   **21** 11, 8, 3

22 3   **23** 17명

24 12−5=7 / 7장

25 ❶ ㉠을 사려면 칭찬 붙임딱지 8+5=13(장)이 필요하고, ㉡을 사려면 칭찬 붙임딱지 3+9=12(장)이 필요합니다.
❷ 지호는 칭찬 붙임딱지를 12장 가지고 있으므로 지호가 살 수 있는 물건은 ㉡입니다.   **답** ㉡

01 초록색 사과는 **7**개, 빨간색 사과는 **6**개입니다.
7에서 **6**만큼 이어 세면 **7** 하고 **8**, **9**, **10**, **11**, **12**, **13**이므로 사과는 모두 **13**개입니다.

02 **5**를 **3**과 **2**로 가르기하여 **8**과 **2**를 더해 **10**을 만들고, 남은 **3**을 더하면 **13**이 됩니다.

03 **1**씩 작아지는 수에 같은 수를 더하면 합도 **1**씩 작아집니다.

04 **11**에서 **3**만큼 거꾸로 세면 **11** 하고 **10**, **9**, **8**입니다. ➜ $11-3=8$

05 **16**을 **10**과 **6**으로 가르기하여 **10**에서 **8**을 먼저 빼고, 남은 **6**을 더하면 **8**이 됩니다.

06 왼쪽 수와 오른쪽 수가 **1**씩 커지면 차가 같습니다.

07 $4+9=13$

08 (도현이와 예나가 모은 구슬의 수)$=6+6=12$(개)

09 포도주스: **9**병, 키위주스: **7**병 ➜ $9+7=16$

10 오렌지주스: **15**병, 포도주스: **9**병 ➜ $15-9=6$

11

채점 기준	❶ 문제에 알맞은 덧셈식을 쓴 경우	2점	4점
	❷ 딱지는 모두 몇 장인지 구한 경우	2점	

12 $5+8=13$, $9+7=16$, $5+9=14$, $8+7=15$

13 $6+5=11$에서 합이 **1**만큼 커졌으므로 더해지는 수를 **1**만큼 크게 하여 $7+5=12$로 쓰거나, 더하는 수를 **1**만큼 크게 하여 $6+6=12$로 쓸 수 있습니다.

14 **12**, **8**, **4** 중 가장 큰 수 **12**를 계산 결과로 하여 덧셈식 **2**개를 만들 수 있습니다.
➜ $8+4=12$, $4+8=12$

15 $14-8=6$, $12-7=5$, $15-9=6$

16 전체 우유갑의 수에서 만들기 시간에 사용할 우유갑의 수를 빼면 되므로 $15-8$을 계산합니다.
➜ $15-8=7$이므로 남는 우유갑은 **7**개입니다.

17

채점 기준	❶ 뺄셈을 바르게 한 경우	2점	4점
	❷ 알게 된 점을 알맞게 쓴 경우	2점	

[평가 기준] '왼쪽 수(빼지는 수)가 **1**씩 커지고 오른쪽 수(빼는 수)가 똑같을 때 차가 **1**씩 커진다.'라는 내용이 있으면 정답으로 인정합니다.

18 왼쪽 수와 오른쪽 수가 똑같이 ■씩 커지거나 작아지면 차가 같습니다.
따라서 색칠한 칸의 뺄셈식과 차가 같은 식 **2**개를 표에서 찾으면 $12-5$, $14-7$입니다.

19 $13-5=8$, $13-6=7$, $13-7=6$, $13-8=5$, $13-9=4$이므로 차가 **8**인 식부터 순서대로 잇습니다.

20 현우가 어제와 오늘 읽은 책은 $9+7=16$(쪽)이고, 지아가 어제와 오늘 읽은 책은 $6+8=14$(쪽)입니다.
➜ $16>14$이므로 현우가 더 많이 읽었습니다.

21 차가 가장 작으려면 초록색 카드 중 더 작은 **11**에서 보라색 카드 중 더 큰 **8**을 빼야 합니다.
➜ $11-8=3$

22 ・$5+7=12$ ➜ ●$=12$
・●$-9=$★에서 $12-9=3$이므로 ★$=3$입니다.

23 (안경을 쓴 여학생 수)
$=$(안경을 쓴 남학생 수)$+1=8+1=9$(명)
➜ $8+9=17$이므로 진서네 반에서 안경을 쓴 학생은 모두 **17**명입니다.

24 칭찬 붙임딱지는 동화책이 **12**장, 수첩이 **5**장 필요합니다.
➜ $12-5=7$이므로 동화책은 수첩보다 칭찬 붙임딱지 **7**장이 더 필요합니다.

25

채점 기준	❶ ㉠과 ㉡을 사는 데 필요한 칭찬 붙임딱지의 수를 각각 구한 경우	3점	4점
	❷ ㉠과 ㉡ 중 지호가 살 수 있는 물건의 기호를 쓴 경우	1점	

5. 규칙 찾기

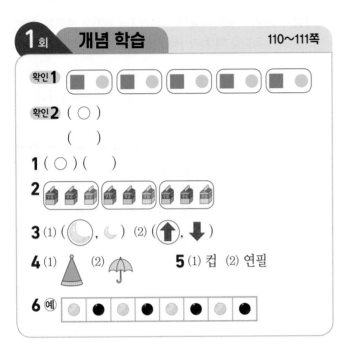

1

→ ▲, ▲가 반복됩니다.

2 초코우유, 초코우유, 딸기우유가 반복됩니다.

3 (1) 🌙, 🌙, 🌙이 반복되므로 빈칸에 알맞은 그림은 🌙입니다.

(2) ↑, ↓, ↓가 반복되므로 빈칸에 알맞은 그림은 ↑입니다.

4 (1) 빨간색, 초록색이 반복되므로 빨간색 다음에는 초록색으로 색칠해야 합니다.

(2) 노란색, 노란색, 파란색이 반복되므로 파란색 다음에는 노란색으로 색칠해야 합니다.

5 반복되는 부분에 표시를 하면서 규칙을 찾습니다.

(1) 물통, 컵, 물통, 컵, 물통, 컵, 물통, 컵

(2) 연필, 자, 연필, 연필, 자, 연필, 연필, 자, 연필

6 **⑩** 흰색 바둑돌, 검은색 바둑돌이 반복되는 규칙을 만들었습니다.

[평가 기준] 색깔 규칙이 있도록 흰색 바둑돌과 검은색 바둑돌을 그렸으면 정답으로 인정합니다.

01 (1) ▲, ▼   (2) ◢, ◣

02 탁구공, 탁구공   **03** ○ □

04 ⑩

05 / ⑩ ▼, ■, ▼

파티 좋아 상점

생일 파티용 벽걸이 장식 [인기]

06 ⑩ 흰색 구름, 하늘색 구름

07 다인

08 ⑩

09 ⬤ / ⑩ 동전

10 ❶ ⬤, ⬤   ❷ ■, ㉠   답 ㉠

11 ❶ ♥, ♥, ♣가 반복됩니다.

❷ 따라서 ♣ 다음에 있는 빈칸에 알맞은 모양은 ♥이므로 ㉠입니다.   답 ㉠

01 (1) ▲, ▼가 반복됩니다.

(2) ◢, ◣가 반복됩니다.

02 야구공, 탁구공, 탁구공이 반복됩니다.
따라서 야구공 다음에는 탁구공, 탁구공이 들어갑니다.

03 • 위: 치약, 치약, 칫솔이 반복됩니다.(○)
• 아래: 치약, 칫솔이 반복됩니다.(×)

04 [평가 기준] 색깔 규칙이 있도록 튤립을 색칠했으면 정답으로 인정합니다.

05 반복되는 부분을 ◯로 표시해 보면 ▼, ■, ▼가 반복됩니다.

06 베개의 무늬에서 반복되는 부분을 찾아보면 흰색 구름, 하늘색 구름입니다.

07 • 색이 연두색, 주황색, 주황색으로 반복됩니다.
　　• 개수가 1개, 2개, 2개씩 반복됩니다.

08 ⑩ 주사위 점의 수가 2, 4가 반복되도록 놓았습니다.

　　[평가 기준] 주사위 점의 수에서 반복되는 규칙이 있도록 그렸으면 정답으로 인정합니다.

09 ▢, ▲, ●가 반복되므로 빈칸에 알맞은 모양은 ●입니다. ➜ ● 모양의 물건을 1개 찾아 씁니다.

10
채점 기준	❶ 규칙을 찾아 쓴 경우	3점	5점
	❷ 빈칸에 알맞은 모양을 찾아 기호를 쓴 경우	2점	

11
채점 기준	❶ 규칙을 찾아 쓴 경우	3점	5점
	❷ 빈칸에 알맞은 모양을 찾아 기호를 쓴 경우	2점	

2회　개념 학습　　114~115쪽

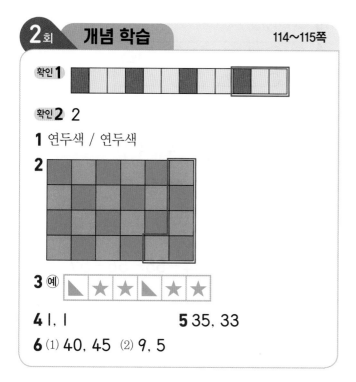

확인1

확인2 2

1 연두색 / 연두색

2

3 ⑩

4 1, 1　　　　　　**5** 35, 33

6 (1) 40, 45　(2) 9, 5

2 • 첫째 줄과 셋째 줄은 파란색, 주황색이 반복됩니다.
　　• 둘째 줄과 넷째 줄은 주황색, 파란색이 반복됩니다.

3 [평가 기준] 두 가지 모양만을 사용하여 규칙이 있게 그렸으면 정답으로 인정합니다.

---

5 38부터 시작하여 1씩 작아지도록 수를 써넣었습니다. ➜ 38 - 37 - 36 - 35 - 34 - 33

6 (1) 20부터 시작하여 5씩 커집니다.
　　(2) 15부터 시작하여 2씩 작아집니다.

2회　문제 학습　　116~117쪽

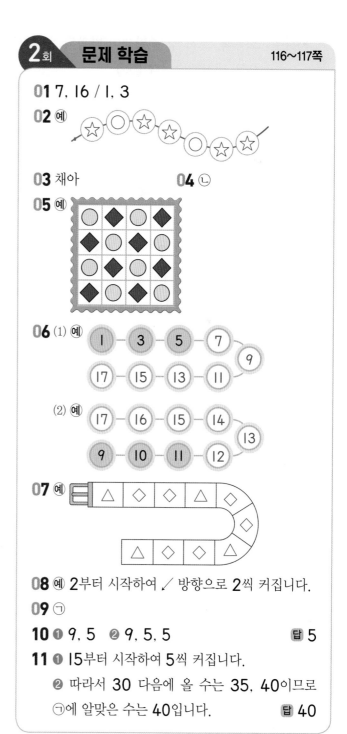

01 7, 16 / 1, 3

02 ⑩

03 채아　　　　　　**04** ㉡

05 ⑩

06 (1) ⑩

　　(2) ⑩

07 ⑩

08 ⑩ 2부터 시작하여 ↗ 방향으로 2씩 커집니다.

09 ㉠

10 ❶ 9, 5　❷ 9, 5, 5　　　　　　답 5

11 ❶ 15부터 시작하여 5씩 커집니다.
　　❷ 따라서 30 다음에 올 수는 35, 40이므로 ㉠에 알맞은 수는 40입니다.　　답 40

01 I부터 시작하여 3씩 커지므로 4 다음에는 7, I3 다음에는 I6을 써넣습니다.

02 (예) ☆, ○, ☆이 반복되는 규칙을 만들어 꾸몄습니다.

[평가 기준] ☆, ○ 모양으로 규칙을 만들어 꾸몄으면 정답으로 인정합니다.

03 • 채아: 빨간색, 파란색이 반복되는 규칙으로 색칠했습니다.(○)
• 시우: 초록색, 초록색, 주황색이 반복되는 규칙으로 색칠했습니다.(×)

04 5, I0, I5, 5, I0, I5이므로 5, I0, I5가 반복됩니다.

05 (예) • 첫째 줄과 셋째 줄은 ○, ◆가 반복됩니다.
• 둘째 줄과 넷째 줄은 ◆, ○가 반복됩니다.

06 (1) (예) I부터 시작하여 2씩 커지는 규칙입니다.
➡ I−3−5−**7**−**9**−**11**−**13**−**15**−**17**

(2) (예) I7부터 시작하여 I씩 작아지는 규칙입니다.
➡ **17**−**16**−**15**−**14**−**13**−**12**−II
 −I0−9

참고 (1) I, 3, 5가 반복되는 규칙을 만들 수도 있습니다.
(2) II, I0, 9가 반복되는 규칙을 만들 수도 있습니다.

07 자신만의 규칙을 정해 다양한 규칙을 만들어 봅니다.

[평가 기준] 규칙이 있고 이에 따라 무늬를 꾸몄으면 정답으로 인정합니다.

08 (예) • 2부터 시작하여 ↘ 방향으로 I씩 커집니다.
• → 방향으로 I씩 작아집니다.
• ← 방향으로 I씩 커집니다.

[평가 기준] 규칙이 있는 부분을 찾아 바르게 말했으면 정답으로 인정합니다.

09 ㉠ 53부터 시작하여 I씩 작아집니다. ➡ □=49
㉡ 20부터 시작하여 I0씩 커집니다. ➡ □=50
따라서 49<50이므로 □ 안에 알맞은 수가 더 작은 것은 ㉠입니다.

10	채점 기준	❶ 규칙을 찾아 쓴 경우	3점	5점
		❷ ㉠에 알맞은 수를 구한 경우	2점	

11	채점 기준	❶ 규칙을 찾아 쓴 경우	3점	5점
		❷ ㉠에 알맞은 수를 구한 경우	2점	

3회 개념 학습
118~119쪽

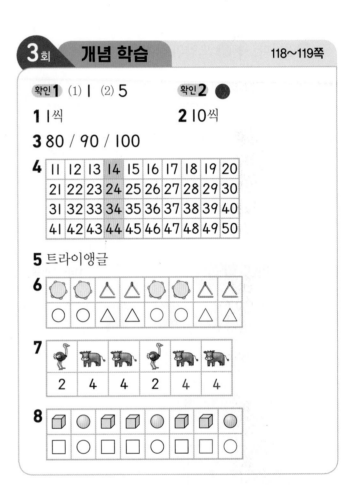

확인 1 (1) I (2) 5 확인 2 ●
1 I씩 **2** I0씩
3 80 / 90 / 100

4
11	12	13	14	15	16	17	18	19	20
21	22	23	24	25	26	27	28	29	30
31	32	33	34	35	36	37	38	39	40
41	42	43	44	45	46	47	48	49	50

5 트라이앵글

6

7
| 2 | 4 | 4 | 2 | 4 | 4 |

8

1 51−52−53−54−55−56−57−58−59−60
➡ → 방향으로 I씩 커집니다.

2 5−15−25−35−45−55−65−75−85−95
➡ ↓ 방향으로 I0씩 커집니다.

3 I0부터 시작하여 ↓ 방향으로 I0씩 커지므로 위에서부터 80, 90, I00을 차례로 써넣습니다.

4 I4부터 시작하여 I0씩 커지므로 24, 34, 44에 색칠합니다.

5 반복되는 부분을 찾아보면 탬버린, 탬버린, 트라이앵글, 트라이앵글입니다.

6 탬버린을 ○로, 트라이앵글을 △로 나타냅니다.

7 타조, 소, 소가 반복됩니다.
타조를 **2**로, 소를 **4**로 나타냅니다.

8 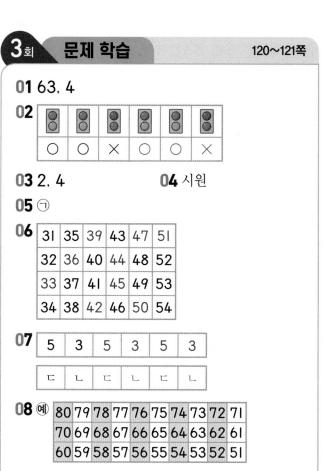 이 반복됩니다.
⬚을 □로, ○을 ○로 나타냅니다.

3회 문제 학습   120~121쪽

01 63, 4

02

○	○	×	○	○	×

03 2, 4   **04** 시원

05 ㉠

06

31	35	39	43	47	51
32	36	40	44	48	52
33	37	41	45	49	53
34	38	42	46	50	54

07

5	3	5	3	5	3

ㄷ	ㄴ	ㄷ	ㄴ	ㄷ	ㄴ

08 예

80	79	78	77	76	75	74	73	72	71
70	69	68	67	66	65	64	63	62	61
60	59	58	57	56	55	54	53	52	51

/ 80부터 시작하여 2씩 작아집니다.

09 69, 70, 71

10 3, 커지고, 1, 커집니다

11 예 왼쪽 서랍장은 ↑ 방향으로 1씩 커지고, 오른쪽 서랍장은 ← 방향으로 1씩 커집니다.

01 63-67-71-75-79-83-87-91-95-99 ➜ 63부터 시작하여 4씩 커집니다.

---

02 신호등이 초록색, 초록색, 빨간색이 반복됩니다.
초록색 신호등을 ○로, 빨간색 신호등을 ×로 나타냅니다.

03 병아리, 고슴도치, 병아리가 반복됩니다.
병아리를 2로, 고슴도치를 4로 나타내면 2, 4, 2가 반복되므로 ㉠에 알맞은 수는 2, ㉡에 알맞은 수는 4입니다.

04 만세하기, 팔 벌리기가 반복되므로 팔 벌리기 다음에 해야 할 몸동작은 만세하기입니다.
➜ 만세하기를 나타낸 사람은 시원입니다.

05 귤, 포도, 포도가 반복됩니다.
㉠은 귤을 ○로, 포도를 ▽로 나타내어 ○, ▽, ▽가 반복되므로 바르게 나타냈습니다.

06 → 방향으로 4씩 커지고, ↓ 방향으로 1씩 커집니다.

07 ⬚, ⬛이 반복됩니다.
• 연결 모형의 개수에 맞게 ⬚을 5로, ⬛을 3으로 나타냅니다.
• 모양에 맞게 ⬚을 자음자 'ㄷ'으로, ⬛을 자음자 'ㄴ'으로 나타냅니다.

08 [평가 기준] 규칙을 정해 색칠하고, 그 규칙을 바르게 말했으면 정답으로 인정합니다.

09 색칠한 수는 → 방향으로 1씩 커집니다.
따라서 1씩 커지는 규칙에 따라 수를 써 보면
67-68-**69**-**70**-**71**입니다.

10

채점 기준	왼쪽 사물함과 오른쪽 사물함의 수 배열에서 규칙이 어떻게 다른지 설명한 경우	5점

11

채점 기준	왼쪽 서랍장과 오른쪽 서랍장의 수 배열에서 규칙이 어떻게 다른지 설명한 경우	5점

[평가 기준] 왼쪽 서랍장과 오른쪽 서랍장의 수 배열을 → 방향, ← 방향, ↑ 방향, ↓ 방향 등에서 규칙을 찾아 다른 점을 바르게 답했으면 정답으로 인정합니다.

4회 응용 학습
122~125쪽

01 1단계 국자, 뒤집개 2단계 뒤집개
3단계 국자
02 포도 **03** 6번
04 1단계 1, 5 2단계 27
3단계 37
05 49, 69 **06** 88
07 1단계 2, 5, 5 2단계 5, 2
3단계 7개
08 9개 **09** 9
10 1단계 ■, ●, ● 2단계 ●, ●, ■
3단계 ㉣
11 ㉢ **12** 2개

01 2단계 뒤집개, 국자, 뒤집개가 반복되므로 9번째인 뒤집개 다음에 놓아야 할 물건은 뒤집개입니다.
3단계 뒤집개, 국자, 뒤집개, 뒤집개 다음에 놓아야 할 물건은 국자입니다.

02 포도, 포도, 사과가 반복됩니다.
따라서 9번째인 사과 다음에는 차례로 포도(10번째), 포도(11번째)를 놓아야 합니다.

03 축구공, 축구공, 농구공, 농구공이 반복됩니다.
9번째인 축구공 다음에는 차례로 축구공(10번째), 농구공(11번째), 농구공(12번째)을 놓아야 합니다.
따라서 12번째까지 축구공은 모두 6번 놓입니다.

04 1단계 28-29-30이므로 → 방향으로 1씩 커지고, 23-28이므로 ↓ 방향으로 5씩 커집니다.
2단계 → 방향으로 1씩 커지고 24-25-26-27이므로 ♥에 알맞은 수는 27입니다.
3단계 ↓ 방향으로 5씩 커지고 27-32-37이므로 ★에 알맞은 수는 37입니다.

05 • → 방향으로 1씩 커지고 46-47-48-49이므로 ♣에 알맞은 수는 49입니다.
• ↓ 방향으로 10씩 커지고 49-59-69이므로 ♠에 알맞은 수는 69입니다.

06

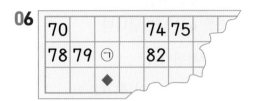

• → 방향으로 1씩 커지고 79-80이므로 ㉠에 알맞은 수는 80입니다.
• ↓ 방향으로 8씩 커지고 80-88이므로 ◆에 알맞은 수는 88입니다.

07 2단계 ㉠ 펼친 손가락 2개 다음에는 5개가 들어갑니다.
㉡ 펼친 손가락 5개, 5개 다음에는 2개가 들어갑니다.
3단계 5+2=7(개)

08 주사위 점의 수가 3개, 6개가 반복됩니다.
따라서 빈칸에 들어갈 주사위의 점의 수는 차례로 6개, 3개이므로 모두 6+3=9(개)입니다.

09 수 카드의 수는 3, 0, 3이 반복됩니다.
따라서 뒤집혀 있는 수 카드에 적힌 수는 차례로 3, 0, 3, 3이므로 뒤집혀 있는 수 카드에 적힌 수들의 합은 3+0+3+3=9입니다.

10 3단계 ㉣만 알맞은 모양이 ■입니다.

11 첫째 줄은 노란색, 노란색, 파란색이 반복되고, 둘째 줄은 파란색, 노란색, 노란색이 반복됩니다.
따라서 ㉠은 노란색, ㉡은 노란색, ㉢은 파란색, ㉣은 노란색이므로 알맞은 색이 다른 하나는 ㉢입니다.

12 ▲, ✚, ▲가 반복됩니다.
따라서 빈칸에 들어갈 ▲는 4개, ✚은 2개이므로 ▲는 ✚보다 4-2=2(개) 더 많습니다.

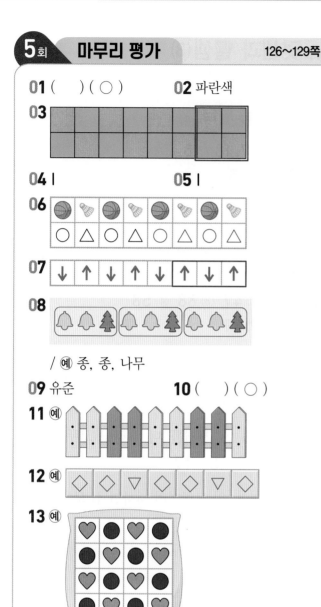

01 ( ) (○)　　　　**02** 파란색

04 Ⅰ　　　　**05** Ⅰ

/ (예) 종, 종, 나무

09 유준　　　　**10** ( ) (○)

14 45, 55　　　　**15** 2

16 ❶ 색칠한 수는 31부터 시작하여 6씩 커집니다.
❷ 49보다 6만큼 더 큰 수는 55이므로 49 다음에 색칠해야 하는 수는 55입니다.　　**답** 55

17 주영

18

2	3	3	2	3	3

19 ㉡　　　　**20** 포크

21 ❶ 펼친 손가락이 2개, 5개, 2개가 반복되므로 펼친 손가락이 ㉠에는 5개, ㉡에는 2개 들어갑니다. / ❷ 따라서 ㉠과 ㉡에 들어갈 펼친 손가락은 모두 5+2=7(개)입니다.　　**답** 7개

22 ㉠　　　　**23** 34, 44, 64

24 ▽, ◇, ▽

25 ❶ 머리 보호대가 빨간색, 빨간색, 파란색, 파란색이 반복됩니다.
❷ 따라서 파란색, 파란색 다음에 있는 빈칸에 알맞은 머리 보호대의 색깔은 빨간색입니다.
답 빨간색

01 작은 휴지통, 작은 휴지통, 큰 휴지통이 반복됩니다.

03 • 첫째 줄은 주황색, 초록색이 반복됩니다.
• 둘째 줄은 초록색, 주황색이 반복됩니다.

04 Ⅰ, 5가 반복됩니다.

06 농구공, 셔틀콕이 반복됩니다.
농구공을 ○로, 셔틀콕을 △로 나타냅니다.

08 반복되는 부분을 ▭로 표시해 보면 종, 종, 나무가 반복됩니다.

09 컵, 접시, 컵이 반복되므로 빈칸에 알맞은 물건은 컵입니다.

10 • 왼쪽은 2개의 필통에 똑같이 넣지 않았습니다.
• 오른쪽은 연필, 지우개, 자가 놓이는 규칙으로 2개의 필통에 똑같이 넣었습니다.

11 [평가 기준] 두 가지 색으로 규칙을 만들어 색칠했으면 정답으로 인정합니다.

12 (예) ◇, ◇, ▽ 모양이 반복되는 규칙을 만들어 꾸몄습니다.
[평가 기준] ◇, ▽ 모양으로 규칙을 만들어 꾸몄으면 정답으로 인정합니다.

13 (예) • 첫째 줄과 셋째 줄은 ♥, ●가 반복됩니다.
• 둘째 줄과 넷째 줄은 ●, ♥가 반복됩니다.

14 30부터 시작하여 5씩 커집니다.

15 10부터 시작하여 2씩 작아집니다.
→ 10-8-6-4-2-0

개념북

5
단원

16

채점 기준	❶ 규칙을 찾아 쓴 경우	2점	4점
	❷ 49 다음에 색칠해야 하는 수를 구한 경우	2점	

참고 49에서 6만큼 이어 세면 49 하고 50, 51, 52, 53, 54, **55**입니다.

17 · 주영: ➡에 있는 수는 76-77-78-79 -80이므로 1씩 커집니다.

· 시은: ⬇에 있는 수는 75-80-85이므로 5씩 커집니다.

18 두발자전거, 세발자전거, 세발자전거가 반복됩니다. 두발자전거를 2로, 세발자전거를 3으로 나타냅니다.

19 100원짜리 동전, 100원짜리 동전, 500원짜리 동전이 반복되고, ⓒ은 1, 1, 5가 반복됩니다.
➡ 100원짜리 동전을 1로, 500원짜리 동전을 5로 나타낸 것입니다.

참고 ㉠은 5, 5, 1, 1이 반복됩니다.(×)

20 숟가락, 포크, 포크가 반복됩니다.
따라서 9번째인 포크 다음에는 차례로 숟가락(10번째), 포크(11번째)를 놓아야 합니다.

21

채점 기준	❶ ㉠과 ㉡에 들어갈 펼친 손가락의 수를 각각 구한 경우	2점	4점
	❷ ㉠과 ㉡에 들어갈 펼친 손가락은 모두 몇 개인지 구한 경우	2점	

22 ㉠ 69부터 시작하여 2씩 작아집니다. ➡ □=61
㉡ 50부터 시작하여 2씩 커집니다. ➡ □=54
따라서 61>54이므로 □ 안에 알맞은 수가 더 큰 것은 ㉠입니다.

23 색칠한 수는 ⬇ 방향으로 10씩 커집니다.
따라서 10씩 커지는 규칙에 따라 수를 써 보면 24-**34**-**44**-54-**64**입니다.

24 ▽, ◇, ▽가 반복됩니다.

25

채점 기준	❶ 규칙을 찾아 쓴 경우	2점	4점
	❷ 빈칸에 알맞은 머리 보호대의 색깔을 구한 경우	2점	

6. 덧셈과 뺄셈(3)

1회 개념 학습
132~133쪽

확인1 16, 17, 18 / 18
확인2 5 / 4, 5
1 49
2 예

| ○ | ○ | ○ | ○ | ○ | ○ | ○ | △ | △ | △ | / 17 |
| ○ | ○ | ○ | ○ | ○ | △ | △ | | | | |

3 57   **4** 5 / 9, 5
5 (1) 63 (2) 47 (3) 88 (4) 58
6 (1) 28 (2) 39

1 10개씩 묶음 4개와 낱개 9개이므로 49입니다.
➡ 40+9=49

2 ○ 12개에 △ 5개를 더 그리면 모두 17개입니다. ➡ 12+5=17

3 십 모형끼리, 일 모형끼리 더하면 십 모형은 5개, 일 모형은 7개입니다.
➡ 54+3=57

참고
```
    5 4
 +    3
 ─────
    5 7
```

4 낱개의 수끼리 더하고, 10개씩 묶음의 수를 그대로 내려 씁니다.

5 낱개의 수끼리 더하고, 10개씩 묶음의 수를 그대로 내려 씁니다.

(1)
```
    6 0
 +    3
 ─────
    6 3
```

(2)
```
    4 5
 +    2
 ─────
    4 7
```

6 낱개의 수끼리 더하고, 10개씩 묶음의 수를 그대로 내려 씁니다.

(1)
```
    2 2
 +    6
 ─────
    2 8
```

(2)
```
    3 6
 +    3
 ─────
    3 9
```

01 56

02 25

03 88

04 56, 59

05 13+6=19 / 19명

06 서진

07 58, 63

08 (예) 70, 6

09 28, 36

10 ❶ 26, 36, 29 ❷ 36, 29, 26, 도현

답 도현

11 ❶ 52+6=58, 64+4=68,
72+1=73입니다.

❷ 합을 비교하면 58<68<73이므로 합이
가장 작은 덧셈을 말한 사람은 유준입니다.

답 유준

01 10개씩 묶음 5개와 낱개 6개이므로 56입니다.
➜ 50+6=56

02 20+5=25

03 81+7=88

04 51+5=56, 51+8=59

05 결승전에 올라간 1학년 남학생은 13명, 1학년
여학생은 6명입니다.
➜ 13+6=19이므로 결승전에 올라간 1학년
학생은 모두 19명입니다.

06 낱개의 수끼리 줄을 맞추어 쓴 다음 낱개의 수끼리
더하고, 10개씩 묶음의 수를 그대로 내려 씁니다.
다은이는 10개씩 묶음의 수와 낱개의 수를 더해
서 잘못 계산했습니다.

07 43+4=47이므로 ☐ 안에 들어갈 수 있는 수
는 47보다 큰 수입니다. ➜ 58, 63

08 70+6=76, 6+70=76, 72+4=76,
4+72=76으로 덧셈식을 만들 수 있습니다.

09 • 상자에 담은 초콜릿의 수: 20+8=28(개)
• 쟁반에 담은 초콜릿의 수: 32+4=36(개)

10 채점 기준	❶ 각 덧셈의 합을 구한 경우	3점	
	❷ 합이 가장 큰 덧셈을 말한 사람을 찾아 쓴 경우	2점	5점

11 채점 기준	❶ 각 덧셈의 합을 구한 경우	3점	
	❷ 합이 가장 작은 덧셈을 말한 사람을 찾아 쓴 경우	2점	5점

확인1 70

확인2 9 / 6, 9

1 40

2 75

3 (1) 0 / 8, 0 (2) 8 / 8, 8

4 (1) 70 (2) 69 (3) 75 (4) 97

5 40

6 90

7

1 10개씩 묶음이 4개이므로 40입니다.

2 십 모형끼리, 일 모형끼리 더하면 십 모형은 7개,
일 모형은 5개입니다. ➜ 43+32=75

3 (1) 낱개의 수 0을 그대로 내려 쓰고, 10개씩 묶
음의 수끼리 더합니다.

(2) 낱개의 수끼리 더하고, 10개씩 묶음의 수끼
리 더합니다.

4 (1) 낱개의 수 0을 그대로 내려 쓰고, 10개씩 묶
음의 수끼리 더합니다.

```
    5 0
  + 2 0
  ─────
    7 0
```

(2) 낱개의 수끼리 더하고, 10개씩 묶음의 수끼
리 더합니다.

```
    4 7
  + 2 2
  ─────
    6 9
```

개념북

6
단원

5
```
    2 0
  + 2 0
  ─────
    4 0
```

6
```
    5 0
  + 4 0
  ─────
    9 0
```

7 23+44=67, 51+38=89

2회 문제 학습

01 ( )(○)   **02** 13, 63

03 90   **04** 77

05 >

06
```
    1 9
  + 3 0
  ─────
    4 9
```
/ 49개

07 예 초록색 공, 노란색 공
/ 21+10=31 / 31개

08 (○)(   )(△)   **09** 66, 87, 57

10 47문제

11 ❶ 23, 14, 70, 14   ❷ 70, 14, 84   답 84

12 ❶ 주어진 수를 큰 수부터 차례로 써 보면 73, 60, 35, 22이므로 가장 큰 수는 73, 가장 작은 수는 22입니다.

❷ 따라서 가장 큰 수와 가장 작은 수의 합은 73+22=95입니다.   답 95

01 40+20=60, 30+40=70
→ 합이 70인 것은 30+40입니다.

02 흰색 달걀이 50개, 갈색 달걀이 13개입니다.
→ 50+13=63

03 70+20=90

04 26+51=77

05 10+70=80, 54+25=79
→ 80>79

06 (민아가 어제와 오늘 접은 종이학의 수)
＝(어제 접은 종이학의 수)
＋(오늘 접은 종이학의 수)
＝19+30=49(개)

07 • 초록색 공과 노란색 공을 고른 경우:
21+10=31(개)
• 초록색 공과 보라색 공을 고른 경우:
21+33=54(개)
• 노란색 공과 보라색 공을 고른 경우:
10+33=43(개)

08 42+53=95, 24+62=86, 33+15=48
→ 95>86>48이므로 합이 가장 큰 것은 42+53, 합이 가장 작은 것은 33+15입니다.

09 • ■ 모양은 스케치북과 편지 봉투입니다.
→ 43+23=66
• ▲ 모양은 삼각김밥과 옷걸이입니다.
→ 71+16=87
• ● 모양은 동전과 훌라후프입니다.
→ 15+42=57

10 (주호가 푼 수학 문제의 수)
＝(희수가 푼 수학 문제의 수)+5
＝21+5=26(문제)
→ (희수와 주호가 푼 수학 문제의 수)
＝21+26=47(문제)

11
채점 기준	❶ 가장 큰 수와 가장 작은 수를 각각 찾아 쓴 경우	2점	
	❷ 가장 큰 수와 가장 작은 수의 합을 구한 경우	3점	5점

12
채점 기준	❶ 가장 큰 수와 가장 작은 수를 각각 찾아 쓴 경우	2점	
	❷ 가장 큰 수와 가장 작은 수의 합을 구한 경우	3점	5점

확인1 24　　　　　　**확인2** 3 / 5, 3

1 40

2 예

$$\bigcirc \bigcirc \bigcirc \bigcirc \bigcirc \; \bigcirc \bigcirc \bigcirc \bigcirc \bigcirc$$
$$\bigcirc \bigcirc \bigcirc \bigcirc \bigcirc \; \bigcirc \bigcirc \bigcirc \bigcirc \bigcirc$$
$$\bigcirc \bigcirc \bigcirc \bigcirc \bigcirc \; \bigcirc \bigcirc \bigcirc \bigcirc \bigcirc$$
$$\bigcirc \bigcirc \bigcirc \bigcirc \bigcirc \; \bigcirc \bigcirc \bigcirc \oslash \oslash$$

/ 37

3 61　　　　　　**4** 4 / 7, 4

5 (1) 40　(2) 52　(3) 33　(4) 92

6 81

1 10개씩 묶음 4개가 남으므로 40입니다.

2 ○ 39개 중 2개를 /으로 지우면 37개가 남습니다. ➜ 39−2=37

3 남아 있는 모형은 십 모형 6개, 일 모형 1개입니다. ➜ 65−4=61

4 낱개의 수끼리 빼고, 10개씩 묶음의 수를 그대로 내려 씁니다.

5 낱개의 수끼리 빼고, 10개씩 묶음의 수를 그대로 내려 씁니다.

(1)
$$\begin{array}{r} 4\ 3 \\ -\ \ \ 3 \\ \hline 4\ 0 \end{array}$$

(2)
$$\begin{array}{r} 5\ 7 \\ -\ \ \ 5 \\ \hline 5\ 2 \end{array}$$

6
$$\begin{array}{r} 8\ 7 \\ -\ \ \ 6 \\ \hline 8\ 1 \end{array}$$

01 23　　　　　**02** (1) 51　(2) 92

03 22　　　　　**04** ✕ (선 잇기)

05 21장　　　　**06** (○) (　) (　)

07 76−4=72 / 72권

08 예 엄마, 31　　　**09** 6

10 32, 24

11 ❶ 낱개, 6, 8　**❷**
$$\begin{array}{r} 8\ 6 \\ -\ \ \ 4 \\ \hline 8\ 2 \end{array}$$

12 ❶ 예 3은 낱개의 수이므로 59의 낱개의 수인 9에서 빼야 하는데 10개씩 묶음의 수인 5에서 뺐으므로 잘못 계산하였습니다.

❷
$$\begin{array}{r} 5\ 9 \\ -\ \ \ 3 \\ \hline 5\ 6 \end{array}$$

01 남은 가지의 수를 세어 보면 10개씩 묶음 2개와 낱개 3개이므로 23입니다.
➜ 29−6=23

02 (1) 55−4=51
(2) 97−5=92

03 27−5=22

04 26−2=24, 39−8=31, 78−3=75
35−4=31, 77−2=75, 27−3=24

05 색종이 25장 중에서 4장을 사용했습니다.
➜ 25−4=21이므로 소미가 사용하고 남은 색종이는 21장입니다.

06 46−2=44, 38−1=37, 49−7=42
➜ 44＞42＞37이므로 차가 가장 큰 것은 46−2입니다.

07 (동화책의 수)−(과학책의 수)
=76−4=72(권)

08 • 할머니는 민규보다 66−6=60(살) 더 많습니다.
• 아빠는 민규보다 39−6=33(살) 더 많습니다.
• 엄마는 민규보다 37−6=31(살) 더 많습니다.

09 낱개의 수끼리 빼면 □−1=5입니다.
6−1=5이므로 □ 안에 알맞은 수는 6입니다.

10 남은 배는 36−4=32(개)이고, 남은 사과는
29−5=24(개)입니다.

11

채점 기준	❶ 잘못 계산한 이유를 쓴 경우	3점	5점
	❷ 바르게 계산한 경우	2점	

12

채점 기준	❶ 잘못 계산한 이유를 쓴 경우	3점	5점
	❷ 바르게 계산한 경우	2점	

4회 개념 학습   144~145쪽

확인**1** 30   확인**2** 3 / 2, 3

1 30   **2** 52

3 (1) 0 / 2, 0 (2) 3 / 5, 3

4 (1) 40 (2) 54 (3) 26 (4) 24

5 ( ) (○) ( )   **6** 43, 10

2 남아 있는 모형은 십 모형 5개, 일 모형 2개입
니다. ➡ 74−22=52

3 (1) 낱개의 수 0을 그대로 내려 쓰고, 10개씩 묶
음의 수끼리 뺍니다.

(2) 낱개의 수끼리 빼고, 10개씩 묶음의 수끼리
뺍니다.

4 (1) 낱개의 수 0을 그대로 내려 쓰고, 10개씩 묶
음의 수끼리 뺍니다.

```
   9 0
 − 5 0
 ─────
   4 0
```

(2) 낱개의 수끼리 빼고, 10개씩 묶음의 수끼리
뺍니다.

```
   8 4
 − 3 0
 ─────
   5 4
```

5
```
   8 7
 − 1 3
 ─────
   7 4
```

6
```
   5 9        3 5
 − 1 6      − 2 5
 ─────      ─────
   4 3        1 0
```

4회 문제 학습   146~147쪽

01 40, 20   **02** ( ) (○)

03 세호

04 73−41, 88−56

05
```
   2 8   / 14장
 − 1 4
 ─────
   1 4
```

06 예)
```
   7 9
 − 5 1
 ─────
   2 8
```

07 47, 22

08 (위에서부터) 33, 53 / 20

09 (위에서부터) 4 / 15 / 21, 24 / 11

10 ❶ 11, 11, 14 ❷ 14, 39   답 39개

11 ❶ 지아는 훌라후프를 연우보다 13번 더 적게
돌렸으므로 24−13=11(번) 돌렸습니다.
❷ 따라서 연우와 지아는 훌라후프를 모두
24+11=35(번) 돌렸습니다.   답 35번

01 달걀 60개 중에서 40개를 사용했습니다.
➡ 60−40=20

02 90−30=60, 70−20=50

03 • 민지: 47−30=17(○)
• 세호: 69−31=38(×)

04 52−22=30, 73−41=32,
46−34=12, 39−15=24,
88−56=32

05 (윤호가 가지고 있는 칭찬 붙임딱지의 수)

－(나은이가 가지고 있는 칭찬 붙임딱지의 수)

＝28－14＝14(장)

06 79－40＝39, 79－51＝28,

79－30＝49, 40－30＝10,

51－40＝11, 51－30＝21로 뺄셈식을 만들

수 있습니다.

07 77－30＝47, 47－25＝22

08 ・95와 62의 차: 95－62＝33

・23과 76의 차: 76－23＝53

・33과 53의 차: 53－33＝20

09 → 방향으로 1씩 커지고, ↓ 방향으로 10씩 커집

니다.

11보다 1만큼 더 큰 수는 12이므로 ㉠에 알맞은

수는 12이고, 13보다 10만큼 더 큰 수는 23이

므로 ㉡에 알맞은 수는 23입니다.

→ ㉡－㉠＝23－12＝11

10

채점 기준	❶ 빨간색 리본은 몇 개인지 구한 경우	2점	5점
	❷ 파란색 리본과 빨간색 리본은 모두 몇 개 인지 구한 경우	3점	

11

채점 기준	❶ 지아가 훌라후프를 몇 번 돌렸는지 구한 경우	2점	5점
	❷ 연우와 지아가 훌라후프를 모두 몇 번 돌 렸는지 구한 경우	3점	

5회 개념 학습 148~149쪽

확인**1** 13, 14	확인**2** (1) 56 (2) 68
1 11, 36	**2** 20, 31
3 20, 5	**4** 11, 14
5 37, 47, 57	**6** 48, 58, 68 / 10
7 48, 47, 46, 45	

1 장난감 자동차는 25개, 곰 인형은 11개 있습니다.

→ 25＋11＝36

2 곰 인형은 11개, 로봇은 20개 있습니다.

→ 11＋20＝31

3 장난감 자동차는 25개, 로봇은 20개 있습니다.

→ 25－20＝5

4 장난감 자동차는 25개, 곰 인형은 11개 있습니다.

→ 25－11＝14

5 같은 수에 10씩 커지는 수를 더하면 합도 10씩

커집니다.

6 38＋10＝48, 48＋10＝58,

58＋10＝68로 합도 10씩 커집니다.

7 같은 수에서 1씩 커지는 수를 빼면 차는 1씩 작

아집니다.

5회 문제 학습 150~151쪽

01 13, 16, 29 또는 16, 13, 29

02 (1) 25, 13, 12 (2) 25, 4, 21

03 21 / 20   **04** 56, 51

05 33, 34, 35 / 32, 4, 36

06 예 55, 30, 85 / 예 33, 22, 11

07 예 26, 13, 39 / 예 13, 3, 10

08 (1) 48개 (2) 6개

09 22명

10 예 ❶ 파란색 ❷ 11, 38

11 예 ❶ 책상 위에 있는 초록색 연결 모형은 파란색

연결 모형보다 몇 개 더 많은가요?

❷ 22－11＝11

01 위쪽에 있는 크레파스는 13자루, 아래쪽에 있는

크레파스는 16자루입니다.

→ 13＋16＝29

02 (1) 배는 25개, 사과는 13개 있습니다.

➜ 25−13=12

(2) 배 25개에서 4개를 먹습니다.

➜ 25−4=21

03 1씩 작아지는 수에서 같은 수를 빼면 차도 1씩 작아집니다.

04 ・도현: 40+16=56 ・예나: 75−24=51

05 같은 수에 1씩 커지는 수를 더하면 합도 1씩 커집니다. 주어진 덧셈식의 바로 다음에 올 덧셈식은 더하는 수가 1만큼 더 커진 32+4=36입니다.

06 ・55+43=98, 24+22=46, 33+12=45, 46+30=76 등의 덧셈식을 만들 수 있습니다.

・55−43=12, 24−22=2, 33−12=21, 46−30=16 등의 뺄셈식을 만들 수 있습니다.

07 ・13+3=16, 26+3=29, 13+26=39 등의 덧셈식을 만들 수 있습니다.

・26−3=23, 26−13=13, 13−3=10 의 뺄셈식을 만들 수 있습니다.

08 (1) 27+21=48(개)

(2) 27−21=6(개)

09 (민호네 반 전체 학생 수)=16+13=29(명)

➜ (안경을 쓰지 않은 학생 수)=29−7=22(명)

10

채점 기준	❶ 덧셈 이야기를 알맞게 만든 경우	3점	5점
	❷ 덧셈 이야기에 맞는 덧셈식으로 나타낸 경우	2점	

참고 초록색에 ○표 한 경우 덧셈식으로 나타내면 27+22=49입니다.

11

채점 기준	❶ 뺄셈 이야기를 알맞게 만든 경우	3점	5점
	❷ 뺄셈 이야기에 맞는 뺄셈식으로 나타낸 경우	2점	

[평가 기준] 두 가지 색의 연결 모형의 개수의 차를 구하는 이야기나 한 가지 색의 연결 모형에서 몇 개를 덜어 내는 이야기 등을 알맞게 만들고, 뺄셈식으로 바르게 나타냈으면 정답으로 인정합니다.

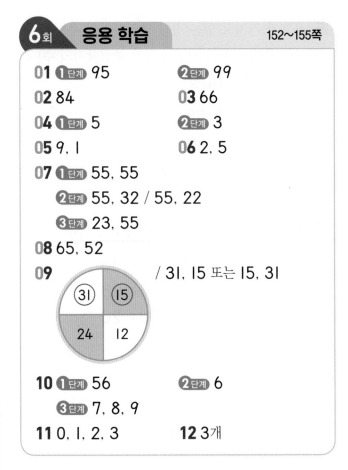

6회 응용 학습 152~155쪽

01 ❶단계 95 ❷단계 99

02 84 **03** 66

04 ❶단계 5 ❷단계 3

05 9, 1 **06** 2, 5

07 ❶단계 55, 55

❷단계 55, 32 / 55, 22

❸단계 23, 55

08 65, 52

09 / 31, 15 또는 15, 31

10 ❶단계 56 ❷단계 6

❸단계 7, 8, 9

11 0, 1, 2, 3 **12** 3개

---

01 ❶단계 9>5>4이므로 가장 큰 몇십몇을 만들면 95입니다.

❷단계 95+4=99

02 8>6>2이므로 가장 큰 몇십몇을 만들면 86입니다.

➜ 86−2=84

03 5>4>2>1이므로 만들 수 있는 가장 큰 몇십몇은 54이고, 가장 작은 몇십몇은 12입니다.

➜ 54+12=66

04 ❶단계 낱개의 수끼리 더하면 2+▲=7입니다.

➜ 2+5=7이므로 ▲=5입니다.

❷단계 10개씩 묶음의 수끼리 더하면 ■+5=8입니다. ➜ 3+5=8이므로 ■=3입니다.

05 ・낱개의 수끼리 빼면 ★−5=4입니다.

➜ 9−5=4이므로 ★=9입니다.

・10개씩 묶음의 수끼리 빼면 4−●=3입니다.

➜ 4−1=3이므로 ●=1입니다.

06 • 낱개의 수끼리 더하면 1+=6입니다.

➡ 1+**5**=6이므로 =**5**입니다.

• 10개씩 묶음의 수끼리 더하면 🍓+🍓=4입니다.

➡ **2**+**2**=4이므로 🍓=**2**입니다.

07 **1단계** 주어진 수 중에서 낱개의 수의 차가 2인 두 수는 23과 55, 77과 55입니다.

3단계 55−23=32이므로 차가 32가 되는 두 수는 23, 55입니다.

참고 77−23=54

08 주어진 수 중에서 낱개의 수의 차가 3인 두 수는 98과 65, 65와 52입니다.

➡ 98−65=33, 65−52=13이므로 차가 13이 되는 두 수는 65, 52입니다.

09 주어진 수 중에서 낱개의 수의 합이 6인 두 수는 31과 15, 24와 12입니다.

➡ 31+15=46, 24+12=36이므로 합이 46이 되는 두 수는 31, 15입니다.

10 **1단계** 21+35=56

2단계 56<5□이므로 □ 안에는 6보다 큰 수가 들어가야 합니다.

3단계 □ 안에 들어갈 수 있는 수는 6보다 큰 수인 7, 8, 9입니다.

11 98−54=44이고 44>4□이므로 □ 안에는 4보다 작은 수가 들어가야 합니다.

따라서 □ 안에 들어갈 수 있는 수는 4보다 작은 수인 0, 1, 2, 3입니다.

12 40+33=73이고 물감을 떨어뜨린 부분에 들어갈 수를 □라고 하면 73>7□이므로 □ 안에는 3보다 작은 수가 들어가야 합니다.

따라서 물감을 떨어뜨린 부분에 들어갈 수 있는 수는 3보다 작은 수인 0, 1, 2로 모두 3개입니다.

7회 **마무리 평가** 156~159쪽

01 38   **02** 80

03 79   **04** 23

05 56

06 34, 35, 36, 37 / 1

07 (○) ( )

08 20+40=60 / 60개

09 59, 79   **10** ( ) ( ) (○)

11 64자루   **12** 42

13

14 ❶ 우유 급식을 신청한 사람 수에서 우유 통에 남아 있는 우유의 수를 빼면 되므로 26−11을 계산합니다.

❷ 26−11=15이므로 우유를 가져간 사람은 15명입니다.   **답** 15명

15 ( ) (△) ( )   **16** 17, 31, 20

17 56, 55, 54 / 67, 14, 53

18 26, 3, 29   **19** 26, 15, 11

20 예 14, 15, 29 / 예 15, 14, 1

21 ㉠   **22** (위에서부터) 6, 2

23 ❶ 6>5>4>2이므로 만들 수 있는 가장 큰 몇십몇은 65이고, 가장 작은 몇십몇은 24입니다.

❷ 따라서 만들 수 있는 가장 큰 수와 가장 작은 수의 차는 65−24=41입니다.   **답** 41

24
```
    3 5
  − 1 4
    2 1
```
/ 금붕어, 21

25 ❶ 어항에 있는 열대어의 수에 더 넣은 열대어의 수를 더하면 되므로 14+13을 계산합니다.

❷ 14+13=27이므로 열대어는 모두 27마리입니다.   **답** 27마리

---

01 10개씩 묶음 3개와 낱개 8개이므로 38입니다.

02 20+60은 10개씩 묶음이 8개입니다.

➡ 20+60=80

개념북 6 단원

03
```
    5 2
  + 2 7
  ─────
    7 9
```

04 남아 있는 모형은 십 모형 **2**개, 일 모형 **3**개입니다. ➔ **25**−**2**=**23**

05 낱개의 수끼리 빼고, **10**개씩 묶음의 수끼리 뺍니다.

06 33+1=34, 33+2=35, 33+3=36, 33+4=37로 합도 1씩 커집니다.

07 낱개의 수끼리 줄을 맞추어 쓴 다음 낱개의 수끼리 더하고, **10**개씩 묶음의 수를 그대로 내려 써야 하므로 바르게 계산한 것은 왼쪽입니다.

08 (호영이가 가지고 있는 사탕의 수)
= (진수가 가지고 있는 사탕의 수)+**40**
= 20+40=60(개)

09 56+3=59, 59+20=79

10 62+17=79, 58+10=68,
34+44=78

11 32+32=64이므로 연필꽂이 **2**개에 꽂혀 있는 연필은 모두 **64**자루입니다.

12 45−3=42

13 62+4=66   74−11=63
31+16=47   89−23=66
40+23=63   49−2=47

14

채점 기준	❶ 문제에 알맞은 뺄셈식을 쓴 경우	2점	4점
	❷ 우유를 가져간 사람은 몇 명인지 구한 경우	2점	

15 80−20=60, 70−30=40,
90−40=50
➔ 60>50>40

16 · ■ 모양: 48−31=17
· ▲ 모양: 55−24=31
· ● 모양: 30−10=20

17 같은 수에서 **1**씩 커지는 수를 빼면 차는 **1**씩 작아집니다.
주어진 뺄셈식의 다음에 올 뺄셈식은 빼는 수가 **1**만큼 더 커진 **67**−**14**=**53**입니다.

18 빨간색 책은 **26**권, 노란색 책은 **3**권 있습니다.
➔ 26+3=29

19 빨간색 책은 **26**권, 파란색 책과 노란색 책은 12+3=15(권) 있습니다.
➔ 26−15=11

20 · 14+2=16, 14+3=17, 14+15=29,
2+3=5, 2+15=17, 3+15=18 등의 덧셈식을 만들 수 있습니다.
· 14−2=12, 14−3=11, 3−2=1,
15−14=1, 15−2=13, 15−3=12의 뺄셈식을 만들 수 있습니다.

21 ㉠ **24**보다 **13**만큼 더 큰 수: 24+13=37
㉡ **49**보다 **16**만큼 더 작은 수: 49−16=33
➔ 37>33이므로 더 큰 수는 ㉠입니다.

22
```
    ㉠ 7
  − 5 ㉡
  ─────
    1 5
```
· 낱개의 수끼리 빼면 7−㉡=5입니다.
7−**2**=5이므로 ㉡=**2**입니다.
· **10**개씩 묶음의 수끼리 빼면 ㉠−5=1입니다.
6−5=1이므로 ㉠=**6**입니다.

23

채점 기준	❶ 만들 수 있는 가장 큰 수와 가장 작은 수를 각각 구한 경우	2점	4점
	❷ 만들 수 있는 가장 큰 수와 가장 작은 수의 차를 구한 경우	2점	

24 열대어가 **14**마리, 금붕어가 **35**마리 있으므로 금붕어가 열대어보다 35−14=21(마리) 더 많습니다.

25

채점 기준	❶ 문제에 알맞은 덧셈식을 쓴 경우	2점	4점
	❷ 열대어는 모두 몇 마리인지 구한 경우	2점	

1. 100까지의 수

단원 평가 A단계

2~4쪽

01 6, 60
02 8, 4 / 84
03 70, 72
04 53, 57 / (△) (　　)
05 짝수
06 아흔
07 7묶음
08 ⑤
09 76
10 소율

11

12 88, 90
13 >
14 92, 88
15 ㉡, ㉢, ㉣, ㉠

16

17 ❶ 낱개의 수가 0, 2, 4, 6, 8이면 짝수입니다.
❷ 따라서 주어진 수 중에서 낱개의 수가 0, 2, 4, 6, 8인 수를 모두 찾으면 12, 20, 8입니다.
답 12, 20, 8

18 경서
19 56
20 ❶ 11과 18 사이에 있는 수는 12, 13, 14, 15, 16, 17입니다.
❷ 12, 13, 14, 15, 16, 17 중에서 홀수는 13, 15, 17로 모두 3개입니다.
답 3개

04 53과 57의 10개씩 묶음의 수가 같으므로 낱개의 수를 비교하면 3<7입니다. → 53<57

06 팔십 → 80, 아흔 → 90, 여든 → 80

07 70은 10개씩 묶음 7개이므로 7묶음 사야 합니다.

08 ① 62 → 육십이, 예순둘
② 74 → 칠십사, 일흔넷
③ 89 → 팔십구, 여든아홉
④ 66 → 육십육, 예순여섯
⑤ 95 → 구십오, 아흔다섯

09 10개씩 묶음 7개와 낱개 6개이므로 76입니다.

10 시우: 육십삼 층이라고 읽어야 합니다.

12 10개씩 묶음 8개와 낱개 9개인 수는 89입니다. 89보다 1만큼 더 작은 수는 88, 1만큼 더 큰 수는 90입니다.

13 10개씩 묶음의 수를 비교하면 71>65입니다.

14 10개씩 묶음의 수를 비교하면 84>50, 84<92, 84>79입니다. 83과 88은 낱개의 수를 비교하면 84>83, 84<88입니다.
→ 84보다 큰 수는 92, 88입니다.

15 10개씩 묶음의 수가 같으므로 낱개의 수를 비교하여 큰 수부터 쓰면 68, 66, 64, 62입니다.

16 짝수: 낱개의 수가 0, 2, 4, 6, 8 → 2, 4, 6
홀수: 낱개의 수가 1, 3, 5, 7, 9 → 1, 3, 5, 7

17

채점 기준			
❶ 짝수의 특징을 아는 경우	2점	5점
❷ 짝수를 모두 찾아 쓴 경우	3점	

18 82, 87, 79의 10개씩 묶음의 수를 비교하면 79가 가장 작고, 82와 87은 낱개의 수를 비교하면 82<87입니다. → 경서

19 10개씩 묶음의 수에 가장 작은 수인 5를, 낱개의 수에 둘째로 작은 수인 6을 놓으면 56입니다.

20

채점 기준			
❶ 11과 18 사이에 있는 수를 모두 구한 경우	2점	5점
❷ 11과 18 사이에 있는 수 중에서 홀수는 모두 몇 개인지 구한 경우	3점	

단원 평가 B단계

01 90

02 6, 5 / 65

03 98, 100

04 예

/ 홀수

05
(선 잇기)

06 80개

07 6상자

08 (위에서부터) 62 / 3 / 9, 4

09 육십팔, 68

10 82, 81, 79

11 81

12 ❶ 54부터 58까지의 수를 순서대로 써 보면 54, 55, 56, 57, 58이므로 54와 58 사이에 있는 수는 55, 56, 57입니다.
❷ 따라서 54와 58 사이에 있는 수는 모두 3개입니다. **답** 3개

13 65

14 95

15 예나

16 예 지우개가 6개 있습니다. 6은 짝수입니다.

17 5개

18 ㉠

19 ❶ 낱개 13개는 10개씩 1봉지와 낱개 3개로 나타낼 수 있습니다.
❷ 따라서 사탕은 10개씩 8봉지와 낱개 3개이므로 모두 83개입니다. **답** 83개

20 5개

03 99보다 1만큼 더 작은 수는 99 바로 앞의 수인 98이고, 99보다 1만큼 더 큰 수는 99 바로 뒤의 수인 100입니다.

04 둘씩 짝을 지을 때 하나가 남으므로 9는 홀수입니다.

05 • 60 ➡ 육십, 예순 • 80 ➡ 팔십, 여든
• 70 ➡ 칠십, 일흔

06 10개씩 묶음 8개 ➡ 80

07 공을 한 상자에 10개씩 담을 수 있습니다. 빨간색 공은 10개씩 묶음 6개이므로 공을 모두 담으려면 6상자가 필요합니다.

09 구슬을 10개씩 묶으면 10개씩 묶음 6개와 낱개 8개이므로 68(육십팔, 예순여덟)입니다.

10 83부터 순서를 거꾸로 하여 수를 써 보면 83-82-81-80-79입니다.

11 82(여든둘)보다 1만큼 더 작은 수는 81입니다.

12
채점기준	❶ 54와 58 사이에 있는 수를 모두 쓴 경우	4점	5점
	❷ 54와 58 사이에 있는 수는 모두 몇 개인지 구한 경우	1점	

13 10개씩 묶음의 수를 비교하면 65>48입니다.

14 10개씩 묶음의 수를 비교하면 93>88, 93>75이고, 낱개의 수를 비교하면 93<95입니다.
따라서 93보다 큰 수는 95입니다.

15 유준: 72번, 예나: 일흔여덟 번 ➡ 78번
72와 78의 10개씩 묶음의 수는 같고 낱개의 수를 비교하면 72<78입니다.
➡ 훌라후프를 더 많이 돌린 사람은 예나입니다.

16 다음과 같이 쓸 수도 있습니다.
• 자는 3개 있습니다. 3은 홀수입니다.
• 연필은 5자루 있습니다. 5는 홀수입니다.
• 클립은 10개 있습니다. 10은 짝수입니다.

17 짝수는 14, 20, 16, 12, 8로 모두 5개입니다.

18 ㉠ 69 ㉡ 72 ㉢ 70 ➡ 69<70<72

19
채점기준	❶ 낱개 13개를 10개씩 묶음과 낱개의 수로 나타낸 경우	2점	5점
	❷ 사탕은 모두 몇 개인지 구한 경우	3점	

20 63과 □5의 낱개의 수를 비교하면 3<5이고, 63이 □5보다 크므로 □ 안에 들어갈 수 있는 수는 1, 2, 3, 4, 5로 모두 5개입니다.

2. 덧셈과 뺄셈(1)

01 9   **02** 1

03 4

04 (예) ⭕⭕⭕⭕⭕ / 5
      ⊘⊘⊘⊘⊘

05 (계산 순서대로) 10, 13, 13

06 9   **07** ④

08 <   **09** 7−2−3=2 / 2개

10 (선으로 X자 연결)

11 ( )( )(◯)

12 3+7, 8+2, 4+6

13 3마리   **14** ㉠, ㉢, ㉣, ㉡

15 19

16 ❶ 장미, 국화, 카네이션의 수를 모두 더하면 되므로 5+4+6을 계산합니다.

     ❷ 5+4+6=5+10=15이므로 꽃병에 꽂혀 있는 꽃은 모두 15송이입니다.   **답** 15송이

17 1   **18** ( )(◯)(◯)

19 1, 2, 3

20 ❶ 3+7=10이므로 ■에 알맞은 수는 10이고, 2+2=4이므로 ▲에 알맞은 수는 4입니다.

     ❷ 따라서 ■에 알맞은 수와 ▲에 알맞은 수의 차는 10−4=6입니다.   **답** 6

---

01 3과 2를 더하면 5가 되고, 그 수에 4를 더하면 9가 됩니다.

02 8−3=5이고, 5−4=1이므로
8−3−4=1입니다.

03 왼쪽의 점 6개와 오른쪽의 점 4개를 합하면 모두 10개가 됩니다. ➜ 6+4=10

04 ◯ 10개 중 5개에 /을 그려 지우면 ◯ 5개가 남습니다. ➜ 10−5=5

---

05 2와 8을 먼저 더하여 10을 만든 다음 10과 3을 더합니다. ➜ 2+8+3=10+3=13

06 2+5+2=7+2=9

07 ① 2+4+3=9   ② 3+2+1=6
③ 4+1+3=8   ⑤ 6+2+1=9

08 9−2−4=3 ➜ 3<5

09 초콜릿 7개 중에서 지나가 2개, 동생이 3개를 먹었으므로 7−2−3을 계산합니다.
➜ 7−2−3=5−3=2

10 2+8=10, 7+3=10, 5+5=10

11 1+9=10, 9+1=10, 4+5=9

12 3+7=10, 0+9=9, 1+7=8
4+5=9, 8+2=10, 4+6=10

13 나비 10마리와 잠자리 7마리를 하나씩 짝 지어 보면 나비가 3마리 남습니다. ➜ 10−7=3

14 ㉠ 10−4=6   ㉡ 10−9=1
㉢ 10−6=4   ㉣ 10−8=2
➜ 6>4>2>1

15 9+3+7=9+10=19

16
채점 기준	❶ 문제에 알맞은 덧셈식을 쓴 경우	2점	
	❷ 꽃병에 꽂혀 있는 꽃은 모두 몇 송이인지 구한 경우	3점	5점

17 9+□+3=13이므로 9+□=10입니다.
9와 더해서 10이 되는 수는 1이므로 □=1입니다.

18 • 3+5+1=8+1=9 ➜ 홀수
• 1+2+3=3+3=6 ➜ 짝수
• 4+2+2=6+2=8 ➜ 짝수

19 9−2−3=7−3=4이므로 4>□입니다.
➜ □ 안에 들어갈 수 있는 수는 1, 2, 3입니다.

20
채점 기준	❶ ■와 ▲에 알맞은 수를 각각 구한 경우	3점	
	❷ ■와 ▲에 알맞은 수의 차를 구한 경우	2점	5점

단원 평가 B단계

01 7 / 3, 3, 7

02 10 / 10

03 2, 8

04 6+$\boxed{9+1}$=16

05 (선 잇기)

06 9점

07 ㉡

08 예 2, 4 / 2, 4, 2

09 7, 3

10 10개

11 ❶ 두 수의 합을 각각 구하면
지민이는 1+9=10, 해준이는 3+6=9,
희수는 5+5=10입니다.
❷ 따라서 공에 적힌 두 수의 합이 10이 아닌 사람은 해준입니다. **답** 해준

12 (위에서부터) 8, 6

13 3

14 10-9=1 / 1개

15 (△) ( )

16 6

17 4, 6 또는 6, 4

18 ❶ 주어진 수 중에서 가장 큰 수는 8이므로
8-3-2를 계산해야 합니다.
❷ 8-3-2=5-2=3입니다. **답** 3

19 15

20 6살

02 7과 3을 서로 바꾸어 더해도 합은 10으로 같습니다.

03 구슬 10개에서 2개를 빼면 8개가 남습니다.
→ 10-2=8

04 9와 1을 먼저 더하여 10을 만든 다음 6과 10을 더합니다.

05 ·5+2+1=7+1=8
·1+7+1=8+1=9
·3+2+2=5+2=7

06 민재는 2점, 3점, 4점을 맞혔으므로 모두 더하면 2+3+4=5+4=9(점)입니다.

07 ㉠ 7-3-2=4-2=2
㉡ 6-1-2=5-2=3
→ 2<3이므로 차가 더 큰 것은 ㉡입니다.

08 색종이 8장 중에서 종이학을 접을 색종이의 수와 종이비행기를 접을 색종이의 수를 차례로 뺍니다.

09 더해서 10이 되는 두 수는 1과 9, 2와 8, 3과 7, 4와 6, 5와 5 등이 있습니다.

10 (바구니에 들어 있는 과일의 수)
=(사과의 수)+(배의 수)=8+2=10(개)

11

	채점 기준		
	❶ 두 수의 합을 각각 구한 경우	4점	
	❷ 공에 적힌 두 수의 합이 10이 아닌 사람을 찾아 쓴 경우	1점	5점

12 10-2=8, 10-4=6

13 10에서 빼는 수가 7이면 뺄셈 결과가 3이고,
10에서 빼는 수가 3이면 뺄셈 결과가 7입니다.
→ □ 안에 공통으로 들어갈 수 있는 수는 3입니다.

14 (남은 달걀의 수)
=(사 온 달걀의 수)-(사용한 달걀의 수)
=10-9=1(개)

15 ·$\boxed{8+2}$+1=10+1=11
·4+$\boxed{9+1}$=4+10=14
→ 11<14이므로 8+2+1이 더 작습니다.

16 □+7+3=16에서 7+3=10이므로 □ 안에 알맞은 수는 6입니다.

17 합이 10이 되는 두 수를 골라야 하므로 수 카드 4와 6을 골라 덧셈식을 완성합니다.

18

	채점 기준		
	❶ 가장 큰 수를 찾아 알맞은 뺄셈식을 만든 경우	2점	
	❷ 가장 큰 수에서 나머지 두 수를 뺀 값을 구한 경우	3점	5점

19 ·2+1+4=3+4=7 → ◆=7
·◆+3+5=♣에서 7+3+5=♣입니다.
$\boxed{7+3}$+5=10+5=15 → ♣=15

20 (누나의 나이)=8+2=10(살)
→ (동생의 나이)=10-4=6(살)

3. 모양과 시각

단원 평가 A단계

01 ㉠, ㉣

02 ㉢, ㉣

03 △

04 2

05 □

06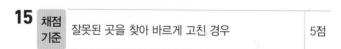

07 ⑩ 시계, 훌라후프

08 ❶ □ 모양은 2개, △ 모양은 4개, ● 모양은 3개입니다.

　　❷ 따라서 개수가 3개인 모양은 ● 모양입니다.

　　　　　　　　　　　　　　답 ● 모양

09 ㉠, ㉡

10 준희

11

12 (　)(○)(　)

13 5개

14 (시계: 12시 모양)

15 ⑩ 3시는 짧은바늘이 3, 긴바늘이 12를 가리켜.

16 7, 30

17 (시계 두 개: 10시 30분 → 11시 30분)

18 2개

19 2개

20 민주

---

01 □ 모양의 물건은 ㉠ 지우개, ㉣ 자입니다.

02 △ 모양의 물건은 ㉢ 옷걸이, ㉣ 수박 조각입니다.

03 나무 블록의 바닥 부분을 본뜨면 △ 모양이 나옵니다.

04 짧은바늘이 2, 긴바늘이 12를 가리키므로 2시입니다.

　　참고 짧은바늘이 ▨, 긴바늘이 12 ➡ ▨시

05 짧은바늘이 5와 6 사이에 있고, 긴바늘이 6을 가리키므로 5시 30분입니다.

06 • 달력, 손수건: □ 모양
　　• 도넛, 피자: ● 모양
　　• 삼각자, 삼각김밥: △ 모양

08

채점 기준	❶ 각 모양의 개수를 세어 쓴 경우	3점	5점
	❷ 개수가 3개인 모양을 찾아 쓴 경우	2점	

09 뾰족한 부분이 있는 모양은 □ 모양과 △ 모양입니다.

10 트라이앵글은 △ 모양입니다.

12 해는 △ 모양과 ● 모양을 이용하여 만들었습니다. 자동차는 □ 모양과 ● 모양을 이용하여 만들었습니다.

13 □ 모양은 나무에 1개, 자동차에 4개 이용했습니다. ➡ 1+4=5(개)

14 짧은바늘이 1을 가리키도록 그립니다.

15

채점 기준	잘못된 곳을 찾아 바르게 고친 경우	5점

16 짧은바늘이 7과 8 사이에 있고, 긴바늘이 6을 가리키므로 7시 30분입니다.

17 시작 시각은 10시 30분이므로 긴바늘이 6을 가리키도록 그리고, 마침 시각은 11시 30분이므로 짧은바늘이 11과 12 사이를 가리키도록 그립니다.

18 △ 모양: 4개, ● 모양: 2개 ➡ 4-2=2(개)

19 □ 모양: 8개, △ 모양: 6개, ● 모양: 2개
　　➡ 가장 적게 이용한 모양은 ● 모양이고 2개입니다.

20 • 지호가 도착한 시각: 6시
　　• 민주가 도착한 시각: 6시 30분
　　➡ 두 시각 중 더 늦은 시각은 6시 30분이므로 도서관에 더 늦게 도착한 사람은 민주입니다.

단원 평가 B단계

01 ◯

02 3

03 (◯) ( )

04 12, 30

05 예나

06 ❶ 공책, 필통, 액자는 ■ 모양이고, 과녁은 ◯ 모양입니다.

❷ 따라서 ■ 모양이 아닌 물건은 과녁입니다.

답 과녁

07 ( ) (◯)

08

09 ◯

10 ■, ▲

11 3개

12 ■ 모양

13 ■, ▲

14

15 (◯) (◯) ( )

16

17 ❶

❷ 예 어제 낮 2시 30분에 동생과 보드게임을 했습니다.

18 3개

19 3개

20 ㉡

---

01 동전은 모두 ◯ 모양입니다.

02 → 3군데

03 10시는 짧은바늘이 10, 긴바늘이 12를 가리킵니다.

04 짧은바늘이 12와 1 사이, 긴바늘이 6을 가리키므로 12시 30분입니다.

05 탬버린은 ◯ 모양입니다.

06
채점 기준	❶ 각 물건의 모양을 아는 경우	4점	
	❷ ■ 모양이 아닌 물건을 찾아 쓴 경우	1점	5점

07 • 왼쪽: 휴대 전화는 ■ 모양, 조각 피자는 ▲ 모양입니다.

• 오른쪽: 체중계와 과자는 모두 ◯ 모양입니다.

08 • ▲ 모양: 뾰족한 부분이 3군데 있습니다.

• ■ 모양: 뾰족한 부분이 4군데 있습니다.

• ◯ 모양: 뾰족한 부분이 없습니다.

09 곧은 선이 없는 모양은 ◯ 모양입니다.

10 위나 아래에서 보이는 부분을 찍으면 ▲ 모양이 나오고, 옆에서 보이는 부분을 찍으면 ■ 모양이 나옵니다.

11 ◯ 모양은 눈 부분에 2개, 몸통에 1개로 모두 3개입니다.

12 ■ 모양: 7개, ▲ 모양: 1개, ◯ 모양: 3개

13 ■ 모양: 2개, ▲ 모양: 2개, ◯ 모양: 5개

14 짧은바늘이 6을 가리키도록 그립니다.

15 긴바늘이 6을 가리킬 때는 몇 시 30분을 나타내므로 짧은바늘은 두 숫자 사이에 있어야 합니다.

16 짧은바늘이 ■와 ■+1 사이에 있고, 긴바늘이 6을 가리키면 ■시 30분입니다.

17
채점 기준	❶ 시계에 2시 30분을 바르게 나타낸 경우	3점	
	❷ 어제 낮 2시 30분에 한 일을 이야기한 경우	2점	5점

[평가 기준] 낮 2시 30분에 하는 것이 가능한 일을 이야기했으면 정답으로 인정합니다.

18 뾰족한 부분이 4군데 있는 모양은 ■ 모양이고, ■ 모양의 물건은 스케치북, 지폐, 봉투로 모두 3개입니다.

19 ■ 모양: 4개, ▲ 모양: 5개, ◯ 모양: 2개

→ 5−2=3(개)

20 ㉠ 1시 30분   ㉡ 2시 30분   ㉢ 4시

→ 2시와 3시 사이의 시각은 ㉡ 2시 30분입니다.

4. 덧셈과 뺄셈(2)

01 10, 11 / 11　　　　**02** (위에서부터) 12, 2

03 11, 11 / 같습니다　　**04** 10

05 (위에서부터) 9, 1　　**06** 15

07 13　　　　　　　　**08** <

09 ❶ 운동장에 있는 남학생 수와 여학생 수를 더하면
되므로 6+9를 계산합니다.
　❷ 6+9=15이므로 운동장에 있는 학생은 모두
15명입니다.　　　　　　　　　　　**답** 15명

10 8, 9　　　　　　　**11** 8, 8 / 7, 9

12 (　) (○) (　)　**13** 11−2=9 / 9개

14 ⑩ 16, 7, 9 / ⑩ 17, 8, 9

15 ㉡, ㉣, ㉢, ㉠

16 (왼쪽에서부터) 8, 7 / 6, 5

17 (위에서부터) 6 / 7, 8

18 9, 7, 16 또는 7, 9, 16

19 ❶ 가장 큰 수는 14, 가장 작은 수는 5입니다.
　❷ 따라서 가장 큰 수와 가장 작은 수의 차는
14−5=9입니다.　　　　　　　　　　**답** 9

20 채아, 6개

---

01 빵이 8개에 3개 더 있으므로 8 하고 9, 10, 11
입니다. ➡ 8+3=11

02 5를 3과 2로 가르기하여 7과 3을 더해 10을
만들고, 남은 2를 더하면 12가 됩니다.

04 10개씩 묶음 1개와 낱개 ■개에서 낱개 ■개를
빼면 10개씩 묶음 1개가 남습니다.

05 6을 5와 1로 가르기하여 15에서 5를 빼서 10
을 만들고, 10에서 남은 1을 빼면 9가 됩니다.

06 고양이는 왼쪽에 8마리, 오른쪽에 7마리 있습니다.
8부터 7만큼 이어 세면 15이므로 고양이는 모두
15마리입니다.

08 3+9=12, 5+8=13 ➡ 12<13

09

채점 기준	❶ 문제에 알맞은 덧셈식을 쓴 경우	2점	5점
	❷ 운동장에 있는 학생은 모두 몇 명인지 구한 경우	3점	

10 4+7=11이고 합이 1씩 커졌으므로 4에 1씩
커지는 수를 더한 것입니다.

11 더해지는 수가 1씩 작아지고 더하는 수가 1씩 커
지면 합은 같습니다.
따라서 색칠된 칸의 덧셈식과 합이 같은 식 2개
를 표에서 찾으면 8+8, 7+9입니다.

12 12−8=4, 11−5=6, 13−5=8

13 (남은 과자의 수)
　=(처음에 있던 과자의 수)−(먹은 과자의 수)
　=11−2=9(개)

14 14−6=8, 14−7=7, 14−8=6,
15−6=9, 15−7=8, 15−8=7,
16−8=8을 만들 수도 있습니다.

15 ㉠ 12−3=9　　㉡ 11−8=3
㉢ 14−6=8　　㉣ 13−7=6
➡ 3<6<8<9

16 같은 수에서 1씩 커지는 수를 빼면 차는 1씩 작
아집니다.

17 왼쪽 수와 오른쪽 수가 1씩 커지면 차는 같습니다.
참고 '−'의 왼쪽 수와 오른쪽 수가 똑같이 ■씩 커지거나
■씩 작아지면 차는 같습니다.

18 합이 가장 크려면 가장 큰 수와 둘째로 큰 수를
더해야 합니다. 수 카드의 수 중에서 가장 큰 수는
9, 둘째로 큰 수는 7입니다. ➡ 9+7=16

19

채점 기준	❶ 가장 큰 수와 가장 작은 수를 각각 찾아 쓴 경우	2점	5점
	❷ 가장 큰 수와 가장 작은 수의 차를 구한 경우	3점	

20 서진: 15−9=6(개), 채아: 3+9=12(개)
채아가 12−6=6(개) 더 많이 가지고 있습니다.

단원 평가 B단계  23~25쪽

01 (예) ⭕⭕⭕⭕⭕ 🔺🔺🔺🔺 / 14
⭕⭕⭕⭕ 🔺

02 11 **03** 5

04 (왼쪽에서부터) 2 / 8

05 (위에서부터) 12, 5 **06** (위에서부터) 17, 16

07 6+6=12 / 12자루

08 ( ) (◯) (△)

09 (예) [주사위 그림] / 14 / 7, 14

10 [기차 그림] 5+6 9+8 8+9 6+5

11 (예) 5, 9 **12** 9

13 ❶ ㉠, ㉡, ㉢을 각각 계산해 보면 ㉠ 14-8=6,
㉡ 15-9=6, ㉢ 11-8=3입니다.
❷ 따라서 차가 3인 식은 ㉢입니다. **답** ㉢

14 7번 **15** 9, 17

16 (예) 11, 7

17 [공책 그림]
13-8 (15-7) /14△-7/
12-5 /14△-9/ (14-6)
15-8 13-6 (16-8)

18 ❶ 카드에 적힌 두 수의 합을 각각 구하면
윤아는 6+7=13, 재희는 8+4=12입니다.
❷ 13>12이므로 카드에 적힌 두 수의 합이 더
큰 사람은 윤아입니다. **답** 윤아

19 8 **20** 5

---

01 △ 1개를 그려 10을 만들고, △ 4개를 더 그리
면 14가 됩니다. ➔ 9+5=14

02 3+8=11
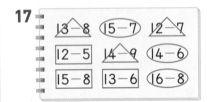
1 2

05 7을 2와 5로 가르기하여 5와 5를 더해 10을
만들고, 남은 2를 더하면 12가 됩니다.

06 8+9=17, 8+8=16

---

07 (지금 준서가 가지고 있는 연필의 수)
=(가지고 있던 연필의 수)+(받은 연필의 수)
=6+6=12(자루)

08 9+3=12, 6+9=15, 4+7=11
➔ 15>12>11

09 8+6=14입니다. 7과 더해 14가 되려면 점을
7개 그려야 합니다. ➔ 7+7=14

10 두 수의 순서를 바꾸어 더해도 합은 같습니다.

11 5+8=13에서 합이 1만큼 커졌으므로 더하는
수를 1만큼 크게 하여 5+9=14, 더해지는 수를
1만큼 크게 하여 6+8=14로 쓸 수 있습니다.

13

채점기준			
❶ ㉠, ㉡, ㉢을 각각 계산한 경우	4점	5점
❷ 차가 3인 식을 찾아 기호를 쓴 경우	1점	

14 (지효가 넘은 줄넘기 횟수)
-(은석이가 넘은 줄넘기 횟수)
=16-9=7(번)

15 13-4=9, 9+8=17

16 12-8=4와 차가 같은 식: 11-7, 13-9 등

17 ・13-5=8이므로 15-7, 14-6, 16-8과
차가 같습니다.
・11-6=5이므로 13-8, 12-7, 14-9와
차가 같습니다.
・14-7=7이므로 12-5, 15-8, 13-6과
차가 같습니다.

18

채점기준			
❶ 카드에 적힌 두 수의 합을 각각 구한 경우	3점	5점
❷ 카드에 적힌 두 수의 합이 더 큰 사람을 찾아 쓴 경우	2점	

19 ・2+9=11 ➔ ◆=11
・◆-3=11-3=8 ➔ ♥=8

20 윤주가 꺼낸 공에 적힌 두 수의 차: 11-4=7
세호가 이기려면 두 수의 차가 7보다 커야 합니다.
13-6=7이고 13-5=8이므로 세호는 5가
적힌 공을 꺼내야 합니다.

5. 규칙 찾기

01 (○) (　)　　　　**02** 운동화 / 구두

03 1, 9　　　　　　　**04** 72, 10

05 96, 97, 98, 99, 100

06 ○, ○, △, △　　　**07** ➡, ⬅

08 (○) (　)

09 예

10 예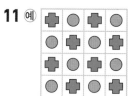

11 예   **12** (　) (○) (　)

13 예 3, 4, 5, 6, 7
/ 2부터 시작하여 1씩 커집니다.

14

51	52	53	54	55	56	57	58	59	60
61	62	63	64	65	66	67	68	69	70

15

1	2	3
4	5	6
7	8	9

1	4	7
2	5	8
3	6	9

16 (위에서부터) ⚁, ⚂, ⚁ / 3, 3

17 ❶ 윷이 엎어진 개수가 2개, 2개, 4개씩 반복
되고 윷이 2개 엎어진 그림은 2, 윷이 4개 엎
어진 그림은 4로 나타냈습니다.
❷ ㉠은 윷이 4개 엎어져 있는 그림을 수로 나
타낸 것이므로 4입니다.   답 4

18 10개

19 ❶ 주어진 수 배열표는 → 방향으로 1씩 커집니다.
❷ 따라서 57부터 → 방향으로 58−59−60
이므로 ★에 알맞은 수는 60입니다.   답 60

20 25, 30, 35, 40

---

05 91부터 시작하여 → 방향으로 1씩 커집니다.

07 ⬅, ➡, ⬅가 반복됩니다.

08 개수가 2개, 1개, 1개씩 반복됩니다.

09 예 주사위 점의 수가 4, 3, 4가 반복되도록 놓
았습니다.
[평가 기준] 주사위 점의 수에서 반복되는 규칙이 있도록
그렸으면 정답으로 인정합니다.

10 [평가 기준] ♡, ◇ 모양으로 규칙을 만들어 꾸몄으면 정
답으로 인정합니다.

11 예 • 첫째 줄, 셋째 줄은 ✚, ●가 반복됩니다.
• 둘째 줄, 넷째 줄은 ●, ✚가 반복됩니다.

12 12부터 시작하여 2씩 작아지므로 빈 곳에 알맞
은 수는 6보다 2만큼 더 작은 4입니다.

13 [평가 기준] 2부터 시작하여 수가 커지는 규칙, 2와 다른
수가 반복되는 규칙 등을 알맞게 만들어 수를 써넣고 설명
했으면 정답으로 인정합니다.

14 색칠한 수들은 2씩 커지므로 62부터 2씩 커지
는 수인 64, 66, 68, 70을 색칠합니다.

15 • 왼쪽: → 방향으로 1씩 커지고, ↓ 방향으로 3씩
커집니다.
• 오른쪽: → 방향으로 3씩 커지고, ↓ 방향으로
1씩 커집니다.

16 ⚁, ⚂이 반복되고 ⚁는 2로, ⚂은 3으로 나
타냈습니다.

17

채점 기준	❶ 규칙을 찾아 수로 나타낸 방법을 아는 경우	3점	
	❷ ㉠에 알맞은 수를 구한 경우	2점	5점

18 펼친 손가락의 수가 1개, 5개가 반복됩니다.
따라서 빈칸에 들어갈 펼친 손가락의 수는 차례
로 5개, 5개이므로 모두 5+5=10(개)입니다.

19

채점 기준	❶ 수 배열표의 규칙을 찾아 쓴 경우	2점	
	❷ ★에 알맞은 수를 구한 경우	3점	5점

20 색칠한 수는 ↓ 방향으로 5씩 커지므로 규칙에 따
라 써 보면 20−25−30−35−40입니다.

평가
북

5
단원

단원 평가 **B**단계

29~31쪽

01 참외, 토마토

02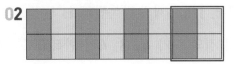

03 15, 18   **04** 23, 4

05 □ / ◇   **06** (   )
                               (○)

07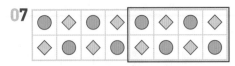

08 (예) ◆ ◆ ♥ ◆ ◆ ♥

09 (예) 3, 8이 반복됩니다.

10 ❶ 12-14-16으로 2씩 커집니다.

❷ 따라서 ㉠에 알맞은 수는 12보다 2만큼 더 작은 수인 10이고, ㉡에 알맞은 수는 16보다 2만큼 더 큰 수인 18입니다.   **답** 10, 18

11 52, 51

12

1	2	3	4	5	6	7	8	9	10
11	12	13	14	15	16	17	18	19	20
21	22	23	24	25	26	27	28	29	30

13 (위에서부터) 97 / 94, 92 / 88 / 82, 81

14 2   **15** 🧑

16 (위에서부터) 3, 4, 3, 4 / ㅣ, ㅏ, ㅣ, ㅏ

17 ㉡   **18** 가위

19 ㉡

20 ❶ → 방향으로 1씩 커지므로 74-75-76-77-78-79에서 ♠에 알맞은 수는 79입니다.

❷ ↓ 방향으로 10씩 커지므로 79-89-99에서 ★에 알맞은 수는 99입니다.   **답** 79, 99

02 보라색, 노란색이 반복됩니다.

03 3부터 시작하여 3씩 커집니다.

06 위: 사탕, 과자가 반복되므로 잘못 놓았습니다.

07 • 첫째 줄: ●, ◇가 반복됩니다.
     • 둘째 줄: ◇, ●가 반복됩니다.

08 (예) ◆ 모양과 ♥ 모양을 골라 ◆, ◆, ♥가 반복되는 규칙을 만들었습니다.

[평가 기준] 두 가지 모양만을 사용하여 규칙이 있게 그렸으면 정답으로 인정합니다.

10

채점 기준	❶ 수 배열에서 규칙을 찾아 쓴 경우	2점	5점
	❷ ㉠과 ㉡에 알맞은 수를 각각 구한 경우	3점	

11 55부터 시작하여 1씩 작아집니다.

13 → 방향으로 1씩 작아지고, ↓ 방향으로 5씩 작아집니다.

14 강아지, 오리가 반복됩니다. 강아지를 4로, 오리를 2로 나타내면 ㉠에 알맞은 수는 2입니다.

15 앉기, 서기, 만세하기가 반복됩니다.

16 • 연결 모형의 개수에 맞게 ▋을 3으로, ⬚을 4로 나타냅니다.

• 모양에 맞게 ▋을 모음자 'ㅣ'로, ⬚을 모음자 'ㅏ'로 나타냅니다.

17 바이올린, 탬버린, 탬버린이 반복됩니다. 바이올린을 ◇로, 탬버린을 ◎로 나타내면 ◇가 들어갈 곳은 ㉡입니다.

18 지우개, 지우개, 가위, 가위가 반복됩니다. 따라서 8번째인 가위 다음에는 차례로 지우개(9번째), 지우개(10번째), 가위(11번째)를 놓아야 합니다.

19 ㉠ 25, 35가 반복됩니다. → □=35
㉡ 40부터 시작하여 2씩 작아집니다. → □=30
➔ 30<35이므로 □ 안에 알맞은 수가 더 작은 것은 ㉡입니다.

20

채점 기준	❶ ♠에 알맞은 수를 구한 경우	2점	5점
	❷ ★에 알맞은 수를 구한 경우	3점	

6. 덧셈과 뺄셈(3)

01 7, 27   **02** ④

03 82   **04** 20

05 78 / 88   **06** 29

07 (◯)(×)   **08** 10+50, 20+40

09 24, 46 / 46개   **10** 유준

11 82, 80   **12** 37자루

13

14 ❶ 수의 크기를 비교하면 80>70>30>20 이므로 가장 큰 수는 80, 가장 작은 수는 20입니다.

❷ 따라서 가장 큰 수와 가장 작은 수의 차는 80-20=60입니다.   **답** 60

15 ( )(◯)(△)

16 ❶ 22+13=35입니다.

❷ 35-20=15이므로 ㉠에 알맞은 수는 15 입니다.   **답** 15

17 ⑩ 65, 20, 85 / ⑩ 47, 12, 35

18 3, 4   **19** 배드민턴, 3명

20 0, 1, 2

---

01 10개씩 묶음 2개와 낱개 7개이므로 27입니다.

03 낱개의 수끼리 빼고, 10개씩 묶음의 수를 그대로 내려 씁니다.

05 10씩 커지는 수에 같은 수를 더하면 합도 10씩 커집니다.

07 51+4=55

08 20+60=80, 50+40=90, 10+50=60, 40+30=70, 20+40=60

09 (전체 풍선의 수)
= (빨간색 풍선의 수)+(파란색 풍선의 수)
= 22+24=46(개)

10 서진: 42+15=57, 채아: 36+22=58, 유준: 14+40=54
➜ 54<57<58

11 86-2=84, 86-4=82, 86-6=80

12 (남은 크레파스의 수)
= (처음 가지고 있던 크레파스의 수)
    - (동생에게 준 크레파스의 수)
= 39-2=37(자루)

13 76-12=64, 90-50=40, 58-2=56

14

	채점 기준		
	❶ 가장 큰 수와 가장 작은 수를 각각 찾아 쓴 경우	2점	5점
	❷ 가장 큰 수와 가장 작은 수의 차를 구한 경우	3점	

15 43+5=48, 53-3=50, 42+2=44
➜ 50>48>44

16

	채점 기준		
	❶ 가운데 빈칸에 알맞은 수를 구한 경우	2점	5점
	❷ ㉠에 알맞은 수를 구한 경우	3점	

18
```
    ㉠ 3
  + 2 ㉡
  ─────
    5 7
```
· 낱개의 수끼리 더하면 3+㉡=7 입니다.
3+4=7이므로 ㉡=4입니다.

· 10개씩 묶음의 수끼리 더하면 ㉠+2=5입니다.
3+2=5이므로 ㉠=3입니다.

19 · 배드민턴: 22+4=26(명)
· 바둑: 11+12=23(명)
➜ 26>23이므로 배드민턴을 신청한 학생이 26-23=3(명) 더 많습니다.

20 57-44=13이고 13>1□이므로 □ 안에는 3보다 작은 수가 들어가야 합니다.
따라서 □ 안에 들어갈 수 있는 수는 3보다 작은 0, 1, 2입니다.

단원 평가 B단계 35~37쪽

01 25, 26 / 4, 26　　**02** 6 / 5, 6

03 52　　　　　　　　**04** 70-20

05 59

06 ❶ ⟮예⟯ 4는 낱개의 수이므로 31의 낱개의 수인 1에 더해야 하는데 10개씩 묶음의 수인 3에 더했으므로 잘못 계산하였습니다.

❷
$$\begin{array}{r} 3\ 1 \\ +\quad 4 \\ \hline 3\ 5 \end{array}$$

07 ╳（선 연결）　　　**08** 78명

　　　　　　　　　　09 78 / 72

　　　　　　　　　　10 20

11 56-22=34 / 34개

12 (위에서부터) 34, 33, 41, 40

13 >　　　　　　　　**14** 38 / 32

15 37, 47, 57 / 27, 40, 67

16 12, 4, 16 또는 4, 12, 16

17 25, 12, 13　　　　**18** 71

19 ❶ 29-8=21이므로 ■에 알맞은 수는 21입니다.

❷ ■+■=★에서 21+21=42이므로 ★에 알맞은 수는 42입니다.　　**답** 42

20 효주

---

01 22에서 4만큼 이어 세면 22 하고 23, 24, 25, 26이므로 22+4=26입니다.

02 낱개의 수끼리 더하고, 10개씩 묶음의 수끼리 더합니다.

03 낱개의 수끼리 빼고, 10개씩 묶음의 수를 그대로 내려 씁니다.

04 70-20=50이므로 빨간색으로 칠합니다.

05 53+6=59

06
채점 기준	❶ 잘못 계산한 이유를 쓴 경우	3점	
	❷ 바르게 계산한 경우	2점	5점

07 10+50=60　　40+40=80
　　20+60=80　　50+20=70
　　40+30=70　　30+30=60

08 (영화관에 있던 전체 사람 수)
　　=(영화관에 있던 남자 수)
　　　+(영화관에 있던 여자 수)
　　=44+34=78(명)

09 합: 75+3=78, 차: 75-3=72

10 60-40=20

11 (더 접어야 하는 종이학의 수)
　　=(접으려고 하는 종이학의 수)
　　　-(지금까지 접은 종이학의 수)
　　=56-22=34(개)

12 79-45=34, 38-5=33
　　79-38=41, 45-5=40

13 15+22=37, 59-26=33 ➜ 37>33

14 • 예나의 수: 25+13=38
　　• 시우의 수: 67-35=32

15 같은 수에 10씩 커지는 수를 더하면 합도 10씩 커집니다. 바로 다음에 올 덧셈식은 더하는 수가 10만큼 더 커진 27+40=67입니다.

16 곰 인형은 12개, 강아지 인형은 4개 있습니다.
　　➜ 12+4=16

17 토끼 인형은 25개, 곰 인형은 12개 있습니다.
　　➜ 25-12=13

18 가장 큰 몇십몇: 75 ➜ 75-4=71

19
채점 기준	❶ ■에 알맞은 수를 구한 경우	2점	
	❷ ★에 알맞은 수를 구한 경우	3점	5점

20 • 지훈: 13+3=16 ➜ 짝수
　　• 연아: 33-21=12 ➜ 짝수
　　• 효주: 27-10=17 ➜ 홀수

독해의 핵심은 비문학

지문 분석으로 독해를 깊이 있게!
비문학 독해 | 1~6단계

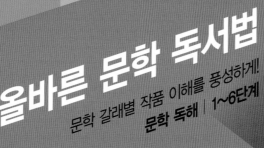

올바른 문학 독서법

문학 갈래별 작품 이해를 풍성하게!
문학 독해 | 1~6단계

2023 NEW

결국은 어휘력

비문학 독해로 어휘 이해부터 어휘 확장까지!
어휘 X 독해 | 1~6단계

초등 문해력의 빠른시작 빠작

동아출판

백점 수학 1·2

백점 수학 1·2

초등학교   학년   반   번   이름

믿고 보는 동아출판
초등 교재

기초학습서부터 교과서 개념 다지기, 과목별 전문서까지!
초등학교 입학 전부터, 예비 중등까지!
초등학생에게 꼭 필요한 영역을 빠짐없이! **동아출판 초등 교재 라인업**

BEST

2022 개정 교육과정

초등 1~2학년 공부 단짝
초능력
맞춤법 + 받아쓰기

쉽고 빠른 맞춤법 학습 | 받아쓰기 단계별 연습 | 국어 교과서 어휘 학습

초등 국어 1·2

초능력 비주얼씽킹 과학
초능력 비주얼씽킹 초등한국사
초능력 수학 연산
초능력 국어 독해
초능력 급수 한자

초등 영역별 기초학습서
초능력 국어/수학/과학/한국사/한자

초고필
비문학 독해1

5-6학년
예비 중등

초고필 유리수의 사칙연산
초고필 지금 국어 문법 해야 할 때
초고필 지금 국어 어휘 해야 할 때
적중 반편성 배치고사 +진단평가
초고필 지금 한국사 해야 할 때

예비 중등
초고필 국어/수학/한국사
적중 반편성 배치고사 + 진단평가

동아출판

큐브 개념

초등 수학
1·1

빠작 | 큐브 | 하이탑 | 뜯어먹는 초등 필수 영단어 | 그래머 클리어 스타터

과목별 전문서
빠작 | 큐브 | 하이탑 | 뜯어먹는 초등 필수 영단어 | 그래머 클리어 스타터

백점
수학 1·1

1

교과서 개념 완벽 학습
백점 | 자습서&평가문제집

동아 연세
초등 국어사전

동아 연세
초등 영어사전

동아 연세
초등 한자사전

연세 초등 사전
국어사전 | 영어사전 | 한자사전

백점 수학 1·2

공부 효율 1등, 백점 1~2학년

백점 국어

백점 수학

동아출판

9 788900 478532
ISBN 978-89-00-47853-2
정가 16,000원

KC마크는 이 제품이 공통안전기준에 적합하였음을 의미합니다.

⚠ 주의
책 모서리에
다칠 수 있으니
주의하시기
바랍니다.

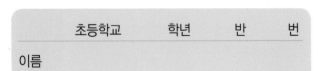

초등학교   학년   반   번

이름

📞 **Telephone** 1644-0600
🏠 **Homepage** www.bookdonga.com
✉ **Address** 서울시 영등포구 은행로 30 (우 07242)

• 정답 및 풀이는 동아출판 홈페이지 내 학습자료실에서 내려받을 수 있습니다.
• 교재에서 발견된 오류는 동아출판 홈페이지 내 정오표에서 확인 가능하며, 잘못 만들어진 책은 구입처에서 교환해 드립니다.
• 학습 상담, 제안 사항, 오류 신고 등 어떠한 이야기라도 들려주세요.

백점
활동북

바른 생활 슬기로운 생활 즐거운 생활

2022 개정 교육과정
특별부록

1·2

· 교과서 활동 중심 학습
· 다양한 활동 문제 수록

주소   서울시 영등포구 은행로 30 (우 07242)

백점 활동북 1·2

발행일	2024년 6월 30일
인쇄일	2024년 6월 20일
펴낸곳	동아출판㈜
펴낸이	이욱상
등록번호	제300-1951-4호(1951. 9. 19)
개발총괄	강희경
개발책임	박재일
개발	방인애 윤희수
디자인책임	목진성
디자인	강민영
대표번호	1644-0600
주소	서울시 영등포구 은행로 30 (우 07242)

백점
활동북

바른 생활 슬기로운 생활 즐거운 생활

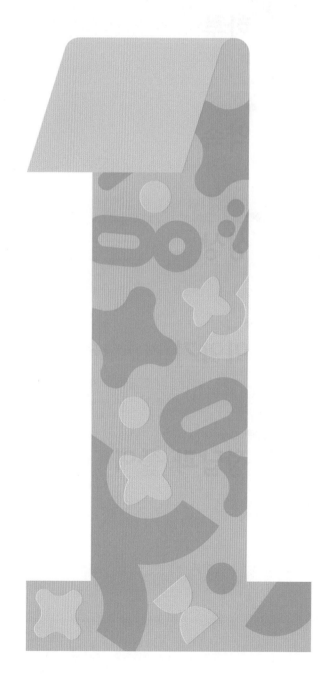

백점 활동북
차 례

하루 ——————————————— 3 ~ 16 쪽

약속 ——————————————— 17 ~ 30 쪽

상상 ——————————————— 31 ~ 44 쪽

이야기 —————————————— 45 ~ 58 쪽

정답과 풀이 ————————————— 59 ~ 64 쪽

바른 생활 슬기로운 생활 즐거운 생활

하루

이번에 배울 내용

학습명	쪽수	학습 내용
주제 학습	4~13쪽	하루 생활 속 다양한 주제를 학습하고 활동해 보기
놀이 학습	14쪽	하루를 활기차게 보낼 수 있는 놀이 알아보기
안전 학습	15쪽	일상생활에서 지켜야 할 규칙 알아보기
쑥쑥 생각 키우기	16쪽	재미있는 문제를 통해 학습한 내용 점검하기

주제 학습 1

가장 좋아하는 하루

😊 내가 좋아하는 하루는 언제인가요? 내가 가장 좋아하는 하루를 골라 ○표 하세요.

내가 좋아하는 하루나 의미가 있는 날은 사람마다 다르기도 해요.

(   )   (   )   (   )

하늘의 하루

😊 하루 동안에 하늘은 어떻게 바뀔까요? 낮과 밤의 특징을 선으로 알맞게 연결해 보세요.

하루 동안 하늘은 밝아졌다가 다시 어두워져요.

·   ·

·   ·

하늘이 깜깜하고, 반짝이는 별들이 있어요.

해가 반짝이고, 뭉게뭉게 구름이 떠 있어요.

달팽이의 하루

😊 다음은 달팽이의 하루를 나타낸 그림이에요. 그림을 그리는 데 필요한 준비물이 들어 있는 꾸러미를 골라 ○표 하세요.

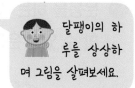

달팽이의 하루를 상상하며 그림을 살펴보세요.

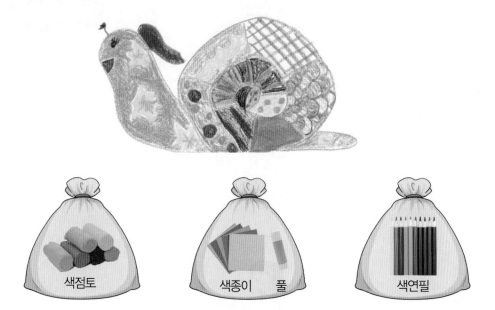

색점토

색종이   풀

색연필

😊 나의 아침부터 밤까지 생활을 떠올려 보고, 단어를 따라 써 보세요.

시계를 보며 하루 동안 하는 일을 떠올려 보세요.

아침에 일어나서

학 교 갈

준비를 해요.

급 식 시간에

친구들과 점심을 먹어요.

건강한 하루

😊 운동을 하는 것은 하루를 건강하게 보낼 수 있는 방법이에요. 내가 할 수 있는 운동을 알아보고, 단어를 따라 써 보세요.

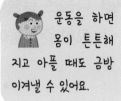

운동을 하면 몸이 튼튼해지고 아플 때도 금방 이겨낼 수 있어요.

| 축 | 구 |

| 스 | 트 | 레 | 칭 |

| 줄 | 넘 | 기 |

| 수 | 영 |

하루 저금통

😊 하루 한 가지를 한 달 동안 꾸준히 할 수 있나요? 하루 한 가지 목표를 세우고, 써 보세요.

어떤 행동을 한 달 동안 되풀이하면 습관이 될 거예요.

하루 한 번씩 ＿＿＿＿＿＿＿＿＿＿＿＿＿＿＿＿＿＿＿을/를
할 거예요!

하루의 시작

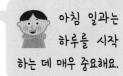

😊 매일 반복되는 아침에 무엇을 하며 보내고 있나요? 빈칸에 들어갈
알맞은 말을 보기 에서 골라 쓰세요.

아침 일과는
하루를 시작
하는 데 매우 중요해요.

> 보기
>
> 양치   정돈   아침밥

- 스스로 일어나 잠자리를 [   ] 해요.

- 화장실에 가서 [   ] 와 세수를 해요.

모두의 하루

😊 하루를 어떻게 보내는지는 사람마다 달라요. 가족과 이웃이 하루를
보내는 모습과 설명을 선으로 알맞게 연결해 보세요.

역할이나 직
업에 따라
하루를 보내는 모습이
달라요.

손님에게 통장을
만들어 줘요.

아픈 사람을
진찰해요.

불이 나면 출동할
준비를 해요.

하루 세 번

😊 건강한 나를 위한 하루의 식사 계획을 알맞게 말한 친구를 골라 이름을 쓰세요.

음식을 먹으면서 몸에 필요한 영양소들을 챙길 수 있어요.

> 규칙적으로 정해진 시간 동안 식사를 할 거예요.

민아

> 내가 좋아하는 음식만 먹을 거예요.

은규

해야 해야 나오너라

😊 하루 중에서 오후의 모습에 대해 <u>잘못</u> 설명한 것을 골라 △표 하세요.

오후에는 주로 학교가 끝나고 학원에 가거나 친구들과 놀기도 해요.

> 학교가 끝나면 학원에 가기도 해요.

> 해가 떠 있어서 그림자가 생겨요.

> 일어나서 등교를 해요.

> 오전보다 기온이 높아요.

마음의 하루

☺ 하루 동안에도 내 마음은 여러 번 바뀌어요. 오늘 느낀 마음은 무엇인지 써 보세요.

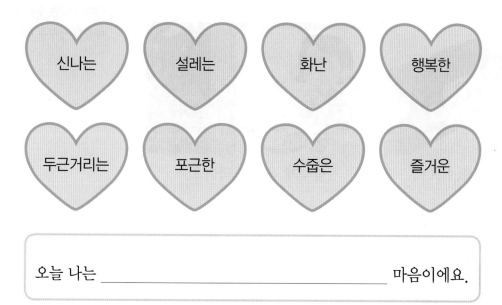

신나는　설레는　화난　행복한

두근거리는　포근한　수줍은　즐거운

오늘 나는 ＿＿＿＿＿＿＿＿＿＿＿＿＿＿＿＿＿＿ 마음이에요.

하루의 리듬

☺ 저녁에 무엇을 하며 보내고 있나요? 저녁 활동을 순서대로 알맞게 숫자를 써 보세요.

하루의 마무리

😊 하루를 보낼 때는 건강한 잠자리가 중요해요. 깊은 잠을 자기 위한 행동으로 알맞은 것을 모두 골라 ○표 하세요.

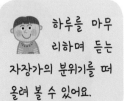

잠이 보약이 라는 말처럼 잠자는 것은 우리 몸에 다양한 영향을 미쳐요.

일찍 잠자리에 들어요.

밤늦게 음식을 먹어요.

늦은 시간까지 영상을 봐요.

따뜻한 물로 목욕을 해요.

자장가

😊 자장가를 들었던 경험을 떠올릴 수 있나요? 자장가의 의미를 알아 보고, 단어를 따라 써 보세요.

하루를 마무 리하며 듣는 자장가의 분위기를 떠 올려 볼 수 있어요.

자	장	가

어린아이를 재우기 위하여 부르는 노래

다양한 하루

😊 낮과 밤에 사람들은 다양한 일을 해요. 사람들이 일하는 모습과 설명을 선으로 알맞게 연결해 보세요.

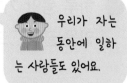 우리가 자는 동안에 일하는 사람들도 있어요.

| 우편물을 배달해요. | 거리를 청소해요. | 마을을 지켜요. |

하루 중 최고

😊 나의 하루를 돌아보며 삶의 소중함을 느낄 수 있어요. 하루 중 최고의 순간과 이유를 써 보세요.

친구들과 놀 때, 게임할 때, 밥을 먹을 때 등을 떠올려 보세요.

• 하루 중 최고의 순간은 언제인가요?

_____

_____

• 왜 최고의 순간이라고 생각하나요?

_____

_____

내가 보낸 하루

😊 하루 동안 기억에 남는 일이 무엇이 있나요? 그림을 보고 알맞은 말을 골라 ○표 하세요.

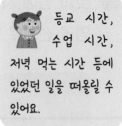

등교 시간, 수업 시간, 저녁 먹는 시간 등에 있었던 일을 떠올릴 수 있어요.

어제 수업 시간에 (작품 발표회 , 종이컵 쌓기 놀이)를 한 게 기억에 남아요.

소중한 하루

😊 매일매일 하루가 쌓여 멋진 내일이 만들어져요. 나의 꿈을 이루기 위해 오늘 내가 할 일을 써 보세요.

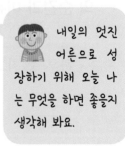

내일의 멋진 어른으로 성장하기 위해 오늘 나는 무엇을 하면 좋을지 생각해 봐요.

나의 꿈	꿈을 이루기 위해 할 일

실천하는 하루

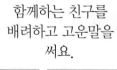 나를 위한 하루 실천 목록이에요. 단어를 따라 쓰고, 실천할 수 있는 일인지 생각해 보세요.

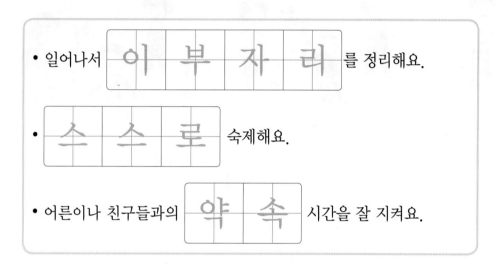

- 일어나서 **이 부 자 리**를 정리해요.

- **스 스 로** 숙제해요.

- 어른이나 친구들과의 **약 속** 시간을 잘 지켜요.

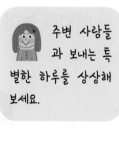 하루 일과를 계획하고 실천하면 건강한 생활 습관을 가질 수 있어요.

특별한 하루

 특별한 하루를 만들기 위해 다양한 활동을 할 수 있어요. 즐거운 활동을 위해 지켜야 할 점을 <u>잘못</u> 말한 친구를 골라 이름을 쓰세요.

함께하는 친구를 배려하고 고운말을 써요.

힘들 때는 주변 어른에게 도움을 요청해요.

급하게 화장실이 가고 싶어도 활동이 끝날 때까지 참아요.

가희

현재

연진

 주변 사람들과 보내는 특별한 하루를 상상해 보세요.

한 발로 통통통

중심을 잡고 한 발로 통통통 뛰어다닐 수 있나요? 발 바꿔 놀이를 해 보아요.

술 래 가 "시 작!"을 외치면 한 발로 뛰어 다녀요.

술래 몰 래 발 을 바꿔 가며 한 발로 뛰어 다녀요.

술래는 발을 바꾸는 사람을 찾아 이 름 을 불러요.

애벌레 놀이

친구들과 협력해서 애벌레처럼 이동해 보아요. 애벌레가 서로 떨어 지지 않도록 움직여야 해요.

뒤에 있는 친구의 발 목 을 잡고 무릎을 펴요.

무 릎 을 굽히면서 엉덩이 를 앞으로 당겨 나아가요.

안전 학습

1 집에서도 조심해

젖은 손으로 전자 제품을 만지지 않아요.

• 칼이나  같은 날카로운 물건은 조심히 다뤄요.

• 을 열거나 닫을 때 손이 끼이지 않도록 해요.

2 구급상자야, 고마워

다쳤을 때 구급상자를 이용해 응급 처치를 할 수 있어요.

• 상처가 났을 때는 를 바르고 밴드를 붙여요.

• 이가 부러졌을 때는 부러진 이를 에 보관해 챙겨서 치과에 가요.

3 신호등이 없을 때는

횡단보도에 우선 멈춰서 차가 오는지 좌우로 살펴요.

• 횡단보도의 에서 운전자를 보며 손을 들어요.

• 와 눈을 마주치고 자동차가 멈추면 손을 들고 건너가요.

4 세상이 흔들흔들

지진은 언제든지 일어날 수 있어서 대처 방법을 알아두어야 해요.

• 책상 아래로 들어가 몸을 보호해요.

• 건물 밖으로 나갈 때에는 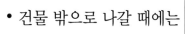을 이용해요.

• 건물 밖에서는 가방이나 손으로 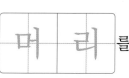를 보호해요.

쑥쑥 생각 키우기

💬 다음은 우리 가족과 이웃이 하루를 보내는 모습이에요. 그림을 보며 문제를 풀어 보세요.

ㄱ    ㄴ    ㄷ

1 위 ㉠은 진료하는 모습, ㉡은 통장을 만들어 주는 모습이에요. 각각 어디에서 하는 일인지 쓰세요.

㉠ [   ] , ㉡ [   ]

2 위 ㉢은 우리 가족이나 이웃이 어떤 하루를 보내는 모습인지 간단히 써 보세요.

_____

_____

_____

바른 생활 슬기로운 생활 즐거운 생활

약속

이번에 배울 내용

학습명	쪽수	학습 내용
주제 학습	18~27쪽	현재와 미래를 위해 지켜야 할 약속을 학습하고 활동해 보기
놀이 학습	28쪽	친구와 할 수 있는 즐거운 놀이 알아보기
안전 학습	29쪽	일상생활에서 지켜야 할 약속 알아보기
쑥쑥 생각 키우기	30쪽	재미있는 문제를 통해 학습한 내용 점검하기

노래로 만나는 약속

😊 지구가 더워지고 있어요. 지구가 왜 더워지고 있는지 이유를 알아 보고, 단어를 따라 써 보세요.

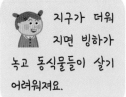
지구가 더워 지면 빙하가 녹고 동식물들이 살기 어려워져요.

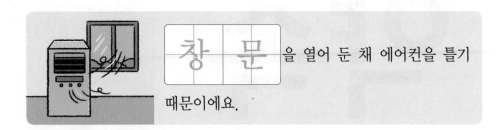

창 문 을 열어 둔 채 에어컨을 틀기 때문이에요.

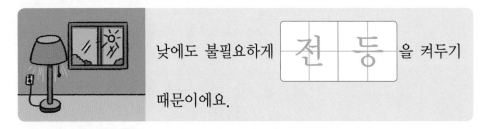

낮에도 불필요하게 전 등 을 켜두기 때문이에요.

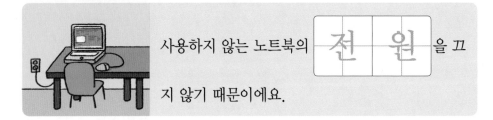

사용하지 않는 노트북의 전 원 을 끄지 않기 때문이에요.

😊 지구를 시원하게 하려면 어떻게 해야 할까요? 다음 중 지구를 시원하게 하는 방법을 알맞게 말한 친구를 골라 ○표 하세요.

지구를 위해 노력하고 다른 사람들에게도 알려 줘요.

가까운 거리는 자전거를 탈 거예요.

냉장고를 자주 열어 음식을 꺼낼 거예요.

(   )   (   )

놀이로 만나는 약속

😊 어린이가 가지고 있는 권리가 있어요. 어린이의 권리를 읽고, 단어를 따라 써 보세요.

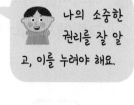
나의 소중한 권리를 잘 알고, 이를 누려야 해요.

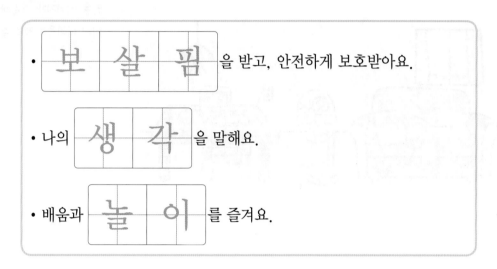

- | 보 | 살 | 핌 | 을 받고, 안전하게 보호받아요.

- 나의 | 생 | 각 | 을 말해요.

- 배움과 | 놀 | 이 | 를 즐겨요.

수도꼭지를 잠그면

😊 물 부족을 겪지 않으려면 우리 모두 물을 아껴야 해요. 물을 아껴 쓰는 친구를 골라 ○표 하세요.

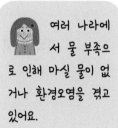
여러 나라에서 물 부족으로 인해 마실 물이 없거나 환경오염을 겪고 있어요.

양치를 할 때 양치 컵을 사용해요.

(   )

비누칠하면서 샤워기 물을 잠그지 않아요.

(   )

지구가 뜨끈뜨끈

😊 에너지를 아끼는 우리의 작은 실천이 지구에 큰 도움이 되어요. 다음 그림에서 에너지를 낭비하는 모습을 3군데 찾아 ○표 하세요.

> 에너지를 낭비하면 쓸 수 있는 에너지가 부족해져서 어려움을 겪을 수 있어요.

바다를 부탁해

😊 바다 쓰레기로 동식물이 고통받고 있어요. 쓰레기가 없어지는 데 얼마나 오래 걸리는지 알아보고, 단어를 따라 써 보세요.

> 플라스틱 쓰레기나 일회용품의 사용을 줄여야 해요.

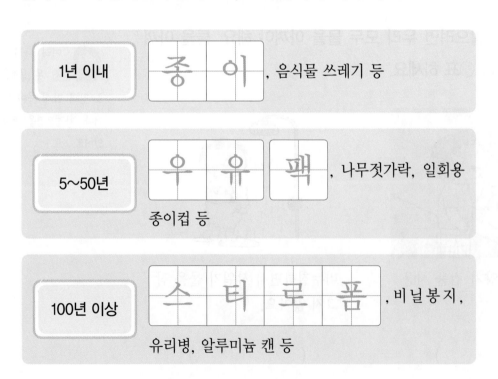

1년 이내	종 이 , 음식물 쓰레기 등
5~50년	우 유 팩 , 나무젓가락, 일회용 종이컵 등
100년 이상	스 티 로 폼 , 비닐봉지, 유리병, 알루미늄 캔 등

일회용품을 줄여요

😊 일회용품 사용을 줄이기 위해 평소 어떤 노력을 하고 있나요? 일회용품을 줄이기 위한 노력과 설명을 선으로 알맞게 연결해 보세요.

•

•

•

개인 물병을 가지고 다니거나 빨대 사용을 줄이는 노력을 할 수도 있어요.

•

•

•

개인컵, 다회용 컵 사용하기

장볼 때는 장바구니 사용하기

음식 포장 시 다회용기에 담아가기

포장이 너무 많아

😊 택배 상자나 선물을 포장하는 것은 필요하지만 과대 포장은 쓰레기가 많이 나와 문제가 되기도 해요. 포장을 줄이기 위한 방법에 대해 알맞게 말한 친구를 골라 ○표 하세요.

물건을 보호하거나 들고 옮기기 편하게 하려고 포장하는 것이 필요하기도 해요.

포장지를 조심히 뜯어서 재사용해요.

실제보다 물건이 커 보이게 포장한 물건을 구매해요.

(   )   (   )

주제 학습 ③

이것도 플라스틱이야

🙂 환경을 오염시키는 미세 플라스틱에 관심을 가져야 해요. 미세 플라스틱의 의미를 알아보고, 단어를 따라 써 보세요.

크기가 아주 작아 눈으로는 볼 수 없고
현미경으로 볼 수 있는 플라스틱

> 옷, 가방, 신발, 치약, 화장품 등에도 미세 플라스틱이 포함되어 있어요.

나무를 위한 약속

🙂 종이나 휴지는 나무로 만들어요. 나무를 지키는 방법으로 알맞은 행동에 ○표, 알맞지 않은 행동에 ×표 하세요.

> 나무는 사과, 배 등의 열매를 주고 공기를 깨끗하게 만들어 줘요.

휴지 사용을 줄여요.

(   )

종이를 낭비해요.

(   )

음식들의 이야기

😊 지구를 보호하기 위해 식탁에서 우리는 어떤 노력을 할 수 있을까요? 글을 읽고, 단어를 따라 써 보세요.

육류를 만드는 과정에서 많은 온실가스가 발생되기 때문에 채소 위주의 식사가 필요해요.

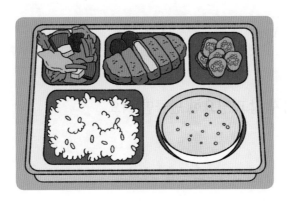

- 최대한 음식을 남기지 않고 | 골 | 고 | 루 | 먹어요.

- 고기는 조금 덜 먹고 | 채 | 소 | 를 더 많이 먹어요.

북극곰을 지켜요

😊 지구에서 사라져 가는 생명을 구하는 방법을 알아보아요. 우리가 할 수 있는 방법을 알맞게 말한 친구를 골라 ○표 하세요.

멸종 위기 동물을 살리기 위해 생활 속에서 노력해야 해요.

학용품을 끝까지 써요.

보일러 온도를 높여요.

(   )   (   )

지구를 위한 소비

😊 지구를 살리는 소비 습관을 알아보아요. 빈칸에 들어갈 알맞은 단어를 보기 에서 골라 쓰세요.

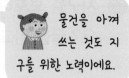
물건을 아껴 쓰는 것도 지구를 위한 노력이에요.

┌─보기─
│   계획   낭비   이름
└─

- 물건을 [   ] 하지 않고 필요한 만큼만 써요.

- 자기 물건에 [   ] 을 쓰는 습관을 가져요.

- 물건을 살 때는 [   ] 을 세운 후에 소비해요.

평화를 위한 약속

😊 평화란 무엇일까요? 평화와 관련 있는 것을 말한 친구를 골라 이름을 쓰세요.

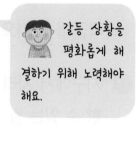
갈등 상황을 평화롭게 해결하기 위해 노력해야 해요.

서로 칭찬해요.

놀이 규칙을 지키지 않아요.

이도

지영

[   ]

모두 함께 행복하게

☺ 다양한 사람들이 함께 살아가려면 편견을 가지지 않아야 해요. 편견의 의미를 알아보고, 단어를 따라 써 보세요.

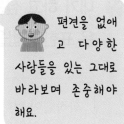

편견을 없애고 다양한 사람들을 있는 그대로 바라보며 존중해야 해요.

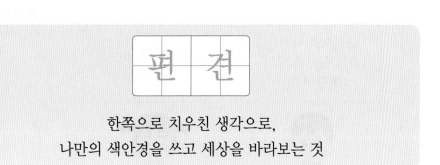

편 견

한쪽으로 치우친 생각으로,
나만의 색안경을 쓰고 세상을 바라보는 것

난 어린이예요

☺ 우리는 평소에 권리를 보장받고 있어요. 어린이가 누리는 권리를 알아보고, 보장받고 있다고 생각하는 권리를 골라 ○표 하세요.

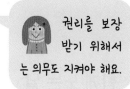

권리를 보장받기 위해서는 의무도 지켜야 해요.

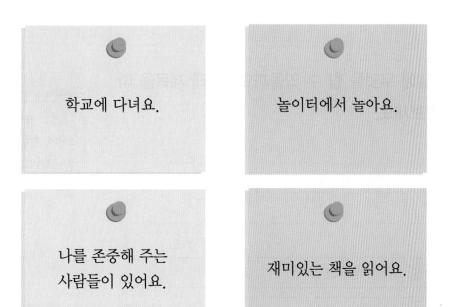

학교에 다녀요.

놀이터에서 놀아요.

나를 존중해 주는 사람들이 있어요.

재미있는 책을 읽어요.

주제 학습 5

하고 싶은 말이 있어요

😊 내가 하고 싶은 말을 제대로 표현하는 것은 중요해요. 상황에 알맞은 표현 방법을 선으로 연결해 보세요.

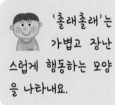 나의 의견을 이유와 함께 말하는 연습을 해요.

화장실이 너무 커서 무서워요.

급식으로 나오는 김치가 커서 먹기 힘들어요.

책을 많이 읽고 싶어요.

김치를 작게 잘라 주세요.

화장실이 예뻐지면 좋겠어요.

도서관에서 책을 더 많이 빌릴 수 있게 해 주세요.

함께 노는 날

😊 친구들과 함께 노는 날에 무엇을 할 수 있을까요? 노래 제목을 따라 쓰고, 노래를 불러 보세요.

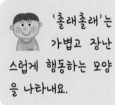 '촐래촐래'는 가볍고 장난스럽게 행동하는 모양을 나타내요.

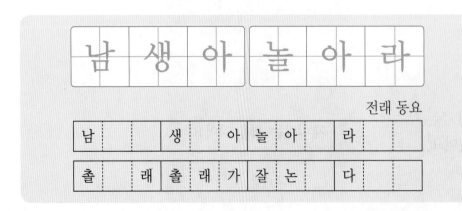

| 남 | 생 | 아 | 놀 | 아 | 라 |

전래 동요

| 남 | | 생 | 아 | 놀 | 아 | | 라 | |
| 촐 | | 래 | 촐 | 래 | 가 | 잘 | 논 | 다 | |

서로서로 지켜요

나의 권리가 소중한 것처럼 다른 사람의 권리도 소중해요. 나와 다른 사람의 권리를 존중하는 모습을 골라 ○표 하세요.

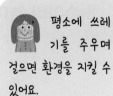

자신의 권리를 다른 사람의 권리보다 우선시하면 안 돼요.

내 생각만 옳다고 여겨요.

친구가 듣기 싫어하는 별명으로 불러요.

같이 놀이할 때 규칙을 잘 따라요.

쉬는 시간에 친구의 자리에 함부로 앉아요.

길을 위한 약속

길에서 쓰레기를 줍거나 담아 왔던 경험이 있나요? '쓰레기를 담으며 걷기' 활동을 알아보고, 단어를 따라 써 보세요.

평소에 쓰레기를 주우며 걸으면 환경을 지킬 수 있어요.

• 길을 걸으며 ｜쓜｜레｜기｜를 주워요.

• 쓰레기를 ｜분｜류｜해서 버려요.

빈집 찾기

바르게 걷는 자세를 연습해 보고, 빈자리를 채워가는 놀이를 해 보아요.

술래는 비어 있는 자리를 찾아 │출│발│해요.

빈자리로 옮겨야지!

술래가 빈자리를 밟지 못하도록 근처 친구가 빈자리로 걸어가요.

│술│래│가 빈자리를 밟으면 놀이가 끝나요.

허수아비 놀이

네 발 뛰기를 한 후 다시 출발점으로 안전하게 되돌아오는 놀이를 해 보아요.

│한│걸│음│씩 뛰며

'허', '수', '아', '비'를 외쳐요.

서로 닿지 않고 │출│발│한

순서대로 네 걸음 안에 출발선을 넘어 들어와요.

안전 학습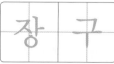

1 킥보드를 탈 때는

 비가 오거나 어두워 졌을 때는 킥보드를 타지 않아요.

-  를 착용하고 안전하게 타요.
- 횡단보도, 내리막길에서는 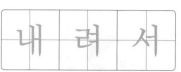 걸어요.
- 눈에 잘 띄는 옷을 입고 타요.

2 서로 사랑하는 가족이 되어요

 서로 사랑하는 가족 이 되기 위해 서로 배려해요.

- 서로에게  을 가지며 존중하고 사랑해요.
- 가족이 아프면 위로해 주고 치료해 줘요.
- 서로의  를 끝까지 듣고 무시하지 않아요.

3 나의 몸과 마음을 지켜요

 가정 폭력이 일어나 면 어떻게 해야 하 는지 알아야 해요.

-  을 당하면 선생님이나 주변 이웃에게 도움을 요청해요.
- 가정 폭력을 당하는 친구가 있다면 선생님께 알려요.

4 나의 건강을 지켜요

 카페인은 커피, 녹 차, 초콜릿 등에 많 이 들어 있어요.

- 카페인 을 많이 먹으면 심장이 두근거리고, 밤에 잠이 오지 않을 수 있어요.
- 카페인이 들어 있는 식품을 하루에 여러 개 먹지 않아요.

쑥쑥 생각 키우기

💬 평소에 에너지를 아끼기 위해 노력해야 해요. 그림을 보며 문제를 풀어 보세요.

ㄱ 　　ㄴ 　　ㄷ

1 다음 설명을 읽고 ㈎, ㈏에 들어갈 알맞은 모습을 위에서 골라 기호를 쓰세요.

양치질할 때 물을 틀어 놓으면 물이 낭비되므로 컵에 물을 받아서 사용해요.

비누칠을 하는 동안 샤워기의 물을 잠그면 물을 아낄 수 있어요.

㈎ (　　　　　　　　　), ㈏ (　　　　　　　　　　)

2 다음 그림과 관련해 에너지를 아끼는 방법을 써 보세요.

_____

_____

_____

상상

이번에 배울 내용

학습명	쪽수	학습 내용
주제 학습	32~41쪽	여러 가지 상황을 상상하며 상상력을 높이는 활동해 보기
놀이 학습	42쪽	재미있는 상상을 하면서 놀이하기
안전 학습	43쪽	일상생활에서 지켜야 할 규칙 알아보기
쑥쑥 생각 키우기	44쪽	재미있는 문제를 통해 학습한 내용 점검하기

알에서 동물이 태어난다면

😊 알에서 신비한 동물이 태어난다면 어떤 모습의 동물일까요? 알에서 태어날 동물을 상상해 보고 아래 그림에 그려 보세요.

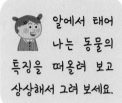
알에서 태어나는 동물의 특징을 떠올려 보고 상상해서 그려 보세요.

😊 위에서 그린 동물에 대해 설명해 보세요.

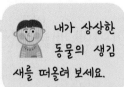
내가 상상한 동물의 생김새를 떠올려 보세요.

• 어디에 사는 동물인가요?

_____

_____

• 특징은 무엇인가요?

_____

_____

상자에 물건이 들어 있다면

😊 아침에 일어나보니 머리맡에 상자가 있어요. 상자에 무엇이 들어 있을지 상상해 보고 써 보세요.

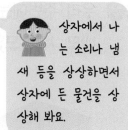

상자에서 나는 소리나 냄새 등을 상상하면서 상자에 든 물건을 상상해 봐요.

덜거덕 소리가 나요.

맛있는 냄새가 나요.

함께 간다면

😊 '어디만큼 강가'는 옛날 어린이들이 집으로 돌아오는 길에 부르던 노래예요. 노랫말의 의미를 살펴보고, 빈칸에 의미를 써 보세요.

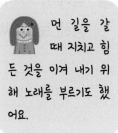

먼 길을 갈 때 지치고 힘든 것을 이겨 내기 위해 노래를 부르기도 했어요.

노랫말		의미
어디만큼 강가	➡	어디만큼 갔나?
당당 멀었네	➡	
이라 좌라	➡	소 모는 소리를 흉내 낸 말

동그라미가 살아난다면

😊 우리 주변에는 어떤 모양들이 있을까요? 다음 물건 중 동그라미, 네모, 세모 모양을 찾아 선으로 알맞게 연결해 보세요.

주변 물건 가운데 동그라미, 네모, 세모 모양을 띠는 물건이 무엇이 있는지 떠올려 봐요.

| 동그라미 | 네모 | 세모 |

장난감이 춤을 춘다면

😊 집에서 가지고 노는 장난감은 우리가 잠든 밤에 어떤 모습일지 상상해 보고, 써 보세요.

현실에서는 장난감이 살아서 움직이지 않지만 다양하게 상상을 해 보세요.

_____

_____

여기저기에서 본다면

😊 일상 속 물건들을 다양한 관점과 시선으로 바라볼 수 있어요. 어떤 시선에서 바라본 것인지 보기 에서 골라 빈칸에 쓰세요.

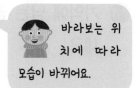
바라보는 위치에 따라 모습이 바뀌어요.

┌ 보기 ─────────────────────────────┐
│   위에서   옆에서   │
└──────────────────────────────────┘

┌──────────────────┐   ┌──────────────────┐
│   │   │   │
│   │   │   │
└──────────────────┘   └──────────────────┘

새로운 동물이 나타난다면

😊 예로부터 전해져 내려오는 전설의 동물이나 상상의 동물이 있어요. 다음 설명을 읽고 새로운 동물의 이름을 지어 보세요.

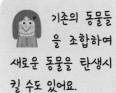
기존의 동물들을 조합하여 새로운 동물을 탄생시킬 수도 있어요.

┌──────────────────────────────────┐
│   │
│ ▨▨▨▨▨▨   물고기의 지느러미가 있고 강아지처럼 │
│ ▨▨▨▨▨▨   걸을 수 있는 동물이에요.   │
│   │
└──────────────────────────────────┘

주제 학습 ③

비눗방울이 그림이 된다면

😊 기억에 남는 꿈이나 책에서 본 상상의 세계를 비눗방울에 써 보세요.

👧 인상적인 꿈이나 책 또는 영화 등에서 경험한 상상의 세계를 떠올려 보세요.

⟨예⟩ 며칠 전 살아 있는 인형이랑 함께 노는 꿈을 꾸었어요.

물건이 악기가 된다면

😊 일상 속 물건으로 악기를 만들 수 있어요. 일상 속 물건에서 났던 소리를 선으로 알맞게 연결해 보세요.

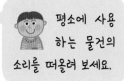 평소에 사용하는 물건의 소리를 떠올려 보세요.

캔 음료수를
딸 때 나는 소리
•

책상에 연필이
굴러가는 소리
•

찍찍이(벨크로)로 된
신발에서 나는 소리
•

•
딸깍

•
찌이익

•
또르르르륵

초능력이 생긴다면

😊 내가 가지고 싶은 초능력이 있나요? 자신이 가지고 싶은 초능력을
골라 ○표 하고, 까닭을 써 보세요.

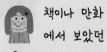 초능력은 보통 사람의 능력을 뛰어넘는 놀라운 능력을 말해요.

동물들과 말을 할 수 있는 능력	상대방의 마음을 읽을 수 있는 능력	날씨를 바꿀 수 있는 능력
물속에서 숨을 쉴 수 있는 능력	하늘을 날 수 있는 능력	무거운 물건을 들 수 있는 능력

- 까닭

_____

_____

우리 반에 공룡이 나타난다면

😊 아주 오래전에는 공룡이 살았어요. 만약 교실에 공룡이 나타난다면
무엇을 하고 싶은지 써 보세요.

책이나 만화에서 보았던 공룡을 떠올리며 상상해 보세요.

_____

_____

_____

내가 음악을 만든다면

😊 나의 기분을 음악으로 표현할 수 있어요. 기분에 따른 소리를 허밍으로 간단히 표현해 보세요.

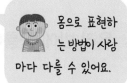

허밍은 입을 다물고 코로 소리를 내어 노래를 부르는 창법이에요.

즐거울 때 	눈물이 날 때

몸으로 말한다면

😊 말을 안 해도 몸으로 나타내고 싶은 걸 표현할 수 있어요. 다음 친구들이 몸으로 표현하는 것이 무엇인지 상상해서 써 보세요.

몸으로 표현하는 방법이 사람마다 다를 수 있어요.

숨바꼭질을 한다면

😊 친구들과 숨바꼭질을 해 본 적이 있나요? 숨바꼭질의 의미를 알아
보고, 단어를 따라 써 보세요.

어디에 숨을
지 고민하면
서 상상력이 길러질 수
있어요.

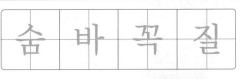

한 사람이 술래가 되어 숨은 사람을 찾아내는 놀이로,
술래에게 들킨 사람이 다음 술래가 됨.

거꾸로 생각한다면

😊 가끔은 거꾸로 생각하면 몰랐던 걸 더 잘 알 수 있어요. 거꾸로 생
각한 것을 선으로 알맞게 연결해 보세요.

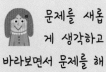

문제를 새롭
게 생각하고
바라보면서 문제를 해
결할 수도 있어요.

| 항상 나쁜 말 하기 | 어디서든 혼자 있기 |

•   •

•   •

| 늘 친구들과 함께 하기 | 늘 좋은 말만 하기 |

거인 나라에 간다면

😊 모든 것이 큰 거인 나라를 상상해 본 적이 있나요? 거인 나라에 초
대되어 간다면 무엇을 해 보고 싶은지 써 보세요.

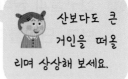
산보다도 큰 거인을 떠올리며 상상해 보세요.

예 거인이 먹는 음식, 사는 곳을 구경하고 싶어요.

무엇이든 바꿀 수 있다면

😊 우리 주변의 물건을 다르게 본 적이 있나요? 트라이앵글을 보면 떠
오르는 물건을 써 보세요.

물건을 보고 자신의 느낌이나 생각, 감정 등을 떠올려 보세요.

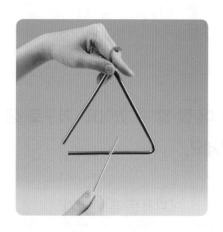

예 반짝반짝한 귀걸이 같아요.

우리들의 놀이터를 만든다면

😊 여러 놀이터 중에서 내가 가고 싶은 놀이터가 있나요? 다음 그림에 나타난 상상 놀이터의 이름을 지어 보세요.

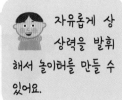

자유롭게 상상력을 발휘해서 놀이터를 만들 수 있어요.

생각 세 고개를 넘는다면

😊 세 고개 문제의 정답을 맞힐 수 있나요? 원영이가 내는 문제를 읽고, 그림에서 정답을 골라 ○표 하세요.

그림을 보며 세 고개 문제를 풀 수 있어요.

① 나는 저녁에는 안 보여요.
② 나를 쳐다보면 눈이 부셔요.
③ 나는 새싹과 꽃이 따뜻하게 지내도록 도와줘요.

놀이 학습

평균대 위에서 중심을 잡으며 걸어 보아요. 줄 위를 걷는 상상이나 연필 위를 걷는 상상을 하면서 놀 수 있어요.

양팔을 벌려 중심을 잡고,

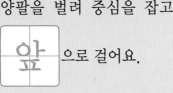 앞 으로 걸어요.

양팔을 벌려 중심을 잡고,

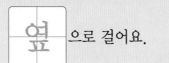 옆 으로 걸어요.

두 팔 을 펴고, 한 발

을 들어요.

동물 달리기

동물이 된다면 어떻게 달릴까요? 동물의 움직임을 상상하며 달려 보아요.

캥 거 루

처럼 움직여요.

토 끼 처럼 움직

여요.

독 수 리

처럼 움직여요.

안전 학습

1 적당히 조금만

올바른 스마트폰 사용을 다짐해 보아요.

- 부모님과 □스□마□트□폰□ 사용 시간을 정해요.
- □어□린□이□용□ 영상만 보아요.
- 스마트폰 사용 시간을 줄이고 밖에서 즐겁게 놀아요.

2 다쳤어요

다치면 우선 어른들께 말씀드려야 해요.

- 코피가 나면 고개를 뒤로 젖히지 말고 □앞□으□로□ 숙여요.
- 다친 부위를 깨끗하게 □소□독□ 하고 약을 발라요.

3 행복을 주는 말을 해요

말이나 글로 상처를 주지 않고 언어를 바르게 사용해야 해요.

- 친구의 □기□분□ 을 생각하며 말해요.
- 다른 친구의 □이□야□기□ 를 함부로 하지 않아요.
- 스마트폰으로도 친구를 따돌리면 안 돼요.

4 가을을 즐길 때는

야외 활동을 마치고 집에 오면 깨끗하게 씻어요.

- 야외 활동을 할 때는 □긴□소□매□ 와 긴바지를 입어서 피부를 보호해요.
- 풀밭에 앉을 때는 □돗□자□리□ 를 깔고 앉아요.

쑥쑥 생각 키우기

💬 다음은 우리 가족이 동물이라면 어떤 동물일지 상상하며 그린 그림이에요. 가족 소개 카드를 보고, 어떤 동물을 상상했을지 동물을 골라 이름을 쓰세요.

- 부르는 말: 큰아버지
- 잘하는 것: 노래부르기, 춤 추기
- 별명: 멋쟁이

(   )

- 부르는 말: 이종사촌
- 별명: 자동차 지식 박사
- 특징: 여러 가지 책을 많이 읽어요.

(   )

- 부르는 말: 어머니
- 잘하는 것: 요리
- 특징: 수영을 즐겨해요.

(   )

이야기

이번에 배울 내용

학습명	쪽수	학습 내용
주제 학습	46~55쪽	다양한 이야기를 듣고 말하는 활동해 보기
놀이 학습	56쪽	여러 이야기가 담긴 놀이 알아보기
안전 학습	57쪽	여러 장소에서 지켜야 할 안전 약속 알아보기
쑥쑥 생각 키우기	58쪽	재미있는 문제를 통해 학습한 내용 점검하기

소원을 말해 봐

🙂 내가 하고 싶거나 원하는 일이 있나요? 소원의 의미를 알아보고, 단어를 따라 써 보세요.

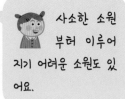
사소한 소원 부터 이루어 지기 어려운 소원도 있 어요.

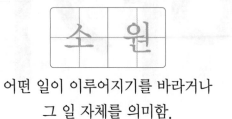
어떤 일이 이루어지기를 바라거나
그 일 자체를 의미함.

소원 항아리

🙂 요즘 내가 가장 바라는 소원은 무엇인가요? 빈칸에 소원을 써 보세요.

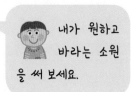
내가 원하고 바라는 소원 을 써 보세요.

소원을 적어 보자

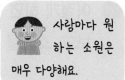

다음은 친구들의 소원을 적은 쪽지예요. 친구들의 소원을 살펴보고
느낀 점을 <u>잘못</u> 말한 친구를 골라 △표 하세요.

사람마다 원
하는 소원은
매우 다양해요.

> 줄넘기를
> 잘하고 싶어요.

> 체육대회를
> 또 하고 싶어요.

> 가족끼리 여행을
> 가고 싶어요.

> 맛있는 과자를
> 많이 먹고 싶어요.

> 자전거를
> 갖고 싶어요.

> 친구들 모두
> 건강하면 좋겠어요.

> 친구들의 소원이
> 모두 이루어지면
> 좋겠어요.

> 친구들의
> 소원이
> 터무니 없어요.

(   ) (   )

주제 학습 ②

계획을 세워 볼까

🙂 어떻게 하면 친구들의 소원을 들어줄 수 있을까요? 친구의 소원을 보고, 소원을 들어주기 위한 계획을 선으로 알맞게 연결해 보세요.

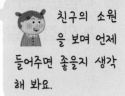 친구의 소원을 보며 언제 들어주면 좋을지 생각해 봐요.

줄넘기를 잘하고 싶어요.	손을 다쳐서 연필을 깎기 어려워요.

•　　　　　　　　　　　•

•　　　　　　　　　　　•

쉬는 시간에 연필을 깎아 줘요.	점심시간마다 같이 줄넘기를 해요.

소원 들어주기

🙂 친구들의 소원을 들어줄 때 내 기분은 어떨까요? 다음 친구의 소원을 보고, 어떤 일을 해야 할지 써 보세요.

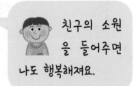 친구의 소원을 들어주면 나도 행복해져요.

운동장에서 놀이를 하고 싶어요.

_____

_____

_____

이야기 마법사가 되고 싶어

🙂 친구들에게 들려줄 이야기를 찾아보아요. 다음 질문에 답하면서 어떤 이야기를 들려줄지 찾아보세요.

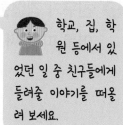

학교, 집, 학원 등에서 있었던 일 중 친구들에게 들려줄 이야기를 떠올려 보세요.

- 교실에서 있었던 일인가요?

  예 　　아니오

- 운동회나 현장학습 때 있었던 일인가요?

  예 　　아니오

- 가족들과 있었던 일인가요?

  예 　　아니오

- 이야기의 제목은 무엇인가요?

  _____

  _____

- 어떤 이야기인지 골라 ○표 하세요.

웃긴 이야기　　신기한 이야기

화나는 이야기　　감동적인 이야기　　슬픈 이야기

그림으로 그려 봐

😊 친구가 경험한 것을 그린 그림이에요. 그림에 대한 설명을 읽고, 단어를 따라 써 보세요.

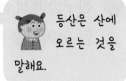

주말에 가족들과  을 했어요.

이야기를 들려줄게

😊 친구에게 이야기를 들려주기 위해 그림을 그렸어요. 그림과 이야기를 선으로 알맞게 연결해 보세요.

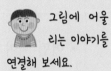

가족들과 바닷가에서
낚시를 했어요.

친구의 생일을
함께 축하해줬어요.

노래를 불러 봐

😊 경험과 관련된 노래를 찾아 불러 볼까요? 부를 노래를 선택할 때 알맞은 태도를 말한 친구를 골라 이름을 쓰세요.

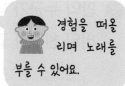

경험을 떠올리며 노래를 부를 수 있어요.

> 노래를 선택할 때 경험한 일과 어떤 관련이 있는지 생각해 보아요.

지은

> 경험한 일과 관련 있는 노래보다는 내가 잘 부를 수 있는 노래를 선택해요.

재휘

노래하며 춤추며

😊 경험한 이야기를 노래로 부르고 율동으로 표현해 보아요. 친구들과 소풍을 가서 놀았던 경험을 '떼굴떼굴'이라고 표현할 때 더 어울리는 모습을 골라 ○표 하세요.

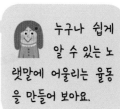

누구나 쉽게 알 수 있는 노랫말에 어울리는 율동을 만들어 보아요.

(   )   (   )

나만의 비밀 친구를 갖고 싶어

😊 만약 누군가 나를 몰래 도와준다면 얼마나 고마울까요? 나는 어떤 비밀 친구가 필요한지 생각해 보고, 단어를 따라 써 보세요.

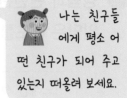
나는 친구들에게 평소 어떤 친구가 되어 주고 있는지 떠올려 보세요.

• 준 비 물 을 빌려주는 친구

• 자리를 청 소 해 주는 친구

• 어려운 숙 제 를 도와주는 친구

비밀 친구 인형을 만들자

😊 비밀 친구 인형을 만들어 보아요. 비밀 친구 인형의 모습과 설명을 선으로 알맞게 연결해 보세요.

나를 도와주는 비밀 친구의 모습을 떠올리며 알맞게 연결해 보세요.

내 비밀 친구는 사랑이 넘치는 모습으로 표현했어.

내 비밀 친구는 항상 즐겁게 춤을 춰.

대사를 말해 봐

😊 비밀 친구 놀이를 하면서 기억에 남는 일을 인형극으로 만들어 보아요. 다음 민재의 대사로 알맞은 것을 골라 ○표 하세요.

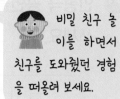

비밀 친구 놀이를 하면서 친구를 도와줬던 경험을 떠올려 보세요.

> **인형극 대사**
>
> • 연진: 비밀 친구가 되어 친구를 어떻게 도와줬나요?
>
> • 민재: _____

쉬는 시간에 친구가 보드게임 정리하는 걸 도와줬어요.	비밀 친구가 어려운 숙제를 도와주면 좋겠어요.

함께 무대를 꾸며 봐

😊 인형극 내용에 어울리는 무대가 필요해요. 다음 그림을 보고, 단어를 따라 써 보세요.

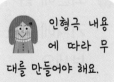

인형극 내용에 따라 무대를 만들어야 해요.

친구들과 소풍을 갔던 모습으로 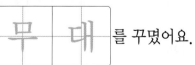 무 대 를 꾸몄어요.

움직이는 인형극

😊 인형극 공연을 마치고 느낀 점을 알맞게 말한 친구를 골라 이름을 쓰세요.

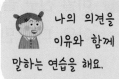
나의 의견을 이유와 함께 말하는 연습을 해요.

친구들과 협동하며 인형극을 만들 수 있어서 즐거웠어요.

태현

다른 친구들이 공연할 때 내가 맡은 역할을 연습했어요.

민서

기억에 남는 장면

😊 최근에 읽거나 들은 이야기 중에 기억에 남는 장면은 무엇인가요? 기억에 남는 장면을 다양하게 표현하는 글을 읽고, 단어를 따라 써 보세요.

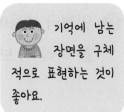
기억에 남는 장면을 구체적으로 표현하는 것이 좋아요.

• 끝까지 | 포 | 기 | 하지 않은 거북이가 경주에서 이긴 장면이 기억에 남아요.

• 용돈을 열심히 모으는 | 주 | 인 | 공 | 의 모습이 나와 비슷해서 기억에 남아요.

작품 발표회

기억에 남는 활동을 한 자리에 모아 발표회를 열 수 있어요. 발표회의 의미를 알아보고, 단어를 따라 써 보세요.

 친구들의 작품에서 재미 있는 표현 방법을 찾아 볼 수 있어요.

창작, 활동 등의 결과를 공식적으로
여러 사람에게 널리 알리는 모임

잘한 점을 찾아라

시상식을 본 경험이 있나요? 친구들의 작품에서 잘한 점을 찾아보고, 상의 이름을 만들어 보아요.

대본, 소품, 재미 등 여러 분야에서 친구들이 잘한 점을 찾아보세요.

놀이 학습

선 따라 걷기

다양한 모양의 선을 따라 걸으며 걷기의 즐거움을 느낄 수 있어요.
선을 따라 걸으며 놀아 보아요.

선의 | 모 | 양 | 에 따라 걷는
방향과 빠르기를 조절해요.

선이 끊어져 있는 곳에서는 뛰어서
| 건 | 너 | 가요.

상어 술래잡기

술래를 피해 안전한 곳으로 달리는 상어 술래잡기 놀이를 해 보아요.

❶ 술래를 피해 안전한 구역
으로 | 이 | 동 |
해요.

❷ | 술 | 래 | 가 이
동하는 방향을 잘 보고
달려요.

❸ 달려가는 친구를 잡을 때
| 세 | 게 | 치지
않도록 조심해요.

안전 학습

1 도서관에 왔어요

 도서관을 이용할 때 예절이나 안전 수칙을 지켜야 해요.

-  곳에 있는 책은 어른들께 부탁해요.

- 책상  에 부딪치지 않도록 조심해요.

- 도서관에서는 뛰어다니거나 장난을 치지 않아요.

---

2 무대에 올랐어요

 무대 위는 어둡기 때문에 주의 깊게 행동해야 해요.

- 무대에서 떨어지지 않도록 조심해요.

-  을 눈으로 직접 보지 않아요.

-  에 부딪치지 않도록 조심해요.

---

3 영화관에 왔어요

 사람이 많이 모이는 곳에서 안전 수칙을 지켜야 해요.

-  의 위치를 알아 두어요.

- 뛰지 말고 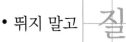 를 지키며 이동해요.

- 화장실은 영화가 시작하기 전에 미리 다녀오면 좋아요.

---

4 사람들이 많은 곳에 왔어요

 두고 온 물건이 있어도 사람들 속으로 무리하게 다시 들어가지 않아요.

- 가슴 안쪽으로  을 안아서 숨쉴 공간을 확보해요.

-  와 떨어지지 않도록 주의해요.

- 앞사람을 따라 천천히 이동해요.

정답과 풀이 64쪽

쑥쑥 생각 키우기

💬 승한이는 주말에 영화관에 영화를 보러 갔어요. 그림을 보며 문제를 풀어 보세요.

㉠

질서를 지키며
천천히 이동해요.

㉡

화장실에
가고 싶어.

영화 상영 중에
화장실에 가요.

㉢

비상구의 위치를
알아 두어요.

1 영화관에서 지켜야 할 안전 수칙 중 알맞지 <u>않은</u> 것을 위에서 골라 기호를 쓰세요.

2 영화관이나 공연장에서 많은 사람들 사이에 있을 때 어떻게 해야 하는지 다음 그림과 관련해서 빈칸에 알맞은 말을 써 보세요.

사람들이 너무 많은 곳에서 한꺼번에 이동할 때는 가슴 안쪽

으로 [   ]을 안거나 팔짱을 껴서 숨쉴

공간을 확보해요.

하루

4~5쪽

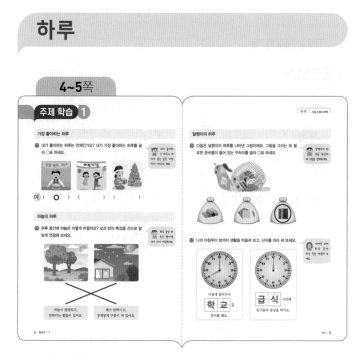

주제 학습 1

하늘의 하루

낮에는 해가 떠 있어서 밝고, 밤에는 하늘이 어두워요.

6~7쪽

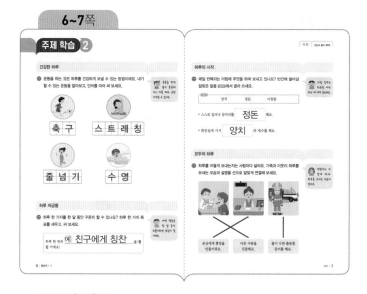

주제 학습 2

모두의 하루

의사, 은행원, 소방관 등 하루를 보내는 모습이 모두 달라요.

8~9쪽

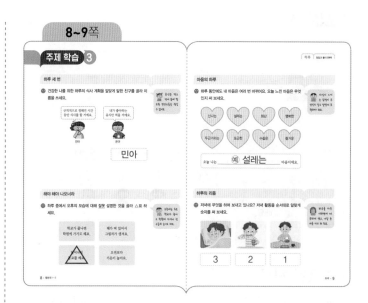

주제 학습 3

하루 세 번

건강을 위해 내가 좋아하는 음식뿐만 아니라 몸에 좋은 음식도 함께 먹어야 해요.

하루의 리듬

저녁에는 저녁 식사를 하고 양치와 세수를 한 후에 자야 해요.

10~11쪽

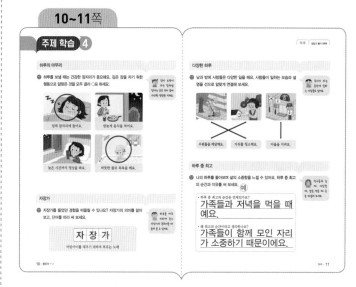

주제 학습 4

하루의 마무리

깊은 잠을 자기 위해서는 일찍 자고 따뜻한 물로 목욕하는 것이 도움이 돼요. 밤늦게 음식을 먹거나 늦은 시간까지 영상을 보는 것은 자는 데 방해가 돼요.

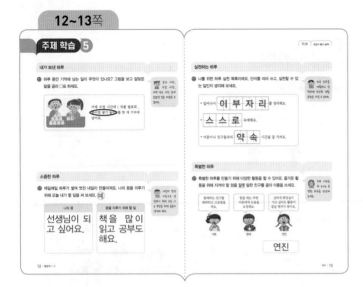

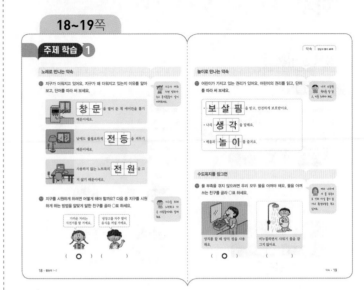

약속

• 소중한 하루

나의 꿈을 이루기 위해서는 매일매일 노력하는 것이 중요해요. 오늘 하루를 멋지게 보내기 위해 노력해 보아요.

• 특별한 하루

화장실이 급할 때는 선생님이나 어른들께 말씀드려요.

• 수도꼭지를 잠그면

비누칠을 할 때는 샤워기 물을 잠그고 해야 물을 아낄 수 있어요.

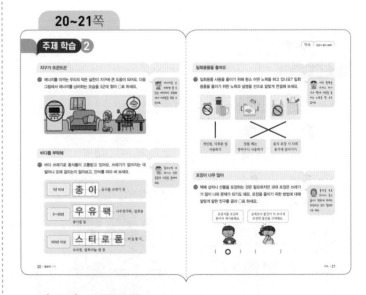

16쪽

1 ㉠ 병원 ㉡ 은행
2 예 불이 나면 출동할 준비를 해요.

1 ㉠은 병원에서 의사 선생님이 환자를 진료하는 모습이고, ㉡은 은행에서 은행원이 고객에게 통장을 만들어 주는 모습이에요.
2 ㉢은 불이 나면 출동할 준비를 하고, 불을 꺼주는 소방관의 모습이에요.

• 지구가 뜨끈뜨끈

에너지를 절약하기 위해 적정 실내 온도를 유지해야 해요. 또한 사용하지 않는 전등은 끄고, 플러그는 뽑아 두어야 해요.

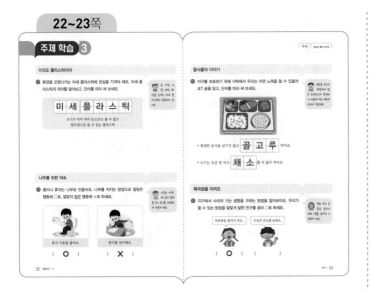

• 나무를 위한 약속

나무를 위해 우리는 휴지 사용을 줄이고, 나무를 심어야 해요. 또 종이를 아껴 써야 해요.

• 북극곰을 지켜요

사라져 가는 동물을 지키기 위해 가까운 곳은 걸어다니고 학용품은 끝까지 사용해요. 또 전기를 아껴야 해요.

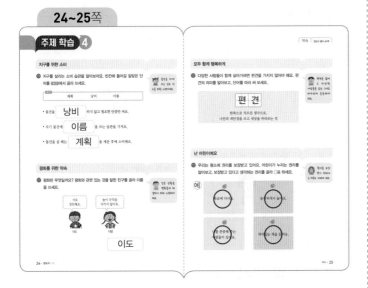

• 지구를 위한 소비

물건을 아껴 쓰거나, 자기 물건에 이름을 쓰는 등의 작은 노력이 지구를 살릴 수 있어요.

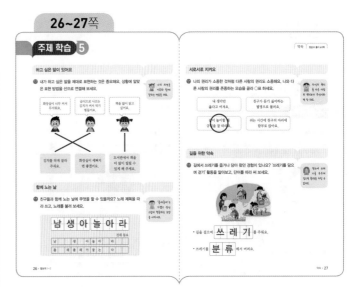

• 하고 싶은 말이 있어요

화장실이 너무 커서 무섭다면 화장실을 예쁘게 꾸며 달라고 말할 수 있어요. 김치가 커서 먹기 힘들다면 김치를 작게 잘라 달라고 말할 수 있어요. 책을 많이 읽고 싶다면 도서관에서 책을 더 많이 빌릴 수 있게 해 달라고 말할 수 있어요.

• 서로서로 지켜요

내 생각만 옳다고 여기는 것, 친구가 듣기 싫어하는 별명으로 부르는 것, 친구의 자리에 함부로 앉는 것은 다른 사람의 권리를 존중하지 않는 모습이에요.

1 (가) ㉠ (나) ㉢
2 **예** 사용하지 않는 노트북의 전원을 꺼요.

1 ㉠은 양치질할 때 컵에 물을 받아서 사용하는 모습이에요. ㉢은 샤워기의 물을 잠그고 비누칠을 하는 모습이에요.
2 에너지를 아끼기 위해 사용하지 않는 노트북은 끄고, 콘센트도 뽑아요.

상상

32~33쪽

주제 학습 1

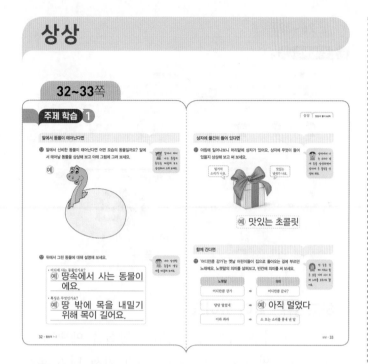

• 함께 간다면

'어디만큼 강가' 노랫말에는 쟁기와 따비 같은 옛 농기구가 등장해요. 쟁기는 논, 밭의 흙을 고르게 갈 때 사용하는 농기구예요. 따비는 풀뿌리를 뽑거나 밭을 갈 때 사용하는 농기구예요.

34~35쪽

주제 학습 2

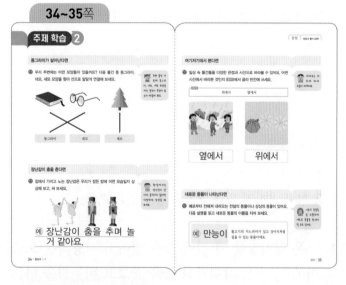

• 여기저기에서 본다면

같은 대상이라도 위에서 보는 것과 옆에서 보는 것이 달라요.

36~37쪽

주제 학습 3

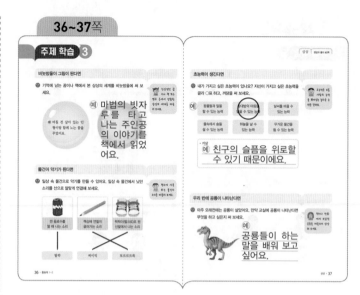

• 물건이 악기가 된다면

캔 음료수를 딸 때는 '딸깍', 책상에 연필이 굴러갈 때는 '또르르르륵', 찍찍이로 된 신발에서는 '찌이익' 같은 소리가 나요.

38~39쪽

주제 학습 4

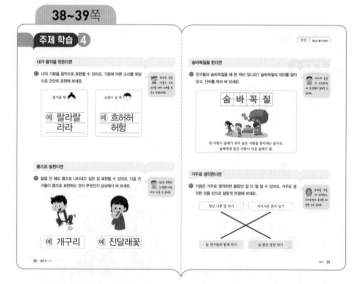

• 몸으로 말한다면

첫 번째 친구가 표현하는 것을 폴짝 뛰는 개구리, 두 번째 친구가 표현하는 것을 활짝 핀 진달래꽃으로 상상할 수 있어요.

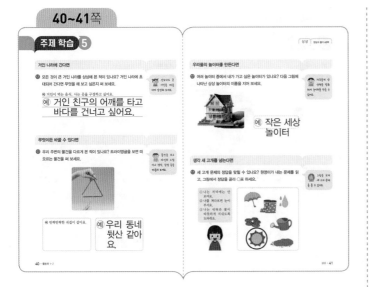

• 생각 세 고개를 넘는다면

태양은 저녁에 안 보이고, 쳐다보면 눈이 부셔요. 또 열기로 새싹과 꽃이 따뜻하게 지내고 자라도록 도와 줘요.

(원숭이) (판다) (물개)

큰아버지는 노래와 춤추는 것을 잘하시기 때문에 원숭이라고 상상할 수 있어요. 이종사촌은 여러 가지 책을 많이 읽기 때문에 판다라고 상상할 수 있어요. 어머니는 수영을 즐겨하시기 때문에 물개라고 상상할 수 있어요.

이야기

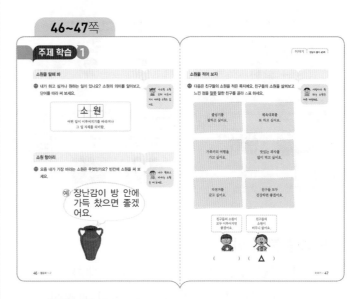

• 소원을 적어 보자

사람마다 소원은 모두 다를 수 있기 때문에 친구들의 소원이 터무니 없다고 생각하면 안 돼요.

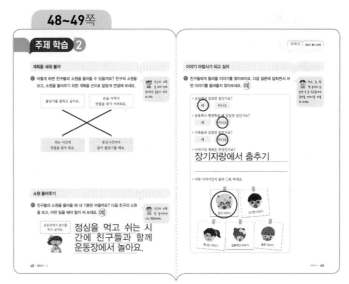

• 계획을 세워 볼까

줄넘기를 잘하고 싶어하는 친구와 점심시간마다 같이 줄넘기를 할 수 있어요. 손을 다쳐서 연필을 깎기 어려운 친구의 연필을 쉬는 시간에 깎아 줄 수 있어요.

50~51쪽

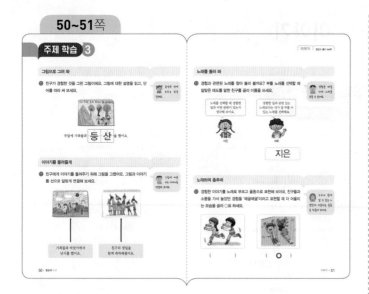

• 노래를 불러 봐

경험과 관련 있는 노래를 부를 때는 내가 잘 부를 수 있는 노래보다는 경험한 일과 어떤 관련이 있는지 생각해 보고 노래를 선택해요.

52~53쪽

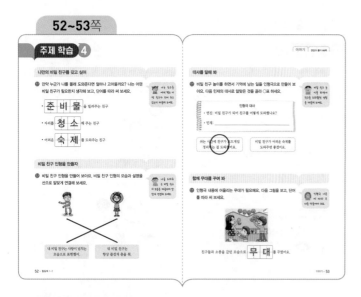

• 대사를 말해 봐

민재의 대사로 알맞은 것은 비밀 친구를 도와준 내용이에요. 따라서 비밀 친구가 도와주면 좋겠다는 내용이 아닌 쉬는 시간에 친구가 보드게임 정리하는 걸 도와준 내용을 골라야 해요.

54~55쪽

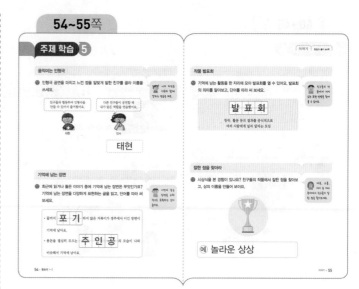

• 움직이는 인형극

다른 친구들이 공연할 때는 공연에 집중해서 관람해야 해요. 또한 공연을 준비할 때는 친구들과 협동해야 해요.

• 잘한 점을 찾아라

잘 쓴 대본, 멋진 소통, 따스한 배려 등 친구들이 잘한 점을 떠올려 보고 상의 이름을 만들 수 있어요.

58쪽

1 ㉡
2 가방

1 화장실은 영화가 시작하기 전에 미리 다녀오면 좋아요.

2 사람이 많이 모이는 곳에서는 뛰지 말고 질서를 지키며 이동해요. 이동할 때는 가슴 안쪽으로 가방을 안아서 숨실 공간을 확보해요.

믿고 보는 동아출판 초등 교재

기초학습서부터 교과서 개념 다지기, 과목별 전문서까지!

초등학교 입학 전부터, 예비 중등까지!

초등학생에게 꼭 필요한 영역을 빠짐없이! **동아출판 초등 교재 라인업**

1 교과서 개념 완벽 학습

백점 | 자습서&평가문제집

2 초등 영역별 기초학습서

초능력 국어, 수학, 과학
한국사, 한자

3 과목별 전문서

빠작 | 큐브 | 하이탑
뜯어먹는 초등 필수 영단어
그래머 클리어 스타터

4 예비 중등

초고필 국어, 수학, 한국사
적중 반편성 배치고사 + 진단평가

동아출판

특별부록

백점
활동북 1·2

초등학교	학년	반	번
이름			

📞 **Telephone** 1644-0600
🏠 **Homepage** www.bookdonga.com
✉ **Address** 서울시 영등포구 은행로 30 (우 07242)

· 정답 및 풀이는 동아출판 홈페이지 내 학습자료실에서 내려받을 수 있습니다.
· 교재에서 발견된 오류는 동아출판 홈페이지 내 정오표에서 확인 가능하며, 잘못 만들어진 책은 구입처에서 교환해 드립니다.
· 학습 상담, 제안 사항, 오류 신고 등 어떠한 이야기라도 들려주세요.